Materialien zur Geschichte des Bayerischen Schwaben
Band 30

herausgegeben von
Rolf Kießling

Werner König / Manfred Renn

Kleiner Sprachatlas von Bayerisch-Schwaben

KSBS

Bibliografische Information der Deutschen Nationalbibliothek
Die Deutsche Nationalbibliothek verzeichnet diese Publikation in der
Deutschen Nationalbibliografie; detaillierte bibliografische Daten sind im
Internet über http://dnb.d-nb.de abrufbar.

© Wißner-Verlag, Augsburg 2007
  2. Auflage, 2007
  www.wissner.com

ISBN: 978-3-89639-595-5

Vorwort

Dieser "Kleine Sprachatlas von Bayerisch-Schwaben" (KSBS) bietet wichtige und interessante Fakten zu den Dialekten unseres Raumes in allgemeinverständlicher Form.

Primäre Grundlage für die in diesem Atlas enthaltenen Karten sind die inzwischen vollständig publizierten 15 Bände des "Sprachatlas von Bayerisch-Schwaben" (SBS), der das Gebiet bis zu einer südlichen Grenze auf der Höhe von Kempten erfasst, sowie die bisher publizierten Karten des "Vorarlberger Sprachatlas" (VALTS), der das südlich anschließende Allgäu und das bayerische Bodenseegebiet dokumentiert. Zusätzlich stand den Bearbeitern unpubliziertes Datenmaterial des VALTS zur Verfügung, wofür wir Professor Eugen Gabriel sehr zu Dank verpflichtet sind. Die Texteinträge in den benachbarten Gebieten von Tirol, Vorarlberg und Württemberg basieren ebenfalls auf Karten und Material des VALTS, teilweise auch auf Karten des "Südwestdeutschen Sprachatlas" (SSA).

Zu diesem Atlas angeregt und motiviert wurden die Herausgeber u.a. durch die von Edith Funk und Manfred Renn betreute Zeitungsserie "G'schwätzt und g'redt – aus dem Sprachatlas", die zwischen 2000 und 2002 in lockerer Folge in der Gesamtausgabe von "Augsburger Allgemeine" und "Allgäuer Zeitung" geboten wurde. Sie hatte ein ungewöhnlich intensives und positives Echo in der Leserschaft gefunden.

Der KSBS hat auch einen Vorgänger im "Kleinen Bayerischen Sprachatlas" (KBSA), der ebenfalls von uns federführend bearbeitet wurde und der im Dezember 2005 im dtv-Verlag erschienen ist. Diesen bayernweiten populären Atlasband setzt der KSBS als wichtige regionale Ergänzung fort. Denn viele Themen, die im KBSA aus unterschiedlichen Gründen entweder gar nicht oder nur grob dargestellt werden konnten, werden im KSBS für den kleineren Raum detailliert behandelt.

Dass dieser Atlas überhaupt erarbeitet werden konnte, verdanken wir in erster Linie den unten aufgelisteten Sponsoren bzw. Institutionen.

Zu einem besonderen Dank verpflichtet fühlen wir uns außerdem bei Frau Marlies Rother für Korrekturarbeiten und die Erstellung des Registers, bei Frau Gerda Berger und Frau Waltraud König, die in vielen anstrengenden Stunden das Manuskript prüften, bei Herrn Andreas Wick für umfangreiche Hilfestellungen in der Anwendung des Satzsystems und bei Frau Astrid Jaschke für die kompetente verwaltungsmäßige Betreuung des Werkes.

An der Universität Augsburg wurden von folgenden Personen Qualifikationsarbeiten angefertigt, die bei der Abfassung der Kommentare gute Dienste leisteten: Jörg Adam, Michael Adam, Robert Adam, Judith Fröbel, Jonathan Frötschl, Daniela Götzfried, Tillmann Graach, Isabella Hopp, Carmen Jung, Norbert Jungwirth, Sabine Kallweit, Katharina Keisinger, Tobias Kolb, Kathrin Lange, Annett Lüdeke, Julia Protz, Michael Rahn, Katharina Reiter, Carina Reitmaier, Marlies Rother, Viola Rüger, Alexandra Sauerlacher, Martina Schiele, Petra Schmitt, Sabine Schulz-Osterloh, Nadine Seltzer, Sabine Strohmeier, Franziska Urbain.

Augsburg, im Herbst 2007

Werner König
Manfred Renn

Die Karten dieses Atlasses sind stark vereinfachte Abbilder aus den folgenden wissenschaftlichen Grundlagenwerken (vgl. Literaturverzeichnis S. 376):

(1) Sprachatlas von Bayerisch-Schwaben,

(2) Vorarlberger Sprachatlas mit Einschluss des Fürstentums Liechtenstein, Westtirols und des Allgäus.

Atlas (1) erfasst den größten Teil des Gebiets bis auf die Höhe von Kempten, Atlas (2) die südlich anschließende Region. Die Belegwörter, die links der Iller eingetragen sind, stammen in der Regel aus dem Südwestdeutschen Sprachatlas.

Das Material für diese Atlanten wurde bei älteren Dialektsprechern gesammelt, für Atlas (1) in den Jahren 1984–1989, für Atlas (2) in den 60er Jahren bis Ende der 70er Jahre. Dazu wurde je Aufnahmeort 4 bis 5 Tage lang ein umfangreiches Fragebuch durchgearbeitet. Das erhobene Material repräsentiert damit einen deutlich älteren Sprachstand als er heute noch zu erreichen ist. Die Atlanten enthalten eine Vielzahl der hier gebotenen Karten (Atlas (1) z. B. ca. 2600) in weitaus größerer Differenziertheit. Sie sind geeignet, auch weitergehende Fragen zu den Dialekten Bayerisch-Schwabens zu beantworten.

Die Erstellung dieses Atlasses ist ermöglicht worden durch die großzügige Unterstützung von folgenden Institutionen und Personen:

Kulturfonds Bayern, Bayerisches Staatsministerium für Wissenschaft, Forschung und Kunst, München

Kurt und Felicitas Viermetz Stiftung, Augsburg

Sparkassen-Bezirksverband Schwaben

Dr. Eugen Liedl Stiftung, Augsburg

Gesellschaft der Freunde der Universität Augsburg e.V., Augsburg

Förderverein "Schwäbischer Dialekt" e.V., Tübingen

Kögel Erich, Illertissen

Bayerische Einigung e.V. Bayerische Volksstiftung, München

Universität Augsburg

Für Druckkostenzuschüsse danken wir dem Bezirk Schwaben sowie der Schwäbischen Forschungsgemeinschaft, die das Buch auch in eine ihrer Reihen aufgenommen hat.

Inhaltsverzeichnis

Wortschatz II: Küche und Haushalt

9

Wortschatz III: Bauernhaus und Holzarbeit

Abkürzungsverzeichnis

ahd.	= althochdeutsch	N	= Norden
alem.	= alemannisch	nördl.	= nördlich
bair.	= bairisch	O	= Osten
dt.	= deutsch	östl.	= östlich
engl.	= englisch	Pl.	= Plural ('Mehrzahl')
f.	= feminin ('weiblich')	S	= Süden
franz.	= französisch	schwäb.	= schwäbisch
germ.	= germanisch	Sg.	= Singular ('Einzahl')
Jh.	= Jahrhundert	südl.	= südlich
lat.	= lateinisch	W	= Westen
m.	= maskulin ('männlich')	westl.	= westlich
mhd.	= mittelhochdeutsch	*	= erschlossene
n.	= neutrum ('sächlich')		historische Form

Lautschrifterklärung

Die lautnahe Verschriftlichung von Wörtern und Lauten erfolgt auf Karten und in Texten grundsätzlich in *Kursiv*schrift. Dabei werden weitgehend die normalen Zeichen des Alphabets mit den Lautwerten der Standardsprache verwendet (z.b. *ä* wie in "Käse"). Außerdem gelten die normalen Regeln der Groß-/Kleinschreibung. Folgende Zeichen werden zusätzlich oder in einer besonderen Weise verwendet:

aa, ii   Vokallänge wird durch Verdoppelung angezeigt.

å, Å   stehen für "dumpfe" a-Laute, die deutlich in Richtung o gehen.

a (selten *e*, verkleinert) repräsentieren die häufig im Auslaut und in unbetonten Silben vorkommenden unklaren "Murmellaute", die in ihrem Lautwert entweder näher dem e oder dem a stehen, z.b. *schwimma*. Diese Zeichen kommen auch als Zweitbestandteil in fallenden Diphthongen (z.b. *guat* 'gut', *Liad* 'Lied').

ɵ, ʉ, ɵʉ Durchgestrichene Vokale markieren besonders auffällig zentralisierte, also im mittleren Mundraum gesprochene Vokale (Monophthonge und Diphthonge).

ⁿ, ᵐ (verkleinert und hochgestellt) zeigen die Nasalität des vorausgehenden Vokals an, die entweder aus einem *n* oder einem *m* resultiert (z.b. *Zauⁿ* 'Zaun', *scheeⁿ* 'schön', *Båuᵐm* 'Baum').

gg   repräsentiert den harten aber unbehauchten hinteren Fortisverschlusslaut, vergleichbar der hochsprachlichen Verwendung in Wörtern wie "Roggen" oder "Egge". Dem stehen die Zeichen *k* und *ck* entgegen, die entweder behauchte oder affiziert (mit Reibegeräusch) gesprochene Verschlusslaute darstellen.

Weitere in Einzelfällen auf Karten und in Texten verwendete Zeichen oder Zeichenkombinationen (z.b. *kch* für sehr stark geriebenen *k*-Laut) werden jeweils im entsprechenden Kommentar erklärt.

Wie die Menschen zu ihrer Sprache kamen

Vor vielleicht fünf bis zehn Millionen Jahren hat sich der Mensch als Art von den Vorfahren der heutigen Affen getrennt; seit dieser Zeit hat er eine eigene Entwicklungsgeschichte. Und es gibt Hinweise darauf, dass die Gattung Mensch seit ca. 500.000 Jahren über eine etwas komplexere Sprache verfügt. Tatsächlich überblicken wir allerdings in Europa nur etwa 4000 Jahre einer Sprachentwicklung, im vorderen Orient, im Bereich der semitischen Sprachen (etwa im Arabischen), sind es ca. 1000 Jahre mehr. Das ist gerade mal ein Prozent der gesamten Sprachgeschichte, also weit weniger als die berühmte Spitze des Eisbergs. Der größte Teil der Sprachentwicklung des Menschen liegt also im Dunkeln; dennoch können wir behaupten, dass es gerade der Besitz der Sprache war, der dem Menschen jenen Entwicklungsvorteil verschafft hat, der zur Dominanz dieser Spezies Mensch auf unserem Erdball geführt hat.

Die Geschichte des Menschen war in den letzten 600.000 Jahren geprägt vom Rhythmus der Eiszeiten. Die letzte Eiszeit endete in unserer Region etwa vor 11.000 Jahren (also 9000 v. Chr.), vorher reichten die Gletscher bei uns bis ungefähr zum Ammersee; nördlich davon breitete sich eine menschenfeindliche, kaum besiedelte, baumlose Steppe aus, vergleichbar den heutigen Tundra-Gebieten im Norden Kanadas und Sibiriens. Nach der Eiszeit kam mit der neuen Vegetation auch der Mensch, zuerst als Jäger und Sammler, dann als Ackerbauer. Die Einwanderer kamen teils vom Südwesten, aus dem heutigen Südfrankreich, teils auch vom Osten. Den Ackerbau machten bei uns wohl Menschengruppen (Bandkeramiker) heimisch, die sich vor ca. 6000 Jahren von Südosten her ausbreiteten. Nach Auffassung der meisten Forscher aber waren es die einwandernden Völker aus dem Osten, welche die Vorstufen der meisten unserer heutigen europäischen Sprachen, die **indogermanischen Sprachen**, nach Europa brachten.

Übrigens: Nicht zu dieser Sprach-Gruppe gehört das Baskische, es ist alt und hat unter den Sprachen der Welt keine Verwandten; auch das Finnische, das Estnische und das Ungarische gehören nicht zum Indogermanischen, sie bilden zusammen mit einigen Sprachen der Ureinwohner Sibiriens eine eigene Gruppe, die des Finno-Ugrischen. Die erste Kultur, die man in Süddeutschland einem Volk sicher zuordnen kann, ist die La-Tène-Kultur der **Kelten** in der jüngeren Eisenzeit (450-240 v. Chr.). Auch die vorhergehende Hallstadtkultur (800-450) ist wohl schon keltisch. Als sich die **Römer** dann in der Zeit um Christi Geburt in Süddeutschland einrichteten und Augsburg (Augusta vindelicum) als Hauptstadt der Provinz Raetia aufbauten, lebten dort noch keltische Völkerschaften. Diese wurden in der Folgezeit assimiliert und romanisiert. Ab dieser Zeit kann man auch die sprachlichen Verhältnisse in unserer Region etwas konkreter beschreiben. Am Nordrand unseres Gebietes verlief die römische Reichsgrenze, dort trennte der Limes einen keltisch-römisch-lateinischen Bereich im S von einem inzwischen germanischen Bereich im N. Diese **Germanen** werden später die Sprachgeschichte unseres Raumes prägen. Sie kamen vom Norden. Seit dem Ende des 2. Jahrtausends v. Chr. lässt sich im Gebiet der unteren Elbe und Oder, im heutigen Dänemark, in Südnorwegen und Südschweden ein einheitlicher Kulturkreis nachweisen. Dieser entstand wohl durch eine Verschmelzung zweier unterschiedlicher Kulturen: der dort älteren, wohl nicht indogermanischen Trichterbecherkultur, die in ihrer jüngeren Periode auch Megalithgräber baute, mit der Schnurkeramikkultur, auch Streitaxtkultur genannt. Diesem Kreis sind die Germanen zuzuordnen. Man rechnet mit einer Überlagerung der Megalithgräber- bzw. Trichterbecherkultur durch die Streitaxtleute, wobei man den pferdezüchtenden Streitaxtleuten die indogermanische Sprache zuschreibt. Der Verschmelzungsprozess dürfte um 1200 v. Chr. beendet gewesen sein.

Die dabei entstandenen Völker, deren heutiger Name "Germanen" erst viel später (um Christi Geburt) aufkommt, bilden in Norddeutschland eine Kultur, die man in der Eisenzeit (ca. ab 600 v. Chr.) Jastorfkultur nennt. Diese verdrängt zunächst allmählich die südlich benachbarte keltische La-Tène-Kultur, so dass die nach Süden vorrückenden Germanen schließlich die unmittelbaren nördlichen Nachbarn der Römer werden. Der Limes bildet ca. 200 Jahre die Grenze. In der Mitte des 3. Jhs. überrennen Teile der Germanen (nämlich Alamannen) den Limes und rücken in das Gebiet zwischen Rhein, Bodensee und Iller ein; der Bodensee, die Iller und die Donau bilden nun die neue Reichsgrenze. Der Großteil des heutigen Bayerisch-Schwaben bleibt also vorerst römisches Territorium, während das heutige Baden-Württemberg und das Ries bereits germanisch, alemannisch sind. Im Wort "Ries" lebt bis heute der Name der römischen Provinz "Raetien" fort.

Mit dem Zusammenbruch des römischen Reiches besiedeln aber ab dem Ende des 5. Jhs. germanische Gruppen auch die Gebiete südlich der Donau. Das spätere Süddeutschland wird fortan politisch und sprachlich von ihnen dominiert. Es sind im wesentlichen drei germanische Stämme, die den Sprachlandschaften ihren Namen geben: die Franken, die Alamannen, die beide schon in den antiken Quellen präsent sind, und eine Gruppe, die um 500 wie aus dem Nichts erscheint, die als politische Gemeinschaft den Namen "Baiern" annimmt und die ein Gebilde von altheimischen und eingewanderten Volksgruppen (Naristen,

Skiren, Alamannen, Herulern, Langobarden, Romanen, Slawen) mit eindeutig germanischer Dominanz sind. Die heute "fränkisch" genannten Gebiete des späteren Freistaats Bayern erhalten ihren Namen von germanischen Eroberern, die im 6. Jh. von Westen (vgl. "Frank"reich) kamen; hier siedelten im Westen auch Alamannen und Thüringer, im Osten slawische Stämme. Die Schwaben erhielten ihren Namen von den Sueben, einer großen germanischen Völkerschaft, aus der auch die Alamannen hervorgegangen waren. Sie prägen von nun an unseren Raum. Vom 5./6. Jh. an gibt es eine sichere Kontinuität in der Sprachgeschichte des Gebiets vom Ries bis ins Allgäu.

Die indogermanischen Sprachen (Karte 1)

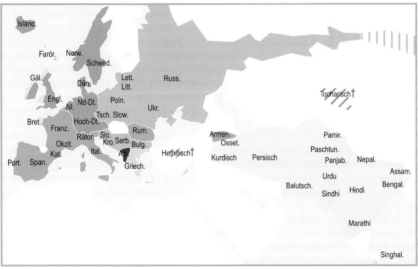

Die meisten europäischen Sprachen gehören zu einer Sprachfamilie, die man indogermanisch oder indoeuropäisch nennt, weil ihre Mitglieder ursprünglich von Indien bis Europa reichten. Sprachfamilie nennt man diese Gruppe deshalb, weil die ihr angehörenden Sprachen alle aus einer "Ursprache" hervorgegangen sind, die im 3. Jahrtausend v. Chr. gesprochen worden ist. Diese Ursprache kann man aus den Folgesprachen rekonstruieren. Von diesen sind die ältest überlieferten:

– das Indische mit dem Vedischen (2. Jahrtausend v. Chr.) und dem Sanskrit, der heiligen Sprache des Hinduismus
– das Iranische mit dem Avestischen, der Sprache der Schriften Zarathustras, und dem Altpersischen (ab 500 v. Chr.)
– das Hethitische in Anatolien ab dem 18. Jh. v. Chr.
– das Griechische (ab 1500 v. Chr.)
– das Lateinische (ab dem 6. Jh. v. Chr. belegt).

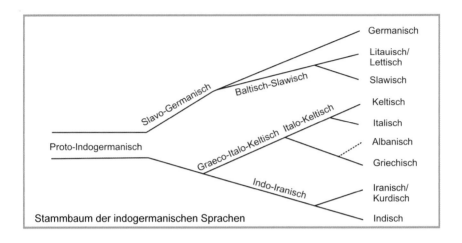

Germanisch
Litauisch/ Lettisch
Slawisch
Keltisch
Italisch
Albanisch
Griechisch
Iranisch/ Kurdisch
Indisch

Baltisch-Slawisch
Slavo-Germanisch
Italo-Keltisch
Graeco-Italo-Keltisch
Indo-Iranisch

Proto-Indogermanisch

Stammbaum der indogermanischen Sprachen

Die anderen Mitglieder dieser Sprachfamilie sind erst später überliefert. Zu ihr gehören u.a. das Armenische, das Keltische (heute noch in Irland oder Wales), das Baltische, das Slawische und das Germanische. Heute dominieren in Europa die Abkömmlinge des Germanischen und die Nachfolger des Lateinischen (also die romanischen Sprachen wie Spanisch, Französisch, Italienisch) sowie die slawischen Sprachen.

Aufgrund der vorhandenen Verwandtschaft dieser Sprachen hat man nicht nur eine indogermanische Grundsprache zu rekonstruieren versucht, man wollte auch ein "Urvolk" finden, das diese Sprache gesprochen habe. Dieses wird von den meisten Forschern in den südrussischen Steppengebieten um das Schwarze und das Kaspische Meer vermutet. Von dort aus seien in immer wieder neuen Schüben nomadisierende Reitervölker nach

Süden in den Iran und weiter nach Indien, nach Anatolien, auf den Balkan und nach Mittel- und Südeuropa eingedrungen. Diese am frühesten festzumachende Völkergruppe waren viehzüchtende Nomaden, die den Wagen kannten und auch das Pferd domestiziert hatten. Wenn altüberlieferte west- und ostindogermanische Sprachen z.b. ein gemeinsames Wort für das Schaf haben, dann kann man davon ausgehen, dass sie in der gemeinsamen Urheimat auch Schafe kannten. Auf diese Weise lässt sich einiges zur Kultur dieses Volkes sagen, dass es beispielsweise Gold, Silber und ein drittes Metall (lat. aes, deutsch "Erz") kannte, nicht aber das Eisen. Die Rekonstruktion des Indogermanischen, die Sprachformen des 3. Jahrtausends herzustellen vermag, ermöglicht uns, 4000 Jahre Sprachgeschichte zu überschauen. Die Germanen sind eines dieser indogermanischen Völker. Sie ver-

18

Die germanischen Sprachen

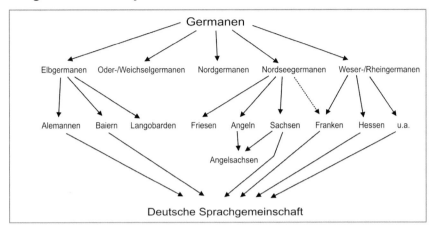

lassen mit dem Auftauchen in der antiken Literatur das relative Dunkel der Vorgeschichte. Die ältesten germanischen Sprachzeugnisse sind uns von römischen Autoren überliefert. Sie repräsentieren einen Sprachzustand, den man als gemeingermanisch bezeichnet, d.h. die germanischen Einzelsprachen hatten sich zu diesem Zeitpunkt noch nicht sehr weit auseinander entwickelt. Wörter aus dieser Periode sind *ūrus* 'Auerochse', *alcēs* (Pl.) 'Elche' *framea* (Speerart), *glēsum* 'Bernstein' (vgl. dt. "Glas"); *ganta* 'Gans', *sāpo* 'Schminke' (vgl. dt. "Seife").
Die zum frühesten Zeitpunkt für uns in größeren Texten greifbare germanische Sprache ist das **Gotische**. Im 4. Jh. hatte der gotische Bischof Wulfila für eine Gruppe der damals im Donauraum siedelnden späteren Westgoten die Bibel übersetzt. In einer in Oberitalien entstandenen Prachthandschrift (Codex Argente-

us, heute in Uppsala) aus dem 6. Jh. ist sie uns überliefert. Eine weitere früh belegte germanische Sprache ist das **Altnordische**, der Vorläufer der heutigen skandinavischen Sprachen, wobei das Urnordische vor allem in Runeninschriften vom 3. bis 8. Jh. überliefert ist; das Altnordische im engeren Sinne kennen wir vor allem aus Island mit den ältesten Handschriften aus dem 12. Jh. Das **Altenglische** oder Angelsächsische wird seit dem 7. Jh. geschrieben und ist im 8. und 9. Jh. in vielen religiösen und weltlichen Texten bezeugt. Auf dem Kontinent in Mitteleuropa wird seit dem 8. Jh. in germanischen Sprachen geschrieben, im Norden **altsächsisch** (= altniederdeutsch), in der Mitte und im Süden **althochdeutsch**. Zwar ist in dieser Zeit die normale Schreibsprache das Lateinische, doch finden vereinzelt auch deutsche, vor allem religiöse Texte den Weg aufs Pergament.

Vor allem aus archäologischen Daten hat man die Germanen der Zeit nach Christi Geburt in fünf Gruppen einteilen können, nämlich in die **Ost**germanen (z.B. Goten), die **Nord**germanen (in Skandinavien), die **Nordsee**germanen (Angeln, Sachsen), die **Weser-Rhein**germanen (Franken) und die **Elb**germanen; zu letzteren zählt man die Alamannen und Langobarden und eventuell auch die Baiern, sofern es sie um diese Zeit als eigene Gruppe schon gegeben haben sollte, was aber nicht sehr wahrscheinlich ist. Auf jeden Fall gehören die Baiern sprachlich zu den Elbgermanen. Die frühen altbairischen Sprachzeugnisse des 8./9. Jh. zeigen fast keine Unterschiede zu denen der Alamannen und denen der Langobarden, wobei von letzteren allerdings nur wenig Schriftliches in ihrer Muttersprache erhalten ist.

Im 7./8. Jh. haben wir in Mitteleuropa mit folgender sprachlicher Situation zu rechnen: Eine Sprachgruppe mit den Baiern und Alamannen im Süden, sowie mit einem Teil der Franken (Ost- und Rheinfranken) in der Mitte. Ihre drei Dialekte fasst man unter dem Begriff althochdeutsch zusammen. Im Norden sitzt ein anderer Teil der Franken, die altniederfränkisch (= Vorläufer des Niederländischen) sprechen, und die Sachsen, deren Idiom altniederdeutsch (altsächsisch) ist.

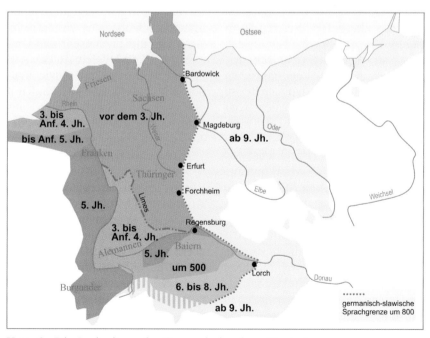

Karte 2: Die Ausbreitung des Germanischen bzw. Deutschen

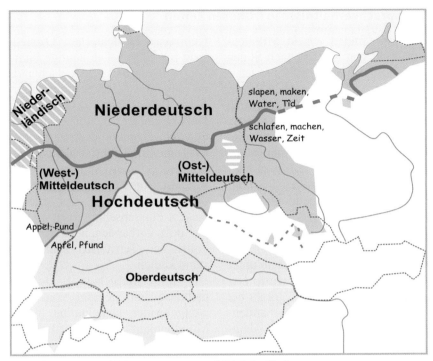

Karte 3: Lautverschiebungsgrenzen und Dialektgliederung

Das große sprachliche Ereignis, das Nord und Süd auseinandergerissen hat, ist die **Zweite Lautverschiebung** (LV). Sie lässt das Althochdeutsche entstehen dadurch, dass man alle Sprachformen, die diese Lautverschiebung mitgemacht haben, als (alt)**hoch**deutsch bezeichnet und die, die sie nicht mitgemacht haben, als **nieder**deutsch bzw. niederländisch. Diese Gliederung ist vom 4. bis 7. Jh. entstanden, und sie hat heute noch Bestand in der Gliederung der deutschen Dialekte.

Den Begriff "deutsch" in unserem heutigen Sinn hat es damals noch gar nicht gegeben; das entsprechende lat. Wort theodiscus bezeichnete jede germanische Volkssprache (auch z.B. das Altenglische) im Gegensatz zum Latein der Gelehrten. Es gab zwei Großdialekte, zwei Sprechergruppen, von denen die einen weiterhin *Water* sagten und die anderen (mit LV) bereits *Wasser*, die einen *maken* und die andern (mit LV) *machen*, die einen *Tīd* und die anderen (mit LV) *Zīt* (Zeit), die einen *slāpen* und die andern (mit LV) *slāfen* (schlafen). Diejenigen Dialekte, die diese Lautverschiebung mitgemacht haben, nennt man – unter rein geographischen Gesichtspunkten – hochdeutsch, die andern niederdeutsch. Aus den hochdeutschen Dialekten ist in einem lange andauernden Prozess unsere heutige Schriftsprache entstanden.

21

Die Sprachverhältnisse in früheren Zeiten

Im 8. Jh. finden wir in Mitteleuropa eine von Norden nach Süden – weniger von Westen nach Osten – gegliederte Dialektlandschaft vor, wo bei die Großdialekte in sich nicht allzu verschieden erscheinen. Die Kleinräumigkeit und Verschiedenheit der heutigen oberdeutschen Dialekte entsteht vom frühen Mittelalter an in den langen Jahrhunderten, in denen in Süddeutschland keine großräumigen Wanderungsbewegungen mehr stattfinden, dafür aber im Landesausbau immer mehr Wald gerodet und Land unter den Pflug genommen wird. Der fehlende überregionale Verkehr bei den Bauern, das Nicht-Vorhanden-Sein einer überregionalen deutschen Schreibsprache (Normal-Schriftsprache war Latein) und die fehlende Schriftkenntnis der großen Masse der Bevölkerung ermöglichten und bewirkten sprachliche Sonderentwicklungen in der Mündlichkeit des Kleinraums, die sich je nach Bedingungen schnell ausbreiteten oder regional blieben. Kleinräumige kirchliche und politische Organisationsformen, auch vielfach gegliederte Naturräume begünstigen solche auf kleine Landschaften beschränkte Entwicklungen.

Wo hingegen großräumige Territorien ohne natürlichen Hindernisse vorhanden waren und viele Menschen aus verschiedenen Gegenden zusammenkamen, entstanden größere Dialekträume, wie beispielsweise im ostelbischen Raum, in den Gebieten der deutschen Ostsiedlung (ab 9. Jh.). Die heutige bunte Dialektlandschaft Süddeutschlands ist Ergebnis solcher mittelalterlicher Entwicklungen. Die scharfe Dialektgrenze z.b. zwischen dem Schwäbischen und dem Bairischen am (unteren) Lech ist nicht Zeugnis einer alten Stammesgrenze, sondern Ergebnis von mittelalterlichen Sprachbewegungen, die an diesem Flussabschnitt auch infolge der dort vorhandenen Grenze der politischen Territorien zum Stillstand kamen.

Die mittelalterlichen Sprachverhältnisse sind geprägt von einer weitgehenden Dialektalität in der Mündlichkeit und Schriftlichkeit. Von einer Einheitlichkeit, die die Termini **althochdeutsch** (750-1050), **mittelhochdeutsch** (1050-1350) und **frühneuhochdeutsch** (1350-1650) suggerieren, weil man sie mit dem heutigen Neuhochdeutschen parallelisiert, kann keine Rede sein!

Und die Buntheit des Gesprochenen gab es auch in der mittelalterlichen Schriftlichkeit. Diese spiegelt i.d.R. weniger den dialektalen Kleinraum als den Mittel- und Großraum. Das liegt einmal an dem vorhandenen Buchstabensystem (dem lat. Alphabet), das nur stark abstrahierend das Gesprochene wiedergeben konnte und damit manche Unterschiede verdeckte, und zweitens liegt es an schnell entstandenen Schreibtraditionen, die dafür sorgten, dass man so weiter schrieb, wie man es einmal gelernt hatte.

Die gesprochene Sprache früherer Zeiten aber können wir uns gar nicht dialektal genug vorstellen: Noch vor 100 Jahren waren im deutschsprachigen Süden Ausspracheformen wie *miad* für 'müde' oder *guat* für 'gut' auch beim gebildetsten Sprecher normal. Um 1780 sagt eine österreichische Gräfin zu einer bairischen Standesgenossin am Kaiserhof in Wien, sie möge kein so "schlechtes Deutsch" sprechen: Sie sage immer *die Koaserin*, wo es doch richtig *die Kaaserin* heiße; diese für uns heute als grob mundartlich empfundene Lautung war damals am kaiserlichen Hof üblich! Die inzwischen vorhandene relativ einheitliche gesprochene Standardsprache ist im süddeutschen Raum erst eine Entwicklung der allerjüngsten Zeit.

Sprachwechsel im Niederdeutschen

Der niederdeutsche Raum hat in der frühen Neuzeit einen radikalen Sprachwechsel vollzogen. Dort begann man nämlich ab Anfang des 16. Jhs., die angestammte und als Sprache der Hanse einst im Nord- und Ostseeraum führende niederdeutsche Schreibsprache aufzugeben, und zwar zugunsten einer im Süden entwickelten Schriftsprache, die (geographisch motiviert) "hochdeutsch" hieß. Mit der Übernahme der südlichen Schreibnorm entsteht daraus sekundär auch eine neue gesprochene Sprache im Norden, eine Sprache, die sich an den Lautwerten der Buchstaben des geschriebenen "Hochdeutschen" orientierte. Diese norddeutsche Aussprache der im Süden entwickelten Schreibformen wird dann im 19. Jh. die Basis für die Normen unserer heutigen gesprochenen Standardsprache.

Die Entstehung des Neuhochdeutschen

Wie kommt es nun, dass wir heute eine relativ einheitliche Schreib- und Sprechsprache haben? Das ist vor allem Ergebnis einer Entwicklung in der Schriftlichkeit, in den Schreibsprachen der frühen Neuzeit (15.-18. Jh.). Der Buchdruck revolutionierte die Kommunikationsverhältnisse: Die Drucker hatten ein Interesse an hohen Auflagen und wollten ihre Bücher überallhin verkaufen. Somit sahen sie sich gezwungen, Sprachformen zu wählen, die man überall verstand, die dialektal großräumiger verbreitet waren; was hingegen nur lokal oder kleinräumig verbreitet war, wurde gemieden. Dieser Selektionsprozess dauerte Jahrhunderte und ist im Grunde bis heute nicht abgeschlossen. Bei diesem Vorgang konnten Dialektformen aus der Schriftlichkeit verbannt werden, sie starben in der Schriftsprache aus (z.B. das bairische *enk* für 'euch'), es konnten sich die verschiedenen Dialektformen bedeutungsmäßig spezialisieren und so in der Schriftsprache überleben (*Kamin, Schornstein, Schlot, Esse* waren z.B. ursprünglich nur regionale Synonyme für den 'Rauchabzug im Haus'), oder mehrere regionale Formen haben sich als Synonyme in der Schriftsprache bis heute gehalten (wie *Samstag* und *Sonnabend, Fleischer* und *Metzger*). Nicht nur geographische Gesichtspunkte spielten bei diesem Prozess eine Rolle, sondern auch Sprachautoritäten, nach deren Vorbild man sich richtete. Im 15. Jh. und im ersten Drittel des 16. Jhs. waren die Druckersprachen der süddeutschen Reichsstädte, z.B. Augsburg und Nürnberg, führend, danach besonders die des ostmitteldeutschen Raumes. Dies vor allem auch deswegen, weil Martin Luther aus dieser Region stammte. An seiner Sprache orientierte sich das protestantische Deutschland. Auf ihn beriefen sich die führenden Köpfe in Mittel- und Norddeutschland, die dem Deutschen vom 17. Jh. an in Kunst und Wissenschaft immer mehr Geltung verschafften, während die Gelehrten des katholischen Südens sich im Latein bewegten. Im katholisch-jesuitisch geprägten Raum wurden die neuen Schreibformen abgelehnt und als "lutherisch" bezeichnet. Das führte zu einem Entwicklungsvorsprung des von den protestantischen Regionen geprägten Deutsch, der vom Süden ab 1750 dadurch aufgeholt wurde, dass man die im Norden geschaffene Form der Schriftsprache übernahm.

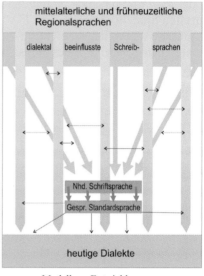

Modell zur Entwicklung von Mündlichkeit und Schriftsprache

Die Dialekträume in Bayerisch-Schwaben

Unser Raum liegt zur Gänze im Bereich der drei oberdeutschen Großmundarträume: die größte Verbreitung hat das **Ostschwäbische**, welches aber nur einen Teil des Gesamtschwäbischen darstellt, das sein geographisches Zentrum ungefähr in Ulm hat und das bis in den Schwarzwald und über Stuttgart hinaus reicht. Dieses Schwäbische ist aber selbst wiederum ein Teil des "Alemannischen", welches den ganzen deutschsprachigen Südwesten, einschließlich Vorarlberg, der Schweiz und dem Elsass einnimmt. Der Südwesten unseres Raumes, das Ober- und Westallgäu sowie das bayerische Bodenseegebiet, wird zum Alemannischen im engeren Sinne gerechnet, genauer zum **Niederalemannischen**.
Im Norden unseres Gebietes geht das Ostschwäbische stufenweise in das **Ostfränkische** über, welches man ebenfalls noch weiter aufteilen kann in Ober-Ostfränkisch (etwa Mittel- und Oberfranken) und Unter-Ostfränkisch (Unterfranken).

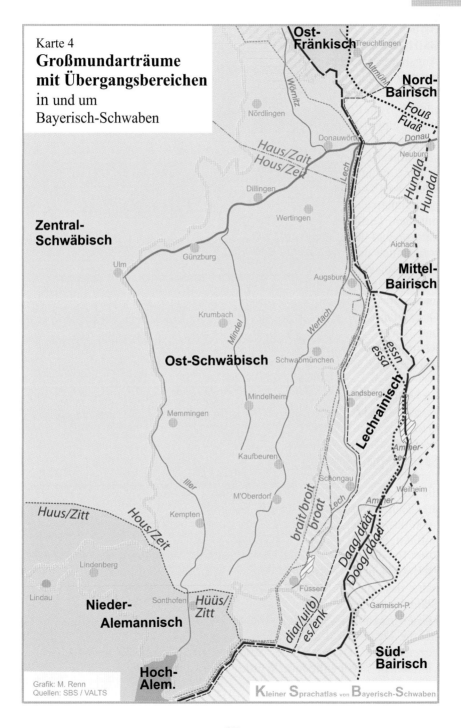

Karte 4
**Großmundarträume
mit Übergangsbereichen**
in und um
Bayerisch-Schwaben

Ost-
Fränkisch Treuchtlingen
Altmühl

**Nord-
Bairisch**

Wörnitz

Fouß
Fuaß

Nördlingen

Donauwörth

Donau

Haus/Zait
Hous/Zeit

Neuburg

Lech

Hundla
Hundal

Dillingen

Wertingen

**Zentral-
Schwäbisch**

Aichach

Günzburg

Ulm

**Mittel-
Bairisch**

Augsburg

Krumbach

Wertach

Mindel

Ost-Schwäbisch Schwabmünchen

essn
essa

Lechrainisch

Mindelheim

Landsberg

Memmingen

Amper-
see

Kaufbeuren

Schongau

Iller

braib/broit
broat

Lech

Weilheim

M'Oberdorf

Amper

Huus/Zitt

Hous/Zeit

Kempten

Daag/dääd
Doog/daad

Lindenberg

Lindau

Sonthofen

Füssen

Garmisch-P.

**Hüüs/
Zitt**

**Nieder-
Alemannisch**

diar/ui(b)
es/enk

**Süd-
Bairisch**

Grafik: M. Renn
Quellen: SBS / VALTS

**Hoch-
Alem.**

Kleiner Sprachatlas von Bayerisch-Schwaben

Östlich des Lechs schließt das **Bairische** an, wobei nur zwischen Augsburg/Friedberg und der Lechmündung eine ganz scharfe Dialektgrenze festzustellen ist. Denn südlich von Friedberg haben wir es mit einem relativ breiten Übergangsgebiet zu tun, in dem sich schwäbische Elemente (vor allem in der Lautung) und bairische (vor allem im Wortschatz) mit regional unterschiedlichen Anteilen mischen. Diese Dialekte im Übergangsgebiet fasst man sinnvollerweise auch unter der Bezeichnung **Lechrainisch** zusammen. Das Bairische umfasst außer Altbayern auch den überwiegenden Teil von Österreich (Ausnahme: Vorarlberg und Tiroler Außerfern-Gebiet um Reutte). Es wird unter dialektologischen Gesichtspunkten dreigeteilt in das Nordbairische (Raum Eichstätt, Oberpfalz und ehemals Egerland), das Mittelbairische (von Friedberg bis an die slowakische bzw. ungarische Grenze) und das Südbairische (vom Werdenfelser Land über Tirol und Kärnten bis in die südliche Steiermark). An allen drei Teilräumen des Bairischen hat auch das Gebiet, das unsere Karte umfasst, einen Anteil.

Die Bezeichnungen "fränkisch", "schwäbisch", "bairisch" legen nahe, dass die Dialektgrenzen alte Stammesgrenzen widerspiegeln. Diese Annahme ist jedoch so nicht richtig. Denn die in der Karte eingezeichneten Dialekträume sind vielfach in sich gegliedert. Würde man z.B. alle Grenzen in der Verwendung verschiedener Wörter, Laute, Formen und syntaktischer Regularitäten, die man inzwischen kennt, in eine Karte gemeinsam einzeichnen, dann ergäbe sich ein Bild von größter Regellosigkeit. An bestimmten Stellen bündeln sich allerdings die Einzelgrenzen. An solchen Linienbündeln macht die Dialektologie Dialektgrenzen fest, wohl wissend, dass das lediglich Abstraktionen sind, Festlegungen, die den allmählichen Übergang eines Dialektes in einen anderen vernachlässigen.

Früher haben die Stadtmünchner die Pasinger schon scherzhaft als Schwaben bezeichnet, diese wieder sahen sich selbst als Baiern und ließen die Schwaben erst weiter westlich beginnen. Nach diesem Schema ging es in Stufen bis zum Lech, der als westlichste Grenze des Bairischen gelten kann. Auch die Wissenschaft kann angesichts der vorhandenen Übergangs- bzw. Stufenlandschaften die viel gestellte Frage "Wo beginnen die Franken, die Schwaben, die Baiern?" nicht eindeutig beantworten. Wer z.B. die Grenze zwischen Baiern und Schwaben dort gegeben sieht, wo man für 'euch' nicht mehr *enk,* sondern *ui* oder *uib* sagt, der setzt die Grenze am Lech an; er nimmt damit aber hin, dass die so zu Baiern deklarierten Menschen *Wassr* und *Fässla* sagen und nicht etwa *Wåssa* und *Fassl,* wie man es von einem echten Sprachbaiern erwartet.

Die eben gestellte Frage interessiert deshalb viele Menschen, weil

26

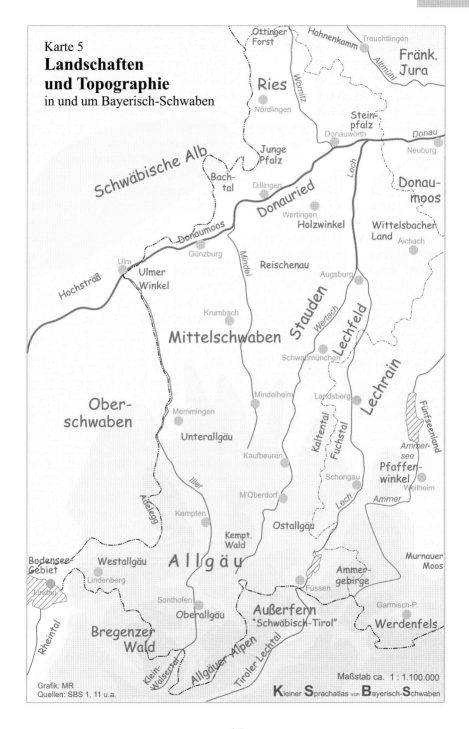

sie wissen wollen, zu welcher Herkunftsgruppe von Menschen, zu welchem historischen Stamm sie gehören, wo ihre Wurzeln sind. Und diese Frage wird deshalb ausgerechnet dem Dialektforscher gestellt, weil seine regionalen Sprachbezeichnungen sich an Stämmen orientieren, die – so stellt man sich das gewöhnlich fälschlicherweise vor – sich als geschlossene, organisierte Gruppen in der Völkerwanderung in der Region niedergelassen hätten. Die Sprachgrenzen würden damit alte Stammesgrenzen reflektieren. Es mag kurze Stücke geben, wo das der Fall ist, für die Grenze zwischen den beiden Stämmen Schwaben/Alemannen und Baiern gilt es jedoch nicht. Oben wurde schon festgestellt, dass sich diese beiden Stämme im 8. Jh. sprachlich noch kaum unterschieden haben und dass die heutigen Dialektunterschiede auf Entwicklungen des Mittelalters basieren. Für die damals entstehenden Dialektgrenzen waren Herrschaftsverhältnisse, wirtschaftliche Einflusszonen, geographische Verhältnisse, kurz Verkehrs- und Kommunikationsräume maßgeblich. Diese haben sich im 20. Jh. grundlegend geändert, mit der Folge, dass sich die kleinräumigen Dialektareale auflösen zugunsten von überlandschaftlich geltenden, aber noch regional geprägten Umgangssprachen.

Der Lech als Sprachgrenze. Die Dreistammesecke

Trotz allem, was bisher zur Problematik der Dialektabgrenzung gesagt wurde, ist der Lech vor allem zwischen Augsburg und seiner Mündung eine der schärfsten Mundartscheiden im deutschen Sprachraum. Das war er nicht immer. Vor ca. 1200 Jahren, in althochdeutscher Zeit, gab es keine sprachlichen Unterschiede zwischen den Dörfern links und rechts des Flusses. Es gab auch keine Unterschiede in der volksmäßigen Herkunft. Denn die rechte Lechseite wurde von Westen, vom heutigen Schwaben, also von der linken Flussseite her besiedelt. Das haben Archäologen aufgrund der Untersuchung von Beigaben in Reihengräbern feststellen können.

Auch sonst ist es bis heute nicht gelungen, archäologisch relevante Unterschiede von Alemannen und Baiern in der Frühzeit (6./7. Jh.) festzustellen. Beide gehören zu einer Gruppe, die man als "westlichmerowingischen Kreis" bezeichnet, zu dem auch die Franken gehören. Augsburg war in der Römerzeit Hauptstadt der Provinz Raetien, das Bistum Augsburg reicht weit über den Lech, diese Grenzen sind sicher sehr alt und zeugen davon, dass der Lech damals noch keine kulturelle Grenze bildete.

Der Lech war aber mindestens 1000 Jahre lang eine politische Grenze, an der sich ein einheitliches Territorium im Osten und ein politisch zersplitterter Westen gegenüber

28

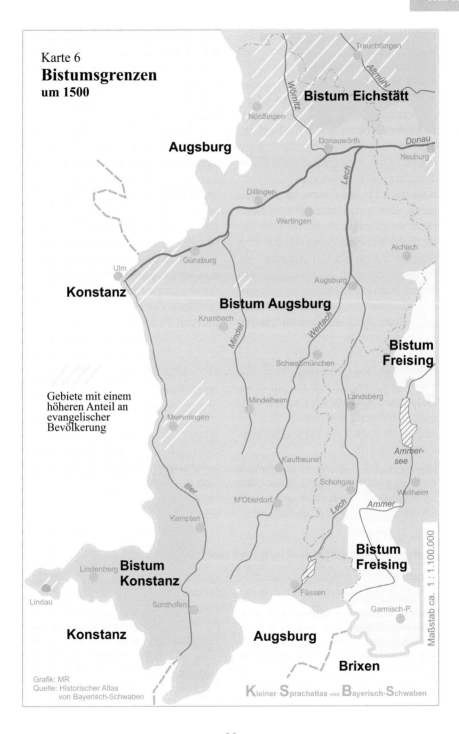

Karte 6
Bistumsgrenzen
um 1500

Bistum Eichstätt

Treuchtlingen

Wörnitz

Altmühl

Nördlingen

Augsburg

Donauwörth

Donau

Neuburg

Lech

Dillingen

Wertingen

Aichach

Ulm

Günzburg

Augsburg

Konstanz

Bistum Augsburg

Krumbach

Mindel

Werlach

**Bistum
Freising**

Schwabmünchen

Gebiete mit einem
höheren Anteil an
evangelischer
Bevölkerung

Mindelheim

Landsberg

Memmingen

Ammer-
see

Kaufbeuren

Schongau

Weilheim

Iller

M'Oberdorf

Lech

Ammer

Kempten

**Bistum
Freising**

Lindenberg **Bistum
Konstanz**

Sonthofen

Füssen

Garmisch-P.

Lindau

Konstanz

Augsburg

Brixen

Maßstab ca. 1 : 1.100.000

Grafik: MR
Quelle: Historischer Atlas
von Bayerisch-Schwaben

Kleiner Sprachatlas von Bayerisch-Schwaben

29

standen. Diese politische Grenze wurde auch zur Verkehrsgrenze, weil die Territorien versuchten, ihr menschliches und materielles Kapital im Lande zu halten, das heißt, sie bemühten sich, Abwanderungen zu verhindern und den Einkauf im eigenen Territorium stattfinden zu lassen. Das vermindert den Kontakt über die Territorialgrenzen hinweg auf ein Minimum, und wenn solch eine politische Grenze über Jahrhunderte hin stabil ist und zusätzlich noch mit einer natürlichen Grenze zusammenfällt (breite Ödlandstreifen und Auenwälder, wo keine stabilen Straßen anzulegen waren, weil regelmäßige Überschwemmungen das verhinderten), dann ist das die beste Voraussetzung dafür, dass kein sprachlicher Ausgleich mehr mit den Nachbarn stattfindet, das sich die Dörfer links und rechts des Lechs fremd werden, dass Vorurteile aufgebaut werden und dass auch eine Bewusstseinsgrenze entsteht.

Nördlich der Donau und südlich von Augsburg fächert sich das Sprachgrenzbündel auf und bildet einen nicht mehr so schroffen Übergang: Im Norden fehlte die natürliche Grenze. Im Süden konnte sich im "Windschatten" von Ammersee und Starnberger See sowie von Kontakt hemmenden Moorlandschaften nördlich des Ammersees manche Neuerung, die von Osten, vom innerbairischen Raum kam, nicht durchsetzen, so dass der Lechrain als Sprachlandschaft mit vielen nur dort vorhandenen Eigenheiten entstand.

Im Norden findet sich am Hahnenkamm, also zwischen Oettingen, Wassertrüdingen und Treuchtlingen die sog. **Dreistammesecke**. An ihr stoßen das Fränkische (von Norden), das Bairische (von Osten) und das Schwäbische (von Süden) aufeinander. Sie trägt, wenn man die oben beschriebenen Fakten über die frühmittelalterlichen Sprachverhältnisse und die fehlende kulturelle Unterscheidbarkeit im archäologischen Befund einbezieht, ihren Namen zu Unrecht. Nicht einwandernde Stämme trafen dort aufeinander, sondern sich allmählich in die Wälder (Hahnenkamm) hineinrodende Verkehrsgemeinschaften.

Dialekte, Umgangssprachen und Hochsprache

Diese drei Termini beschreiben drei voneinander nur sehr schwer abgrenzbare, in hierarchischer Ordnung stehende Sprachformen. Während sich die beiden entgegen gesetzten Pole Dialekt und Hochsprache eher fassen lassen, ist das bei dem, was man Umgangssprache nennt, nicht der Fall. Als **Dialekt** tritt in den Karten dieses Bandes jene Sprachform auf, die im Rahmen der Befragungen zum Bayerischen Sprachatlas in den 80er und 90er Jahren des 20. Jhs. von der älteren Generation noch erfragt werden konnte.

Hochsprache, Standardsprache, Schriftsprache nennen wir hier die Normaussprache, so wie sie in den Aussprachewörterbüchern niedergelegt ist. Diese Normen spricht zwar niemand wirklich, sie sind auch nicht einheitlich, doch können sie relativ gut als Fixpunkt für hohe Formen des Sprechens verwendet werden. Zwischen Dialekt und Hochsprache sind irgendwo die **Umgangssprachen** angesiedelt. Man darf sie sich aber nicht als einheitliche Sprachformen vorstellen. Auch in einer relativ einheitlichen Region sind sie nicht als feste, starre Größe vorhanden. Und zudem versteht man unter ihnen im Süden und der Mitte etwas anderes als im Norden, und bei den Philosophen heißt "Umgangssprache" die normale Alltagssprache, die im Gegensatz steht zur wissenschaftlichen Fachsprache.

Im Norden wird unter Umgangssprache eine stilistisch niedrigere, "lässigere", gleichsam abgesunkene Form der Standardsprache verstanden. In der Mitte und im Süden (mit Ausnahme der Schweiz, wo andere Verhältnisse herrschen) ist sie eine zwischen den Dialekten und der Hochsprache stehende Zwischenschicht, relativ uneinheitlich, ohne feste Norm, mit vielen Übergangsformen, die häufig interpretierbar sind als Tendenz der Sprecher, der Einheitssprache näher stehende Formen zu verwenden. Man kann diese Zwischenschicht aber auch als dialektale Stufenleiter beschrei-

ben, die von der Grundmundart ausgeht und sich in mehr oder weniger großen Schritten/Stufen in Richtung Standardsprache bewegt. Die zwischen Grundmundart und Standardsprache vorkommenden sprachlichen Formen sind nicht beliebig kombinierbar, bestimmte Merkmale kommen nur miteinander vor, es besteht aber eine hohe Variabilität. Welcher Bereich sprachlicher Merkmale innerhalb eines solchen Spektrums von den Sprechern jeweils verwendet wird, hängt von mehreren Faktoren ab, z.B. vom Kommunikationspartner, von der Sprechsituation, vom Thema, von der beabsichtigten Wirkung und auch davon, welche Varianten dem Sprecher überhaupt zur Verfügung stehen.

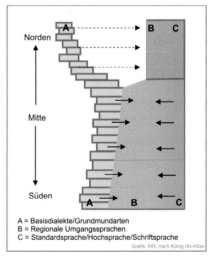

A = Basisdialekte/Grundmundarten
B = Regionale Umgangssprachen
C = Standardsprache/Hochsprache/Schriftsprache

Grafik: MR, nach König dtv-Atlas

Solche Faktoren konnten hier im Modell nicht berücksichtigt werden, es zeigt aber, dass z.B. die tatsächlich gesprochene Standardsprache nur wenig regional geprägt

31

ist und dass sie in hohem Maße die regionalen Umgangssprachen beeinflusst. Diese weisen wiederum größere regionale Unterschiede auf, besonders in der Mitte und im Süden, aber bei weitem nicht so viele wie die Dialekte, die relativ kleinräumig gegliedert sind. Die Dialekte haben deshalb die geringste kommunikative Reichweite, in geographischer Hinsicht ebenso wie in sozialer. Heutzutage ist die Anzahl der Situationen, in denen der Dialekt die angemessene Sprachform ist, weitaus geringer gegenüber jenen, die mit Umgangssprachen oder dem Standard bewältigt werden. Deshalb ist die Beherrschung "höherer" Sprachformen Voraussetzung für jeden sozialen Aufstieg. Erlernt werden solche Formen – wenn nicht in der Familie – in der Schule. Die höhere Mobilität der heutigen Bevölkerung, regional wie sozial, die allgemein verbreitete höhere Schulbildung, die anhaltende Abnahme der in der Produktion tätigen Bevölkerung, ist Ursache für den Rückgang des Dialekts auf dem Lande und in den Städten. Der viel zitierte Einfluss der Massenkommunikationsmittel führt zwar zur passiven Beherrschung des Standards, ist aber nicht primäre Ursache für den Dialekt-Schwund. Die Situationen, in denen der Dialekt das angemessene Mittel der Verständigung ist, werden immer weniger, beispielsweise dann, wenn der Ehepartner, der Nachbar oder die Kameraden im Fußballverein aus einer anderen Region stammen.

Die alten Dialekte im Norden (meist "Platt" genannt) sind wegen der nicht durchgeführten Zweiten Lautverschiebung (s. Seite 21) sehr viel weiter von der Hochsprache entfernt als die im Süden, die strukturellen Unterschiede sind so groß, dass keine dialektale Stufenleiter entstehen konnte; das Plattdeutsche wird sehr viel weniger gesprochen als die Dialekte im Süden und in der Mitte. Der alte Dialekt ist dort nur mehr auf dem flachen Land, vorwiegend an der Küste, in Gebrauch. Im Süden wandeln sich die Dialekte, indem sie Formen, die nur kleinregional verbreitet sind, aufgeben zugunsten von solchen, die eine größere Verbreitung haben; das, was wir heute als Umgangssprache bezeichnen, werden die Dialekte der späteren Generationen sein.

Laute
Vokale und Konsonanten

Haus / Zeit / Häuser (mhd. û, î, iu)

Die nhd. **Diphthongierung** ist eine entscheidende Veränderung im Lautsystem des Deutschen, die sich an der Wende vom Mittelhochdeutschen zum Neuhochdeutschen vollzog. Von dieser Entwicklung sind die drei hohen mhd. Langvokale î, û und iu (= langes ü) betroffen, die zu Diphthongen (Zwielauten) wurden. Diese Diphthongierung war ein längerer Prozess, der schon vor 1200 am Südostrand des Deutschen, in Südtirol und Kärnten, in Urkunden fassbar wird und sich im 13. Jh. im österr. Donauraum in schriftl. Quellen zeigt. Schon vor 1600 hatte die Diphthongierung den Großteil des deutschen Sprachraums erfasst. Nicht erreicht hat sie den alemannischen Südwesten, wozu auch eine Ecke unseres Gebietes, vom Bodensee bis zum Oberjoch, gehört.

Die Lautung bei den Beispielwörtern "Haus" (< mhd. hûs), "Zeit" (< zît) und "Häuser" (< hiuser) geht parallel und entspricht in betonter Stellung fast allen anderen Wörtern mit diesen historischen Lauten. Die kartierten Lautungen für "Haus" gelten also beispielsweise auch in "Bauch, Bauer, Maus, Kraut, Schraube, brauchen, saufen", die für "Zeit" findet man auch in "Eis, bleiben, reiten, Leiche, Leib". Sie gelten jedoch nicht in Wörtern wie "glauben, laufen, kaufen, auch, Baum" bzw. "Laib, breit, heiß, ich weiß", deren Diphthong nicht auf mhd. û oder î, sondern auf mhd. ou, ei zurückgehen (vgl. Karten 16 und 17).
Der für den schwäb. Kernraum typische geschlossene Diphthongtyp *Hous*

bzw. *Zejt* wird – besonders deutlich in Richtung Ulm – meist stark zentralisiert, also im mittleren Mundraum mit flacher Zunge produziert (*Hous, Zejt*). Die erhaltenen Monophthonge im Südwesten des deutschen Sprachgebietes gelten nach herkömmlicher Dialekteinteilung als Kriterium für die Abgrenzung von **Alemannisch** (im engeren Sinne) und **Schwäbisch**. In der alemannischen Ecke Bayerisch-Schwabens wird der erhaltene Monophthong von mhd. î zwar einheitlich sehr geschlossen mit "spitzem" i ausgesprochen (*Iis*), der aus mhd. û hat jedoch eine unterschiedliche Aussprache: am Bodensee heißt es (ebenso wie in der Schweiz und in Vorarlberg) noch *Huus*, im West- und Oberallgäu wird der Vokal unterschiedlich stark palatalisiert (= zentralisiert), d.h. mit flacher Zunge und ü-ähnlichem Klang gesprochen, was auf unserer Karte mit *Huus* oder *Hüüs* verschriftlicht ist. Diese Aussprache ist auch im Elsass anzutreffen. Sie ist innerhalb des Alemannischen vor allem dort verbreitet, wo Dehnung in offener Tonsilbe durchgeführt wurde. Sie hilft dort, die alten langen u-Laute (z.B. *Huus*) von den neu (durch Dehnung in offener Tonsilbe) entstandenen (z.B. *Stuuba*) getrennt zu halten. Im Auslaut und am Silbenende vor einem weiteren Vokal werden im nördl. Teil des Alemannischen die alten Monophthonge aber ebenfalls diphthongiert und stark zentralisiert, z.B. *Bou* "Bau" (< mhd. bû), *bou-a* "bauen" bzw. *Blei* "Blei", *schneija* "schneien".

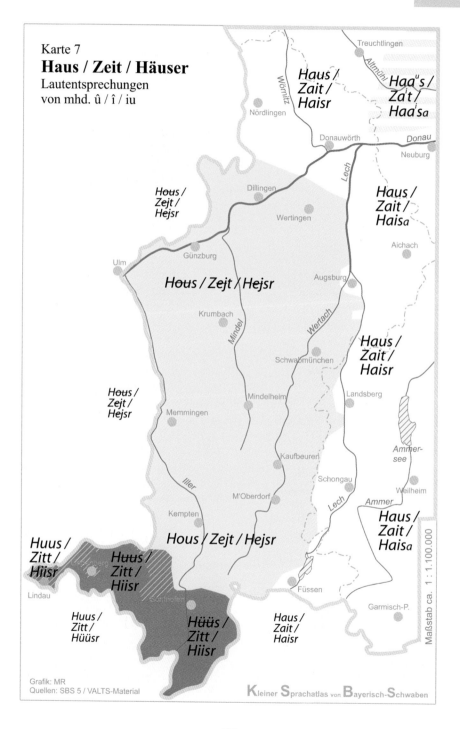

Karte 7
Haus / Zeit / Häuser
Lautentsprechungen
von mhd. û / î / iu

Haus / Zait / Haisr

Haaᵘs / Zaᵗt / Haaˢa

Hous / Zejt / Hejsr

Haus / Zait / Haisa

Hous / Zejt / Hejsr

Haus / Zait / Haisr

Hous / Zejt / Hejsr

Huus / Zitt / Hiisr

Huus / Zitt / Hiisr

Hous / Zejt / Hejsr

Haus / Zait / Haisa

Huus / Zitt / Hüüsr

Hüüs / Zitt / Hiisr

Haus / Zait / Haisr

Maßstab ca. 1 : 1.100.000

Grafik: MR
Quellen: SBS 5 / VALTS-Material

Kleiner Sprachatlas von Bayerisch-Schwaben

35

braun / Wein (mhd. û / î vor Nasal)

Die zwei gegenüberliegenden Ausschnittskarten zeigen zwei unterschiedliche lautliche Phänome, ein vokalisches und ein konsonantisches:
Die auf die mittelhochdeutschen Langvokale û, î, iu zurückgehenden **Vokallaute** weichen dann von den in der vorausgehenden Karte 7 dargestellten und im dazugehörigen Text beschriebenen Lautverhältnissen ab, wenn diesen Vokalen ein Nasalkonsonant folgt bzw. früher einmal gefolgt ist. Innerhalb des Diphthonggebietes gibt es in diesen Fällen die sonst deutlich auffälligen Unterschiede im Öffnungsgrad, also zwischen den Typen *ej* und *ai*, *ou* und *au* nicht mehr, diese Unterscheidung ist durch den Nasal neutralisiert (*Wäiⁿ, bråuⁿ*). Diese weitgehend einheitliche Aussprache der (nasalierten) Diphthonge im schwäbischen und bairischen Raum gilt beispielsweise auch bei Wörtern wie "Schreiner", "zäunen", "Zaun" und "Daumen". Dabei ist es unerheblich, ob der alte Nasalkonsonant noch erhalten oder geschwunden ist (*Wäiⁿ, zäiⁿna*).

Im alemannischen Teil ist die Vokalaussprache vom unterschiedlichen Verhalten des Nasalkonsonanten beeinflusst. Denn im Oberallgäu (und teilweise im Westallgäu und im angrenzenden Bregenzer Wald) hat nämlich eine **Velarisierung** des auslautenden *-n* zu *-ng* stattgefunden, d.h. der Artikulationsort des Nasalkonsonanten hat sich im Mundraum von vorne (an den Zähnen) nach hinten (am Gaumen) verlagert. Diese Erscheinung betrifft auch andere vergleichbare Wörter, so etwa *sing* 'sein', *ming* 'mein', *ning* ʰⁱ'nein'. Zu letzterem Beispiel ergibt sich übrigens, wegen der Entrundung, eine identische Lautung bei mhd. iu vor Nasal: *ning* für 'neun'. Das Phänomen der Velarisierung war früher großräumig (im Westen und in der Mitte des deutschen Sprachgebietes) verbreitet; die Karte zeigt eines der vielen Restgebiete, die diese Velarisierung noch zeigen (vgl. auch *hång* für 'haben' in Karte 27 und *lång* für 'lassen' in Karte 33).

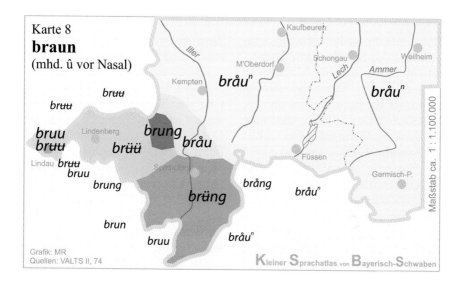

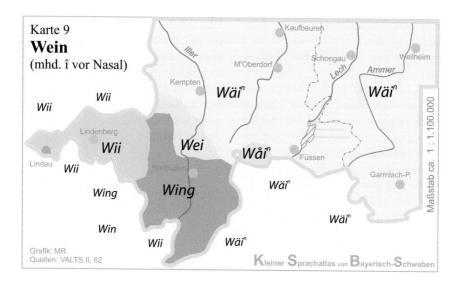

a-Laute in: Katze / sagen / Nadel (mhd. a, â)

Die Karte fasst die sprachgeographischen Verhältnisse von mehreren Wörtern, die im Mittelhochdeutschen und Neuhochdeutschen einen *a*-Laut besitzen, zusammen. Die Karte ist so zu lesen, dass man im dunkelgelb eingefärbten Gebiet im Zentrum *Katz*, *saaga* und *Naudl* für "Katze", "sagen" und "Nadel" spricht. Betrachtet man das Wort "Nadel" alleine, dann sieht man, dass man das Wort in der Mitte mit einem Diphthong als *Naudl* spricht, dass es aber auch die Formen *Nåådl*, *Nåudl* und *Noodl* gibt. Das Wort "Nadel" steht stellvertretend für eine ganze Reihe von Wörtern, bei denen die gleiche Entwicklung des Vokals vorliegt, die im Mittelhochdeutschen alle ein langes â besitzen wie z.b. "Abend", "schlafen", "Schaf", "fragen" oder "braten". Im zentralen Diphthonggebiet mit *au* verschwindet dieser Lauttyp allmählich, unbewusst vermeiden die Sprecher dieses auffällige Dialektmerkmal und verwenden stattdessen ein *åå*, also die *Naudl* wird mehr und mehr zur *Nåådl*.

Der im Mittelhochdeutschen kurze *a*-Laut ist in unseren Dialekten in bestimmten Positionen gedehnt worden: Immer, wenn das a (und analog auch ein anderer Kurzvokal) im Auslaut einer betonten Silbe stand, tritt in unseren Dialekten ein Langvokal auf. Diesen Vorgang nennt man "Dehnung in offener

Tonsilbe" (vgl. Text zu Karte 22). Also: mhd. vogel > *Voogl*, sagen > *saaga*, wonen > *woona*, legen > *leega*. Bei einigen Wörtern mit t ist der Kurzvokal in Teilen unseres Gebietes erhalten geblieben. Die Karte 23 zeigt die Verhältnisse beim Wort "Vater".

"Katze" ist ein Beispiel für erhaltenen Kurzvokal, wie er auch bei "Acker", "Apfel", "Kasten", "Wasser", "Latte" oder bei "machen" vorliegt. Das Beispielwort "sagen" steht für die Entwicklung des kurzen a bei Dehnung und stellt die Verhältnisse auch von Wörtern wie "Nagel", "laden", "Graben", "Hase" oder "Hafen" ('Topf') dar.

Bei Wörtern, in denen dem kurzen *a*-Laut ein *r* oder *l* (+Dental) bzw. ein *m*, *n* oder *ng* folgt, gibt es regional Sonderentwicklungen, weil der folgende Laut den vorhergehenden beeinflusst oder weil *r*, *l* oder *n* auch schwinden können und dabei das *a* qualitativ verändern.

Verdumpfung und **Hebung** bei tiefen Vokalen:

$$o$$
$$\uparrow \text{"Hebung"}$$
$$a \rightarrow å$$
"Verdumpfung"

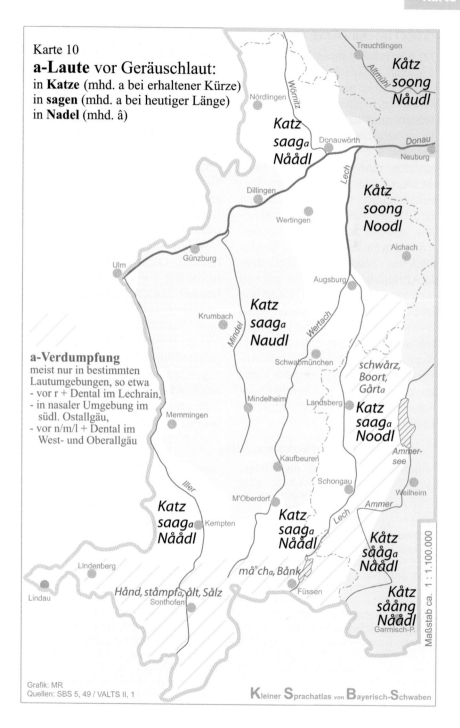

Karte 10
a-Laute vor Geräuschlaut:
in **Katze** (mhd. a bei erhaltener Kürze)
in **sagen** (mhd. a bei heutiger Länge)
in **Nadel** (mhd. â)

a-Verdumpfung
meist nur in bestimmten
Lautumgebungen, so etwa
- vor r + Dental im Lechrain,
- in nasaler Umgebung im
  südl. Ostallgäu,
- vor n/m/l + Dental im
  West- und Oberallgäu

Grafik: MR
Quellen: SBS 5, 49 / VALTS II, 1

Kleiner Sprachatlas von Bayerisch-Schwaben

Nase / Flasche / Gras (Umlaut von mhd. a)

Das alte mhd. a ist in Wörtern wie "Flasche", "Tasche", "waschen", "Asche", aber auch in "Nase" und "Gras" in weiten Teilen unseres Gebiets zu *ä* bzw. zu *e* geworden. Es ist umgelautet worden, wobei hier aber die regulären Bedingungen für eine Umlautung (meist ein altes *i* oder *j* in der Folgesilbe) nicht gegeben sind. In diesem Fall wird in der Regel der folgende *s*- bzw. *sch*-Laut als Ursache für diesen Lautwandel angesehen. Die im vorderen Mundraum stattfindende Artikulation von *s* und *sch* soll auch eine stufenweise Verlagerung der Vokalaussprache nach vorne (*a* > *ä* > *e*) bewirkt haben. Es handelt sich dabei vor allem um ein Phänomen des schwäbisch-alemannischen Raumes (vgl. auf der Karte die Lauteinträge im angrenzenden Vorarlberg und in "Schwäbisch"-Tirol).

Die Karte zeigt am Beispiel der drei Wörter **Nase, Flasche** und **Gras** sehr schön die ungleich weit reichende und doch parallele Verbreitung dieses Phänomens. Im Norden und Osten unseres Raumes bleibt mhd. a unumgelautet und erscheint folglich, entsprechend der in Karte 10 gezeigten Verhältnisse, teilweise zu *å* oder *oo* verdumpft. Beim Wort "Nase" haben wir zusätzlich die Erscheinung, dass der Vokal gebietsweise nasaliert ist (*Nee^{n}s*). Diese **Nasalierung** muss in diesem Fall von dem vorausgehenden Nasalkonsonanten *N*- ausgegangen sein und bewirkt somit eine Veränderung am folgenden Vokal. Wesentlich häufiger ist der gegenteilige Fall, dass nämlich ein Nasalkonsonant auf den vorausgehenden Vokal zurückwirkt, z.B. *schee^{n}, schea^{n}* für 'schön' oder *zei^{n}na* für 'zäunen'.

Nasalschwund und Vokalnasalität

Ähnlich wie in "braun" und "Wein" (vgl. Karten 8+9) ist auch in vielen anderen einsilbigen Wörtern, auf -n, z.B. "Stein", "Bahn", "Mann", "Span" und "Lohn", dieses auslautende n geschwunden. Als Reflex des ursprünglichen Nasalkonsonanten ist aber im größten Teil unseres Gebietes Nasalität am vorausgehenden Vokal erhalten, z.B. *Stoi^{n}, Baa^{n}, Maa^{n}, Loo^{n}*.
Das gleiche Phänomen zeigt sich auch bei mehrsilbigen Wörtern, wenn etwa ein silbenschließendes n auf einen Konsonanten der Folgesilbe trifft, z.B. bei "Ähnlein" (Karte 63), oder bei den häufigen Bildungen mit der Vorsilbe "an-".
Keinerlei Nasalität am Vokal gibt es

hingegen im alemannischen SW unseres Raumes, wo, wie bei "Wein", der Nasalkonsonant entweder als *ng* erhalten (*Wing*) oder ersatzlos geschwunden ist (*Wii*). Das totale Fehlen vokalischer Nasalität reduziert in diesen Gebieten die Differenzierungsmöglichkeit bei den Vokalen deutlich; es gibt vermehrt gleichlautende Wörter unterschiedlichen Inhalts. So kann beispielsweise die Lautform *Baa* dort sowohl die 'Bahn' als auch den 'Bach' (mit regulärem Schwund von -ch; vgl. Karte 22) benennen. Die Verbform *aabrenna* bedeutet im SW 'anbrennen', im übrigen Gebiet aber 'abbrennen', wo es deutlich unterschieden wird von *aa^{n}brenna* für 'anbrennen'.

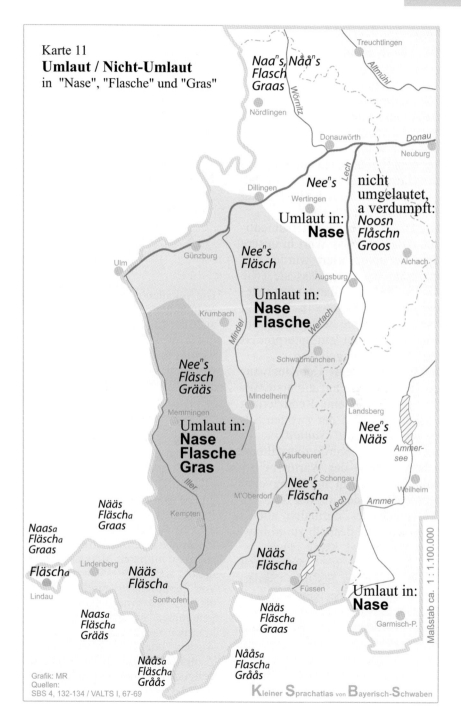

Salat (mhd. â, Lautung und Betonung)

Das Wort Salat hat mindestens zwei Bedeutungen: Es bezeichnet zum einen den (grünen) Kopfsalat, zum andern hat es die allgemeine Bedeutung von mit Essig Öl und Salz angemachten, kalten Speisen. Das Wort wurde im 15. Jahrhundert aus dem Italienischen entlehnt, aus insalata (eine Ableitung von lat. salare 'salzen') mit der Bedeutung 'gesalzene (Salat)Speise'.

Die Dialekte zeigen unterschiedliche Arten, wie das Wort in unsere Sprache inkorporiert wurde. Gemeinsam ist allen, dass sie (wie unsere heutige Standardsprache) das italienische Präfix in- beseitigt haben, es wurde wohl als unbestimmter Artikel 'ein' interpretiert und deshalb weggelassen.

Im Westen unseres Gebietes wurde die Betonung auf die erste Silbe verlegt, was eine Reduzierung (Abschwächung) der zweiten Silbe zur Folge hatte (*Saalad*).

Im O und SW wurde die italienische Betonung des Wortes beibehalten. Die Form mit Langvokal wurde der in der Region üblichen Aussprache des "normalen" alten â angepasst und deshalb zu *åå* bzw. *oo* gehoben (vgl. Karte 11).

Die Verbreitung der Lautung mit Betonung auf der Erstsilbe (Saalat) dürfte früher größer gewesen sein. Das Gebiet wird heute von Osten und Westen bedrängt. Vom Schriftdeutschen unterstützt wird die alte Lautung, die von der Integrations- und Assimilationskraft unserer früheren Dialekte zeugt, zurückgedrängt.

Vokalviereck

Das mit den im Atlas lautschriftlich verwendeten Vokalzeichen aufgestellte **Vokalviereck** bildet die Artikulation der Vokale im Mundraum ab:

vorne ↔ hinten

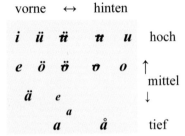

Die Vokallaute *i, e, ä* sind vorne im Mundraum gesprochen; dies gilt auch für *ö* und *ü*, die aber zusätzlich mit Lippenrundung artikuliert werden; *u* und *o* haben ebenfalls das Merkmal Lippenrundung, werden aber im hinteren Mundraum produziert. Hohe Vokale (*i, ü, u*) werden mit eher geschlossenem Mund (Zunge und Unterkiefer hoch) gesprochen, tiefe Vokale mit offenem Mund (Zunge und Unterkiefer tief). Neben den volltonigen Vokalen (hier in Normalgröße geschrieben) gibt es in allen Dialekten auch sog. Reduktionsvokale (hier verkleinert als a und e verschriftlicht), die mit einem geringen Artikulationsaufwand im mittleren Mundraum produziert werden, weshalb man auch von Zentrallauten spricht, und die als unklare Murmellaute wahrgenommen werden. Diese Laute kommen vor allem in unbetonten Auslaut- oder Zwischensilben vor. Zentrallaute sind auch die nur in Teilgebieten vorkommenden *ü, u, ö,* und *v*.

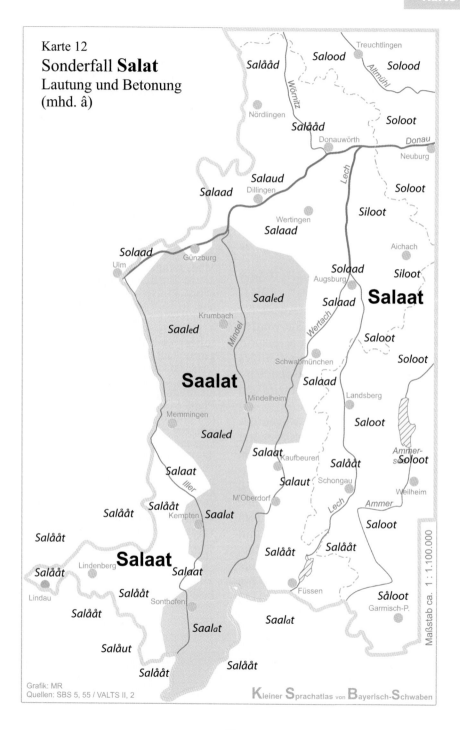

Karte 12
Sonderfall Salat
Lautung und Betonung
(mhd. â)

Grafik: MR
Quellen: SBS 5, 55 / VALTS II, 2

Kleiner Sprachatlas von Bayerisch-Schwaben

Sträßlein (mhd. æ)

Die vorliegende Karte zeigt mit "Sträßlein" ein Beispielwort, dessen Tonvokal, ein ursprüngliches altes â, umgelautet ist zu æ, also mhd. *stræzelîn*. Wenn man die Lautverhältnisse bei "Sträßlein" mit jenen von mhd. â (Beispielwort "Nadel" in Karte 11) vergleicht, dann lassen sich durchaus Parallelen erkennen: Im Zentrum haben wir Diphthonge (*Naudl* / *Straißle*), im Nordosten ebenfalls (*Nåudl* / *Streißla*), dem Monophthong *åå* entspricht das *ää*.

Vergleichbar verhalten sich Wörter wie "Häklein", "Pfähle", "Wäglein" ('kleine Waage'), "Äderlein", "mähen" und "nähen". Sie werden im Zentrum jeweils mit ai gesprochen. Das ist ein sehr auffälliges Dialektmerkmal, das in den Umgangssprachen vermieden wird und tendenziell ausstirbt.

Im Osten ist der Vokal wegen des folgenden Fortislautes -ss- gekürzt worden, denn das Mittelbairische verträgt vor Fortislaut keine Langvokale (vgl. Karte "Vater" 23). Das auffällig helle *a* im bairischen Osten ist ein ursprüngliches *ä* (ein sog. "Sekundärumlaut"), das mit der Zeit so weit geöffnet wurde, dass es wie ein *a* klingt. Das alte a ist in dieser Region ja zum *o* hin gerückt (*å* bzw. *oo*, vgl. Karte 11)

Umlaut

In unserer Schrift nennen wir Vokalbuchstaben mit übergestellten Punkten Umlaute (ä, ö, ü). Dazu kann auch der Buchstabe e einen historischen Umlaut darstellen. Diese Umlaute sind erst im Laufe der für uns überblickbaren Sprachgeschichte entstanden. Verursacht wurden sie durch ein i oder j in einer folgenden Silbe: Im Ahd. hieß es z.B. faran für 'gehen', aber ferit für 'er geht', ebenso gast 'Gast', aber gesti 'Gäste'. Auf diese Weise wurde im Ahd. das alte a umgelautet. Gleiches geschah auch mit anderen Vokalen, bei denen die Umlautung aber erst im Mhd. sichtbar wurde: Ahd. māri 'Erzählung', ahd. kussen (aus germ. kussjan) > mhd. küssen, ahd. hlūten (aus germ. hlūtjan) > mhd. liuten 'läuten', ahd. skōni > schœne 'schön', ahd. loufit > mhd. löufet 'er läuft', ahd. guotī > mhd. güete 'Güte'.

Diese lautgesetzlichen Umlaute wurden im Laufe der Zeit für die Formenbildung verwendet, z.B. für den Plural von Substantiven, um diesen besser und eindeutiger zu kennzeichnen. Bei "Gäste" und "Blätter" ist das Umlaut-ä noch durch ein ehemaliges -i- in der Folgesilbe bedingt, bei "Kränze" und "Böden" aber gab es nie ein folgendes i, die Umlaute sind hier also analog zu Fällen wie "Gäste" und "Blätter" eingeführt worden. Unsere Dialekte sind da sehr viel konsequenter als die Hochsprache, sie haben Plural-Umlaute z.B. in *Dääg* zu "Tag" und *Wääga* zu "Wagen", hingegen haben sie in *Brugg* 'Brücke' und *Rugga* 'Rücken' im Singular den alten Umlaut beseitigt.

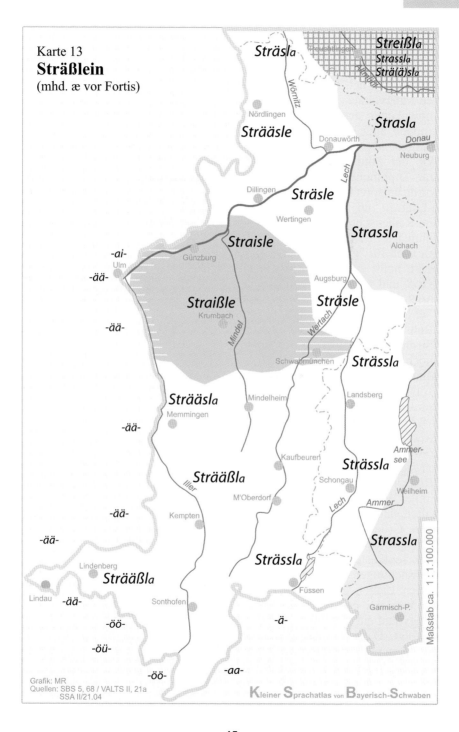

Karte 13
Sträßlein
(mhd. æ vor Fortis)

Sträsla

Streißla
Strassla
Strä(ä)sla

Strääsle

Nördlingen

Donauwörth

Strasla

Donau
Neuburg

Dillingen

Sträsle

Wertingen

Straisle

Strassla
Aichach

-ai-
Ulm

Günzburg

Augsburg

-ää-

-ää-

Straißle
Krumbach

Sträsle

Schwabmünchen

Strässla

Strääsla
Memmingen

Mindelheim

Landsberg

-ää-

Kaufbeuren

Strässla

Ammer-
see

Strääßla

M'Oberdorf

Schongau

Ammer

Weilheim

-ää-
Kempten

-ää-

Strassla

Lindenberg

Strääßla

Strässla

Lindau -ää-

Sonthofen

Füssen

Garmisch-P.

-öö-

-ä-

-öü-

-öö-

-aa-

Maßstab ca. 1 : 1.100.000

Grafik: MR
Quellen: SBS 5, 68 / VALTS II, 21a
SSA II/21.04

Kleiner **S**prachatlas von **B**ayerisch-**S**chwaben

Schnee / böse / groß (mhd. ê / œ / ô)

Die Karte zeigt die Geographie einer ganz bestimmten Gruppe von Lauten, nämlich der mhd. halbhohen Langvokale ê, œ, und ô. Diese entwickelten sich, wie andere Lautgruppen auch (vgl. z.B. Karte 7), weitgehend parallel. Wie der mhd. lange ê-Laut sich zum Diphthong *ej* entwickelte, so wurde entsprechend auch der lange ô-Laut zu *ou*. Diese Entwicklung "im Reihenschritt" gilt nahezu ausnahmslos. Was für "Schnee" gilt, gilt auch für "groß". Wo es *Schnää* heißt, heißt es entsprechend auch *groaß*, und wo man *Schnai* spricht, spricht man auch *grauß*. Wie "Schnee" gehen auch "Klee" und "Reh", so wie "groß" gehen auch "Stroh", "Floh", "froh", "Rose", "hoch" und "stoßen".

Mhd. œ ist wegen der Entrundung großflächig mit mhd. ê zusammengefallen, nicht jedoch im angrenzenden Vorarlberg oder in der Schweiz, wo es deshalb beispielsweise *böös, rööschta* heißt. Wie "böse" verhalten sich auch "Röslein", "größer", "Röslein", "rösten".

Einige Wörter in dieser Reihe verhalten sich aber aus unterschiedlichen Gründen nicht "lautgesetzlich", so etwa "Brot", "See", "Seele" (vgl. Textkasten bei Karte 16).

Abweichungen von den hier kartierten Lauten ergeben sich auch bei Wörtern, bei denen dem alten Langvokal ein Nasalkonsonant (*m, n*) folgt. Dann werden die Laute, vor allem im Süden, tendenziell etwas geschlossener ausgesprochen, z.B. *schii* und *schia*^{n} für "schön", *Lua*^{n} und *Luu* für "Lohn".

Die Entwicklung dieser alten Langvokale zu fallenden Diphthongen (*äa, oa*) ist eine Erscheinung, die neben dem Großteil des Schwäbischen auch das westliche Bairische betrifft und dort teilweise als einer von einigen weiteren "Suebismen" dieses Raumes empfunden wird.

Entrundung

Die Entrundung ist im größten Teil der Dialekte Süddeutschlands und auch im mitteldeutschen Osten (Thüringen, Sachsen, Schlesien) durchgeführt. Sie beseitigt sämtliche mittelhochdeutschen Vokale, die vorne und mit Lippenrundung gesprochen werden, also die ü- und ö-Laute sowie die Diphthonge öu und üe. Sie werden zu den entsprechenden i und e-Lauten bzw. zu ei und ia. Beispiele: hütte > *Hitta* (Hütte), hiuser > *Heisr* (Häuser), schöpfen > *schepfa* (schöpfen), bœse > *bees* (böse), vröud > *Fraid* (Freude), müede > *miad* (müde). Im Mittelalter gab es keine geregelte Rechtschreibung. Es wurden vielfach entrundete Formen geschrieben. Einige von diesen Fehlschreibungen wurden allgemein gebräuchlich und gelten jetzt im heutigen Hochdeutschen z.B. "Pilz" (mhd. bülz), "Kissen" (mhd. küssen), "spritzen" (mhd. sprützen), "Nerz" (mhd. nörz), "Steiß" (mhd. stiuz). Im Gegensatz dazu sind einige ehemals ungerundete Wörter mit gerundetem Vokal ins Nhd. eingegangen, wie z.B. "löschen" (mhd. leschen), "schöpfen" (schepfen), "schwören" (swern), "Hölle" (helle), "zwölf" (zwelf), "ergötzen" (ergetzen), "wölben" (welben), "Würde" (wirde). Dieser Vorgang ist weniger als eine Folge einer lautlichen Rundungserscheinung zu deuten; vielmehr handelt es sich dabei um hyperkorrekte Schreibungen aus dem großen Entrundungsgebiet, die den Weg in die nhd. Schriftsprache gefunden haben.

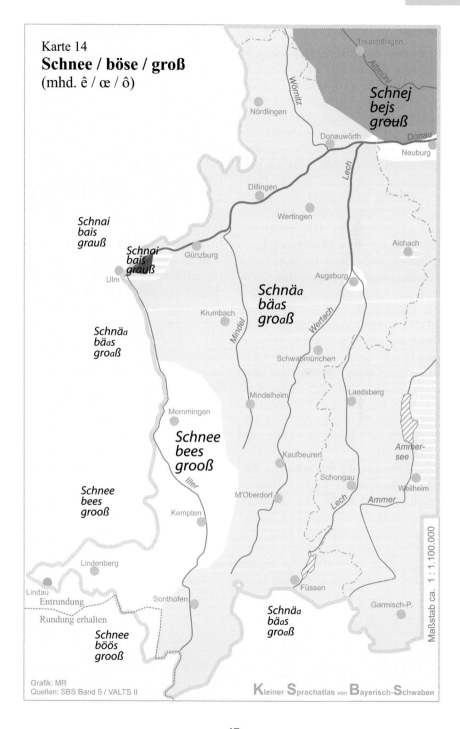

Karte 14
Schnee / böse / groß
(mhd. ê / œ / ô)

Schnej
bejs
grouß

Nördlingen

Treuchtlingen

Wörnitz

Donauwörth

Donau

Neuburg

Schnai
bais
grauß

Schnai
bais
grauß

Günzburg

Dillingen

Wertingen

Aichach

Ulm

Augsburg

Schnäa
bäas
groaß

Krumbach

Mindel

Wertach

Schnäa
bäas
groaß

Schwabmünchen

Mindelheim

Landsberg

Memmingen

Schnee
bees
grooß

Kaufbeuren

Ammer-
see

Iller

Schongau

Schnee
bees
grooß

M'Oberdorf

Weilheim

Lech

Ammer

Kempten

Lindenberg

Lindau
Entrundung
Rundung erhalten

Sonthofen

Füssen

Garmisch-P.

Schnäa
bäas
groaß

Schnee
böös
grooß

Maßstab ca. 1 : 1.100.000

Grafik: MR
Quellen: SBS Band 5 / VALTS II

Kleiner Sprachatlas von Bayerisch-Schwaben

Wetter (germanisch ë)

Für das klassische Mittelhochdeutsch, das in der Sprachwissenschaft und Dialektforschung immer als Vergleichssystem benutzt wird, werden fünf verschiedene e-Laute angesetzt; etwas von dieser Vielfalt ist in unseren Dialekten erhalten geblieben. In Graben (südlich von Augsburg) wird zum Beispiel unterschieden *Bett* (Bett), *beeta* (beten), *fätt* (fett), *Räädle* (Rädlein) und *säaga* (sägen). Die einzelnen Gruppen der verschiedenen e-Laute haben sich meist nicht mit der Regelmäßigkeit entwickelt, wie man es von anderen Lautgruppen her kennt (vgl. z.B. Karten 7 und 14). Das ergibt dann fast für jedes Wort ein eigenes Kartenbild. Unsere Karte stellt die Lautverhältnisse beim Wort "Wetter" dar, und zwar sowohl für den Tonvokal, als auch beim folgenden dentalen Verschlusslaut, der in der heutigen Rechtschreibung mit -tt- wiedergegeben wird.

Der Tonvokal, der auf ein altes, aus der germanischen Zeit ererbtes e (mhd. ë) zurückzuführen ist, zeigt bei diesem Wort besonders ausgeprägte Unterschiede. Das hängt mit dem folgenden t zusammen, das in Teilgebieten, vor allem in einem breiten Streifen von Ulm über Min-delheim und Kaufbeuren bis Füssen, eine Dehnung und Diphthongierung des Vokals verhindert hat (vgl. Karte 24). In anderen Wörtern mit germ. ë, bei denen die Dehnung (in offener Tonsilbe oder bei Einsilbern) voll durchgeführt wurde, haben wir westlich des Lechs ganz überwiegend (lange) Diphthonge, z.B. *Läabr* (Leber), *läaba* (leben), *Näabl* (Nebel), *säaga* (sägen), *Wäag* (Weg).

In Wörtern, bei denen ganz überwiegend keine Dehnung statt gefunden hat, ist das germ. ë nur im Südwesten unseres Gebietes, in Teilen des Allgäus und am Bodensee, diphthongiert worden, so etwa bei *Gäald* (Geld), *Wäalt* (Welt), *Bäarg* (Berg), *bäalla* (bellen), *Stäacka* (Stecken). Im Westallgäu und am Bodensee werden im alten Dialekt diese Diphthonge extrem kurz ausgesprochen, so dass sich sogar innerhalb des Diphthongs das Gewicht auf den zweiten Bestandteil verlagern kann: *Gjald, Wjalt, Bjarg, bjalla.*

Die gestrichelte Linie trennt das Gebiet mit weichem Verschlusslaut (Lenis) -d- im Norden und Osten von jenem mit hartem -t- (Fortis) im Süden. (Vgl. dazu auch Karte "Vater" 24)

48

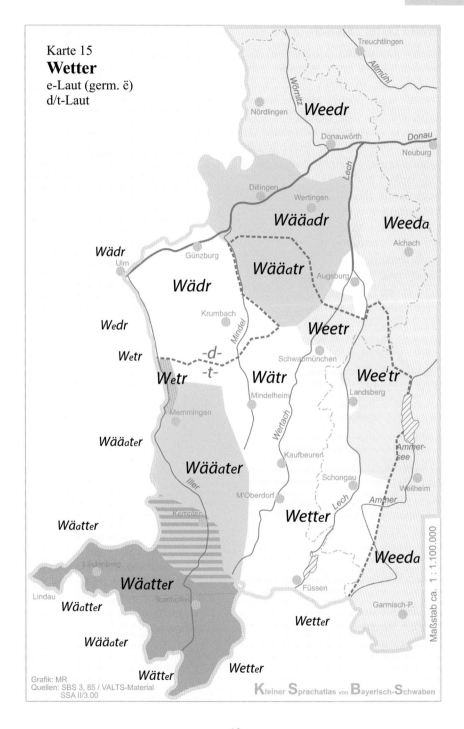

Karte 15
Wetter
e-Laut (germ. ë)
d/t-Laut

49

breit / Leiter / Fleisch (mhd. ei)

In der genormten Aussprache des Neuhochdeutschen werden die Diphthonge in "heiß" und "Eis", "breit" und "Zeit" gleich ausgesprochen. In den deutschen Dialekten ist das nicht der Fall. Da werden diese Wörter zwei unterschiedlichen Diphthonggruppen zugeordnet und strikt getrennt. Das liegt daran, dass bei diesen beiden Lautgruppen auch historisch unterschiedliche Laute zugrunde liegen, bei "Eis" und "Zeit" ein mittelhochdeutsches î (vgl. Karte 7), bei "heiß" und "breit" ein mhd. ei. Die dialektalen Entsprechungen zu letzterem sind hier kartiert. Die geographische Verteilung der Lautungen gilt auch für eine lange Reihe weiterer Wörter: "Laib", "weich", "Schweiß", "Geiß", "Teig", "(ich) weiß", "Leid", "Geißel", "Geist", "Weizen", "heißen", "Teig" usw. In der nhd. Schriftsprache sind mhd. î und ei weitgehend in der Schreibung <ei> zusammengefallen, aber in keinem einzigen deutschen Dialekt. Bis ins 16. Jahrhundert werden die beiden etymologischen Gruppen in bairischen Texten auch noch auseinandergehalten: <ei> oder <ey> für mhd. î, <ai> oder <ay> für mhd. ei.

In den Wortpaaren "Laib" – "Leib", "Saite" – "Seite", "Waise" – "Weise" berücksichtigt aber auch die heutige Rechtschreibung noch den lauthistorischen Unterschied.

Lautliche Sonderentwicklungen

Das Wort "Fleisch" gehört zwar von seiner Herkunft her auch zu der hier behandelten Gruppe, bei ihm gilt aber diese Lautverteilung nicht. Es hat eine gewisse Affinität zur schriftsprachlichen Lautung – zumindest im Osten des *oi*-Gebietes. Das hat damit zu tun, dass dieses Wort im Glaubensbekenntnis und in anderen liturgischen Texten vorkommt und in der Kirche beim Gebet mit einer *ai*-Lautung ausgesprochen wird. Ähnliches gilt für zwei andere Wörter aus dieser Gruppe, nämlich "heilig" und "Geist", die ebenfalls durch ihre Verwendung in der Kirche regional schon in den alten Dialekten wie im Schriftdeutschen, also mit *ai* ausgesprochen wurden.

In der gleichen Weise zeigen "Seele" und "Brot" frühen schriftsprachlichen Einfluss. Bei "Brot" ist das deshalb der Fall, weil es im "Vater unser" vorkommt.

Auch "See" verhält sich lautlich nicht wie etwa "Schnee" und "Klee" (je mit mhd. ê), was daran liegt, dass man in den meisten Regionen keinen See hatte und dass man deshalb ein großes Gewässer nur aus der Ferne kannte, vermittelt durch die Schriftsprache, was dann nicht ohne Folgen für die Aussprache blieb.

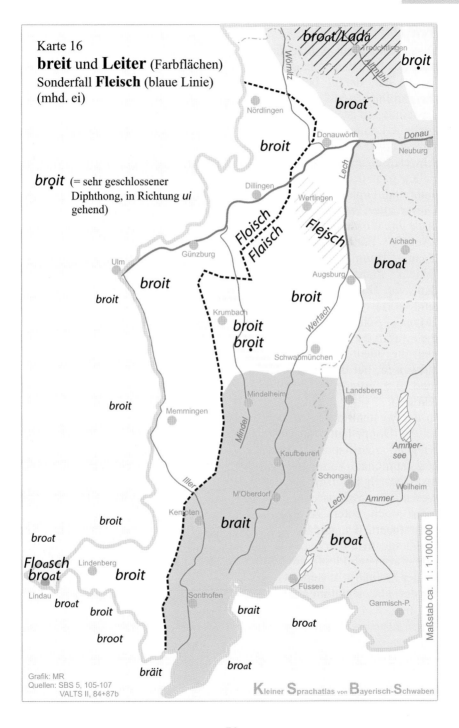

Karte 16
breit und **Leiter** (Farbflächen)
Sonderfall **Fleisch** (blaue Linie)
(mhd. ei)

brọit (= sehr geschlossener
Diphthong, in Richtung *ui*
gehen)

Grafik: MR
Quellen: SBS 5, 105-107
        VALTS II, 84+87b

Kleiner Sprachatlas von Bayerisch-Schwaben

Maßstab ca. 1 : 1.100.000

51

auch / kaufen (mhd. ou)

Diese Karte stellt primär die Lautung des betonten Vokals im Wort "auch" dar, darauf beziehen sich die Farbflächen auf der Karte. Mit Texteinträgen ist auf der Karte aber auch die Lautung von "kaufen" berücksichtigt, bei dem sich leichte Abweichungen ergeben. In beiden Fällen geht der Tonvokal auf den ahd./mhd. Diphthong o u zurück. Dieser alte Zwielaut kommt z.B. auch in Wörtern wie "glauben", "Auge", "Frau", "Laub", "Aue", "Gau", "Traum", "Zaum", "Saum", "Baum", "taufen", "laufen", "rauben" vor. Davon strikt zu trennen sind Wörter wie "Bauch", "Bauer", "Maus", "Schraube", "saufen" o.ä., die zwar in der heutigen Hochsprache die identische Vokallautung aufweisen, bei denen aber jeweils mhd. û zugrunde liegt (vgl. dazu Karte 7).

In der Westhälfte unseres Raumes ist der Doppellaut erhalten, überwiegend schriftsprachnah als *au* ausgesprochen. Vom Bodensee bis ins Oberallgäu erscheint er aber wesentlich geschlossener (*ou*) und meist noch unterschiedlich stark zentralisiert, d.h. mit flach liegender Zunge im mittleren bis vorderen Mundraum gebildet (*ou* bis *öü*).

In der Osthälfte unseres Gebietes ist der alte Diphthong zu einem Monophthong (Einlaut) geworden (*åå, oo, a*). An dem langen *o*-Laut (*des gloob i oo*) erkennt man den Ostallgäuer.

In Wörtern wie "kaufen" und "laufen" sind die Monophthonge zum größten Teil gekürzt. Ursache dafür ist der folgende harte Fortislaut/Starklaut *f*. Die Kürzung ist auch die wesentliche Ursache dafür, dass sich im Osten die Vokallautung von "kaufen" teilweise von jener von "auch" unterscheidet. Nicht gekürzt wurde bei nachfolgendem weichen Konsonanten (z.B. in "glauben", "Auge" und "Laub"), so dass diese Wörter sich weitgehend parallel zum kartierten "auch" verhalten (*glooba, Ooga, Looba*).

Der **Schwund von -ch** im Auslaut ist im südlichen deutschen Sprachraum bei vielen Kleinwörtern, die häufig in unbetonter Stellung vorkommen, der Fall: Es heißt *ii* für "ich", *si* für "sich", *mii* für "mich" und *glei* für "gleich".

Im Westallgäu hat dieser Wandel systematisch alle auf -ch auslautenden Wörter ergriffen: Da heißt es auch *Baa* für "Bach", *Daa* für "Dach", *Loo* für "Loch" und *Strii* für "Strich" (vgl. dazu auch "Dehnung in Einsilbern" in Karte 21).

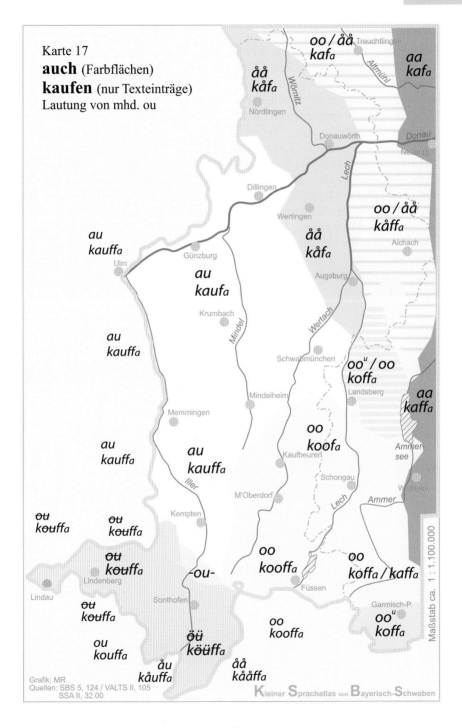

Karte 17
auch (Farbflächen)
kaufen (nur Texteinträge)
Lautung von mhd. ou

Streue (mhd. öu)

Dieses Wort steht für weitere Wörter mit dem mittelhochdeutschen Diphthong öu, die aber nur teilweise vergleichbare Verbreitungsgebiete ihrer Lautungen zeigen, dazu gehören beispielsweise Wörter wie "Heu", "Freude", "leugnen", "(ein)äugig".

Die früher vorherrschende Lautung mit dem langen Monophthong *ää* bzw. *ee* ist in großen Teilen des Gebiets einem Diphthong *ai* gewichen, welcher der Umgangssprache näher ist.

Das Wort **Streue** geht auf eine mhd. Normalform s t r ö u w e zurück. Zum Neuhochdeutschen hin ist das inlautende w weitgehend geschwunden. In unseren Dialekten aber hat man nicht gern zwei aneinander stoßende Vokale. Sie werden nach Möglichkeit beseitigt, und zwar in diesem Fall durch den Einschub eines *j* ("Hiatustilger"). Im Süden unseres Gebietes ist das w nie geschwunden, sondern hat sich zu *b* gewandelt; in Teilen des Allgäus tut man deshalb beispielsweise im Herbst auf den sauren Wiesen *Stroiba hoiba* bzw. *Streiba heiba* ('Streue heuen', < mhd. s t r ö u w e h ö u w e n).

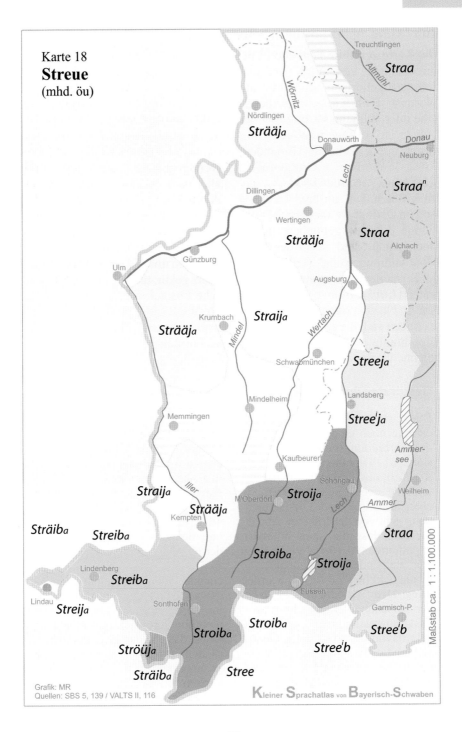

Karte 18
Streue
(mhd. öu)

Straa

Strääja

Straa^n

Strääja *Straa*

Straija

Strääja

Streeja

Stree^{i}ja

Straija *Stroija*

Strääja *Straa*

Sträiba *Streiba*

Stroiba *Stroija*

Streiba

Streija *Stroiba* *Stroiba* *Stree^{i}b*

Ströüja *Stree^{i}b*

Sträiba *Stree*

Maßstab ca. 1 : 1.100.000

Grafik: MR
Quellen: SBS 5, 139 / VALTS II, 116

Kleiner **S**prachatlas von **B**ayerisch-**S**chwaben

Kuh / Kühe (mhd. uo / üe in betonter Stellung)

Die Karte zeigt die lautlichen Entsprechungen von mhd. uo und dem dazugehörigen Umlaut üe am Wortpaar **Kuh/Kühe**. Eine identische oder ähnliche Verbreitung der Vokale ist bei vielen Wörtern mit diesen mhd. Vokalen vorhanden, so in "Fuß/Füße", "Gruß/Grüße", "Hut/Hüte", "Bruder/Brüder". Im größten Teil unseres Gebietes sind im Dialekt die alten mhd. Diphthonge erhalten geblieben, in der Hochsprache sind sie in der "nhd. Monophthongierung" (vgl. folgende Textseite) zu einfachen Vokallauten (*Kuu, Küü-je*) geworden. Nur im Nordwesten unseres Gebietes finden sich die sog. "gestürzten" Diphthonge *ou* und *ej*, die kennzeichnend für das gesamte Nordbairische sind (vgl. Textkasten). Das *ej* ist durch Entrundung (vgl. Karte 14) aus öü entstanden.

Unser heutiges Wort **Mutter** ist aus mhd. m u o t e r entstanden. Nach den zuvor beschriebenen Regeln hätte daraus hochsprachlich "Muuter" werden müssen; der Vokal wurde aber vor t gekürzt, ein im ostmitteldeutschen Raum häufiger Vorgang, so auch "Futter" aus mhd. f u o t e r, "müssen" aus mhd. m ü e z e n, "Jammer" aus mhd. j â m e r.

In Teilen unseres Gebietes kommen auch gekürzte und monophthongische Formen vor. Es ist nicht klar, ob diese aus altdialektalen Entwicklungen resultieren oder ob diese Formen in neuerer Zeit aus der Schriftsprache entlehnt wurden.

Gestürzte Diphthonge

Die Karte zeigt in der roten Nordostecke noch einen kleinen Anteil des Verbreitungsgebietes der "gestürzten" Diphthonge (*Kou/Kou, Kei/Kej*), die für das Nordbairische und für den Raum Nürnberg so charakteristisch sind. Die Bezeichnung geht von der früheren Annahme aus, dass die alten fallenden Diphthonge uo, üe/ie einfach zu den steigenden Diphthongen *ou, ei* umgedreht ("gestürzt") worden seien. Dem ist jedoch nicht so. In der Forschungliteratur gibt es zwei Erklärungsrichtungen. Die eine geht davon aus, dass es in diesem Gebiet die Diphthonge vom Typ ie, uo, üe nie gegeben hat; ihre vorahd. (= germ.) Vorläufer-Laute ê^2 und ô, die übrigens im Ahd. noch als Monophthonge geschrieben wurden, hätten sich ohne weitere Zwischenstufen zu *ei* bzw. *ou* entwickelt. Die andere, wahrscheinlichere Erklärung nimmt an, dass ê^2 und ô sich ganz regelmäßig zu den ahd. Diphthongen ia und uo entwickelt hätten, die (mit inzwischen eingetretenem Umlaut) zu mhd. ie, uo, üe geworden wären und die sich wiederum im Rahmen der nhd. Monophthongierung (vgl. folgende Textseite) zu den entsprechenden Monophthongen *ii, uu, üü* gewandelt hätten; danach seien sie im nordbairischen Raum wieder diphthongiert worden zu *ei* und *ou*, wobei das ehemalige *üü* durch Entrundung (vgl. Text zu Karte 14) im *ei* aufgegangen ist. Sichere Schreibungen für "gestürzte" Diphthonge gibt es erst im 14. Jh.

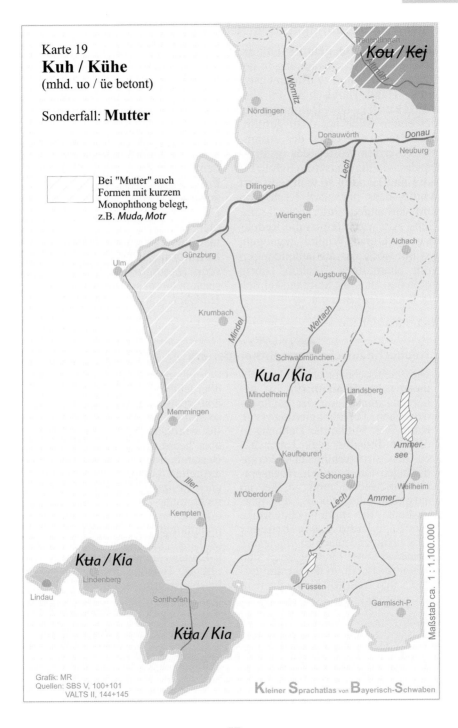

Karte 19
Kuh / Kühe
(mhd. uo / üe betont)

Sonderfall: **Mutter**

Bei "Mutter" auch
Formen mit kurzem
Monophthong belegt,
z.B. *Muda, Motr*

K̶o̶u̶ / K̶e̶j̶

Kua / Kia

K̶t̶a / Kia

K̶t̶a / Kia

Grafik: MR
Quellen: SBS V, 100+101
VALTS II, 144+145

Kleiner Sprachatlas von Bayerisch-Schwaben

Maßstab ca. 1 : 1.100.000

Hand-/Händ**schuh** (mhd. uo im Nebenton)

Bei dieser Karte geht es um die Erscheinung Abschwächung in der schon sehr alten Zusammensetzung "Händ-/Handschuh" (< ahd. hantskuoh). Die Betonung auf der ersten Silbe hat dazu geführt, dass das zweite Glied des zusammengesetzten Wortes, das im Prinzip das wichtigere ist (ein Schuh für die Hand/Hände), so weit reduziert wurde, dass nur noch Reste von ihm vorhanden sind: -*sche*, -*schi*, -*scha*. Am weitesten ist die Reduktion im Ulmer Winkel gegangen, wo nur noch das auslautende -*sch* vom ehemaligen "-schuh" übrig geblieben ist. Dort heißt tatsächlich nur noch *Hee^ndsch* o.ä.

In Augsburg und östlich davon hat sich in einem kleinen Gebiet die Zusammensetzung als solche erhalten, wobei hier auch das alte auslautende -h in verstärkter Form als als -*ch* erhalten ist (vgl. dazu auch Karte 27 "Floh"). In der Großstadt selbst dürfte die explizite Form mit dem vollen Zweitglied auf den Einfluss des Schriftdeutschen zurückzuführen sein.

Der erste Bestandteil der Zusammensetzung ist in unserem Raum fast überall die umgelautete Mehrzahl-Form "Händ-" (z.B. *Hee^ndsche, Hendschi, Händscha*, im Bairischen lautgesetzlich mit hellem *a*: *Handscha*).

Neuhochdeutsche Monophthongierung

Die neuhochdeutsche Monophthongierung (Karten 19, 20) gehört zusammen mit der neuhochdeutschen Diphthongierung (vgl. Karte 7, 8, 9) und der Dehnung in offener Tonsilbe (vgl. Karte 22) zu den strukturbildenden Veränderungen zur heutigen Hochsprache hin. Jedem mhd. ie, üe, uo entspricht nhd. ein ii-, üü- bzw. uu-Laut: die mittelhochdeutsche Wortfolge l i e b e g u o t e b r ü e d e r wird neuhochdeutsch zu *liibe guute Brüüder*. Diese Lautung zeigt sich schon im 12. Jh. in der westmitteldeutschen Schriftlichkeit, dann in der ostmitteldeutschen. Die neuen

Schreibungen haben sich in der oberdeutschen Schriftlichkeit aber erst später durchgesetzt, teilweise erst im 17. Jh.; die Schreibung ‹ie› wurde nie beseitigt: Das e wird aber heute nicht mehr als zweiter Bestandteil eines Diphthongs interpretiert, sondern als Längezeichen für das i, das vom 16. Jh. an nicht mehr nur bei jenen langen *ii* steht, welche in der nhd. Monophthongierung entstanden sind (z.B. bei "lieb"), sondern auch bei *ii*-Lauten, die aus der Dehnung in offener Tonsilbe resultieren, wie beispielsweise bei "Biene", "Sieg" oder "nieder".

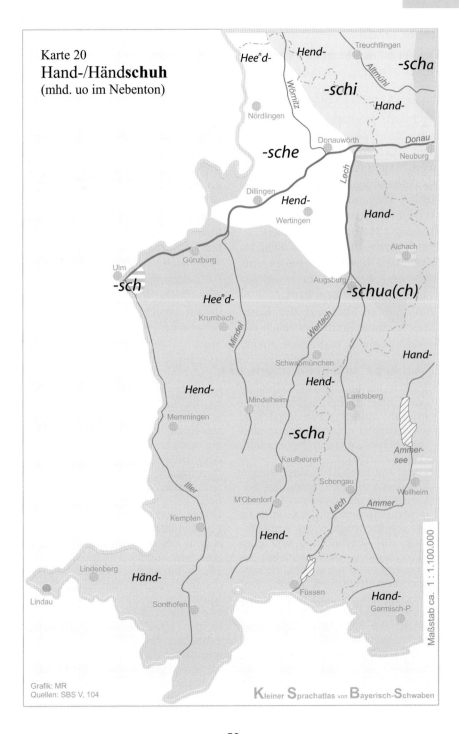

Karte 20
Hand-/Händschuh
(mhd. uo im Nebenton)

Hee^{n}d-

Hend-

Treuchtlingen

-scha

Altmühl

Wörnitz

-schi

Hand-

Nördlingen

-sche

Donauwörth

Donau

Neuburg

Dillingen

Hend-

Wertingen

Hand-

Aichach

Ulm

Günzburg

Augsburg

-sch

Hee^{n}d-

-schua(ch)

Krumbach

Mindel

Wertach

Schwabmünchen

Hand-

Hend-

Mindelheim

Landsberg

Memmingen

Iller

-scha

Kaufbeuren

Ammersee

Schongau

Weilheim

M'Oberdorf

Lech

Ammer

Kempten

Hend-

Lindenberg

Händ-

Füssen

Hand-

Lindau

Sonthofen

Garmisch-P.

Maßstab ca. 1 : 1.100.000

Grafik: MR
Quellen: SBS V, 104

Kleiner **S**prachatlas von **B**ayerisch-**S**chwaben

heute (ahd. iu)

Die Form "heute" ist aus einer alten Adverb-Bildung hervorgegangen, die als *hiu tagu rekonstruiert wird und die im Althochdeutschen als hiutu vorhanden ist. Sie besteht aus einem untergegangenen Demonstrativpronomen und dem Wort "Tag" im Instrumental, einem im Althochdeutschen nur noch in Resten vorhandenen Fall. Genauso ist unser Wort "heuer" aus einer Bildung *hiu jaru entstanden.

Die Formen *huit / hiat / huat* im Südwesten unseres Gebietes entsprechen ebenfalls der oben genannten ahd. Vorform hiutu.

Nun gibt es aber auf der Karte große Gebiete (gelb), in denen der Vokal nasaliert vorkommt (*hei^{n}t*)

oder wo der Nasal als Konsonant n zusätzlich vorhanden ist (*heint*). Dieses erklärt sich aus einer Form, die auf ein altes *hiu nahtu zurückgeht.

Warum aber "Nacht" und nicht "Tag"? Um dies zu beantworten müssen wir weit in die Geschichte zurückblicken. Die Germanen gliederten ihre Zeit nach dem Umlauf des Mondes (vgl. "Monat"), und ihre Tage zählten sie nach Nächten. Unsere "Weihnachten", die "Fasenacht" und engl. "fortnight" (= Zeitraum von 14 Tagen) sind sprachliche Reste dieses Brauchs, darauf basieren auch unsere eben besprochenen Formen *heint* und *hei^{n}t*.

"Apokope" und das "lutherische e"

Viele in der heutigen Hochsprache vorkommende Endungs-e werden in den süddeutschen Dialekten nicht (mehr) gesprochen, sie sind weggefallen, wurden "apokopiert" (vgl. Karte 36).

Diese Apokope ist letztlich ausgelöst durch die Festlegung der Betonung auf die jeweils erste Silbe in germanischer Zeit, was in mehr als zweitausendjähriger Entwicklung zur Abschleifung und zum Verschwinden der gesamten in damaliger Zeit noch reichlich vorhandenen Endsilben führte. Der Wegfall des -e betrifft beispielsweise Pluralformen, vornehmlich solche, die durch Umlaut im Vokal bereits markiert sind ("Gäns, Bäch, Flöh"), ebenso tritt es bei Verbformen der 1. Person Singular auf ("ich geh, komm, sag, schreib"). Diese Entwicklung ist auch heu-

te noch nicht abgeschlossen. So ist die Kennzeichnung des Dativ Singular nur mehr auf hohe Stilschichten beschränkt. In der Alltagssprache sind Formen wie "in dem Hause", "auf dem Turme", "am Baume", "dem Manne", "mit dem Kinde" bereits nicht mehr üblich.

Dieses in den süddt. Dialekten geschwundene Endungs-e war auch in den Schreib- und Druckersprachen Süddeutschlands bis ins 18. Jh. hinein nicht vorhanden. In der überwiegend protestantischen Mitte des dt. Sprachraumes war es hingegen in den Dialekten und in der Druckersprache erhalten geblieben. Dieses "lutherische e", wie man es damals im Süden nannte, wurde erst ab ca. 1750 wieder in den Schreib- und Druckusus des Südens aufgenommen.

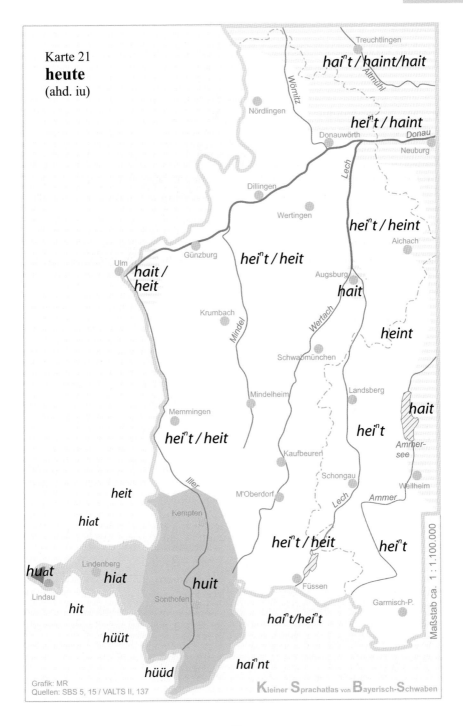

Karte 21
heute
(ahd. iu)

hai^{n}t / haint/hait

hei^{n}t / haint

Treuchtlingen

Nördlingen

Donauwörth

Neuburg

Donau

hei^{n}t / heint

Aichach

Dillingen

Wertingen

Ulm

hait /
heit

Günzburg

hei^{n}t / heit

Augsburg

hait

Krumbach

heint

Schwabmünchen

Mindelheim

Landsberg

Memmingen

hait

hei^{n}t / heit

hei^{n}t

Kaufbeuren

Ammer-
see

Schongau

Weilheim

heit

M'Oberdorf

Ammer

hiat

Kempten

hei^{n}t / heit

hei^{n}t

huat

Lindenberg

hiat

huit

Füssen

Lindau

hit

Sonthofen

hai^{n}t/hei^{n}t

Garmisch-P.

hüüt

hai^{n}nt

hüüd

Maßstab ca. 1 : 1.100.000

Grafik: MR
Quellen: SBS 5, 15 / VALTS II, 137

Kleiner **S**prachatlas von **B**ayerisch-**S**chwaben

61

Dehnungen

Generell gilt im Deutschen, dass in offener Tonsilbe gedehnt wurde; also jeder kurze Vokal, der im Althochdeutschen betont war und am Ende einer Silbe stand, wurde zum Neuhochdeutschen hin zum Langvokal: ahd. sagen (gesprochen *saggen*) wurde zu *saagen*. Diese Dehnung tritt immer dann ein, wenn dem Vokal ein einfacher Konsonant folgte, der bereits Bestandteil der nächsten Silbe war. Bei heutigem ch und sch, z.B. in "machen", "dre-schen", liegt keine Dehnung vor, weil von den ahd. Verhältnissen ausgegangen werden muss, und da heißt es mah-hōn und dres-kan. Auch vor t wurde im deutschen Südwesten meist nicht gedehnt (vgl. Karten 15 und 24), was sich auch auf das Schriftdeutsche auswirkte; bei "Wetter" sind die nicht gedehnten Formen durchgedrungen, bei "Vater" die gedehnten. Keine Auswirkung auf die Hochsprache haben Dehnungen in einsilbigen Wörtern, die durch die Folgekonsonanten bedingt sind. Von diesen lautgesetzlichen Dehnungen müssen analoge Dehnungen unterschieden werden, die Einsilber betrafen, welche in Flexionsformen offene Tonsilben aufwiesen und deren Dehnung dann auf die geschlossene Tonsilbe übertragen wurde. Dies geschah deshalb, damit man ein Wort nicht je nach Kontext unterschiedlich aussprechen musste. Es heißt also *Weeg* (Weg), weil es auch die Formen "We-ges" oder "We-ge" gibt.

In großen Teilen der Schweiz und nördlich des Bodensees gibt es keine Dehnung in offener Tonsilbe. Ein kleiner Zipfel dieses Gebietes ragt auch in unseren Raum herein, von Lindau nach Westen. Dort heißt es beispielsweise *Boddasee* oder *Wagga* für 'Wagen'.

Dehnung in Einsilbern

Die Karte stellt mehrere Gruppen einsilbiger Wörter dar, die in Teilgebieten gedehnt wurden.

Mit Linien ist an den fünf Beispielwörtern "Tisch", "Mist", "Fass" sowie "Fisch", "Frosch" die unterschiedliche Ausdehnung der generellen Einsilberdehnung dargestellt, wobei sich jeweils an den folgenden Konsonanten nichts ändert. Interessant ist dabei, dass z.B. bei "Tisch" und "Fisch" der Plural im Osten vielfach nicht gedehnt wurde, weil hier ursprüngliche Zweisilber ("Tische", "Fische") mit geschlossener Tonsilbe vorlagen (s.o.). Bei Einsilbern, die auf andere Konsonanten(gruppen) enden, so z.B. "Kopf", "Zopf" und "Bock", "Sack", ergeben sich jeweils leicht andere Verteilungen der Dehnung.

Bei einer zweiten Gruppe, welche wie "Hand", "Hund" und "Kind" auf -*nd* enden, ist im nördl. Schwaben der Nasal *n* geschwunden und hat dabei den Vokal gedehnt. Das Ergebnis sind überwiegend stark nasalierte Formen wie *Haa^{n}d*, *Hoo^{n}d* und *Kee^{n}d*; nördlich von Donauwörth ist allerdings teilweise auch noch die Nasalität am Vokal verloren gegangen: *Haad, Hood, Keed*.

Als dritte Gruppe sind jene Einsilber auffällig, die auf -*ch* enden, also beispielsweise "Bach", "Dach", "Loch", "Stich". Sie sind im ganzen Norden und Osten gedehnt, in etwa nach dem Beispiel "Tisch", zusätzlich zeigen sie Dehnung in Teilen des Allgäus (blau schraffiertes Gebiet), wobei diese Dehnung durch den Schwund des auslautenden -*ch* bedingt ist: *Baa, Daa, Loo, Stii* (vgl. dazu Text zu "auch" in Karte 17).

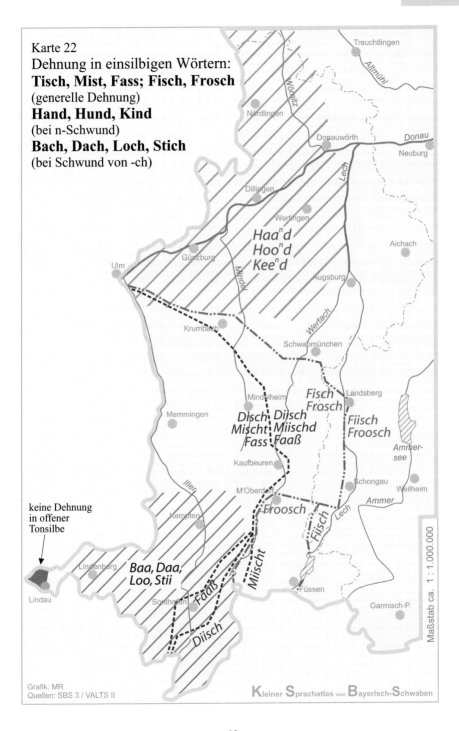

Karte 22
Dehnung in einsilbigen Wörtern:
Tisch, Mist, Fass; Fisch, Frosch
(generelle Dehnung)
Hand, Hund, Kind
(bei n-Schwund)
Bach, Dach, Loch, Stich
(bei Schwund von -ch)

Treuchtlingen

Altmühl

Wörnitz

Nördlingen

Donauwörth   Donau
Neuburg

Dillingen

Wertingen

Haa^{n}d   Aichach
Hoo^{n}d
Kee^{n}d

Ulm   Günzburg   Mindel   Augsburg

Lech

Krumbach   Wertach

Schwabmünchen

Fisch Landsberg
Frosch
Mindelheim
Disch Diisch   Fiisch
Memmingen   Mischt Miischd   Froosch
Fass Faaß
Ammer-
see
Kaufbeuren

Iller   M'Oberdorf   Schongau   Weilheim
Ammer
Froosch
keine Dehnung   Kempten   Lech
in offener   Fiisch
Tonsilbe

Baa, Daa,   Miischt
Loo, Stii
Lindenberg
Füssen
Lindau   Faaß
Sonthofen   Garmisch-P.
Diisch

Maßstab ca. 1 : 1.000.000

Grafik: MR
Quellen: SBS 3 / VALTS II

Kleiner Sprachatlas von Bayerisch-Schwaben

Ein- bzw. Zweisilbigkeit (mit "Sprossvokal": Garn, Hirn, gern, Turm)

Die Karte stellt eine bestimmte Gruppe von Wörtern dar, so beispielsweise "Garn", "Hirn", "gern" und "Turm", die an sich Einsilber sind, die sich in der Mitte unseres Gebietes aber im Laufe der Sprachgeschichte zu zweisilbigen Wörtern entwickelt haben. Das sind alles Wörter auf -*r* und einen folgenden Nasalkonsonanten, also auf -*rn* und -*rm*. Offensichtlich entsprach diese Konsonantenverbindung im Spätmittelalter nicht mehr dem damals (unbewusst) angestrebten Strukturprinzip von Silben, so dass sie mit einem neu entstehenden, dazwischen geschobenen "Sprossvokal" erweitert wurde.

Aus mhd. garn wurde z.B. *Ga-ren, dessen betonter Vokal gleichzeitig auch gedehnt wurde, weil das -a- dann in den Auslaut der Silbe (Ga-ren) geriet, was automatisch eine lange Aussprache des *a* zur Folge hatte (vgl. Karte 11 zu den a-Lauten und Text zu Dehnungen bei Karte 22). Das -en in der zweiten Silbe wurde, wie im Schwäbischen üblich, zu -*a* abgeschwächt. Das betrifft alle Wörter, die auf -en enden, ob Substantiv, Adjektiv oder Verb (vgl. z.B. *Waaga* (Wagen), *oiga* (eigen) oder *macha* (machen).

Weitere Wörter mit einer ähnlichen Verbreitung von "Sproßvokalen" sind: "Wurm" (*Wuura*), "Korn" (*Koara*), "Dorn" (*Doara*), "Zorn" (*Zoara*), "Horn" (*Hoara*), "Kern" (*Keara*) und "Stern" (*Steara*). Andere Wörter zeigen eine wesentlich geringere Verbreitung: "warm" (*waara*), "Arm" (*Aara*), "Darm" (*Daara*).

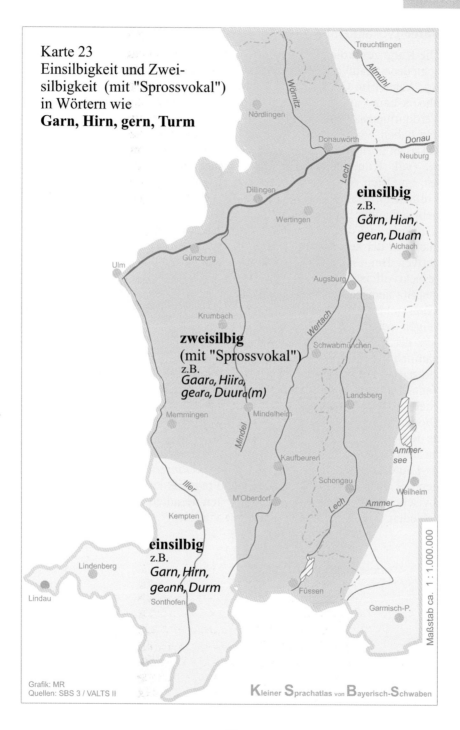

Karte 23
Einsilbigkeit und Zwei-
silbigkeit (mit "Sprossvokal")
in Wörtern wie
Garn, Hirn, gern, Turm

einsilbig
z.B.
*Gårn, Hian,
gean, Duam*

zweisilbig
(mit "Sprossvokal")
z.B.
*Gaara, Hiira,
geara, Duura(m)*

einsilbig
z.B.
*Garn, Hirn,
geann, Durm*

Maßstab ca. 1 : 1.000.000

Grafik: MR
Quellen: SBS 3 / VALTS II

Kleiner Sprachatlas von Bayerisch-Schwaben

Vater (Vokalquantität und Folgekonsonant)

Die Karte zeigt die Verteilung verschiedener Lautvarianten des Wortes "Vater". Im Osten erscheint der alte a-Laut in unterschiedlichen Verdumfungsstufen (*å, oo*), im Süden haben wir erhaltenen Kurzvokal *a*, im übrigen Gebiet gedehntes *aa* (vgl. Kommentarkarte a-Laute). Im Osten sind in einem Gebiet Formen mit Lang- und Kurzvokal nebeneinander vorhanden. Der Typ *Vooda* ist dort der ältere, aber auch der, der heute einen etwas negativen Beigeschmack hat, wenig respektvoll ist und damit im Gegensatz zum heutigen Normalwort *Våtta* steht. Diese beiden Varianten zeigen sehr schön ein Silbengesetz der mittelbairischen Dialekte, nämlich dass einem Kurzvokal nur ein starker Fortislaut (hier *t*) stehen kann, nach Langvokal nur ein weicher Lenislaut (hier *d*).

Die Karte zeigt eine weitere Grenze des Konsonantismus: Im Norden unseres Gebietes sind fast alle Fortis-Laute erweicht, lenisiert worden. Es wird dort z.B. nicht mehr zwischen b, d, g und p, t, k unterschieden. Diese Erweichung oder Schwächung der Laute ist im Ries am weitesten fortgeschritten, im Allgäu am wenigsten weit. Dazwischen liegt ein breites Übergangsgebiet, das verschiedene Grade der Schwächung zeigt, gestaffelt nach verschiedenen lautlichen Positionen, aber auch wortweise. Hier in der Karte ist die Grenze der Erweichung von altem *t* und *p* sowie Fortis-*gg* nach Langvokal eingezeichnet. An dieser Grenze stehen sich Worttypen wie *Vaadr / Vaatr*, *Rauba / Raupa* oder *Hååga / Håågga* 'Haken' gegenüber.

Entgegen der tatsächlichen Verbreitung der Konsonantenschwächung in einem großen binnendeutschen Raum wird die Lenisaussprache, speziell die der Plosivlaute *p,t,k*, gemeinhin als ein besonderes Sprachmerkmal der Franken und der Sachsen angesehen und folglich in Zitaten und Witzen aufgegriffen (Stichwörter: *Beeda mid hadn b* 'Peter mit hartem b' oder die als *Gänsefleisch* missverstandene Frage-Einleitung von Grenzbeamten der alten DDR für 'Können Sie vielleicht ...?').

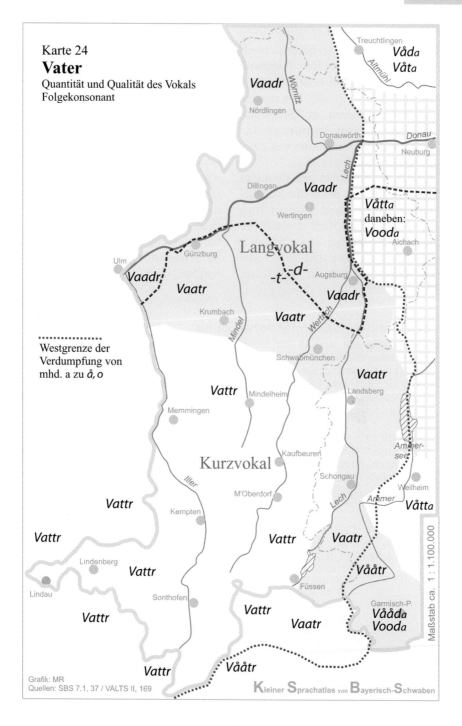

Karte 24

Vater

Quantität und Qualität des Vokals
Folgekonsonant

Treuchtlingen
Våda
Våta

Vaadr

Nördlingen

Donauwörth
Donau

Neuburg

Dillingen
Vaadr

Lech

Wertingen
Våtta
daneben:
Vooda
Aichach

Ulm
Günzburg
Langvokal

Vaadr
Vaatr
-t- -d-
Augsburg

Krumbach
Vaadr
Vaatr

Mindel
Wertach

Westgrenze der
Verdumpfung von
mhd. a zu å, o

Schwabmünchen
Vaatr

Vattr
Mindelheim
Landsberg

Memmingen

Kurzvokal
Kaufbeuren
Ammer-
see

Iller
Schongau

Vattr
Kempten
M'Oberdorf
Lech
Ammer
Weilheim
Våtta

Vattr
Lindenberg
Vattr
Vattr
Vaatr

Lindau
Sonthofen
Füssen
Vååtr

Vattr
Vattr
Vaatr
Garmisch-P.
Vååda
Vooda

Vååtr
Vattr

Maßstab ca. 1 : 1.100.000

Grafik: MR
Quellen: SBS 7.1, 37 / VALTS II, 169

Kleiner Sprachatlas von Bayerisch-Schwaben

Himmel – Sommer (Dehnungen)

Im Althochdeutschen heißt es noch *himil* und *sumar* für "Himmel" und "Sommer". Beide Wörter wurden damals regelmäßig mit nur einem m geschrieben, im Gegensatz beispielsweise zu *swimman* für "schwimmen", das immer mit zwei m verschriftlicht wurde. Danach müsste man im heutigen Schriftdeutschen auch die Formen *Himel (mit *ii*) und *Somer (mit *oo*) erwarten, da hier ja auch die Dehnung in offener Tonsilbe hätte stattfinden müssen (*hi-mil, su-mar*, aber: *swim-man*; vgl. Karte 22).

In der heutigen Schriftsprache gehören aber diese zwei Wörter (neben ein paar anderen) zu den Ausnahmen ohne Dehnung. Bei "Himmel" entsprechen im größeren Teil unserer Dialekte (grüne Farbflächen) die Verhältnisse den Lautgesetzen, d.h. der Tonvokal wird lang ausgesprochen: *Hee^m ml, Hiiml*. Nicht so beim Wort "Sommer", bei dem wir nur im nördlichen Schwäbischen (lila schraffiertes Gebiet) die lautgesetzlich zu erwartende Vokallänge haben: *Soo^m mr*.

Lautwandel als Gruppenentwicklung

Lautwandlungen sind in der Regel Erscheinungen, die nicht nur isoliert einen Laut betreffen, sondern die jeweils Gruppen von Lauten gleicher Art erfassen. Man spricht in diesem Zusammenhang auch von Reihenschritten.

So lassen sich, wie die Karte 14 und der dazugehörige Kommentar deutlich zeigen, für die drei mittelhohen historischen Langvokale ê, œ, ô weitgehend parallele Lautentwicklungen ablesen: Diphthongierung und Hebung.

Ähnliche Parallelentwicklungen zeigen sich auch bei den drei hohen Langvokalen î, iu, û des Mhd., die in der Hochsprache und in den meisten Dialekten unseres Raumes heute als Diphthonge erscheinen (vgl. Karten 7-9).

Vergleichbar konsequent erfasst die Entrundung auch alle umgelauteten vorderen Vokale: ü > i, ö > e, üe > ia (vgl. Textkasten bei Karte 14).

Vom Phänomen Umlautung sind hingegen alle hinteren Vokale (+ a) betroffen: u > ü, o > ö, uo > üa, a > ä/e (vgl. Textkasten zu Karte 13).

Von der Binnenhochdeutschen Konsonantenschwächung sind wiederum alle stimmlosen Fortiskonsonanten betroffen, also z.B. p, t, k > b, d, g (vgl. dazu Karte 24 + 26).

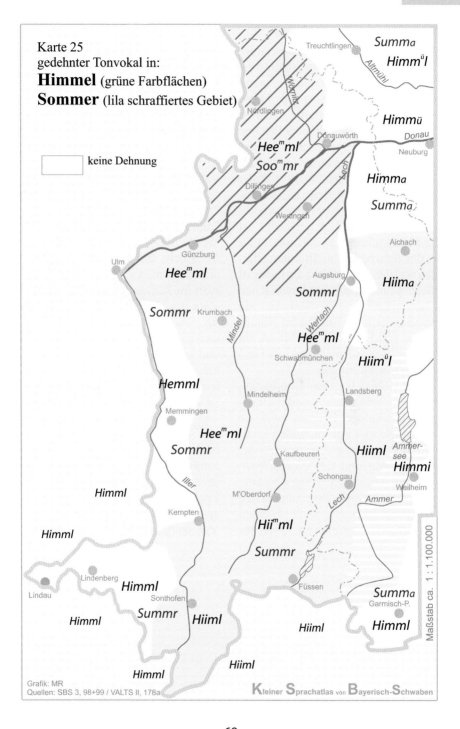

Karte 25
gedehnter Tonvokal in:
Himmel (grüne Farbflächen)
Sommer (lila schraffiertes Gebiet)

keine Dehnung

Treuchtlingen

Summa

Himm^ül

Himmü

Nördlingen

Donauwörth
Hee^mml
Soo^mmr

Donau
Neuburg

Dillingen

Himma

Wertingen

Summa

Aichach

Günzburg

Ulm

Hee^mml

Augsburg

Hiima

Sommr

Sommr Krumbach

Hee^mml

Schwabmünchen

Hiim^ül

Hemml

Mindelheim

Landsberg

Memmingen

Hee^mml
Sommr

Kaufbeuren

Hiiml Ammer-see

Schongau

Himmi

Weilheim

Himml

M'Oberdorf

Ammer

Kempten

Hii^mml
Summr

Himml

Lindenberg

Lindau

Himml
Sonthofen

Füssen

Summa
Garmisch-P.

Himml
Summr
Hiiml

Hiiml

Himml

Himml

Hiiml

Maßstab ca. 1 : 1.100.000

Grafik: MR
Quellen: SBS 3, 98+99 / VALTS II, 178a

Kleiner **S**prachatlas von **B**ayerisch-**S**chwaben

Verschlusslaute (im Anlaut vor Sonant und im Inlaut)

In dieser Karte wird dargestellt, wie sich die "Binnenhochdeutsche Konsonantenschwächung" in unserem Gebiet ausgewirkt hat. Diese Schwächung sorgt dafür, dass in großen Teilen des hochdeutschen Sprachraums hartes *p* und weiches *b*, hartes *t* und weiches *d* nicht unterschieden werden, weil *p* und *t* gleichermaßen weich ausgesprochen werden; sie sorgt ferner dafür, dass *k* vielfach zu *g* geworden ist und dass scharfes *ß* und weiches *s* in der Aussprache nicht unterschieden werden. Besonders auffällig ist diese Eigenschaft im bayerischen Frankenland und in Sachsen. Sie ist aber auch vorhanden im Rheingebiet von Basel bis zur Mosel, im Norden Schwabens sowie in Hessen und in Thüringen.

Unser Gebiet liegt im Übergangsbereich zwischen vollkommen ungeschwächten Formen (wie sie z.B. noch in Tirol zu finden sind) und der weichen Aussprache des Fränkischen und des Nordschwäbischen. Die Karte zeigt deutlich, wie die Anzahl der schwachen Ausspracheformen nach Norden zu immer mehr zunimmt. Oder, anders herum formuliert: Von einem konsequenten Lenisierungsgebiet im Nordwesten ausgehend steigt die Anzahl der stark ausgesprochenen Formen nach Süden zu immer mehr. Im Ries sagt man *Gl-, Gr-* bei "Klee" und "Kreuz", man spricht *-d-* bei "füttern", "Leiter", "Altar" und "Winter", auch bei "geschnitten" und "gesotten" und *-g-* bei "Acker", "trocken", "Zucker" und "dunkel". Vom Oberallgäu bis ins Werdenfelsgebiet und beiderseits des Lechs bis fast nach Augsburg aber sagt man *Kchläa, Kchreiz* mit weit im Rachen gesprochenem und stark geriebenem *kch-*, das es auch bei "Acker", "trocken", "Zucker" und "Deckel" gibt. Die Farben und Linien deuten an, wie sich das einfache weiche *g* langsam in ein hartes verstärkt (geschrieben *gg*), zu einem "normalen" *k* (bei "Klee" und "Kreuz") bzw. *ck* (bei "Acker" usw.) übergeht, bis es das oben beschriebene *kch* erreicht. Dieses starke hintere *kch* veranlasst Fremde auch immer wieder von einem Lechrainer zu vermuten, er komme aus Tirol oder aus der Schweiz. Vgl. dazu auch Karten 24 und 27!

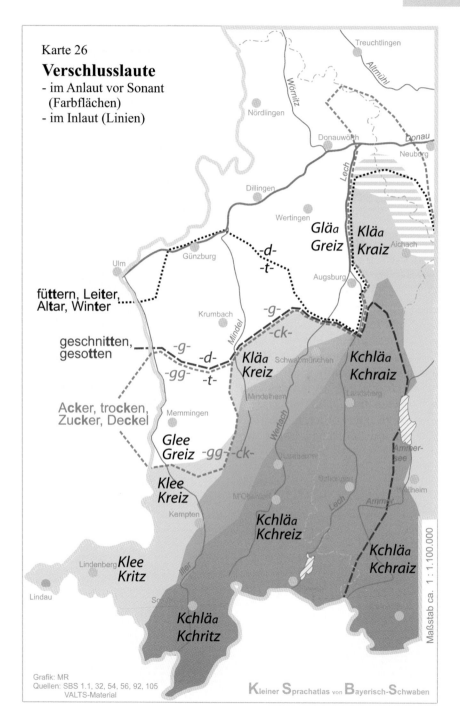

Karte 26

Verschlusslaute
- im Anlaut vor Sonant
  (Farbflächen)
- im Inlaut (Linien)

ziehen / Floh (germanisch h im In- und Auslaut)

Das altüberlieferte -h- im In- und Auslaut, das in althochdeutscher Zeit noch als Reibelaut wie unser *ch* ausgesprochen wurde, ist in der Entwicklung zu unserer heutigen Hochsprache hin in der Aussprache verschwunden, es ist stumm geworden. Man spricht *zii-en* oder gar nur *ziin* und nicht mehr *ziachen*, und man artikuliert *Floo* statt wie früher *Flooch*. In der Schreibung hat dieser Buchstabe h heute eine neue Funktion erhalten, er zeigt nämlich die Länge des vorausgehenden Vokals an.

In einem Teil unserer Dialekte, namentlich in einem breiten Streifen links und rechts des Lechs, ist das alte -h- im Inlaut aber als *h* oder *ch* erhalten geblieben, im Süden durchwegs als ziemlich stark geriebenes *ch* (*ziacha*), im Norden eher als weiches *h* (*ziaha*). Teilweise ist es auch zu *g* geworden (*ziaga*) und ist dann im bairischen Osten, wo der auslautende Nasalkonsonant erhalten ist, mit diesem in der Endung verschmolzen: *ziang*.

Die Karte zeigt sehr schön, wie Sprachbewegungen von Westen (h-Schwund) und von Osten (wo *h* zu *ng* wird) aufeinander zu kommen. Hier in diesem Fall haben diese Bewegungen den Lech nicht erreicht, sind jeweils etwas vorher stehen geblieben.

In anderen Fällen von inlautendem -h- (z.B. "seihen", "leihen") liegen davon abweichende, in ihrer Struktur aber vergleichbare Verteilungen vor. Das Kerngebiet, in dem h/ch erhalten ist, liegt links und rechts des Lechs, südlich von Augsburg.

Unterschiedlich ist die geographische Verteilung auch bei Wörtern, in denen altes h im Auslaut steht, z.B. in "Reh", "Vieh", "Schuh". Unsere Karte zeigt mit einer gestrichelten Linie beispielhaft die Verhältnisse im Wort "Floh".

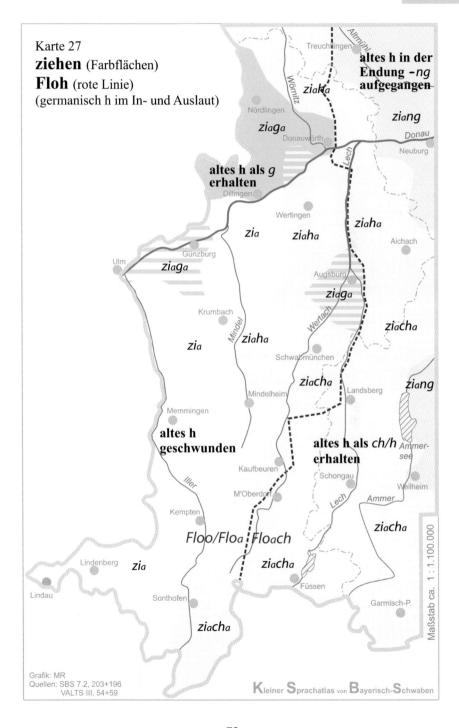

Grammatische Formen / Pronomen / Adverbien

haben / gehabt (Infinitiv / Partizip)

Schon im Althochdeutschen gibt es das "schwache" Verb habēn 'haben'. Im 11. Jahrhundert taucht dafür eine weitere Form in der Schriftlichkeit auf, nämlich hân, das aus der expliziteren älteren Form zusammengezogen (kontrahiert) ist, ursprünglich nur in unbetonter Stellung.

Die Dialekte im Westen haben im **Infinitiv** die Form hân als Grundlage: *håuⁿ*, *hå̊ng* (zu letzterer Form im West- und Oberallgäu vgl. Karten 8 + 9); die Dialekte im Osten basieren auf der vollen Form habēn, welche aber später, im Laufe der Zeit ebenfalls eine Kontraktion, also eine Verkürzung auf eine Silbe erfahren hat, z.B. in *hoom*, *håm* (< *hoobn*). Im dialektal sehr konservativen Gebiet des Lechrain, südlich von Augsburg, und im schriftsprachenahen Fränkischen hat sich die alte, zweisilbige Vollform erhalten (*haawa, haba*).

Von dieser Vollform sind auch die **Partizipien** abgeleitet, wobei im Westen eine umgelautete Form die Basis der heutigen Formen (*ghet, gheed, gheeʲd*) gewesen sein muss. Solche Umlautformen sind schon im Althochdeutschen vorhanden, etwa hebita (er hatte), gihebit (gehabt) oder hebis, hebit (du hast, er hat). Diese umgelauteten Formen (gebeugt nach den sog. jan-Verben) wurden weiter westlich im schwäbischen und alemannischen Raum (*hesch du?* für 'hast du?') und teilweise auch im Oberallgäu (*sa händ* für 'sie haben', vgl. folgende Karte 29) allgemein.

Als Partizip-Formen haben wir überall westlich der grün-gestrichelten Linie, also bis ins Werdenfelsgebiet, kontrahierte alte Umlautformen: *gheed, ghet, gheeʲt* (gehabt). Im Bregenzer Wald, zu dem ja naturräumlich und siedlungsgeschichtlich auch die bayerische Berggemeinde Balderschwang gehört, haben wir sogar im Infinitiv verkürzte Umlautformen (*hii, hia*). Im bairischen Osten ist die alte Partizip-Form gihabēt teilweise unter Verlust des b und in Analogie zur Infinitiv-Form *hoom* zu *ghood* geworden, im Süden hat die assimilatorische Kraft des *b* das *t* inkorporiert, was in der Form *ghåp* zu einer Verhärtung des Auslauts führte. Dort gibt es vergleichbare Assimilationen bei *gsågg* (gesagt) oder *gschnaip* (geschneit).

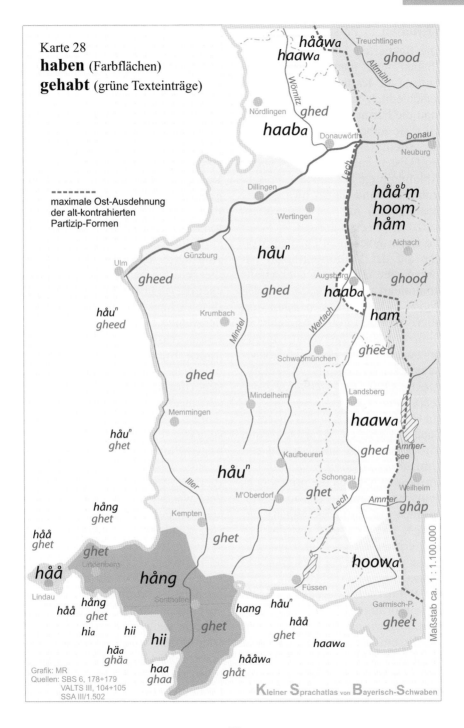

Karte 28
haben (Farbflächen)
gehabt (grüne Texteinträge)

- - - - - - - - -
maximale Ost-Ausdehnung
der alt-kontrahierten
Partizip-Formen

Grafik: MR
Quellen: SBS 6, 178+179
VALTS III, 104+105
SSA III/1.502

Maßstab ca. 1 : 1.100.000

Kleiner Sprachatlas von Bayerisch-Schwaben

sie **haben** (3. Person Plural)

Die flektierten Formen vom Verb "haben" sind, genauso wie der Infinitiv (vgl. Karte 28), regional unterschiedlich verteilt. Als Beispiel sind die Formen der 3. Person Plural ("sie haben") auf dieser Karte dargestellt.

Im Westen haben wir weitgehend Abkömmlinge der schon früh kontrahierten mhd. Form hân (*hånd, hond, hand*) mit vorwiegend gekürztem Langvokal.

Im Osten erscheinen Formen, welche auf der Vollform habēn basieren, die aber später ebenfalls kontrahiert wurden (*haabn > ham, hoobn > hoom*). Das passiert dort allen Wörtern mit vergleichbarer Silbenstruktur: Langvokal + Leniskonsonant + -en lässt die Konsonanten schwinden und im -en aufgehen (z.B. *legen > leeng, reden > reen, leben > leem*).

Im Oberallgäu und in den anschließenden Gebieten Vorarlbergs und Tirols begegnen uns Formen mit Umlaut (*hend, händ, hind, hiüd*).

Im Westen hat sich die mittelhochdeutsche Endung dieser Form, nämlich sie hant (sie haben), gehalten; die t-Endung der zweiten und dritten Person Plural hat sich sogar auf die erste Person Plural ausgedehnt, so dass heute im größten Teil der schwäbischen Dialekte ein einformiger Pluraltyp herrscht: *miar, diar, dia mached*. Man spricht in diesem Zusammenhang vom "Einheitsplural".

Im Gegensatz dazu hat das Bairische einen zweiformigen Plural:

mia/de måcha, es måchts. Auch das Neuhochdeutsche hat ja einen zweiformigen Plural: "wir/sie machen", "ihr macht".

Es fällt auf, dass die an sich bairische Endung auf -s in der 2. Person Plural in den letzten Jahren immer stärker in die Alltagssprache in Bayerisch-Schwaben eindringt. So gehören Fragestellungen wie "habts ihr?", "kommts ihr?" oder "gehts ihr mit?" schon bis zum Bodensee fast zum normalen Sprachgebrauch. In Augsburg beispielsweise halten die meisten einheimischen Sprecher dieses übernommene Element fälschlicherweise für alt und bodenständig.

Diese Ausbreitung des zweiformigen Plurals ins Schwäbische ist einerseits mit dem höheren Prestige des Bairischen zu erklären, sie hat aber auch zu tun mit einer Angleichung an das Schriftdeutsche mit seinem ebenfalls zweiformigen Plural und entspricht einem gewissen Bedürfnis, die 2. Person Plural, in der man sich direkt an andere wendet, formal von den zwei anderen Personen abzuheben, d.h. eine durch das -s auch gegenüber der Schriftsprache stärker markierte Form zu verwenden. Darüber hinaus ermöglicht sie auch durch ihr höheres Prestige, Personen anzusprechen, von denen man nicht so recht weiß, ob man sie "siezen" oder "duzen" soll. Somit ermöglicht dieser Sprachimport aus dem Bairischen auch eine Vereinfachung der Formulierung.

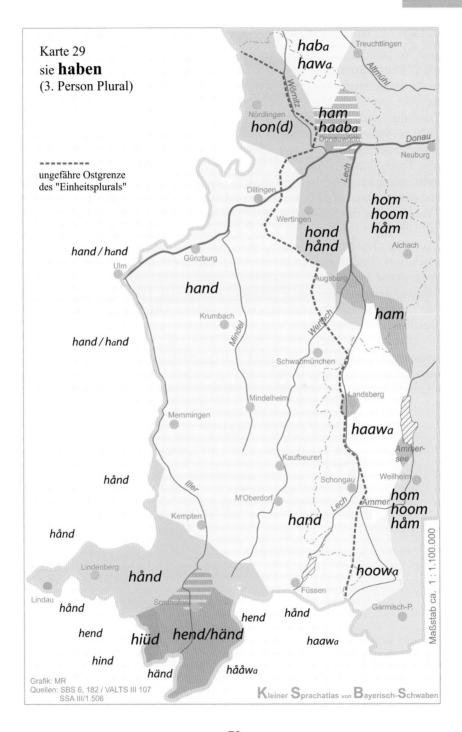

Karte 29
sie **haben**
(3. Person Plural)

– – – – – – – – –
ungefähre Ostgrenze
des "Einheitsplurals"

haba
hawa
Treuchtlingen

Nördlingen
hon(d)
ham
haaba
Donauwörth
Donau
Neuburg

Dillingen
Wertingen
hond
hånd
hom
hoom
håm
Aichach

hand / hand
Ulm
Günzburg
hand
Augsburg

Krumbach
ham

hand / hand
Schwabmünchen

Mindelheim
Landsberg

Memmingen
haawa
Ammer-
see

Kaufbeuren
hånd
Schongau
Weilheim
M'Oberdorf
hand
Ammer
hom
hoom
håm

Kempten

hånd
Lindenberg
hånd
hoowa

Lindau
Füssen
hånd
Sonthofen
hend
hånd
Garmisch-P.
hend
hiüd
hend/händ
haawa
hind
händ
hååwa

Maßstab ca. 1 : 1.100.000

Grafik: MR
Quellen: SBS 6, 182 / VALTS III 107
SSA III/1.506

Kleiner **S**prachatlas von **B**ayerisch-**S**chwaben

er **sagt** / er **trägt** (ahd. -agi-)

Die Verben "sagen" und "tragen" sind Reimwörter, sie haben sich auch gemeinsam entwickelt; außerdem kommen sie häufig vor. Deshalb haben sich in der gesprochenen Sprache der Dialekte zusammengezogene Kurzformen, sog. Kontraktionsformen, durchgesetzt, auch bei den Infinitivformen (*saa* und *draa*), was z.B. beim Wort "Wagen", das die gleiche Lautfolge aufweist, nicht der Fall ist. Die hier kartierten Formen der 3. Person Singular (er, sie, es ...) zeigen (wie bei "haben", vgl. Karte 28) und genauso wie die 2. Person (du ...) ebenfalls Kontraktion. Den westlichen, schwäbischen Formen liegen althochdeutsche Vorgänger wie se gis (aus *sagis 'du sagst') oder tre git (aus *tragit 'er trägt')

zugrunde. Das folgende -i- in der Endung hat Umlautung von *a* zu *e* bewirkt, das *g* ist verschwunden, die Form wurde einsilbig, was zu mhd. du seist, er seit, du treist, er treit führte. Dieses so entstandene ei – man nennt es in der Sprachwissenschaft auch ei[2] – blieb aber vom normalen mittelhochdeutschen ei (vgl. Karte 16) weitgehend geschieden, es entwickelte sich in Teilgebieten ähnlich wie das mittelhochdeutsche æ, z.B. in "Sträßlein" (vgl. Karte 13) oder in "mähen". Parallel zu "haben" und "gehabt" sind im Osten und Norden keine kontrahierten Formen vorhanden, dort ist das *g* bzw. sein nordschwäbisch-fränkischer Nachfolger *ch* nie geschwunden.

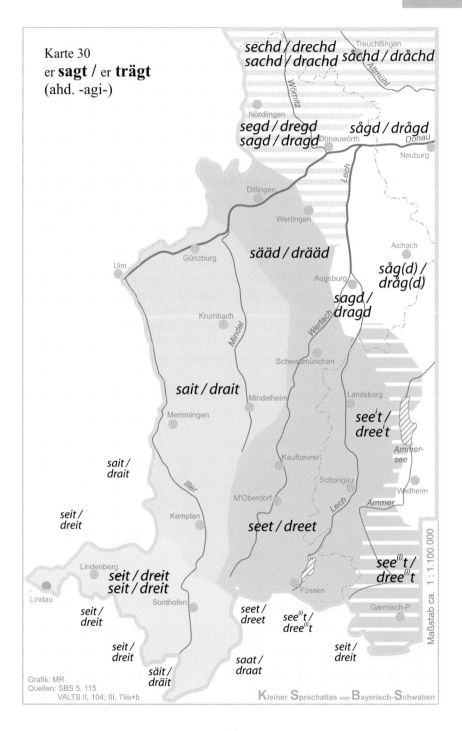

Karte 30
er **sagt** / er **trägt**
(ahd. -agi-)

sechd / drechd
sachd / drachd *såchd / dråchd*

segd / dregd
sagd / dragd *sågd / drågd*

sääd / drääd

såg(d) /
dråg(d)

sagd /
dragd

sait / drait

see^{i}t /
dree^{i}t

sait /
drait

seit /
dreit

seet / dreet

see$^{(i)}$t /
dree$^{(i)}$t

seit / dreit
seit / dreit

seit /
dreit

seet /
dreet *see$^{(i)}$t /*
dree$^{(i)}$t

seit /
dreit

seit /
dreit

säit /
dräit

saat /
draat

Maßstab ca. 1 : 1.100.000

Grafik: MR
Quellen: SBS 5, 115
VALTS II, 104; III, 79a+b

Kleiner **S**prachatlas von **B**ayerisch-**S**chwaben

81

ich **komme** / du **kommst** / er **kommt** (1.-3. Ps. Sg.)

Diese Karte stellt die Singularformen des Präsens (der Gegenwart) vom Verb "kommen" dar. Den Dialektformen des dargestellten Gebietes liegen zwei verschiedene Verben zugrunde: Zum einen die althochdeutsche Normalform queman mit den flektierten Formen quime, quimis, quimit, quememēs, quemet, quemant und zum anderen die Formen komen und (seltener) kumen, die beide erst in spätalthochdeutscher Zeit (11. Jh.) auftauchen und dann vorherrschend werden (ahd. Flexionsformen kumu, kumis, kumit, komemēs, komet, komant). Der Wechsel von u und o im Wortstamm ist aus der Flexion zu erklären in der u und o ganz regelmäßig, d.h. lautgesetzlich, wechseln. Die westlichen Formen gehen damit auf die jüngeren u/o-Formen zurück, die östlichen auf die e/i-Formen des in der Schriftsprache ausgestorbenen Typs queman.

Bemerkenswert sind die Allgäuer Formen *kuscht* und *kut*, die über eine Assimilation (= lautliche Angleichung) des *m* an den folgenden dentalen Laut (*kunscht, kunt*) und einen später erfolgten Nasalschwund, wie er im Schwäbischen ziemlich häufig ist (vgl. Karte 39 "uns"), entstanden sind. Die Formen *kunscht, kunt* im württembergischen Allgäu sind auf der Zwischenstufe mit erhaltenem *n* stehen geblieben.

82

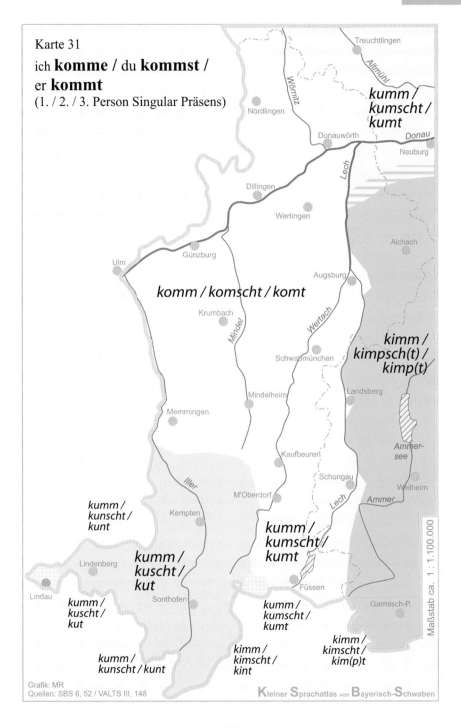

Karte 31

ich **komme** / du **kommst** /
er **kommt**
(1. / 2. / 3. Person Singular Präsens)

Treuchtlingen

kumm /
kumscht /
kumt

Nördlingen

Donauwörth   Donau

Neuburg

Dillingen

Wertingen

Aichach

Ulm   Günzburg

Augsburg

komm / komscht / komt

Krumbach

kimm /
kimpsch(t) /
kimp(t)

Schwabmünchen

Mindelheim   Landsberg

Memmingen

Ammer-
see

Kaufbeuren

Schongau   Weilheim

M'Oberdorf   Ammer

kumm /
kunscht /
kunt   Kempten

kumm /
kumscht /
kumt

kumm /
kuscht /
kut

Lindenberg

Lindau

kumm /
kuscht /
kut   Sonthofen

Füssen

kumm /
kumscht /
kumt   Garmisch-P.

kimm /
kimscht /
kim(p)t

kumm /
kunscht / kunt

kimm /
kimscht /
kint

Maßstab ca. 1 : 1.100.000

Grafik: MR
Quellen: SBS 6, 52 / VALTS III, 148

Kleiner **S**prachatlas von **B**ayerisch-**S**chwaben

wir/sie **tun** – ihr **tut** (1.-3. Ps. Pl.)

Dargestellt sind auf dieser Karte die Pluralformen der Gegenwart vom Verb "tun", also "wir tun – ihr tut – sie tun". Im Schriftdeutschen liegen zwei verschiedene Formen vor, im Osten unseres Gebietes ebenfalls; westlich der grünen Linie ist hingegen für alle drei Personen nur eine einzige Form in Gebrauch. Es liegt hier (und bei allen anderen Verben auch) ein sog. **Einheitsplural** mit der Endung auf einen Dentalauslaut vor (-*t*, oder -*d*).

Im Osten herrscht ein dem Schriftdeutschen strukturell vergleichbares **zweiformiges Pluralsystem** mit den Typen "(wir/sie) tu(e)n" und "(ihr) tuts". Dabei steckt in dem -*s* das an die Verbform angewachsene Personalpronomen "es", das im bairischen Sprachraum die alte Entsprechung zu 'ihr' ist. Aus Frageformen wie "Was macht es?" ('Was macht ihr?') ist das -*s* an das *t* der Endung angewachsen, weil man mit der Zeit die einzelnen Elemente nicht mehr erkannt hat und deshalb die laufende Rede falsch segmentiert hat.

Im schraffiert kartierten Raum um Wertingen ergibt sich im alten Dialekt ein zweiformiges Pluralsystem dadurch, dass die 1. Person mit den Elementen "uns tun wir" (z.B. *oo^ns dea^nmr*) gebildet wird.

Im Gegensatz zum Schriftdeutschen und zu den Formen des Alt- und Mittelhochdeutschen sind die Vokale bei den hier kartieren Verbformen überwiegend auf einer e-Basis gebildet. Diese stammt wohl aus dem Präteritalstamm (ahd. *tëta* 'ich tat'), denn mit dem Aussterben der einfachen Vergangenheitsformen im Süden des deutschen Sprachraumes und nach deren Ersatz durch das Perfekt, also die zusammengesetzte Vergangenheitsform ("ich lag" > "ich bin gelegen"), konnten die nicht mehr gebrauchten e-Formen zur Differenzierung innerhalb der Präsensformen verwendet werden.

Nicht umgelautet sind die Formen in den grün kartierten Gebieten, wobei aber, ausgehend von den mittelhochdeutschen Vorformen (*tuon*, *tuot*, *tuont*), überwiegend eine Verkürzung und Monopthongierung stattgefunden haben muss (*dond, dund; duand, duan*).

Unabhängig davon, ob nun umgelautete oder nicht umgelautete Formen vorliegen, zeigt sich auf dieser Karte das Phänomen, dass die **Vokalqualität** stark von einem folgenden Nasalkonsonant bestimmt ist: Die im Süden verbreiteten umgelauteten Formen *dind, diand, dian(a), diüd* haben eine Vokalhebung erfahren, dagegen ist die nicht umgelautete Form *dond* nördlich von Kempten aus *dund* gesenkt worden. Der Übergang von den Lautungen *e/o* im Norden und den Entsprechungen *i/u* im Süden ist fließend und lässt sich daher nicht klar abgrenzen.

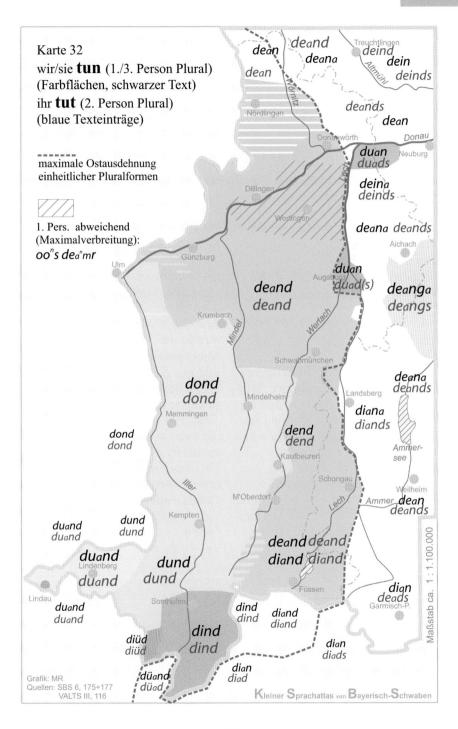

Karte 32
wir/sie **tun** (1./3. Person Plural)
(Farbflächen, schwarzer Text)
ihr **tut** (2. Person Plural)
(blaue Texteinträge)

– – – – – – –
maximale Ostausdehnung
einheitlicher Pluralformen

1. Pers. abweichend
(Maximalverbreitung):
oo^{n}s dea^{n}mr

Grafik: MR
Quellen: SBS 6, 175+177
VALTS III, 116

Maßstab ca. 1 : 1.100.000

Kleiner Sprachatlas von Bayerisch-Schwaben

lassen / gelassen (Infinitiv / Partizip)

Weitgehend parallel zu den Infinitivfomen von "haben" (vgl. Karte 28) gehen auch beim Verb "lassen" die hier kartierten Formen des **Infinitivs** im ganzen Westen (grüne Farbflächen) auf eine alte Kurzform, auf mhd. lân, zurück (*låu^n, lång, låå*). Eine kleine Insel nordöstlich von Augsburg (*lån*) und entsprechende Formen in der Nordostecke unseres Gebietes (*lån, låu-an*) zeugen von einstmals weiterer Verbreitung der Kurzformen. (Zum Typ *lång* im Ober- und Westallgäu vergleiche die Lautung in "Wein" in Karte 9.)

Die vollen Formen vom Typ *låssa* bzw. *låssn* (< mhd. lâzen), deren Verbreitungsgebiet mit gelben Farbflächen kartiert ist, dringen in den schraffiert kartierten Bereichen Füssen, Schongau, Wertingen, Dillingen von Osten und Norden her in das Gebiet der Kurzformen ein. Diese Entwicklung wird unterstützt von der Schriftsprache.

Die unverdumpfte Lautform *lasa* um Dillingen kann hingegen nicht auf mhd. lâzen zurückgeführt werden; sie dürfte direkt aus der Hochsprache stammen.

Die Karte zeigt mit blauen Schrift-Einträgen außerdem die ungefähre Verbreitung der **Partizipformen**, mit denen die hierzulande ausschließlich vorkommende zusammengesetzte Vergangenheit, das Perfekt ("ich bin gelaufen"), gebildet wird. Auch hierbei liegen in den grünen Gebieten alte Kurzformen zugrunde (z.b. *glåu^n, glång, glåå, glou-an*). Auffällig ist, dass im Raum Memmingen – Mindelheim – Illertissen sowie überwiegend auch östlich des Lechs und im Nordosten die Partizipform ohne die Vorsilbe "ge-" gebildet wird (*låu^n, lån, låssa, låssn*), so dass diese mit dem Infinitiv übereinstimmen.

Mit *glåsd* am nördlichen Ries-Rand und mit *glåt* im Tiroler Außerferngebiet liegen sogenannte "schwach" flektierte Partizipformen vor. Diese Tatsache spiegelt eine Tendenz, die auch in der Schriftsprache festzustellen ist, dass nämlich starke Flexionsformen durch schwache ersetzt werden (vgl. "backte" vs. "buk", "pflegte" vs. "pflag/pflog", vgl. "Gepflogenheit", "saugte" vs. "sog").

86

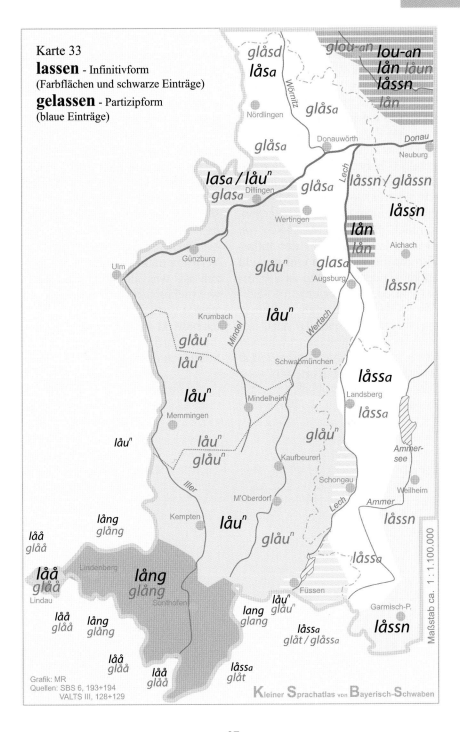

Karte 33
lassen - Infinitivform
(Farbflächen und schwarze Einträge)
gelassen - Partizipform
(blaue Einträge)

Kleiner Sprachatlas von Bayerisch-Schwaben

Grafik: MR
Quellen: SBS 6, 193+194
VALTS III, 128+129

Maßstab ca. 1 : 1.100.000

geben / gegeben (Infinitiv / Partizip)

Wie schon in vorausgehenden Karten sind hier im W und S (blaue und grüne Flächen) für den **Infinitiv** kontrahierte Kurzformen zugrunde zu legen, die mhd. als gên belegt sind und Flexionsformen wie gîst ('du gibst') und gît ('er/sie/es gibt') gebildet haben. Letztere Formen sind regelhaft im alemannischen SW unseres Gebietes mit Monophthong erhalten (*du gischt, a(r) git*), nördlich davon diphthongisch (*du geischt, ear geit*). Bei der Infinitivform *gii* im Allgäu und in südl. angrenzenden Gebieten ist der Vokal von *ee* zu *ii* vor einem folgenden Nasalkonsonanten gehoben, ein Vorgang, der parallel dazu u.a. auch beim männlichen Zahlwort "zwei" zu beobachten ist (*zwii Maa* 'zwei Männer', vgl. Karte 40).

Im Osten zeigt unsere Karte wiederum die erst später kontrahierten Formen, bei denen *geben* über *gebm* und *gee^bm* zum einsilbigen *geem* geworden ist. Dazwischen liegt das Gebiet mit zweisilbigen Formen (*geeba, gee^iwa, gääba, gäaba*), die alle dem Typ "geben" zuzuordnen sind, der ja auch in der Schriftsprache herrscht. Weil bei den Formen des **Partizips der Vergangenheit** die verkürzte Vorsilbe "g^e-" mit dem *g*-Anlaut des Verbstammes komplett verschmolzen ist, was allenfalls eine kaum wahrnehmbare Fortisierung (= verstärkte Artikulation) des *g*-Anlautes bewirkt hat (*ggii, ggeeba*), sind diese Partizipformen weitgehend mit denen des Infinitivs identisch.

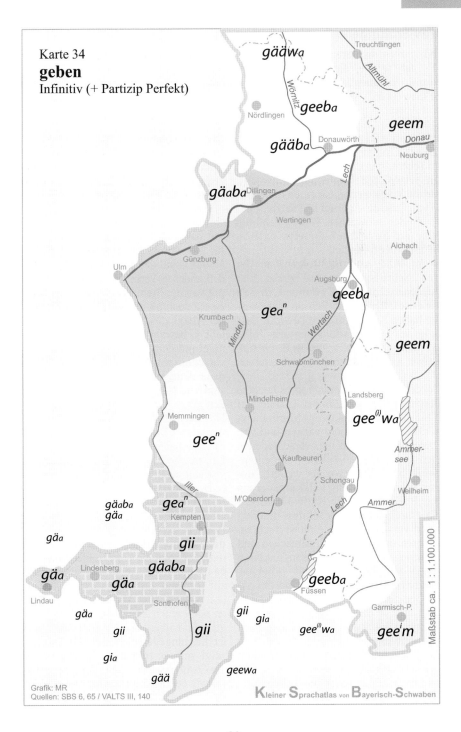

Karte 34
geben
Infinitiv (+ Partizip Perfekt)

Grafik: MR
Quellen: SBS 6, 65 / VALTS III, 140

Kleiner Sprachatlas von Bayerisch-Schwaben

Maßstab ca. 1 : 1.100.000

Infinitiv-Endungen / Partizip-Endungen

Im Ahd. gab es mehrere Gruppen von Verben. Es gab solche, die auf -an endeten, z.b. neman 'nehmen', faran 'fahren'. Diese nannte man "stark", sie bildeten die Zeitformen mit Ablaut, d.h. mit Vokalwechsel (vgl. auch heute noch: "nehmen – nahm – genommen"; "fahren – fuhr – gefahren"). Eine zweite Gruppe gab es mit der Endung auf -en (ehem. -jan), wie suochen 'suchen', setzen 'setzen'. Sie nannte man "schwach", weil sie die Vergangenheitsformen mit -t bildeten (vgl. "suchte – gesucht"; "setzte – gesetzt"). Zu den schwachen Verben gehörten auch jene auf -ōn und auf -ēn, etwa salbōn 'salben' und fūlēn 'faulen'.

Schon im Mhd. und nachfolgend in der heutigen Schriftsprache sind diese vier verschiedenen **Infinitiv-Endungen** in -en zusammengefallen. Lediglich in der Aussprache haben Assimilationen bewirkt, dass abhängig vom Endkonsonanten der Silbe neue Varianten entstanden sind (z.B. *haabm, leesn, seen, saagng* für "haben, lesen, sehen, sagen").

Der SW des deutschen Sprachraums hat eine einheitliche vokalische Infinitiv-Endung auf einen indifferenten, unklaren Murmellaut, der im Öffnungsgrad leicht variiert und von den Dialektsprechern in den verschiedenen Gebieten auch unterschiedlich wahrgenommen wird. Im Allgäu, wo als weiterer unbetonter Vokalauslaut das volltonige *-a* ein wichtige Rolle spielt (vgl. Karte 37 "Ente – Enten"), empfindet man die Infinitiv-Endung als *-e* und verschriftlicht sie meist auch so. Im mittleren und nördl. Schwäbischen und im Bairischen hört man aus diesem unklaren Auslaut jedoch überwiegend ein *-a* heraus, was dadurch erklärbar wird, dass dieser Laut dort im Gegensatz zu volltonig artikulierten Auslauten auf *-e* bzw. *-i* steht. Die hier im Atlas notwendigerweise einheitlich praktizierte Schreibung mit verkleinertem *-a* mag deshalb gelegentlich einen Leser aus dem Allgäu etwas befremden.

Die vokalische Endung ist durch Schwund des n bei gleichzeitiger Nasalierung des verbliebenen Vokals entstanden. Diese Nasalität am Vokal war im 19. Jh. in unserer Gegend noch stark hörbar, bei den Befragungen vor ca. 20 Jahren wurde sie nur noch vereinzelt, besonders in Mittel- und Nordschwaben notiert, z.B. *saaga^n, macha^n, nema^n* für "sagen, machen, nehmen".

Im grün kartieren Osten hat sich die Infinitiv-Endung unterschiedlich entwickelt. Die Karte zeigt mehrere Gruppen von Verben, die von Nord nach Süd stufenweise mehr Formen mit assimiliertem *-n* enthalten. Beim Verb "bringen", das stellvertretend für alle Verben mit nasalem Stammauslaut steht (z.B. auch für "schwimmen, singen, können"), ist überall der Vokal des alten Auslauts erhalten. Bei den anderen Verbgruppen haben wir, abhängig von der Stamm-Endung, nach Norden zu eine Zunahme der vokalischen Endung. Wo der Vokal geschwunden und der Nasalauslaut -n bewahrt ist, ist dieser mehr oder weniger mit dem vorhergehenden Konsonanten verschmolzen, was so weit geht, dass formal ganz neue, einsilbige Verbtypen entstanden sind wie *leeng* 'legen', *leem* 'leben', *loon* 'laden'.

Die Verhältnisse im mittleren Gebiet (vom Ammersee bis fast Neuburg), mit vokalischer Endung nach f, ch und ck (z.B. auch "schlafen, machen, stecken") und konsonantischer Endung nach vokalisch endendem Stamm (z.B. in "bauen, befreien"), setzen sich großflächig nach Osten zu fort, bis in den Raum Oberösterreich hinein.

Bei den "schwachen" Formen des **Partizips der Vergangenheit** wirken in unserem Raum regional noch die Unterschiede des Althochdeutschen nach. Bei den ehemaligen Verben auf -ōn und auf -ēn haben im Westen (mit unterschiedlicher Verbreitung) die Partizipien noch einen Zwischenvokal und damit eigene Endsilben, bei den alten Verben auf -en ist dies hingegen nicht der Fall. Unsere Karte zeigt mit gestrichelten Linien beispielhaft die Ostgrenze der Verbreitung des erhaltenen Vokals bei "gefragt" (ahd. Infinitiv frāgēn) und "gebohrt" (ahd. Infinitiv borōn).

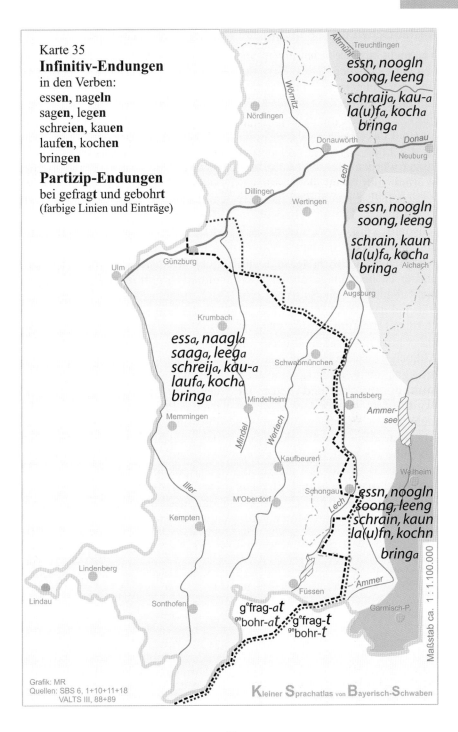

Karte 35
Infinitiv-Endungen
in den Verben:
essen, nageln
sagen, legen
schreien, kauen
laufen, kochen
bringen

Partizip-Endungen
bei gefragt und gebohrt
(farbige Linien und Einträge)

*essn, noogln
soong, leeng
schraija, kau-a
la(u)fa, kocha
bringa*

*essn, noogln
soong, leeng
schrain, kaun
la(u)fa, kocha
bringa*

*essa, naagla
saaga, leega
schreija, kau-a
laufa, kocha
bringa*

*essn, noogln
soong, leeng
schrain, kaun
la(u)fn, kochn
bringa*

g°frag-a*t*
°°bohr-a*t* · g°frag-*t*
°°bohr-*t*

Maßstab ca. 1 : 1.100.000

Grafik: MR
Quellen: SBS 6, 1+10+11+18
VALTS III, 88+89

Kleiner **S**prachatlas von **B**ayerisch-**S**chwaben

Auslautschwund (Apokope) bei weiblichen Substantiven

Vor mehr als 2000 Jahren begannen die Germanen, jedes Wort, das sie verwendeten, schematisch auf der ersten Silbe zu betonen. Das führte dazu, dass mehrsilbige Wörter (und davon gab es damals viele) am Ende abgebaut und immer kürzer wurden. Bei den altererbten Wörtern gibt es im Deutschen inzwischen fast nur noch Ein- oder Zweisilber. Dieser Endsilbenschwund vollzog sich historisch kontinuierlich, in mannigfaltigen Abstufungen, zeitlich wie regional, und er ist heutzutage immer noch nicht abgeschlossen. So wurde zum Beispiel das Wort "Mücke" für das Germanische (um Christi Geburt) als *mugjōn rekonstruiert, im Althochdeutschen heißt dieses Tier mugga, im Mittelhochdeutschen mucke, mücke und heute im Nordwesten unseres Gebietes nur mehr *Mugg*. Wir sehen eine stetige Abnahme des Gewichts der zweiten Silbe bis zu deren Verschwinden. Diesen e-Schwund in Endsilben nennt man Apokope (vgl. dazu Textkasten bei Karte 21).

Die Karte zeigt eine Momentaufnahme bei dieser Entwicklung für eine grammatisch definierte Wortgruppe, den weiblichen Substantiven, die im Ahd. mit einem -n flektiert wurden. Man nennt sie deshalb ehemalige n-Stämme, oder man sagt, sie seien "schwach" flektiert. Im nördlichen Schwäbischen ist der Vorgang der Apokopierung am weitesten fortgeschritten, im Süden ist noch ein schwacher, indifferenter Vokal -*a* vorhanden, und im Osten ist zwar der alte Vokal geschwunden, aber es ist der Nominativ-Form aus den Endungen der anderen Fälle (z.B. Akkusativ) wieder ein -*n* zugewachsen. Der Nominativ war im Mittelhochdeutschen die einzige (Flexions)Form, in der kein -n im Auslaut vorhanden war (mhd. mucke, Genitiv mucken usw.). In diesem Falle hat das Prinzip, ein Wort durch alle Flexionsformen hindurch einheitlich zu gestalten (morphologischer Ausgleich), den Drang der Dialekte zur Apokopierung besiegt.

Das Wort "Henne" zeigt wegen des Stammauslauts -n eine besondere, abweichende Verteilung.

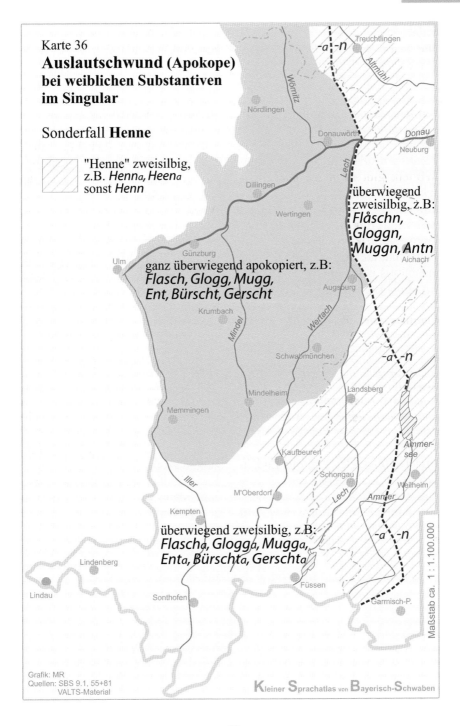

Karte 36
Auslautschwund (Apokope)
bei weiblichen Substantiven
im Singular

Sonderfall **Henne**

"Henne" zweisilbig,
z.B. *Henn*a, *Heen*a
sonst *Henn*

überwiegend
zweisilbig, z.B:
Flåschn,
Gloggn,
Muggn, Antn

ganz überwiegend apokopiert, z.B:
Flasch, Glogg, Mugg,
Ent, Bürscht, Gerscht

überwiegend zweisilbig, z.B:
*Flasch*a, *Glogg*a, *Mugg*a,
*Ent*a, *Bürscht*a, *Gerscht*a

-a -n

-a -n

-a -n

Maßstab ca. 1 : 1.100.000

Grafik: MR
Quellen: SBS 9.1, 55+81
VALTS-Material

Kleiner **S**prachatlas von **B**ayerisch-**S**chwaben

93

Ente / Enten (weibliche Substantiv-Endung Singular / Plural)

Die Karte zeigt, in welchen Regionen auf welche Weise Singular (Einzahl) und Plural (Mehrzahl) auseinander gehalten werden bzw. werden können. Der Fall "Ente" kann stellvertretend für die Gruppe der Substantive stehen, die auf der vorausgehenden Karte 36 behandelt wurden. Im mittel- und nordschwäbischen Gebiet ist die Unterscheidung Einzahl/Mehrzahl leicht zu leisten. Ein an die endungslose (apokopierte) Singularform angefügter Murmellaut -*a* (Schwa-Laut) macht aus einer Ente mehrere Enten. Im Osten, wo der Nominativ Singular bereits auf -*n* endet, wird Singular und Plural nicht unterschieden. Kleine Gebiete z.B. am Lech nördlich von Augsburg und im Werdenfels-Gebiet haben den morphologischen Ausgleich (vgl. Karte 36) noch nicht vollzogen und haben deswegen noch einen Gegensatz in den beiden Formen erhalten.

Andere Gebiete haben neue Lösungen gefunden, so etwa die Opposition *Anta ≠ Antna* im Südosten oder die besondere Pluralform *Entach* im Lechrain. Das -*ch* wurde (um eine Unterscheidung von Einzahl und Mehrzahl zu haben) neu angefügt, auch unter dem Einfluss von Kol-

lektivbildungen auf -*ich* bzw. -*ach*, die ehemals sehr verbreitet waren und sich als -ach in Orts- und Flurnamen wie "Weidach", "Eschach", "Birkach" erhalten haben und die es auch als -icht in ein paar Fällen noch im heutigen Schriftdeutschen gibt (vgl. "Kehricht", "Dickicht"; das t ist bei diesen Formen erst spät dazugekommen).

Im Süden gibt es einen Gegensatz von reduziertem Vokal -*a* und einem volltonigen Vokal -*a*. Diese für das Allgäu typische Pluralform reicht auch noch ein Stück über die Staatsgrenze ins nördlich Vorarlberg und ins Außerferngebiet hinein. Der Unterschied ist wohl darauf zurückzuführen, dass die schwach flektierten Feminina, mit denen das Wort "Ente" geht, im Althochdeutschen zwischen Nominativ Singular und Plural einen Unterschied in der Schwere der Endung zeigten: m u g g a 'Mücke' gegen m u g g ū n 'Mücken'. Wenn man davon ausgeht, dass der Schwund, der Abbau der Endsilben gleichmäßig vor sich geht, dann bleibt von einem lang gezogenen -ūn mehr übrig als von einem kurzen -a. Es ist aber auch denkbar, dass der Allgäuer Plural auf -*a* ein Rest von alten Pluralen auf -*ach* ist.

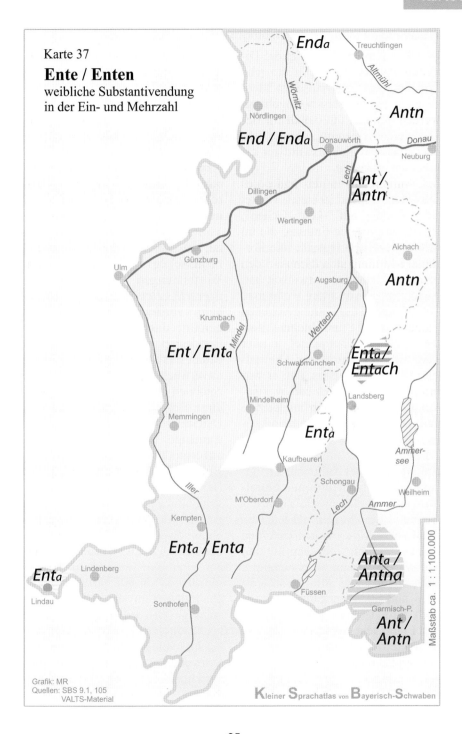

Karte 37

Ente / Enten
weibliche Substantivendung
in der Ein- und Mehrzahl

_End_a

Treuchtlingen

Altmühl

Wörnitz

Nördlingen

Antn

_End / End_a

Donauwörth

Donau

Neuburg

Lech

_Ant /
Antn_

Dillingen

Wertingen

Aichach

Ulm

Günzburg

Augsburg

Antn

Krumbach

Mindel

Wertach

_Ent / Ent_a

Schwabmünchen

_Ent_a_/
Entach_

Mindelheim

Landsberg

Memmingen

_Ent_a

Kaufbeuren

Ammer-
see

Iller

Schongau

Weilheim

M'Oberdorf

Lech

Ammer

Kempten

_Ent_a / Enta

_Ant_a /
Antna

Enta

Lindenberg

Lindau

Füssen

Sonthofen

Garmisch-P.

_Ant /
Antn_

Maßstab ca. 1 : 1.100.000

Grafik: MR
Quellen: SBS 9.1, 105
        VALTS-Material

Kleiner Sprachatlas von Bayerisch-Schwaben

Wäge**lein** (Diminutivformen Singular / Plural)

In dieser Karte geht es um die Diminutivsuffixe, das heißt um jene Endungen, die im Deutschen nahezu an jedes Substantiv angehängt werden können, um das damit Bezeichnete verkleinert, verniedlicht oder auch nur liebenswürdiger erscheinen zu lassen.

Im Norden und in der Mitte des deutschen Sprachgebietes lautet diese Endung auf "-ken", "-chen". Im Süden gilt eine Endung, die im Mhd. als -lîn belegt ist. Die Formenvielfalt, die sich daraus in den heutigen Dialekten entwickelt hat, ist sehr groß, vor allem wenn man – wie hier auf der Karte geschehen – die Einzahl- und Mehrzahlformen zusammen betrachtet. In alter Zeit war der Plural des Diminutivsuffixes endungslos, d.h. er war nicht gekennzeichnet und war somit nicht vom Singular unterschieden. Dieser für die Kommunikation offensichtlich unbefriedigende Zustand wurde im größten Teil unseres Gebietes dadurch beseitigt, dass sich Singularform und Pluralform auseinander entwickelten.

Auf der Karte spiegeln sich auch die drei Großdialekte des süddeutschen Raums: Die schwäbischen Formen -le, -la, -la, die bis über Neuburg, Aichach und den Ammerssee reichen und auch im ganzen westlichen Tirol verbreitet sind; die für das Fränkische typischen -la und -li sowie die Formen -l, -a(r)l des inneren Bairischen.

Die gleichzeitige Darstellung von Singular- und Pluralformen zeigt, dass in unserem Gebiet diese beiden unterschieden werden, von Mittelschwaben bis ins südwestliche Allgäu kommt man aber offensichtlich auch ohne diese Unterscheidung zurecht (-la / -la). Gleiches gilt für das innere Bairische.

Nach landläufiger Vorstellung schreibt man vor allem den Menschen im schwäbischen und alemannischen Südwesten eine besondere Vorliebe für Verkleinerungsformen zu, was z.B. von Außenstehenden nicht selten karikiert wird durch Wortbildungen wie *Gscheiderle, Cleverle, Heisle*. Diese klischeehafte Vorstellung hat auch dazu geführt, dass man innerhalb der Bundesrepublik Deutschland das Bundesland Baden-Württemberg unverwechselbar mit *Ländle* bezeichnen kann und dass genau diese Bezeichnung auch innerhalb Österreichs auf das alemannisch-sprachige Bundesland Vorarlberg angewandt wird.

Unbestreitbar hat aber auch das Bairische einen starken Hang zur sprachlichen Verkleinerung. So werden im bairischen Sprachbereich selbst die größten Biergläser immer noch als *Glaasl* bezeichnet, und die Tatsache, dass dort sämtliche Fahrräder *Raadl* sind, ist ebenfalls kaum von den tatsächlichen Größenverhältnissen her zu begründen. Die direkte lautliche Entsprechung *Räädle* würde ein Schwabe nie auf ein Fahrrad, sondern nur auf ein kleines Rädchen in einem Gerät anwenden.

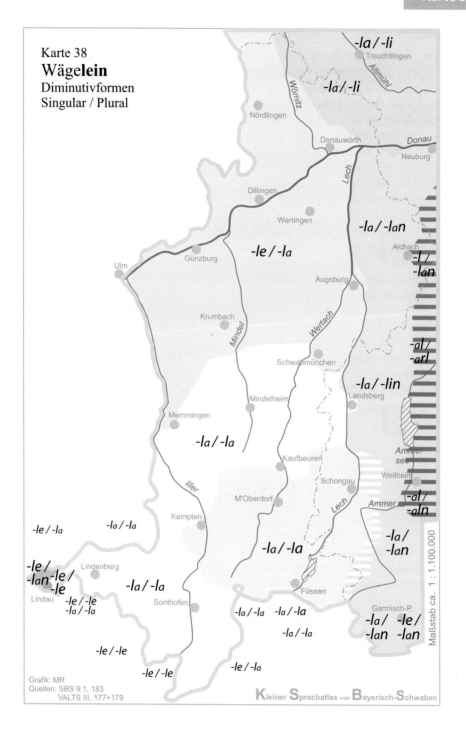

Karte 38

Karte 38

Wägelein

Diminutivformen
Singular / Plural

Grafik: MR
Quellen: SBS 9.1, 183
VALTS III, 177+179

Kleiner Sprachatlas von Bayerisch-Schwaben

97

uns (betontes Personalpronomen)

Die Karte zeigt die altdialektalen Formen des betonten Personalpronomens der 1. Person in der Mehrzahl von Dativ und Akkusativ (3. und 4. Fall), so wie es im Satz "er sagt es nur **uns**" formuliert wurde. Im Norden unseres Gebietes sind nur Formen von *uns* (bereits ahd. als uns belegt) verbreitet, wobei es im westlichen Teilraum vor Nasal regelhaft zu einer Senkung des Vokals von *u* zu *o* kommt: *ons*. Teilweise ist der folgende Nasalkonsonant *n* vokalisiert oder ganz geschwunden, was im Nordschwäbischen zu einer Dehnung des Vokals geführt hat: *oo"s, oos* (vgl. Karte 22).

Im Süden liegen unterschiedliche Lautformen vor, die aber alle auf eine umgelautete mittelhochdeutsche Form *üns* (die es neben der Form uns gab) zurückgeführt werden müssen, die im Mittelalter hauptsächlich im Alemannischen bezeugt ist. Die Umlautung ist durch das -i- in der Zweitsilbe der alten Akkusativform (ahd. unsih) bewirkt worden. Schon zum Mittelhochdeutschen hin sind die Formen von Dativ und Akkusativ allgemein ausgeglichen worden, d.h. sie sind regional unterschiedlich in uns bzw. üns zusammengefallen.

Durch Entrundung (vgl. Textkasten bei Karte 14) ist in unserem Raum aus üns zunächst (regelhaft) eine Form *ins* geworden, die so im Süden Altbayerns, aber auch in großen Teilen Österreichs erhalten ist. Westlich von Lech und Ammergebirge müssen wir von einer Weiterentwicklung durch n-Schwund und späterer Entnasalierung sowie folgender Dehnung ausgehen (also: *üns > ins > ii"s > iis*). Diese Entwicklung muss um 1500 schon vollzogen gewesen sein, da nur so diese Form dann im Schwäbischen die Diphthongierung $\hat{\imath}$ > ei noch mitmachen konnte (vgl. Karte 7). Die heutigen schwäbischen Pronomen *eis* bzw. *ais* und die alemannische Entsprechung *iis* sind daher lautlich identisch mit dem Substantiv "Eis" (< mhd. $\hat{\imath}$s) in diesen Gebieten.

In jenen alemannischen Nachbarräumen (Schweiz, Vorarlberg), in denen keine Entrundung stattgefunden hat, lautet das Personalpronomen folgerichtig noch *üüs*.

Die hier auf der Karte erscheinenden Lautformen gelten auch weitgehend für den Stamm der mehrsilbigen Personal- bzw. Possessivpronomen wie "unser", "unserem" u.ä.

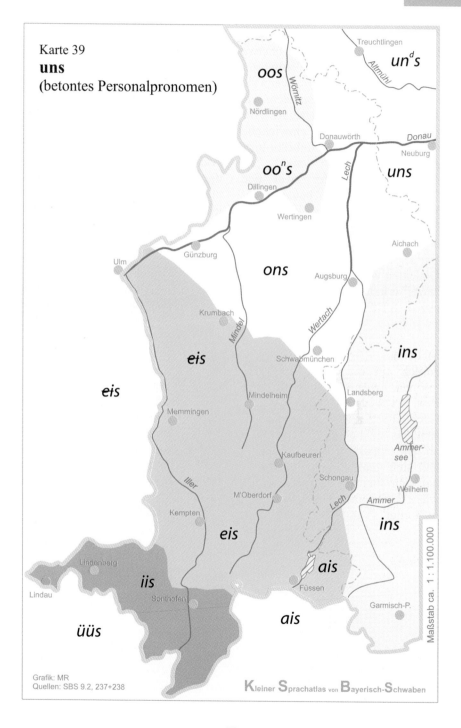

Karte 39
uns
(betontes Personalpronomen)

zwei (Zahlwort)

Im Althochdeutschen, also vor etwa 1200 Jahren, wurden die Zahlwörter "eins", "zwei" und "drei", wenn sie vor einem Substantiv standen, wie Adjektive flektiert (gebeugt). Aus dem Zahlwort "eins" entwickelte sich der flektierbare unbestimmte Artikel (z.b. "eine", "einer", "einen"); die Zahlwörter "zwei" und "drei" verhalten sich heute in der Hochsprache wie die anderen Zahlwörter, d.h. sie verändern sich vor dem Substantiv nicht.

Der alte Zustand ist aber in unseren Dialekten vor allem beim Zahlwort "zwei" erhalten geblieben. So heißt es z.b. in Döpshofen in den Stauden *zwea^n Buaba* (zwei Buben) *zwua Kia* (zwei Kühe) und *zwoi Määdla* (zwei Mädchen). Diese Formen gehen zurück auf die althochdeutschen Formen zwēne (männlich), zwā bzw. zwō (weiblich) und zwei (sächlich). Von letzterer Form leitet sich das neuhochdeutsche "zwei" ab. Die dialektale Form dazu verhält sich ganz regelmäßig, das e i hat sich hier genauso entwickelt wie z.b. das mittelhochdeutsche e i in "Leiter" (vgl. Karte 16).

"Zwo" wird noch gerne am Telefon verwendet, wenn man eine Verwechslung mit "drei" ausschließen will.

Das alte Dreiersystem (m-w-s) hat sich östlich der gestrichelten Linie auf der Karte zu einem Zweiersystem reduziert (m-w/s), weil dort die althochdeutschen Formen zwō und zwei regelgemäß in einer identischen Lautung (*zwoa*) zusammengefallen sind, so dass heute im Dialekt die alte männliche Form (*zwea^n, zwia^n*) den anderen Formen (*zwoa*) gegenüber steht.

Generell befindet sich das alte dreiförmige System in langsamer Auflösung. Besonders in den städtischen Räumen (Augsburg, Neu-Ulm, Kempten, Weilheim) und beispielsweise auch im ländlich geprägten Gebiet nordöstlich von Donauwörth ist heutzutage nur noch die sächliche Form in Verwendung (helle Farbflächen auf der Karte). Und vermutlich werden sich schon bald auch die anderen ländlichen Dialekte ganz dem einförmigen neuhochdeutschen System angeschlossen haben.

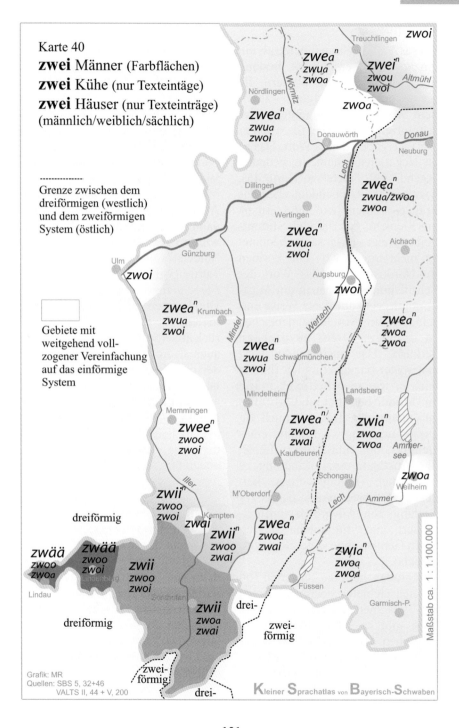

Karte 40
zwei Männer (Farbflächen)
zwei Kühe (nur Texteinträge)
zwei Häuser (nur Texteinträge)
(männlich/weiblich/sächlich)

Grenze zwischen dem
dreiförmigen (westlich)
und dem zweiförmigen
System (östlich)

Gebiete mit
weitgehend voll-
zogener Vereinfachung
auf das einförmige
System

Treuchtlingen *zwoi*

zwea^n
zwua
zwoa

zwei^n
zwou Altmühl
zwoi

Nördlingen Wörnitz

zwea^n
zwua
zwoi

zwoa

Donauwörth Donau
Neuburg

Dillingen *zwea^n*
zwua/zwoa
zwoa

Wertingen

zwea^n
zwua
zwoi

Aichach

Ulm Günzburg

zwoi

Augsburg *zwoi*

zwea^n Krumbach
zwua
zwoi

Mindel

Wertach

zwea^n
zwoa
zwoa

zwea^n
zwua Schwabmünchen
zwoi

Mindelheim Landsberg

Memmingen

zwee^n
zwoo
zwoi

zwea^n
zwoa
zwai

Kaufbeuren

zwia^n
zwoa
zwoa Ammer-
see

Schongau

zwoa
Weilheim

Iller

zwii^n
zwoo
zwoi

M'Oberdorf

Lech

Ammer

Kempten *zwai*

dreiförmig

zwii^n
zwoo
zwai

zwea^n
zwoa
zwai

zwia^n
zwoa
zwoa

zwää
zwoo
zwoa

zwää
zwoo
zwoi

zwii
zwoo
zwoi

Lindenberg

Sonthofen

Füssen

Garmisch-P.

Lindau

dreiförmig

zwii
zwoa
zwai

drei-

zwei-
förmig

zwei-
förmig

drei-

Maßstab ca. 1 : 1.100.000

Grafik: MR
Quellen: SBS 5, 32+46
VALTS II, 44 + V, 200

Kleiner **S**prachatlas von **B**ayerisch-**S**chwaben

101

'nirgends'

Dieses Adverb, das wir heute als ein einziges Wort empfinden, bestand ursprünglich aus vier Wörtern, die – so wie z.B. "sozusagen" – zu einem Wort zusammengerückt, verschmolzen sind: ni + io + hwar + gin ergaben dieses Wort. Das ni ist Negationselement, io bedeutet 'irgend' (vgl. "nicht" in Karte 45), hwar ist im Althochdeutschen das Fragepronomen "wo", und gin ist ein Element, das die Unbestimmtheit anzeigt. Insgesamt bedeutet es 'nicht irgend wo'. Die Formen im Nordosten und das Wort der Schriftsprache, das auch um Augsburg gilt, sind auf diese Weise entstanden. Im Mittelhochdeutschen ist das Wort bereits zu niergen verkürzt. Das auslautende d ist erst später dazugekommen (häufig nach n, wie auch bei mhd. mâne zu "Mond" oder bei mhd. nieman zu "niemand"). Das gilt auch für das -s, ursprünglich Endung eines Genitivs, der einmal dazu diente, die Umstände einer Handlung zu bezeichnen (mittags, flugs, keineswegs). Später wurde das -s zur Bildung von Adverbien umfunktioniert, auch für solche Wörter, deren Genitiv ohne -s gebildet wird (nachts).

Den großen, hellblau kartierten Teil unseres Gebietes nehmen Formen des Typs "nenen(t)(s)" ein. Dieses Wort gibt es schon im Althochdeutschen als nionēr, was außer 'nirgends' auch 'niemals' bedeutete. Es ist zusammengerückt wor-

den aus ni io in ëru, was wörtlich 'nicht je auf der Erde' meint. Im Mittelhochdeutschen gibt es dazu viele Varianten wie nienen, nienent, nienert, niendert, die als Vorformen unseres Typs gelten können. Auf die letzten beiden Varianten sind die rechtslechischen Wörter auf -scht zurückzuführen, bei denen ein nien(d)er mit dem Adverb bildenden s versehen und dann noch zusätzlich mit t ergänzt wurde (vgl. dialektal "anders" zu "anderst") und das s vor t zu sch wurde (vgl. fescht für "fest" bzw. Ferscha für 'Ferse').

Die Formen nearz, nearda (aus: nerten) im Ries (grün) gehen zurück auf eine mhd. Form nernt, die auch als nergent belegt ist und bei der der Vokal schon früh verkürzt ist. Das neardads ist eine Mischung aus dem Typ nernt und aus "nirgends". Das rd in diesem Wort ist eventuell auch zu erklären, wenn man eine Ausgangsform "nicht an einem Ort" annimmt.

Auch der Typ "niemen(t)" im dunkelblau eingefärbten Gebiet im Ostallgäu lässt sich gut von dieser Ausgangsform her erklären, nur ist hier nicht das rt von "Ort" erhalten geblieben, sondern das auslautende m von "einem" ("an einem Ort" wurde zu ama Ort). Diese Basis ist auch deshalb wahrscheinlich, weil in vielen Regionen des Gebietes "irgendwo" mit Fügungen wie "an am Ort" oder "einen Ortes" ausgedrückt wird.

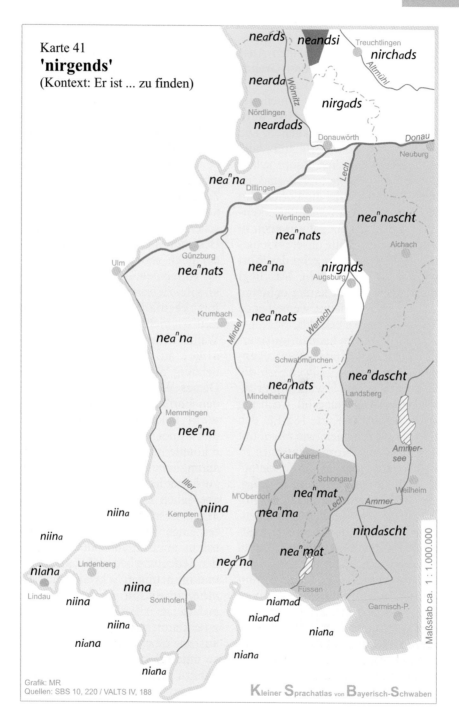

Karte 41
'nirgends'
(Kontext: Er ist ... zu finden)

Maßstab ca. 1 : 1.000.000

Grafik: MR
Quellen: SBS 10, 220 / VALTS IV, 188

Kleiner Sprachatlas von Bayerisch-Schwaben

'immer'

Die bei uns vorkommenden Ausdruckstypen sind auf drei Grundformen zurückzuführen: Großflächig herrschen Formen, die auf eine mhd. Fügung *alle wîle* bzw. *elle wîle* zurückgehen. Die umgelautete Form "ell" für "all" ist im schwäbischen Raum schon seit mhd. Zeit verbreitet und ist auch Grundlage für die Formen im Nordwesten. Am besten zu erkennen ist die Ursprungsform noch in **alleweil** in der Mitte unseres Gebietes, nach Norden zu zeigt das Wort größere Veränderungen. Das liegt daran, dass es sehr häufig unbetont vorkommt und damit weitgehende Verschleifungen erleidet.

Aus der Vollform kann *allweil* werden, auch nur *all* oder *allwei*, ebenso *awl*, was dann teilweise zu *abl* wird, weil w und b wegen ihrer artikulatorischen Nähe oft wechseln (vgl. "Streue" in Karte 18). Für den Osten sind Beispiele wie *oiwai* mit vokalisiertem *l* kennzeichnend.

Im Westen gibt es zwei kleinere Gebiete mit **elleg** bzw. **alleg**. Sie sind eventuell auf ahd. *alang* (wohl aus all+lang) zurückzuführen, das 'ganz, unversehrt, vollkommen' bedeutet. Oder sie sind aus mhd. *alleclîch* für 'ganz, vollständig' verkürzt. In Frage kommt auch ein im Mhd. belegtes *alwec* (mit Schwund des w), das mit seiner Bedeutung 'auf allen Wegen, immer' besser zur heutigen dialektalen Verwendung passt. Die starke Reduzierung solcher Wörter lässt alle dies Ausgangsformen zu.

Reduzierung muss man nicht ansetzen, wenn man das Wort aus dem Adjektiv all+ig ableitet (vgl. oben *allec-lîch*), denn dieses Adjektiv gibt es im Schwäbischen in der Bedeutung 'ganz', 'immer'.

Eines der wenigen Wörter, an denen man einen Allgäuer erkennt, ist das ***alla(t)***. Es ist ebenfalls eine Zusammensetzung mit "all(e)", nur gehen die Meinungen der Forscher auseinander, was der zweite Bestandteil einmal gewesen sei, der noch resthaft als *-at, -at* oder *-a* vorhanden ist. Ein "alle Tag" könnte zugrunde liegen, ein "allfort" ebenfalls, und auch ein "alle Zeit" ist nicht ganz auszuschließen. Wahrscheinlicher ist aber ein mhd. *alwec* aus *alle weg* mit der Bedeutung 'auf allen Wegen, immer'. Dieses Wort ist im Mhd. auch in den Formen *alwegent* und *allewent* belegt. Im Tannheimer Tal gibt es noch eine Form *albad*. Das *b* könnte man einerseits auf ein ursprüngliches *w* zurückführen, das zu *b* werden konnte. Es ließe sich aber auch an eine Ausgangsform *albot* anschließen ("bot" zu "bieten", vgl. "Gebot"), die als Formel schon im Mittelhochdeutschen in der Bedeutung 'jedes Mal' existierte und im heutigen Schwäbischen als *all(e)bot* für 'oft, häufig' weit verbreitet ist. Allerdings bliebe dann zu erklären, warum sich im Allgäu aus nur einer Ausgangsform zwei so unterschiedliche Adverbien mit nahezu gleicher Bedeutung entwickeln konnten.

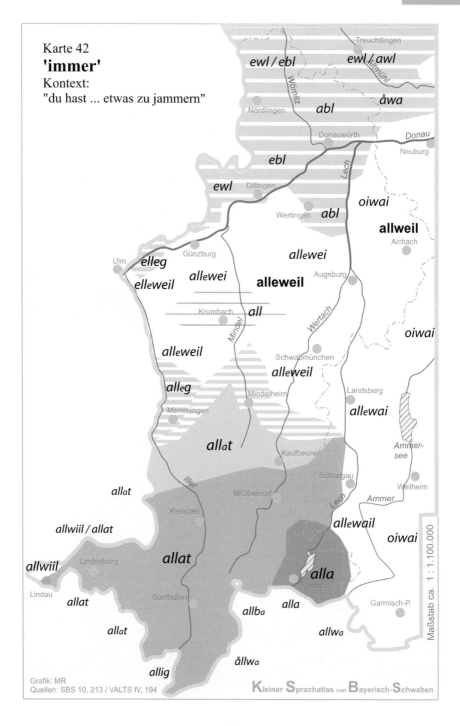

Karte 42
'immer'
Kontext:
"du hast ... etwas zu jammern"

Treuchtlingen

ewl / ebl   *ewl / awl*

Wörnitz   *Altmühl*

Nördlingen   *abl*   *åwa*

Donauwörth   *Donau*

Neuburg

ebl   *Lech*

ewl   Dillingen

oiwai

Wertingen   *abl*   **allweil**

Aichach

allewei

Ulm   *elleg*   Günzburg

elleweil   *allewei*   **alleweil**   Augsburg

Wertach

Krumbach   *all*   *oiwai*

Mindel

alleweil   Schwabmünchen

alleweil

alleg   Mindelheim   Landsberg

Memmingen   *allewai*

allat   Kaufbeuren   Ammer-see

Schongau   Weilheim

allat   Iller   M'Oberdorf   Ammer

Kempten   *Lech*   *allewail*

allwiil / allat   *oiwai*

allwiil   Lindenberg   *allat*

Lindau   *alla*   Füssen

allat   Sonthofen   *allba*   *alla*   Garmisch-P.

allat   *allwa*

ållwa

allig

Grafik: MR
Quellen: SBS 10, 213 / VALTS IV, 194

Maßstab ca. 1 : 1.100.000

Kleiner **S**prachatlas **v**on **B**ayerisch-**S**chwaben

'nimmer' (nicht mehr)

Dieses Wort hat im gesamten Gebiet die gleiche Herkunft, obwohl die Lautung von *nimmi* (im Norden) bis *numma* (im Süden) reicht. Alle diese Formen sind ursprünglich zusammengerückt aus den drei Elementen n i i o mēr, ahd. heißt es bereits n i o mēr, was als 'nie mehr' zu übertragen wäre. Dabei ist da n i eine Negation, und das i o (das heute als "je" erscheint) bedeutet so viel wie 'immer, je'.

Das Wort wird häufig in unbetonter Stellung verwendet, was die weitgehende Reduzierung erklärt (vgl. dazu auch Karten 41 + 42). So ist die Kürzung und Vereinfachung des Diphthongs bereits in mittelhochdeutscher Zeit nachweisbar in Formen wie n i m m e r; aber auch die Form n u m m e ist schon damals belegt. Eine vergleichbare Entwicklung von i zu u hat auch im rot kartierten Südwesten unseres Raumes stattgefunden, wobei im nördlichen Teilbereich danach wiederum eine generelle Senkung vor Nasal von u zu o erfolgt sein muss (vgl. z.B. auch "Sommer" und "Himmel" in Karte 25).

Zu erklären ist der Vokalwechsel von i zu u eventuell mit Hyperkorrektion, damit also, dass analog zu "Brücke" und zu "Rücken", die jeweils als *Brugg* oder als *Brigg*, als *Rugga* oder als *Rigga* auftreten, auch *nimma* zu *numma* geworden sein könnte. Formen wie *nümma* im benachbarten Vorarlberg würden diese Theorie stützen, und auch die Parallelität des dort vorhandenen *nüt/nit* für 'nicht' würden in diesen Vokalwechselmechanismus passen.

Hyperkorrektion

Ein Schreiber des 16. Jhs. aus den süddt. Entrundungsgebieten spricht *Leffel* und *Scheffel* sowie *Hitte* und *bitte* für 'Löffel' und 'Scheffel' sowie 'Hütte' und 'bitte'. Das heißt, er hat keinen Lautunterschied zwischen geschriebenem ‹i› und ‹ü›, ‹e› und ‹ö›, weil alle mhd. ü-Laute zu i-Lauten und alle mhd. ö-Laute zu e-Lauten geworden sind (vgl. Textkasten zu Karte 14).

Es ergeben sich folgende Entsprechungen:

gespr. *i* { geschr. ‹i› in "bitte"
{ geschr. ‹ü› in "Hütte"

gespr. *e* { geschr. ‹e› in "Scheffel"
{ geschr. ‹ö› in "Löffel"

Wenn er nun nicht weiß, wie diese Wörter von der Mehrheit geschrieben werden, dann erwischt er mit einer Wahrscheinlichkeit von 50% die "falsche" Schreibung. Schreibt er ‹Hitte›, ist er seiner Aussprache gefolgt; schreibt er hingegen ‹bütte›, hat er sich zwar etwas gedacht, ist aber über das Ziel hinausgeschossen; man sagt in diesem Fall, diese Schreibung sei hyperkorrekt. Die Schreibung ‹Löffel› für mhd. leffel gehört z.B. in diese Kategorie. In frühnhd. Zeit (1350-1650) gibt es eine große Anzahl von Schreibungen nach der Lautung und auch von hyperkorrekter Natur. Nur wenige davon sind in den allgemeinen Schreibgebrauch eingegangen (vgl. Textkasten zur Entrundung bei Karte 11).

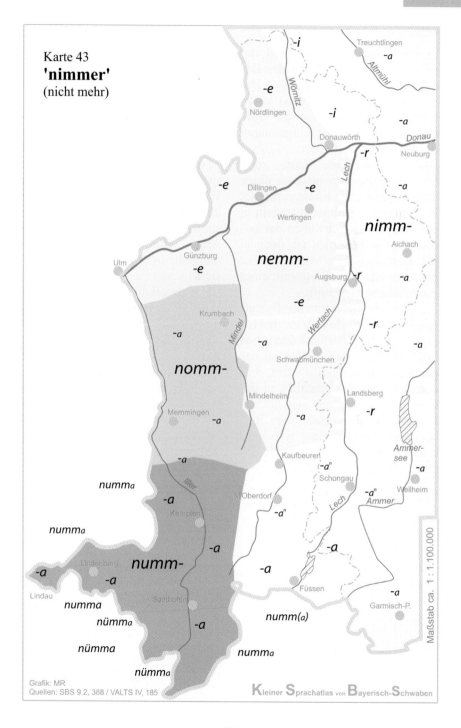

Karte 43
'nimmer'
(nicht mehr)

Grafik: MR
Quellen: SBS 9.2, 388 / VALTS IV, 185

Kleiner Sprachatlas von Bayerisch-Schwaben

Maßstab ca. 1 : 1.100.000

'etwas'

Es gab einmal eine Zeitschrift, die als kulturelles Sprachrohr des Bezirks Schwaben dienen sollte. Die hieß "Ebbes", und schon in diesem Namen sollte etwas von der Spezifik dieses Raumes eingefangen werden.

Die nebenstehende Karte zeigt aber, dass dieses Wort zum einen auch im bairischen Raum verbreitet ist und dass es andererseits nicht in ganz Bayerisch-Schwaben der bodenständige Ausdruck ist, denn in der alemannischen Südwest-Ecke gilt *nammas*, ein Wort mit einer ganz anderen Herkunft.

Das **ebbes** ist aus einer althochdeutschen Form e d d e s w a z hervor gegangen, im Mittelhochdeutschen heißt es et(e)waz, daraus ist das dialektale "ebbes" entstanden, dies dadurch, dass das dentale t an das folgenden labiale w angeglichen wurde und diesen dann vom Reibe- zum Verschlusslaut wandelte. Eine parallele Entwicklung haben mhd. e t e w e r und e t e w â (aus ahd. e d d e s w e r und e d d e s w a r) zu unserem "ebber" 'jemand' und "ebba" 'irgendwo' genommen. Im Althochdeutschen bedeutet e d d e s 'irgend' und w a z ist unser Fragewort "was".

Die Karte zeigt mit den lautnahen Texteinträgen auch regionale Ausspracheunterschiede bei diesem Worttyp (*ebbas*, *eⁱbbas*, *ebas*), und mit einer gestrichelten Linie ist auch die Verbreitung der für das Allgäu typischen Endung mit volltonigem *a*-Vokal (*ebbas*) dargestellt.

Im Südwesten stoßen wir auf den Worttyp **nammas**, mit der Variante **nåmmas**. Dieser geht dort parallel zur Bildung *namma* 'irgendwo' und *nammar* 'irgendwer'. Die wenig wahrscheinliche, aber in der Literatur übliche Herleitung dieser Form legt mhd. n e i z w a z zugrunde (aus ahd. n e - w e i z - w a z, also 'ich weiß nicht was'), wobei der Wandel von *sw* zu *m* eine eher seltene Erscheinung darstellt.

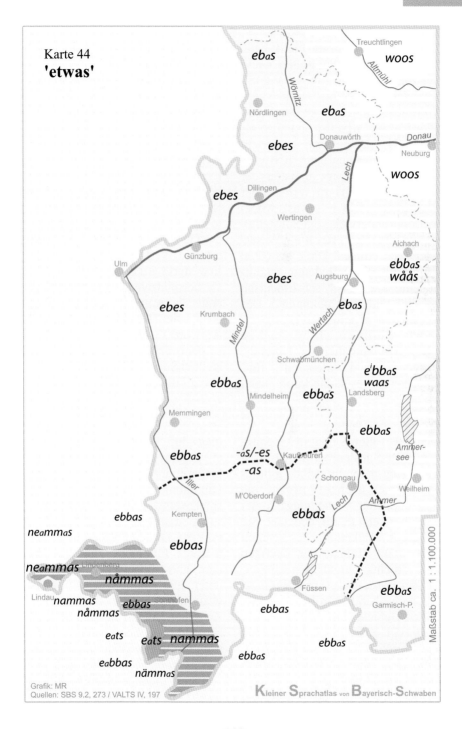

Karte 44
'etwas'

Kleiner Sprachatlas von Bayerisch-Schwaben

Grafik: MR
Quellen: SBS 9.2, 273 / VALTS IV, 197

Maßstab ca. 1 : 1.100.000

109

'nicht' (Karte 45)

Der Weg des Wortes **nicht** kann seit dem Althochdeutschen nachvollzogen werden. Am Anfang unserer deutschen Schriftkultur ist das Wort noch länger; es ist überliefert als niowiht, niwiht und auch als niht. Die dritte Form entspricht bereits unserer heutigen; niowiht entspricht noch am meisten der Ursprungsform ni io wiht in der Bedeutung 'nicht je etwas', wobei wiht normalerweise ein Substantiv ist und allgemein 'Kreatur', 'Wesen' oder auch einfach 'Ding' bedeuten kann (mit einer Bedeutungskomponente 'klein', vgl. schriftdeutsch "Wicht" und "Wichtelmann"). Das io bedeutet 'je' und 'immer', es entspricht schriftdeutsch "je" und ist z.B. noch enthalten in "irgend", "nirgends" und "niemand". Entsprechend dieser Herkunft kann

"nicht" im Alt- und Mittelhochdeutschen auch noch als Substantiv und Pronomen verwendet werden, heute ist es nur mehr Adverb.
Die dialektalen Formen sind wegen der häufigen Verwendung in unbetonter Stelle stark reduziert worden. Als stabilstes Element hat sich das t von wiht erhalten, das ch ist wie bei "ich, auch, sich" (vgl. "auch" in Karte 17) ausgefallen. Das anlautende n- hat sich im größten Teil des Gebietes durch falsche Wortabtrennung verloren.
Erweitert wird diese Partikel, wenn sie beispielsweise betont am Satzende als Antwort auf eine Frage steht wie "Hast du das getan?". Antwort: *I wars ita!*
In dem nicht auf der Karte dargestellten Süden unseres Gebietes gilt überall die Dialektform *it*.

'nichts' (Karte 46)

Dem Wort **nichts** liegt der Genitiv des alten Substantivs nicht bzw. niht zugrunde. Im Mhd. gibt es die Formel nichtes nicht, die (mit doppelter Verneinung) soviel wie 'überhaupt nichts' bedeutet. Sie hat unter Weglassung des zweiten nicht zur Bildung der heutigen Form "nichts" beigetragen.
Bei der Form *nix*, gesprochen *nigs*, die auch überall nördlich des kartierten Gebietes gilt, ist das ch wie bei *it* (vgl. oben) geschwunden, hat aber durch frühe Assimilation mit dem t dort seine Artikulationsstelle hinterlassen (*cht > g*).
Bei den Formen *nuits, niats* und

nuats im SW ist jeweils nur das ch geschwunden, die Vokale gehen auf einen mittelhochdeutschen Diphthong iu zurück, wie er beispielsweise auch in "Feuer" (mhd. viur, dialektal: *Fuir, Fiar, Fuar*) vorliegt. Diesen Formen liegt mhd. niuwet für 'nicht' zugrunde, bei dem althochdeutschen eo/io 'je' unter dem Einfluss des folgenden w zu iu geworden war.
Zwischen Lindau und dem Bregenzerwald begegnen uns Formen mit n und teilweise ohne auslautendes s: *nint, nünt, nünts*. Hier geht man von einer nicht belegten Ausgangsform *niuwent(es) aus.

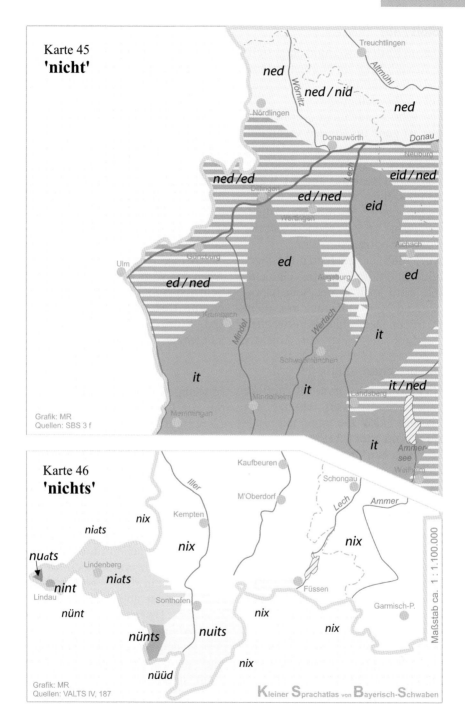

Karte 45
'nicht'

ned

ned / nid

ned

Treuchtlingen

Nördlingen

Donauwörth

Donau

ned / ed

ed / ned

eid / ned

eid

ed

ed / ned

ed

Ulm

it

it

it

it / ned

Grafik: MR
Quellen: SBS 3 f

it

Ammer
see

Karte 46
'nichts'

Kaufbeuren

Schongau

M'Oberdorf

Ammer

nix

Kempten

niats

nix

nix

nuats

Lindenberg

niats

nint

Füssen

Garmisch-P.

Lindau

nünt

Sonthofen

nix

nix

nünts

nuits

nix

nix

nüüd

Maßstab ca. 1 : 1.100.000

Grafik: MR
Quellen: VALTS IV, 187

Kleiner Sprachatlas von Bayerisch-Schwaben

111

'bloß / nur' (Karte 47)

Das im Kartenausschnitt dargestellte Adverb zeigt im Norden unseres Gebietes eine überraschende Vielfalt an Bezeichnungstypen: Das schriftsprachliche Normalwort **nur** ist ganz im Norden verbreitet, es ist da sicher im alten Dialekt verankert. Das Wort ist eine Zusammensetzung aus ahd. ni wāri, zu übersetzen als 'wäre es nichts'. Es hat also nichts mit dem Adjektiv "wahr" zu tun, sondern mit der Konjunktivform von "sein".

Auch **bloß**, das auch im nicht abgebildeten Südteil unseres Gebietes gilt, wird auch in der Schriftsprache in dieser Bedeutung vor allem im Süden Deutschlands verwendet. Zugrunde liegt hier das Adjektiv "bloß", das es mhd. als blôz 'nackt, unverhüllt, frei von' gibt und das vom 15. Jh. an anschließend an Verwendungen im Sinne von 'rein, ausschließlich' die Bedeutung 'nur' annimmt.

Das **lei** um Dillingen ist das gleiche Wort wie hochdeutsch "gleich", welches das g verloren hat (wohl über eine lautliche Assimilation *gl > dl > l*) und ebenfalls das ch, wie es bei vielen Kleinwörtern vorkommt (z.B. auch in "auch", "ich", "noch"; vgl. Karte 17).

Auch das Wort **kaum** gibt es in der Schriftsprache; hier hat es eher seine alte Bedeutung behalten, denn ahd. kūmo bedeutet so viel wie 'mit Mühe, schwerlich'.

'ein bisschen' (Karte 48)

Hier kommen zwei Ausdrücke nebeneinander vor, einmal **ein bisslein**, also die regionale Entsprechung zum schriftsprachlichen "ein bisschen", das auch überall im nicht dargestellten Norden üblich ist, und das ebenfalls schriftsprachliche **ein wenig**.

Beide weisen im Süden Abweichungen im Konsonantismus auf. Bei "ein wenig" ist im Allgäu in der Lautung (*a winck*) die mittelhochdeutsche Auslautverhärtung erhalten geblieben. Damals sprach man nämlich jedes -g am Wortende als -*ck* (geschrieben c, z.B. tac, wec für "Tag", "Weg"). Dieses ck wurde später wieder beseitigt in Angleichung an die flektierten Formen mit g ("Tage", "Wege").

In wenigen Wörtern hat im Dialekt die alte Lautung überlebt, etwa in *Hunck* für 'Honig' oder in *lanckweilig*. In Tirol, besonders im Süden, sind diese harten Konsonanten allgemein noch vorhanden.

Die Allgäuer Variante **ein bitzlein** zu "ein bisslein" ist der letzte Ausläufer eines großen alemannischen Gebietes mit "bitzlein". Diesen Typ mit tz gibt es schon im Mhd., und in der Schweiz wurde noch bis ins 16. Jh. hinein "bitz" geschrieben. Das Wort ist abgeleitet von ahd. biz 'Biss, Bissen, Gebiss', gemeint ist also 'einen kleiner Biss(en)'.

Am Bodensee ist neben "ein wenig" auch noch *a klää*, also "ein klein" in Gebrauch.

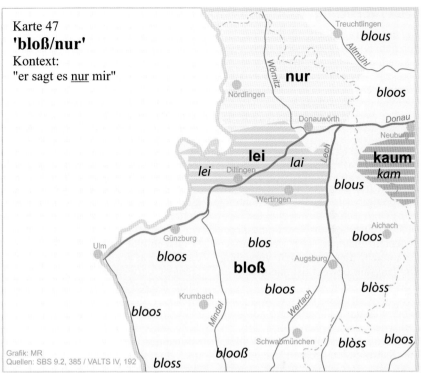

Karte 47
'bloß/nur'
Kontext:
"er sagt es nur mir"

blous

nur

Treuchtlingen

Wörnitz

Altmühl

Nördlingen

bloos

Donauwörth

Donau

Neuburg

lei

lei

lai

Dillingen

Lech

kaum

kam

blous

Wertingen

Aichach

bloos

Günzburg

blos

Ulm

bloos

bloß

Augsburg

blòss

Krumbach

bloos

Werach

bloos

Mindel

Schwabmünchen

blòss

bloos

blooß

Grafik: MR
Quellen: SBS 9.2, 385 / VALTS IV, 192

bloss

Karte 48
'ein bisschen'
(Farbflächen)
zusätzliche Ausdrücke
(in roter Schrift)

Memmingen

a weng

a bissla

Kaufbeuren

Ammer-
see

Iller

a wink

M'Oberdorf

a wenck

Schongau

Weilheim

a bitzla

Kempten

Ammer

Lech

a weani

a weang

ein bisslein

a weang
a klää

a bitzla

ein bitzlein

a bissla

Lindenberg

a winck

Füssen

Lindau

a klää

Sonthofen

Garmisch-P.

a bissla

a bitz(la)

a bitzla

a bissla

a klin

a bissla

an bitz

Maßstab ca. 1 : 1.100.000

Grafik: MR
Quellen: SBS 9.2, 279 + 280
VALTS IV, 191

Kleiner Sprachatlas von Bayerisch-Schwaben

'leise / vorsichtig'

Bei den Befragungen, die den hier vorgelegten Karten zugrunde liegen, wurde auch der folgende hochsprachliche Satz zur Übersetzung in den Dialekt vorgegeben: "Geh aber leise hinein!". Was von den Gewährspersonen jeweils für das Wort leise übersetzt wurde, ist auf nebenstehender Karte dargestellt. Es ergibt sich ein variantenreiches Bild ohne scharfe Abgrenzungen, mit vielen Doppelbelegen. Der Grund dafür ist, dass der Satz in zwei Richtungen interpretierbar ist: Einmal in Richtung 'ohne Geräusch' und zum anderen 'vorsichtig'. Die beiden Bedeutungskomponenten hängen eng miteinander zusammen, denn wer sich vorsichtig und langsam bewegt, ist auch leise, er macht kein Geräusch.

Die meisten der hier verwendeten Wörter lassen sich seit dem Althochdeutschen nachweisen: **leise** gibt es damals als Adverb līso, das vor allem die Sanftheit (Gegenteil zu Heftigkeit) einer Bewegung ausdrückt. Erst bei Luther und allgemein verbreiteter seit dem 17. Jh. wird damit vor allem der entsprechende Gehörseindruck bezeichnet. Das Wort gibt es nur im Germanischen, die ursprüngliche Bedeutung scheint 'wenig, gering' zu sein (vgl. engl. less 'weniger', least 'am wenigsten' und "leis" für 'ungesalzen' in Karte 104).

Das Adjektiv **still** hat die Ursprungsbedeutung 'bewegungslos', es hat aber schon im Ahd. z.B. im Adverb stillo die Bedeutung 'lautlos, leise'. Es gehört von der Herkunft her zum gleichen Stamm wie "stellen".

Das überwiegend in umgelauteten Formen wie *riabeg* vorkommende **ruhig** ist von "Ruhe" abgeleitet, es taucht erstmals im Mhd. als ruowec auf. Der Wechsel von w > b ist häufig (vgl. z.B. Karte 18).

Der bairisch als *schtaad*, im Lechrain als *schtäät* verbreitete Ausdruck ist abzuleiten aus mhd. stæte, ahd. stāti, für 'fest, beständig, unveränderlich'. Vgl. schriftsprachlich "unstet" oder "stetig".

Eine schöne Entwicklung hat das Allgäuer **hofele** (*hoofala*) mitgemacht. Es entspricht dem schriftsprachlichen "höflich" und ist von ahd. hof abgeleitet (ahd. hofalīh). Es bedeutet ursprünglich nur 'hofgemäß', 'dem Hofe entsprechend' und war mit "höfisch" gleichbedeutend. Dabei war mit "Hof" sicher ein Adelshof gemeint, denn dort wurde zuerst so etwas wie eine Etikette ausgebildet. Seit dem 15. Jh. wird das Wort nur noch im Sinne von 'wohlerzogen' verwendet. Im Allgäu ist die ältere Bedeutung im Sinne von 'diszipliniert', 'vornehm' länger erhalten geblieben und hat sich dann in Richtung 'leise' und 'vorsichtig' entwickelt, denn vornehmes Verhalten ist weder laut noch ungestüm.

Was man leise und vorsichtig tut, bemerken andere nicht, es geschieht "heimlich" oder "hälingen".

Das auch hochsprachlich vorhandene **heimlich** bedeutete im Ahd. als heimlīh noch 'einheimisch, heimatlich, vertraut', es nimmt aber schon im Mhd. zusätzlich die Bedeutung 'geheim, verborgen' an. In unseren Dialekten hat es sich noch weiter entwickelt und wird für 'leise', aber auch für 'geheim' verwendet. Im Wort "unheimlich" ist noch die Ursprungsbedeutung 'nicht vertraut' o.ä. erhalten.

Auch **hälingen** geht in die gleiche Bedeutungsrichtung. Ahd. helan meint 'verheimlichen, verbergen, verstecken'. In der Schriftsprache gibt es noch den "Hehler" und "verhehlen". Diese Wörter sind urverwandt mit "Helm" und "hüllen". Die Bedeutungsentwicklung ist die gleiche wie bei "heimlich".

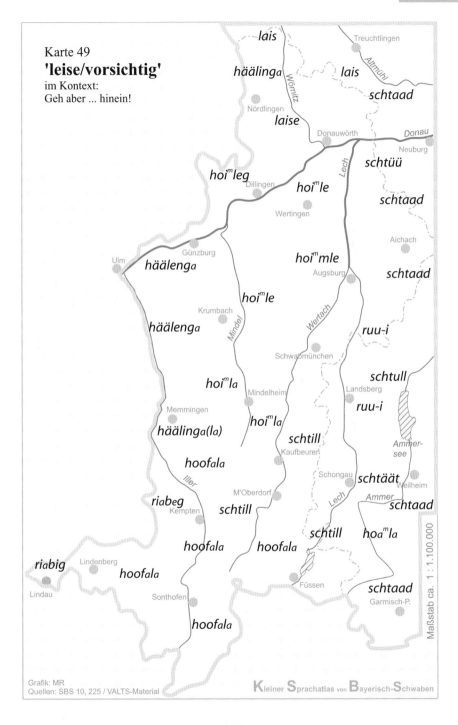

Karte 49
'leise/vorsichtig'
im Kontext:
Geh aber ... hinein!

lais

Treuchtlingen

häälinga

lais

schtaad

Nördlingen

laise

Donauwörth

Donau

Neuburg

hoiᵐleg

schtüü

Dillingen

hoiᵐle

schtaad

Wertingen

Aichach

Ulm

Günzburg

häälenga

hoiᵐmle

Augsburg

schtaad

hoiᵐle

Krumbach

häälenga

ruu-i

Schwabmünchen

hoiᵐla

schtull

Mindelheim

Landsberg

Memmingen

ruu-i

häälinga(la)

hoiᵐla

schtill

Kaufbeuren

Ammer-
see

hoofala

Schongau

schtäät

Weilheim

M'Oberdorf

Ammer

riabeg

schtaad

Kempten

schtill

schtill

hoaᵐla

riabig

Lindenberg

hoofala

hoofala

hoofala

Lindau

Füssen

schtaad

Sonthofen

Garmisch-P.

hoofala

Grafik: MR
Quellen: SBS 10, 225 / VALTS-Material

Maßstab ca. 1 : 1.100.000

Kleiner **S**prachatlas von **B**ayerisch-**S**chwaben

'ziemlich / sehr' (verstärkendes Adverb)

Dargestellt ist die Ergänzungsantwort auf den Satz "Es reut ihn …". Die ziemlich disparaten Antworten zeigen nicht die gewohnte geographische Ordnung. Das liegt an mehreren Faktoren: Einmal daran, dass wir hier eine sehr emotional geprägte Äußerung vor uns haben und dem einzelnen Sprecher eine größere Anzahl an Verstärkungspartikeln zur Verfügung steht. Zum anderen versucht er, dem Dialektforscher eine besonders markante Form zu bieten; gewöhnliche Wörter haben da weniger Chancen, genannt zu werden. Bei der Kartierung wurde versucht, die Verbreitungsgebiete der einzelnen Worttypen durch Linien zu umreißen. Bei den in grauer Schrift eingezeichneten Wörtern hat sich das nicht bewerkstelligen lassen.

Das Wort **arg** für 'sehr' ist wohl das Normalwort ohne weiteren Gehalt; es kommt großflächig vor, außer im Süden. Ansonsten lassen sich Gebiete abgrenzen, in denen bestimmte Synonyme bevorzugt verwendet werden. In der Regel kennen wir diese Wörter von der Schriftsprache her, auch in dieser Verwendungsweise: schwer, fest, recht, gescheit, ziemlich.

Das Allgäu hat einige Spezialitäten, etwa **fürchtig**, das es in dieser Funktion in der Schriftsprache nicht gibt, dann auch noch *boda* (zu "Boden"), das im Alemannischen ein beliebter Verstärker ist und in Fügungen wie *boda gnoot* für 'ziemlich rasch' vorkommt. Weiterhin gibt es im Westallgäu *iarbar*, das zu mhd. êrbære 'Ehre tragend', 'edel', 'angemessen' gehört, und das im Dialekt teils zur Verstärkungspartikel geworden ist, das aber beispielsweise auch noch in den Zusammensetzungen *Iarbar Maa* für 'Trauzeuge' und *Iarbar Frou* für 'Trauzeugin' erhalten ist. Dieses Wort hat die gleiche Bedeutungsentwicklung erfahren wie **ziemlich**, das im Mittelhochdeutschen noch 'geziemend, angemessen' bedeutet, oder wie **gehörig**, was zunächst nur bedeutet 'was sich gehört'.

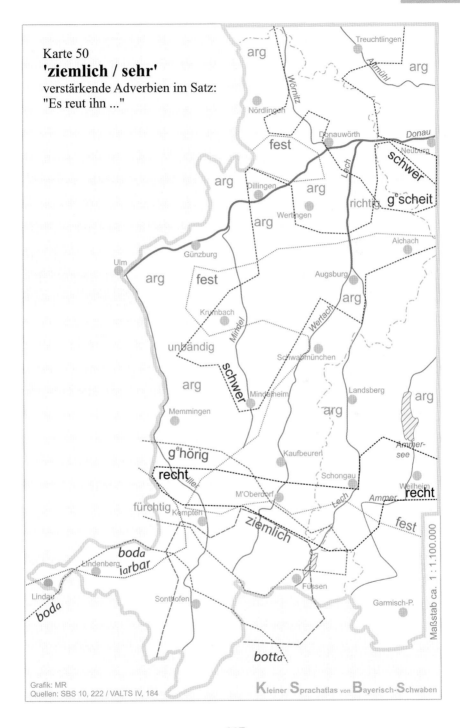

'draußen / heraußen' (Ortsadverbien)

Es geht hier um ein Paar von Lageadverbien / Ortsadverbien, die zwar einen identischen Ort bezeichnen ('außerhalb' z.b. eines Hauses), jedoch muss entsprechend dem Standort des Sprechers jeweils ein anderes Wort verwendet werden. Solche Unterschiede im Blickwinkel gibt es auch bei anderen Orts- und Richtungsadverbien, wie etwa "drinnen (< darinnen) – herinnen", "drüben – herüben ", "hinein – herein", "hinaus – heraus". Diese Beispiele zeigen, dass die Schriftsprache für die Lage beim und für die Richtung zum Sprecher hin jeweils die Vorsilbe "her-" benutzt, für die gegenteilige Richtung und Lage aber die Vorsilbe "hin-".

Nicht in allen Dialekten ist der Gegensatz in der Sprecherperspektive noch vorhanden. Dieser scheint sich aufzulösen im grau-gelb-karierten Gebiet, das ursprünglich die Typen "dauß-" und "drauß-" verwendete, an welche meist noch, je nach Gebiet, die Endungen -a , -n oder -t angefügt werden (z.B. *draußa, draußn, draußt*). Von vielen Dialektsprechern wird dort heute nur noch ein Wort für beide Blickwinkel gebraucht. Diese sind entweder in drauß- oder in daußzusammengefallen. Die Tatsache, dass der Typ "dauß-" so viel wie 'draußen' bedeuten konnte und der Typ "drauß-" so viel wie 'heraußen', verblüfft nicht nur Außenstehende; sie stiftet offensichtlich unter

dem großen Einfluss des Schriftdeutschen auch bei den Menschen in diesen Gebieten inzwischen so große Verwirrung, dass von vielen Sprechern die alte Unterscheidung aufgegeben wurde.

Dies ist auch im grün-gelb-schraffierten Gebiet der Fall, wo neueres *dus* oder *dusa* das alte unterscheidende Paar *dus(a) – rus(a)* verdrängt.

Auch historisch sind die Verhältnisse kompliziert: Das althochdeutsche Wort dār bedeutete 'da' und 'dort'; dārūze(n) konnte also sowohl 'da (= hier) außen' als auch 'dort außen' bedeuten. Erst als das dār sein r verlor und zum dā wurde, konnte man auch formal die beiden Bedeutungen unterscheiden, wobei es dann eher Zufall war, welche Form welcher Bedeutung zugeordnet wurde. Beim Typ *rus(a)* liegt eine Verkürzung des Tonvokals im alten her-ūze(n) vor. Dies gilt für das Grundwort ūze(n) auch im südlich anschließenden Gebiet, ansonsten hätte dort bis zur Grenze des Alemannischen die neuhochdeutsche Diphthongierung durchgeführt werden müssen (vgl. dazu Karte 7).

Im rot kartierten Gebiet ist das Gegensatzpaar *duss(a) – huss(a)*, im Allgäu mit volltonigem Auslaut -a, noch relativ stabil. Das erste Adverb ist der bereits erklärte Typ aus dā(r)ūze(n), und das zweite geht auf hie-ūzen zurück.

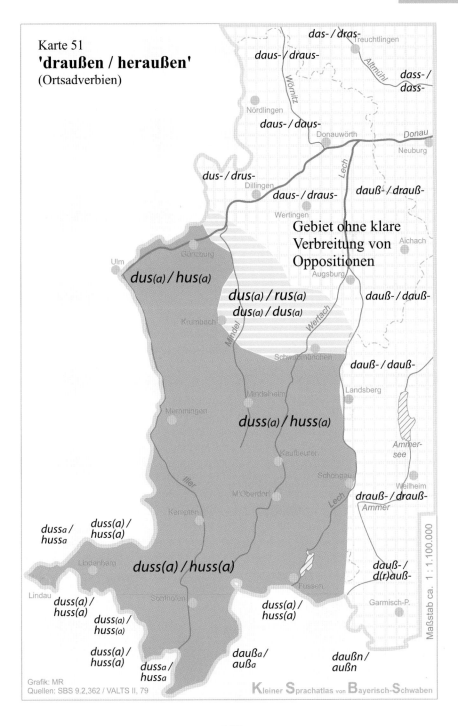

Karte 51
'draußen / heraußen'
(Ortsadverbien)

das- / dras-
daus- / draus-
dass- / dass-
daus- / daus-

dus- / drus-
daus- / draus-
dauß- / drauß-

Gebiet ohne klare
Verbreitung von
Oppositionen

dus(a) / hus(a)

dus(a) / rus(a)
dus(a) / dus(a)
dauß- / dauß-

dauß- / dauß-

duss(a) / huss(a)

drauß- / drauß-

dussa / hussa
duss(a) / huss(a)
duss(a) / huss(a)
dauß- / d(r)auß-

duss(a) / huss(a)
duss(a) / huss(a)
duss(a) / huss(a)

duss(a) / huss(a)
dußa / außa
dußn / außn
dussa / hussa

Maßstab ca. 1 : 1.100.000

Grafik: MR
Quellen: SBS 9.2,362 / VALTS II, 79

Kleiner Sprachatlas von Bayerisch-Schwaben

119

Wortschatz I

Der Mensch und sein gesellschaftliches Umfeld

Rosenkranz (Gebetsschnur)

In den auf der Karte kariert gezeichneten, überwiegend evangelischen Gegenden um Memmingen und im Norden ist die hier angesprochene Gebetsschnur nahezu unbekannt. Den Katholiken dient sie hingegen als Zählhilfe beim Rosenkranzgebet.

Heute besteht der Kern des Rosenkranzgebetes aus fünf "Gesetzlein" von je zehn "Gegrüßet seist du Maria" (Ave Maria), jeweils mit einem eingefügten Satz, welcher der Zeit im Kirchenjahr bzw. dem Bet-Anlass angepasst ist. Man spricht deswegen entweder vom "schmerzhaften", vom "glorreichen" oder vom "freudenreichen" Rosenkranz. Vor, nach und zwischen den fünf "Gesetzlein" wird jeweils noch ein "Vater unser" und ein "Ehre sei dem Vater" gebetet. Solche Reihengebete gab es schon im Mittelalter, vor allem Wiederholungen des "Vater unser". Erst im 15. Jh. bildete sich die heutige Form des Rosenkranzes heraus, nachdem bereits im 12. Jh. Mariengebete populär wurden.

Als Zählhilfe diente dazu schon früh eine mit Knoten oder Perlen versehene Schnur, die ursprünglich "Paternoster" hieß, wegen der Dominanz des Vaterunsers. Sie wurde bei uns im 13. Jahrhundert aus Spanien eingeführt und ist wohl eine Nachahmung von islamischen, ursprünglich wohl sogar von buddhistischen Gebetsschnüren auf dem indischen Subkontinent. Von den ersten zwei Wörtern der

lateinischen Version des Herrengebetes, dem Pater noster, leiten sich die zwei bei uns großflächig verbreiteten alten Bezeichnungen für die Gebetsschnüre ab: **Pater**, das im Tonvokal wie altes ā gesprochen wird (*Bååtr, Bautr, Bådr* u.ä.), und **Nuster**, das im betonten Vokal eine Hebung von *o* zu *u* erfahren hat (*Nuschtr*).

Die auch hochsprachlich übliche Bezeichnung **Rosenkranz** ist in Anlehnung an den kirchenlateinischen Ausdruck rosarium im 15. Jh. entstanden, wohl verbunden mit der Vorstellung, dass die aufgereihten Gebete die Gottesmutter wie ein Kranz von Rosen schmücken sollen. Dass die Gottesmutter gern mit Rosen geschmückt wurde, zeigen zahlreiche Madonnenbilder des Spätmittelalters. Das bekannteste von ihnen ist Stefan Lochners "Madonna im Rosenhag" von ca. 1450. Auch im mhd. Passional (Anfang 14. Jh.) wird das Ave Maria mit einer himmlischen Rose verglichen.

Weniger eindeutig zu klären ist die Herkunft der im Osten üblichen Bezeichnungen. Von der heutigen Lautung ausgehend, müsste hier das Wort **Beter** vorliegen, also das Instrument zum Beten (vgl. Karte 107). Möglich wäre aber auch, dass hier einmal eine Umlautform von "Pater", also **Päter**, vorgelegen hat, die vom Volk dann umgedeutet und zum Verb "beten" gestellt wurde und schließlich auch in der Lautung angeglichen wurde.

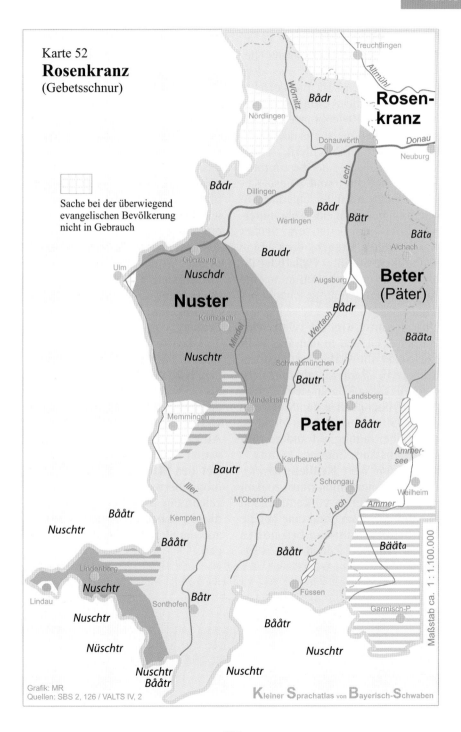

Karte 52
Rosenkranz
(Gebetsschnur)

Sache bei der überwiegend
evangelischen Bevölkerung
nicht in Gebrauch

Grafik: MR
Quellen: SBS 2, 126 / VALTS IV, 2

Kleiner Sprachatlas von Bayerisch-Schwaben

Maßstab ca. 1 : 1.100.000

Kugeln am Rosenkranz

Die in der Karte "Rosenkranz" behandelte Gebetsschnur, die dem Betenden helfen soll, die korrekte Anzahl und die Abfolge der Gebetsteile des Rosenkranzes einzuhalten, besteht meist aus einer Kette oder einer Drahtschleife, woran kleine Kugeln in einer bestimmten Abfolge befestigt sind. Diese Kugeln können aus unterschiedlichem Material bestehen und sehr unterschiedlich verarbeitet sein. Früher war es guter Brauch, dass junge Katholiken von ihrer Patin oder ihrem Paten zur Erstkommunion eine solche Gebetsschnur geschenkt bekamen.

Unsere Karte zeigt ein relativ einheitliches Gebiet, in dem das Wort **Perle** bzw. die Verkleinerungsform dazu (z.B. *Bäarala*) als Bezeichnung für diese Kugeln steht. Perlen gab es früher auch in den Muscheln unserer Flüsse, so dass es leicht zu einer Übertragung auf andere runde Gegenstände kommen konnte.

Auch beim Wort **Krällen** (*Krälla, Graijan*), einer Umlautform zu dem bei uns nur selten vorkommenden **Krallen** (*Kralla*), fand eine solche Übertragung statt: Ein besonderes und in früheren Zeiten sehr wertvolles Material, nämlich die "Koralle", liegt diesem Wort zugrunde.

Die **Päterlein/Paterlein** (*Bätarla, Bådrla*) sind Verkleinerungsformen zu "Pater", womit man großflächig den ganzen Rosenkranz bezeichnet (s. Text zu Karte 52). Die Tatsache, dass es "Päterlein/Paterlein" auch außerhalb des "Pater"-Gebietes gibt, zeigt, dass der Worttyp "Pater" für die ganze Betschnur früher einmal weiter verbreitet gewesen sein muss, denn das Vorhandensein dieses Wortes in der Bedeutung 'Rosenkranz' ist Voraussetzung für die Bildung des Diminutivs und für die folgende Übertragung der Bedeutung vom Gesamten auf einen Teil davon.

Die in Mittelschwaben streuenden **Kügelein** (*Kiigala*) sind wohl als Verlegenheitsbezeichnungen der befragten Mundartsprecher zu werten, denen die "eigentlichen" Ausdrücke nicht (mehr) geläufig waren.

Bei den **Ringlein** (*Ringla*) wurde möglicherweise ebenfalls die Bezeichnung für die Drahtschleife, die die einzelnen Perlen verband, auf die Perlen als solche übertragen.

124

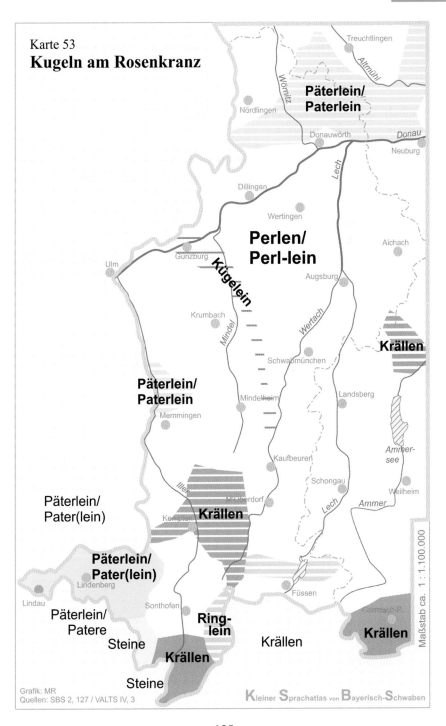

Karte 53
Kugeln am Rosenkranz

Päterlein/
Paterlein

Perlen/
Perl-lein

Krällen

Päterlein/
Paterlein

Päterlein/
Pater(lein)

Krällen

Päterlein/
Pater(lein)

Ring-
lein

Päterlein/
Patere

Steine

Krällen

Krällen

Krällen

Steine

Grafik: MR
Quellen: SBS 2, 127 / VALTS IV, 3

Kleiner Sprachatlas von Bayerisch-Schwaben

Maßstab ca. 1 : 1.100.000

Weihwasser

Früher war in jedem katholischen Haushalt immer geweihtes Wasser, also Weihwasser, vorhanden. So wie man sich gewöhnlich heute noch beim Betreten einer katholischen Kirche mit Weihwasser benetzt und dann das Kreuzzeichen macht, so konnte man das früher beim Betreten eines Zimmers ebenfalls tun, weil gleich über oder neben dem Lichtschalter ein entsprechendes Gefäß hing.

Die Karte für die Bezeichnungen dieses Weihwassers ist relativ einfach strukturiert: Im Osten ist die Bezeichnung **Weihbrunnen**, teils auch **Weihenbrunnen**, ziemlich stabil, im Westen hatten wir entweder immer schon **Weihwasser** als bodenständiges Wort, oder dieses setzt sich langsam als modernere Wortvariante gegen "Weih(en)brunnen" durch.

Althochdeutsch wīhi bedeutet 'heilig' und war ursprünglich im Süden das einzig geltende Wort, bevor es in dieser Bedeutung durch "heilig" verdrängt wurde. Althochdeutsch brunno war der '(laufende) Brunnen', aber auch die 'Quelle' und das daraus fließende 'Wasser'. Von dieser Bedeutung ist in der hier vorhandenen Verwendung auszugehen.

Im Westen unseres Gebietes ist das aus dem Germanischen ererbte h im Wortinneren und im Silbenauslaut geschwunden (*Wei-*, *Wii-*), im Osten ist es hingegen erhalten und hat sich sogar zu *ch* verstärkt (*Waich-*, *Waicha-*; vgl. dazu auch "Floh" und "ziehen" in Karte 27).

126

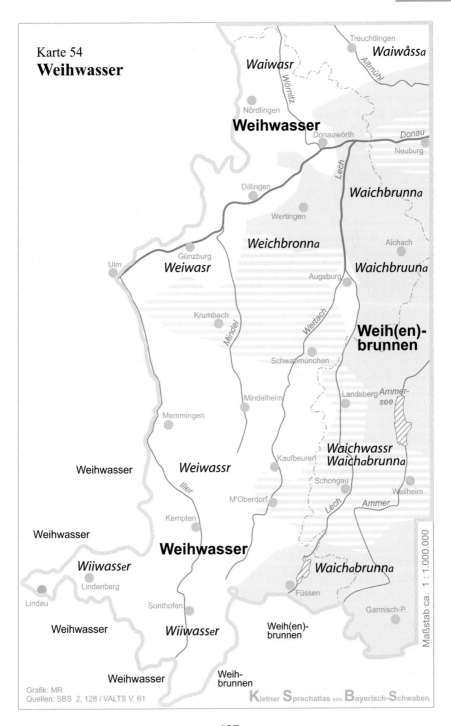

Karte 54
Weihwasser

Waiwasr

Waiwåssa

Weihwasser

Waichbrunna

Weichbronna

Weiwasr

Waichbruuna

**Weih(en)-
brunnen**

Waichwassr
Waichabrunna

Weihwasser

Weiwassr

Weihwasser

Weihwasser

Wiiwasser

Waichabrunna

Weihwasser

Wiiwasser

Weih(en)-
brunnen

Weihwasser

Weih-
brunnen

Maßstab ca. 1 : 1.000.000

Grafik: MR
Quellen: SBS 2, 128 / VALTS V, 61

Kleiner Sprachatlas von Bayerisch-Schwaben

Kirchweihfest

Kirchweih wird heute am dritten Sonntag im Oktober gefeiert. Ursprünglich war das die Bezeichnung für den Tag, an dem die Weihe der Kirche stattfand. Diese Weihe war verbunden mit einem Fest, aus Freude darüber, dass die Gemeinde nun eine Kirche besaß, deren Bau doch mit großen Anstrengungen verbunden war. Dieses Fest wurde alljährlich wieder gefeiert, anfangs genau an dem Tag, auf den es fiel, auch an Wochentagen. Und man feierte auch bei den Nachbargemeinden mit, manchmal über mehrere Tage hinweg, so dass "Kirchweih" und "Kirchtag" vielerorts auch die Bedeutung 'Jahrmarkt, Rummel, Fest' annahmen. Dieses ausgiebige Feiern war den Obrigkeiten ein Dorn im Auge, denn da wurde ja nicht gearbeitet. Deshalb hat man in Bayern im Jahr 1868 einen einheitlichen Tag für das Fest festgelegt. Dennoch konnten bestimmte Orte, besonders in Franken, ihr spezielles Kirchweihfest beibehalten. Bei uns sind die "Jakoberkirchweih" in der Augsburger Jakobervorstadt oder die "Missener Kirbe" im Allgäu solche Beispiele. Das Wort **Kirchweih** gibt es schon im 9. Jahrhundert, im Althochdeutschen als kirihwīhī. Der **Kirchtag** ist hingegen erst im Mittelhochdeutschen belegt. Beide Wörter hängen aufs Engste zusammen. Der "Kirchtag" ist eine sog. Klammerform aus "Kirchweihtag", bei der das mittlere Wortelement -weih- mit der Zeit einfach weggelassen wurde, so wie bei "Lochver-

stärker" aus "Lochrandverstärker" oder "Lorbeerzweig" aus "Lorbeerbaumzweig".

Die lautlichen Abwandlungen der auf der Karte vorhandenen Wörter entsprechen entweder den regionalen Lautwandlungen (z.B. *Kurchta* im Lechrain oder *Kurwei* in Mittelschwaben, wo altes -ir- generell zu -ur- geworden ist) oder sind Sonderentwicklungen, wie die Abschwächung der unbetonten Zweitsilbe "-weih" in **Kirbe/Kirwe** (*Kirba, Kirwa*), was die teilweise Wandlung von -w- zu -b- zur Folge hat (vgl. mhd. varwe zu "Farbe"). **Kilbe** im benachbarten Vorarlberg geht auf eine bereits ahd. belegte Form kilihha für 'Kirche' zurück. Die Lautform *Kirada* östlich vom unteren Lech geht wohl auf einen älteren *kirich(wīh)tag zurück: das *ch* ist im Silbenauslaut ziemlich regelmäßig geschwunden (vgl. *duur* für "durch", *si* für "sich"). Der Murmelvokal -a- in der Mittelsilbe ist also wohl der verbliebene Rest der ehemaligen zweiten Silbe im Wort "Kirche" (ahd. kirihha), die in diesem Raum teilweise auch noch beim einfachen Wort "Kirche" erhalten ist (*Kirach*). Erwogen werden kann auch eine Herleitung der Zwischensilbe -a- vom ehemaligen Element -weih-, das sich über -wa- zum bloßen Murmelvokal -a- abgeschwächt haben müsste. Die Reduzierung des auslautenden Wortelementes -tag zu -ta oder -da können wir ja auch vielerorts bei den Wochentagsnamen feststellen (*Maa^nda, Mickta*).

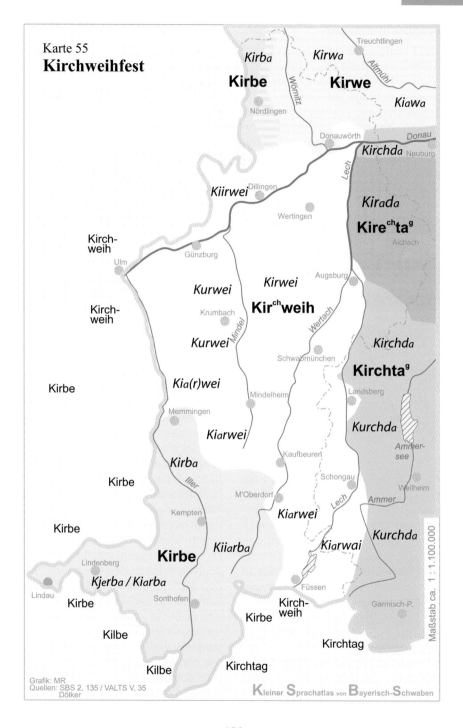

Karte 55
Kirchweihfest

Kirba *Kirwa*

Kirbe Treuchtlingen

Altmühl

Wörnitz

Kirwe

Nördlingen

Kiawa

Donauwörth *Donau*

Kirchda Neuburg

Lech

Kiirwei Dillingen

Wertingen

Kirada

Kire^{ch}ta^g

Aichach

Kirch-
weih

Günzburg

Ulm

Augsburg

Kurwei *Kirwei*

Kirch-
weih

Krumbach **Kir^{ch}weih**

Wertach

Mindel

Kurwei

Schwabmünchen

Kirchda

Kirchta^g

Kirbe

Kia(r)wei

Mindelheim Landsberg

Memmingen

Kiarwei

Kaufbeuren

Kurchda

*Ammer-
see*

Kirba

Iller

Schongau

Kirbe

M'Oberdorf

Weilheim

Ammer

Kempten

Kiarwei

Lech

Kirbe

Kurchda

Kirbe *Kiiarba*

Kiarwai

Lindenberg

Kjerba / Kiarba

Lindau

Füssen

Garmisch-P.

Kirbe Sonthofen

Kirch-
weih

Kirbe

Kilbe

Kirchtag

Kilbe Kirchtag

Maßstab ca. 1 : 1.100.000

Grafik: MR
Quellen: SBS 2, 135 / VALTS V, 35
Dölker

Kleiner **S**prachatlas von **B**ayerisch-**S**chwaben

129

Fronleichnamstag

Der Fronleichnamstag ist in der katholischen Kirche das Erinnerungsfest zur Einsetzung des Altarsakramentes, ein Fest, das erst im 13. Jh. entstanden ist. Anfangs wurde es – dem Neuen Testament entsprechend – am Gründonnerstag gefeiert, wurde aber schon bald auf den zweiten Donnerstag nach Pfingsten verlegt. Die Trauer der Karwoche hinderte daran, dieses freudige Fest gebührend zu feiern. Es ist das Fest des Leibes des Herrn (lat. corpus Christi), der in der Hostie gegenwärtig in einer Prozession umhergeführt wird. Im 15. Jh. wurde dieser Tag mit Ablässen verknüpft, in welchen gegen Geld der Erlass zeitlicher Sündenstrafen versprochen wurde, d.h. eine Verkürzung des Aufenthalts in der Vorhölle, dem "Fegefeuer".

Daran erinnert heute noch die dialektale Bezeichnung **Antlasstag**, wohl eine verkürzte "Klammerform" aus **Antlass(pfinz)tag**. Das Wort antlāz bedeutete im Ahd. 'Erlass, Vergebung'. Es war also der Tag, an dem einem Strafen erlassen werden konnten; dies geschah anfangs am Gründonnerstag, was erklärt, dass regional auch der Gründonnerstag als "Antlasstag" bezeichnet wird. An diesem Tag wurden die Sünder wieder in die Gemeinschaft der Gläubigen aufgenommen. **Pfinztag** für 'Donnerstag' leitet sich her von griech. pémptē hēméra 'fünfter Tag'. Wie auch "Ertag" für 'Dienstag' gilt es aufgrund der Verbreitung als ein bairisches Kennwort. Wie dieses ist es erst im Mhd. als phintztac

belegt und gelangte als Lehnwort wohl über gotische Vermittlung ins Bairische.

Mit **Unser-Herrgottstag** im Westallgäu erinnert man an den eigentlichen Inhalt des Altarsakraments, dass nämlich Jesus Christus, "unser Herrgott", nicht nur symbolisch, sondern als Person mit Fleisch und Blut anwesend sei.

Genauso verhält es sich mit dem Ausdruck **Fronleichnam**, mhd. vrônlîchname, was soviel bedeutet wie 'Körper, Leib des Herrn'. Ahd. frō bezeichnet den 'Herren' (vgl. "Frondienst"). Die weibliche Form frôwe ist zu unserem Wort "Frau" geworden. "Leichnam", ahd. līhnamo, bedeutet allgemein 'Leib', nicht nur den toten Körper.

Der **Kränzleinstag** (*Granzlasdoog*) geht zurück auf den Brauch, Antlasskränzlein (von Blumen und Kräutern), die bei der Prozession um die Kerzen gelegt wurden, als geweihtes Mittel zum Schutz vor allerlei Übel aufzubewahren.

Fronleichnam war für die Katholiken oft ein Tag öffentlicher Glaubensdemonstration. Schon Luther hatte (vor allem wegen des damals damit verbundenen Ablasshandels) gegen dieses Fest gewettert. Und an den Umzügen entzündete sich denn auch lange Zeit emotionsgeladen der Glaubenskonflikt zwischen Katholiken und Protestanten – so wie es bis in unsere Tage noch mit umgekehrten Vorzeichen in Nordirland der Fall ist, wenn alljährlich der Oranierorden seine Siegesparade demonstrativ durch ein katholisches Wohnviertel führt.

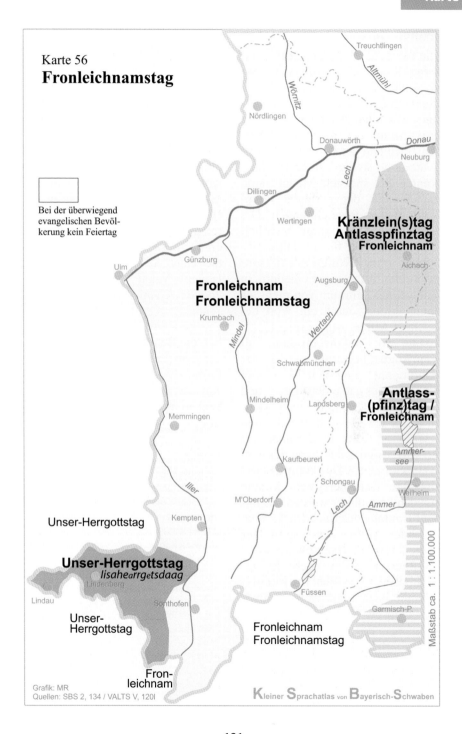

Karte 56
Fronleichnamstag

Bei der überwiegend
evangelischen Bevöl-
kerung kein Feiertag

Treuchtlingen

Nördlingen

Donauwörth   Donau

Neuburg

Dillingen

Wertingen   **Kränzlein(s)tag
Antlasspfinztag
Fronleichnam**

Ulm   Günzburg   Aichach

**Fronleichnam
Fronleichnamstag**   Augsburg

Krumbach

Schwabmünchen

**Antlass-
(pfinz)tag /
Fronleichnam**

Mindelheim   Landsberg

Memmingen

Ammer-
see

Kaufbeuren

Schongau

M'Oberdorf   Weilheim

Ammer

Unser-Herrgottstag   Kempten

Unser-Herrgottstag
lisahearrgetsdaag
Lindenberg

Lindau   Sonthofen   Füssen

Garmisch-P.

Unser-
Herrgottstag   **Fronleichnam
Fronleichnamstag**

Maßstab ca. 1 : 1.100.000

Grafik: MR
Quellen: SBS 2, 134 / VALTS V, 120I   Fronleichnam

Kleiner **S**prachatlas von **B**ayerisch-**S**chwaben

Jänner – Januar

Die Wocheneinteilung wurde in unserem Raum schon früh, vor mehr als 1500 Jahren, von den Römern übernommen. Die Monatseinteilung war hingegen lange Zeit nur eine Sache der gelehrten Oberschichten und der Kirche. Die auch heute noch wenig eingedeutschten Namen der meisten Monate sind ein Zeugnis der geringen Popularität dieser Bezeichnungen. Die landwirtschaftlich tätige Mehrheit des Volkes hatte für die Jahreseinteilung kein Zwölfersystem, sondern eines mit weniger Gliedern, in dem oft ein Zeitraum von mehr als einem Monat durch ein Wort bezeichnet wurde. Mit "Erntemonat" konnte ein Ereignis im Juni, Juli oder August bestimmt werden, der "Hartmonat" ging von November bis Januar; es gab einen "Lenz" und einen "Herbst", es gab einen "Heuet" (Zeit der Heuernte) und einen "Hornung" (Zeit, in der man die Abwurfgeweihe des Rotwildes im Wald sammelte). Das komplizierte, abstrakte Kalendersystem konnte erst dann populärer werden, als mit der Erfindung des Buchdrucks auch Kalender billiger und somit für breite Kreise verfügbar wurden.

Im **Januar** steckt noch der lateininische (mensis) Januarius, benannt nach dem Gott "Janus", dem Gott der Türen, des Ein- und Ausgangs, des "Anfangs und des Endes". Bis ins 18. Jh. hinein ist dieser Monatsname mit der lateinischen Endung gebräuchlich, erst in der zweiten Jahrhunderthälfte setzt sich der endungslose "Januar" durch und löst älteres **Jener** bzw. **Jänner** ab, das bereits im Mittelhochdeutschen aus einem volkslateinischen Iēnuārius entlehnt worden ist. In unseren Dialekten im Süden und Osten sowie in der Hoch- und Schriftsprache in Österreich hat sich dieser "Jänner" noch erhalten, wobei bei uns allerdings die erste Silbe überwiegend mit langem Vokal gesprochen wird: *Jäänar, Jeenr, Jeena,* selten *Jänner, Jenna.*

Unsere Karte zeigt aber auch deutlich die Betonungsunterschiede bei der dem Lateinischen nahen Vollform: überwiegend endbetontes *Januáár* im Norden, sonst erstsilbenbetontes *Jáánuar.*

Monatsnamen im Slawischen

In einigen slawischen Sprachen, so im Kroatischen und Tschechischen, konnten sich für alle zwölf Monate einheimische Bezeichnungen dieser Art gegen die lateinischen durchsetzen und sind dort die heute offiziell gültigen **Monatsnamen.** Dabei kann allerdings ein vergleichbarer Ausdruck in diesen beiden Sprachen unterschiedliche Monate bezeichnen, so steht das in beiden Sprachen gebräuchliche Wort "listopad", das sich inhaltlich auf die von den Bäumen fallenden Blätter bezieht, im Tschechischen für den 'November', im Kroatischen aber für den 'Oktober'.

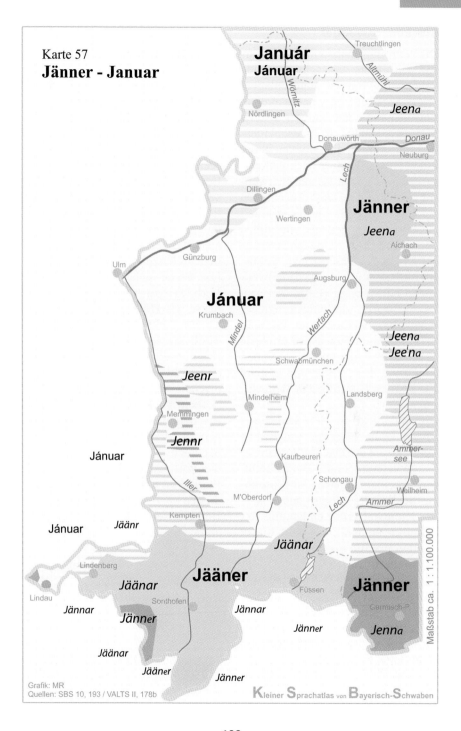

Karte 57
Jänner - Januar

Január
Jánuar

Treuchtlingen

Jeena

Nördlingen

Donauwörth   *Donau*

Neuburg

Dillingen

Wertingen   **Jänner**

Jeena

Aichach

Ulm   Günzburg

Augsburg

Jánuar

Krumbach

Jeena
Jee'na

Schwabmünchen

Jeenr

Mindelheim   Landsberg

Memmingen

Jennr

Jánuar   Kaufbeuren   *Ammer-see*

Schongau

M'Oberdorf   Weilheim

Kempten   *Ammer*

Jánuar   *Jäänr*

Jäänar

Lindenberg

Jäänar   **Jääner**   Füssen   **Jänner**

Lindau   Sonthofen

Jännar   *Jännar*

Jänner   *Jänner*   *Jenna*

Jäänar

Jääner   *Jänner*

Grafik: MR
Quellen: SBS 10, 193 / VALTS II, 178b

Maßstab ca. 1 : 1.100.000

Kleiner **S**prachatlas von **B**ayerisch-**S**chwaben

Glockenschwengel

Die europäischen Glocken werden mit einem frei schwingenden Pendel im Innern angeschlagen. Dabei wird der Glockenmantel in Bewegung gesetzt und der eiserne Schwengel im Innern angeschlagen. In Asien werden die Glocken in der Regel von außen in Schwingung gesetzt, sie haben keinen Schwengel im Innern. Das Anschlagen der Glocken z.B. für die Uhrzeit geschieht auch bei uns von außen durch Hämmer. Glocken werden in der Regel aus Bronze gegossen. Anfangs war dieses Handwerk nur in Klöstern zu Hause. Ab dem 13. Jh. waren die Glockengießer Wanderhandwerker. Erst im späten Mittelalter entstanden ortsfeste Großbetriebe, die letzten reisenden Glockengießer ließen sich erst im 18. Jahrhundert an festen Wohnsitzen nieder.

Die Ausdrücke für den Schwengel zeigen keine klare geographische Verteilung. Großflächig konkurrieren jeweils mehrere Bezeichnungen miteinander. Mit der Ausnahme "Kalle" (im Allgäu) und "Hale" (im Kleinwalsertal) enden alle Bezeichnungen auf "-el". Mit dieser Endung machte man in älterer Zeit aus Verben Instrumentenbezeichnungen (vgl. Text zu Karte 107).

Den **Schlegel** gibt es auch auf unserer Karte, **Schwengel** und **Schwenkel** gehören zu "schwingen" bzw. "schwenken", der **Schlenkel** ist wohl eine Mischung aus "Schlegel" und "Schwenkel", der **Klöppel** stellt sich zu "klopfen" (in der ostmitteldeutschen Form *kloppen*), der **Klengel** zu "klingen". Der **Bimmel** gehört zu einem schallnachahmenden *bim, bim,* das die Glocke macht, und der **Bengel** zu einem niederdeutschen Wort "bangen" in der Bedeutung 'schlagen'. Zum **Kengel** gibt es keine eindeutige Basis, von dem das Wort abgeleitet sein könnte. Es könnte ursprünglich von "hängen" abgeleitet sein und als "Hängel" (der an einem Ort als "Henkel" belegt ist) sich mit dem "Klengel" vermischt haben.

Die **Kalle** gehört zu einem ahd. Verb kallōn '(laut) sprechen', genauso wie **Hale** zu einem ahd. Verb hellan, von dem ein mhd. hal 'Hall' abgeleitet ist.

Das nur selten belegte **Göppel** stellt sich wohl zu einem nur im alemannischen Südwesten üblichen Verb "gopen" (vgl. Karte 170), das 'spielen' bedeutet, aber auch Bewegungen ausdrücken kann. Vielleicht hat auch das 'Wort "Klöppel" auf die vorliegende Form eingewirkt. **Pendel** ist ein lat. Lehnwort (pendula).

Bei **Kläffel** liegt eine schallnachahmende mhd. Bildung klaffen zugrunde.

Zwei Wörter sind aus dem Norden zu uns gekommen: Während "Bengel" auch allgemein (als 'Stock') verbreitet ist, wird das fremd klingende "Klöppel" (ohne 2. Lautverschiebung, vgl. Text zu Karte 3) wohl von wandernden Glockengießern aus dem mitteldeutschen Raum übernommen worden sein.

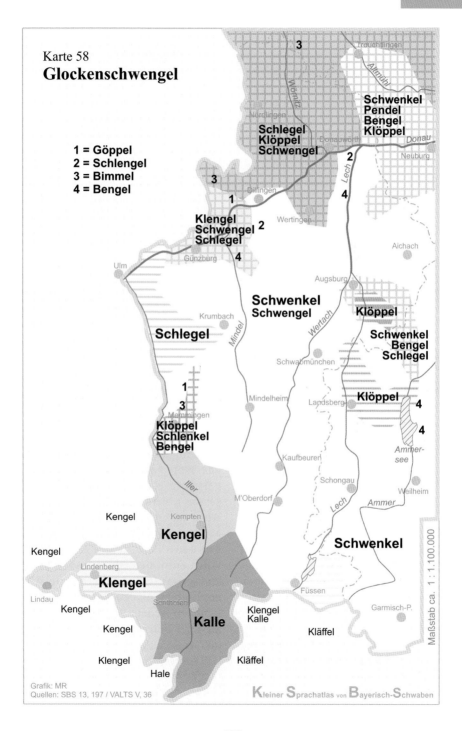

Karte 58
Glockenschwengel

1 = Göppel
2 = Schlengel
3 = Bimmel
4 = Bengel

Schwenkel
Pendel
Bengel
Klöppel

Schlegel
Klöppel
Schwengel

Klengel
Schwengel
Schlegel

Schwenkel
Schwengel

Klöppel

Schlegel

Schwenkel
Bengel
Schlegel

Klöppel

Klöppel
Schlenkel
Bengel

Kengel

Kengel

Kengel

Schwenkel

Klengel

Kengel

Kengel

Klengel
Kalle

Kengel

Kalle

Kläffel

Klengel

Kläffel

Hale

Maßstab ca. 1 : 1.100.000

Grafik: MR
Quellen: SBS 13, 197 / VALTS V, 36

Kleiner Sprachatlas von Bayerisch-Schwaben

135

Taufpate

Die im größten Teil Schwabens gebräuchliche Form **Dote** gibt es schon in ahd. Zeit als toto. Nach einer Theorie ist es aus einer Koseform von 'Vater', der regional noch vielfach *Datte* oder *Dotto* heißt, entstanden. Gegen diese Entstehungstheorie könnte ins Feld geführt werden, dass dann der leibliche und der geistliche Vater mit dem gleichen Wort bezeichnet würden. Diesen Nachteil hat ein anderer Erklärungsversuch nicht. Der basiert auf der Erfahrung, dass Kinder leichter und früher die Laute *d* und *t* lernen als *g* und *k*. Geht man vom Typ got- als ältester Form aus, dann könnte man die Formen mit anlautendem *t* auch als Lallformen der Kinder, die das "Gotte" der Erwachsenen nachahmten, ansehen. Also: Weil die Kinder anfangs nicht *Gote* sagen können, sagen sie *Dote*, was dann auch von den Älteren übernommen wird. Die umgelauteten Formen wie *Deed, Dettle, Döödle* sind über Koseformen, die auf -i endeten, zu erklären (vgl. Textkasten bei Karte 13).

Die weibliche Patin ist in ihrer Lautform vielerorts nicht von dem männlichen Gegenstück zu unterscheiden. Auch in der heutigen Schriftsprache sind die beiden oft nur am Artikel ("der" Pate / "die" Pate) zu unterscheiden; im Mittelhochdeutschen gelten götte und gotte auch für beide Geschlechter.

Im nördlichen Allgäu unterscheidet man deshalb teilweise beim "Dotlein" eines, das einen Rock trägt (*Rockdootla*), und eines, das mit Hosen bekleidet ist (*Hoosadootla*). Der Taufpate bzw. die Patin (meist nur bei Mädchen) waren früher die wichtigsten Verwandten eines Kindes. Der Pate wurde von der Kirche bei der Taufe als "pater spiritualis", als 'geistlicher Vater' eingesetzt, war also für die religiöse Entwicklung des Kindes mitverantwortlich; er hatte – wenn die Eltern aus irgendeinem Grund ausfielen – an deren Stelle zu treten und für das Kind zu sorgen. Er war es auch, von dem ein Kind bei den verschiedenen Anlässen Geschenke erwarten konnte. Aus diesem engen Verhältnis sind die auf der Karte vorhandenen Verkleinerungs- und Koseformen zu erklären.

Im westlichen Allgäu ist (als letzter Ausläufer eines großen Gebietes im deutschsprachigen Südwesten) das Wort **Götte** (*Getta*), eine umgelautete Entsprechung zur *Gotta* ('Patin'), verbreitet. Letztere ist im Ahd. als gota 'Patin' belegt, im Mhd. auch mit Umlaut: gotte, göt(t)e ('Pate', 'Patin'). Das Wort wird entweder als Kurzform zu ahd. gotfater gestellt, das im Altenglischen als godfæder in der gleichen Bedeutung belegt ist, oder zu einer germanischen Wurzel, die im Gotischen z.B. als gudja 'Priester' vorkommt.

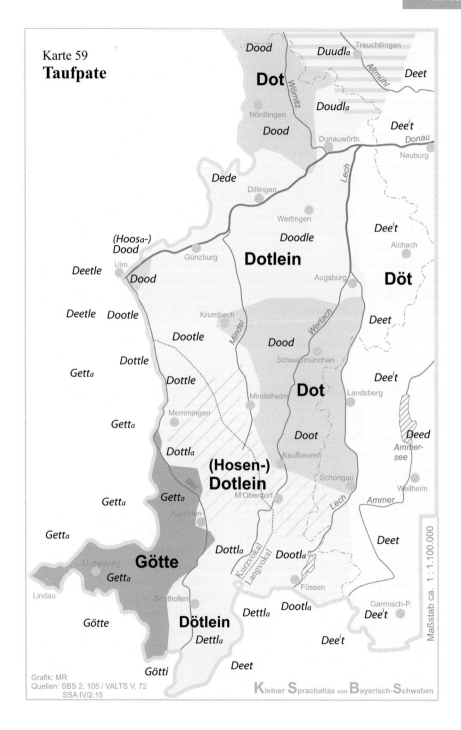

Karte 59
Taufpate

Grafik: MR
Quellen: SBS 2, 105 / VALTS V, 72
SSA IV/2.15

Kleiner Sprachatlas von Bayerisch-Schwaben

Maßstab ca. 1 : 1.100.000

Braut

Heute sind die Braut und ihr Bräutigam (im Südbadischen: "Bräuterich") die Personen am Tag der Hochzeit, die heiraten. Die beiden Termini werden fast nur mehr im Zusammenhang mit der Hochzeit verwendet. So war es auch in althochdeutscher (brūt) und mittelhochdeutscher Zeit. An der Wende vom Mittelalter zur Neuzeit aber ersetzen die Ausdrücke "Braut" und "Bräutigam" die alten Termini "Gemahlin" und "Gemahl", die in den Zeiten davor die 'Verlobten' und die 'Ehegatten' bezeichneten, was auch dem Rechtsbrauch der damaligen Zeit entsprach. Der juristisch bindende, wichtigere Akt war jener der Verlobung, der des Eheversprechens, nicht der Tag des Ehevollzugs, der Heirat.

Das Wort "Gemahl" wandert in hohe Stilschichten ab. Da die Verlobung heute nur noch eine untergeordnete Rolle spielt, gibt es "Braut" und "Bräutigam" nur noch im Zusammenhang mit der Hochzeit. Rechtlich bindend ist heute allein die standesamtliche Trauung. Der Vollzug der Ehe und der (kirchliche) Festakt spielen juristisch keine Rolle mehr.

Unsere Karte zeigt das Wort **Braut** im Südwesten (auch meist noch in seiner älteren Bedeutung), die **Hochzeiterin** im Restgebiet ist eine relativ junge Bildung (seit dem 16. Jh.), tendenziell die Hauptperson einer Hochzeit bezeichnend, früher aber auch die 'Verlobten', 'Versprochenen', die 'Sich-Versprochen-Habenden'.

Die Lautung des Vokals von "Braut" entspricht genau der von mhd. û (vgl. Karte 7), der Vokal der ersten Silbe von "-zeiterin" passt zu mhd. î (vgl. Karte 7), jener in "Hoch-" weicht aber teilweise vom Normalfall von mhd. ô ab (vgl. Karte 14).

Ahd. brūt 'Braut' hat keine über das Germanische hinausgehenden Verwandten, in ahd. brūtigomo 'Bräutigam' lebt resthaft ein altes Wort für 'Mann' weiter, das z.B. dem lateinischen homo ('Mann' und 'Mensch') entspricht, das aber nicht aus dem Lateinischen entlehnt wurde, sondern sich nur aus der gleichen indogermanischen Wurzel entwickelt hat.

"Bräutigam" gehört, wie die Tierbezeichnungen auf "-ich" ("Enterich", "Gänserich"), zu den ganz wenigen Wörtern, bei denen die männliche Form von der weiblichen abgeleitet ist. Der Normalfall läuft im Deutschen umgekehrt (Hahn > Henne, Wirt > Wirtin usw.).

Das **Mensch** im Tiroler Lechtal und im hinteren Bregenzerwald beruht auf einer mhd. Bedeutung 'Mädchen', die heute dialektal auch noch oft vorhanden ist, allerdings meist negativ besetzt.

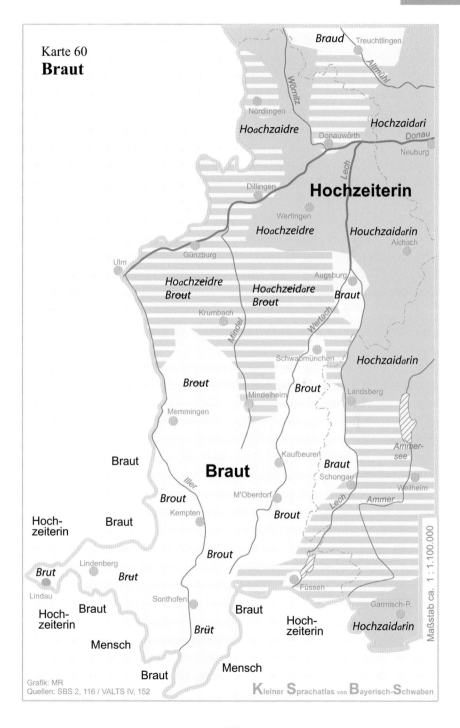

Karte 60
Braut

Braud Treuchtlingen

Nördlingen

Hoₐchzaidre

Hochzaidari

Donauwörth

Neuburg

Dillingen

Hochzeiterin

Wertingen

Hoₐchzeidre

Houchzaidarin

Aichach

Günzburg

Ulm

Augsburg

Hoₐchzeidre
Brout

Hoₐchzeidare
Brout

Braut

Krumbach

Hochzaidarin

Brout

Brout

Landsberg

Mindelheim

Memmingen

Braut

Braut

Kaufbeuren

Braut

Schongau

Ammer-
see

Weilheim

Brout

M'Oberdorf

Brout

Ammer

Hoch-
zeiterin

Braut

Kempten

Lindenberg

Brout

Brut

Brut

Lindau

Füssen

Garmisch-P.

Hoch-
zeiterin

Braut

Sonthofen

Braut

Hoch-
zeiterin

Hochzaidarin

Brüt

Mensch

Mensch

Braut

Maßstab ca. 1 : 1.100.000

Grafik: MR
Quellen: SBS 2, 116 / VALTS IV, 152

Kleiner Sprachatlas von Bayerisch-Schwaben

139

heiraten

Im Mittelalter war das Eheversprechen, das man mit der bei uns heutzutage üblichen Verlobung vergleichen könnte, der verbindliche Rechtsakt; das war die Vermählung (ahd. (gi)mahalen 'versprechen'), und ein "Gemahl" war 'ein(e) Versprochene(r)'. Die Verheiratung, der Vollzug der Ehe, erfolgte erst später mit einer Hochzeit, d.h. mit einem Fest.
Im 13. Jahrhundert bedeutet mhd. hôchzît noch in erster Linie ein hohes kirchliches oder weltliches Fest, erst später erfolgte die Einengung auf die heutige Bedeutung. Mit einem Fest wurde die hîrât ("Heirat") vollzogen. Dabei gehört hî- zu einem Stamm, der auch in ahd. hī-wo steckt, was 'Ehegatte' aber auch 'Hausgenosse' bedeutet. Dabei bezieht sich der Wortstamm hī aber nicht auf die gesellschaftliche Feier, sondern auf den Vollzug der Ehe, auf den Beischlaf, mit dem der Mann seine eherechtliche Gewalt über die Frau etablierte, sie aus

der Vormundschaft ihrer Familie löste und seiner eigenen unterstellte (vergleiche Karte 68 'werfen'). Der zweite Bestandteil rât bedeutet 'Fürsorge, Vorrat, Nahrungsmittel' (so heute noch in "Hausrat", "Unrat", "Vorrat"). Dieses Wort hat also etwas mit der Hausgemeinschaft und mit Versorgung zu tun. Vom Hauptwort "Heirat" ist das Tätigkeitswort **heiraten** abgeleitet, im Süden allerdings großflächig verkürzt zu **heiren** (*hiira, heira*).
Die Form **heirigen/heirichen** ist abgeleitet von einem Substantiv "Heirig/Heirich" in der Bedeutung 'Heirat', dessen Auslaut auf -*g* bzw. -*ch* nur schwer erklärt werden kann. Eventuell handelt es sich um eine Kollektivbildung (vgl. Karte 37) zu "heiren", vergleichbar "Kehrrich(t)" zu "kehren". Dann wäre das -*g* in "Heirig" eine hyperkorrekte Form (vgl. Textkasten bei Karte 43) aus Gegenden, in denen jede Endsilbe "-ig" zu -*ich* geworden ist.

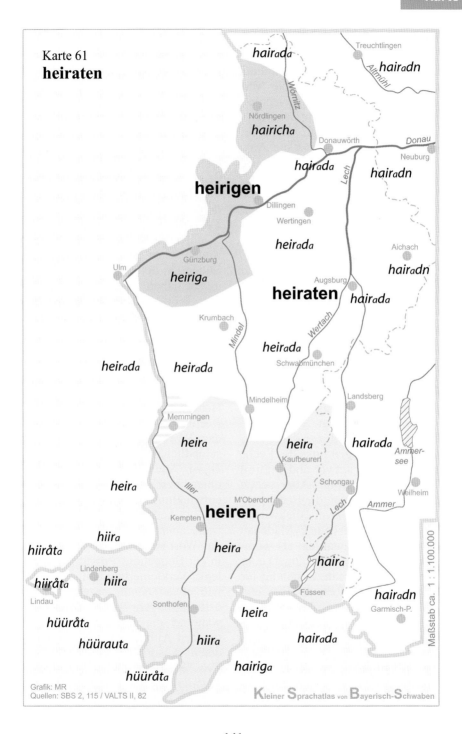

Karte 61
heiraten

hairada

hairadn

Treuchtlingen

Nördlingen
hairicha

Donauwörth

Donau

Neuburg

hairada

hairadn

heirigen

Dillingen

Wertingen

heirada

Aichach

Günzburg

Ulm

heiriga

Augsburg

hairadn

heiraten

hairada

Krumbach

heirada

heirada

heirada

Schwabmünchen

Mindelheim

Landsberg

Memmingen

heira

heira

hairada

Ammersee

Kaufbeuren

heira

Schongau

Weilheim

hiira

M'Oberdorf

heiren

Ammer

Kempten

hiiråta

heira

haira

Lindenberg

hiiråta

hiira

Füssen

Lindau

Sonthofen

heira

hairadn

Garmisch-P.

hüüråta

hüürauta

hiira

hairada

hüüråta

hairiga

Maßstab ca. 1 : 1.100.000

Grafik: MR
Quellen: SBS 2, 115 / VALTS II, 82

Kleiner Sprachatlas von Bayerisch-Schwaben

Dienstmagd / Mädchen

Die Karte stellt mit Farbflächen und mit schwarzen Schrifteinträgen unterschiedlicher Größe die Verbreitung allgemeiner Bezeichnungen für eine auf einem Bauernhof beschäftigte Magd dar. Nicht auf der Karte darstellbar ist die Ausdrucksvielfalt, die sich aufgrund der Differenzierung mit Bestimmungswörtern ergibt, welche sich entweder auf die auf größeren Höfen früher vorhandene Hierarchie der Mägde bezieht (z.b. "Ober-", "Mitter-", "Unter-" bzw. "Erst-", "Zweit-", "Ander-", "Dritt-" oder "Groß-", "Klein-") oder aber auf die Funktion (z.b. "Küchen-", "Stall-", "Haus-", "Feld-").

Daneben stellt die Karte mit blauen Schrifteinträgen auch die ungefähre Geographie der Normalbezeichnung für 'Mädchen' dar, wobei die gestrichelte Linie das Verbreitungsgebiet des allgäutypischen Ausdrucks *Feel* zeigt.

Die in grünen Farbtönen dargestellten Bezeichnungen links des Lechs sind alle abgeleitet von ahd. m a g a d 'Mädchen, Jungfrau'. Aber schon damals gibt es auch die Bedeutung 'Magd', was die zwei Blickwinkel zeigt, unter denen (junge) Mädchen damals gesehen wurden: als weibliches Kind (älter oder jünger) oder als Funktionsperson, zuständig für bestimmte Aufgaben in Haus und Hof. Aus ahd. m a g a d haben sich über relativ komplizierte Entwicklungen die Ausdruckstypen **Magd, Maad, Matt**, aber auch **Maidlein** bzw. **Mädlein** entwickelt. Diese stehen in den Dialekten teils nebeneinander, wobei ein Wort wie

Kindsmäädle den eben beschriebenen Doppelaspekt zeigt, weil "Mädlein" ja zunächst das weibliche Kind ist und über solche Verbindungen die Bedeutung 'Magd' annehmen konnte. Genauso ist es beim Allgäuer Wort *Feel,* das in erster Linie 'Mädchen, Tochter' bedeutet und erst über die Funktion im Haushalt zur sekundären Bedeutung 'Magd' gekommen ist.

Feel ist wohl zu lateinisch filia 'Tochter' zu stellen, das es bei der romanischen Vorbevölkerung des Südens in der Lautung *fēlia gegeben haben muss. Wie auch andere Wörter aus dem Lateinischen zeugt es vom intensiven Kontakt der germanischen Einwanderer zu den verbliebenen Romanen (vgl. auch Text zu Karte 133).

Die nur kleinräumig im Westallgäu verbreitete **Sputtel** ist unbekannter Herkunft.

Rechts des Lechs gilt für 'Magd' das Wort **Dirne** in ganz unterschiedlichen Lautungen (*Diara, Dian*). Auch dieses Wort hat die oben beschriebene Bedeutungsentwicklung durchgemacht. Ahd. d i o r n a bedeutete 'Mädchen, Jungfrau', aber auch schon 'Dienerin'; das Wort ist schon im 15. Jh. auch in der Bedeutung 'Prostituierte' belegt. Verkleinerungsformen dazu, wie etwa *Diandl*, bezeichnen im östl. Altbayern 'junge Mädchen', während die im hier dargestellten Teil Altbayerns dafür verwendeten Ausdrücke entweder dem Typ "Mädlein" (*Maa(d)la, Mälla, Määdla*) oder dem Typ "Maidlein" (*Moidl*) zuzuordnen sind.

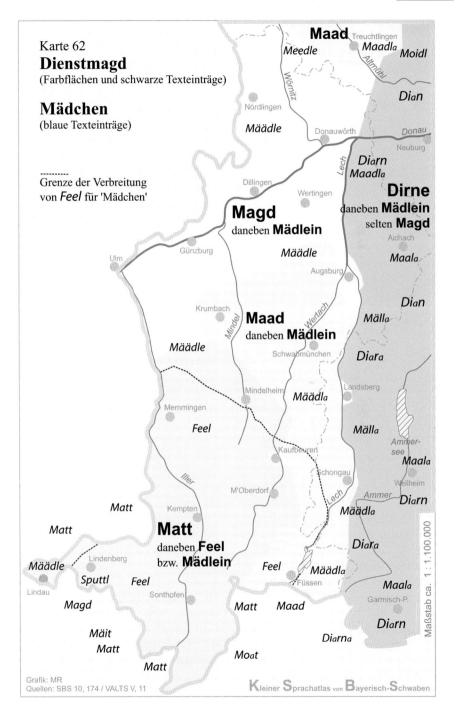

Karte 62
Dienstmagd
(Farbflächen und schwarze Texteinträge)

Mädchen
(blaue Texteinträge)

Grenze der Verbreitung
von *Feel* für 'Mädchen'

Maad Treuchtlingen
Meedle **Maadla** *Moidl*
Altmühl
Wörnitz

Nördlingen

Dian

Määdle Donauwörth *Donau*
Neuburg

Lech

Diarn
Maadla

Dillingen
Wertingen
Dirne
daneben **Mädlein**
selten **Magd**

Magd
daneben **Mädlein**

Aichach

Ulm Günzburg
Määdle Augsburg
Maala

Krumbach
Mindel **Maad**
daneben **Mädlein**
Werlach

Mälla

Dian

Määdle
Schwabmünchen *Diara*

Mindelheim *Määdla* Landsberg

Memmingen

Mälla

Feel
Kaufbeuren *Ammer-
see*
Schongau *Maala*

Iller
M'Oberdorf Ammer *Diarn*
Matt Kempten *Määdla*

Matt

Diara

Lindenberg
Määdle
Sputtl *Feel* *Feel* *Määdla*
Lindau Sonthofen Füssen
Magd *Maala*
Garmisch-P.

Mäit *Matt* *Maad*
Matt

Diarna *Diarn*

Moat

Matt

Matt
daneben **Feel**
bzw. **Mädlein**

Maßstab ca. 1 : 1.100.000

Grafik: MR
Quellen: SBS 10, 174 / VALTS V, 11

Kleiner **S**prachatlas von **B**ayerisch-**S**chwaben

143

Großvater (alte Ausdrücke)

Die hier gezeigte Karte beschreibt mehr als alle anderen Karten historische Dialektverhältnisse. Sie versucht diejenigen Ausdrücke darzustellen, die in den 80er Jahren des letzten Jahrhunderts bei der Befragung der älteren Bevölkerung noch bekannt waren. Teilweise sind es Erinnerungsformen aus der Familiengeschichte, die schon lange nicht mehr in Gebrauch sind. Sie sind vielfach von den in der Standardsprache üblichen Formen, die auf "Großvater" und "Opa" basieren, abgelöst worden.

Das Wort **Großvater** (und auch "Großmutter") ist seit dem 14. Jahrhundert im Deutschen belegt. Dieser Bildungstyp taucht damals in mehreren europäischen Sprachen gleichzeitig auf und löst die alte Bezeichnung ab, die auf dem Stamm, der heute noch im Wort **Ahn** vorliegt, beruht. In der indogermanischen Grundsprache gab es keine eigene Bezeichnung für den Großvater. Der alte Wortstamm (ahd. a no 'Großvater', a na 'Großmutter') konnte im Mhd., wo beide a n e hießen, keine Geschlechter mehr differenzieren und wurde deshalb langsam vom eindeutigen Typ "Großvater/Großmutter" abgelöst. In unseren Dialekten hat sich der alte Typ aber bis ins 20. Jh. hinein erhalten können: Im Norden eher als Koseform vom Typ **Ähnlein** auftretend, im Westen mit einem angewachsenen N- als **Nähnlein**, im Süden als **Ähne** bzw. **Näne**. Dieses N- ist wohl der Rest eines vorangehenden "mein", bei dem das

n am Ende falsch abgetrennt und zum Hauptwort geschlagen wurde. (Das gibt es z.B. auch bei "Ast", der in unseren Dialekten auch als "Nast" vorkommt oder umgekehrt bei "Nest", bei dem das anlautende N- irrtümlicherweise abgetrennt wurde, weil man es auf die gleiche Weise angewachsen glaubte und was zur Form "Est" führte.

Im Oberallgäu ist dem Wort der bestimmte Artikel "der" angewachsen (da heißt es **Drääna**) aus der häufig gebrauchten Kombination "der Ähne", was eine eindeutig männliche Form zur Folge hatte. Im nördlichen rechtslechischen Gebiet wurde dasselbe Ergebnis erreicht durch die Anfügung von *-her* (**Ahnherr**). Dem Fränkischen zu ist das **Herrlein** verbreitet, das aber erst in Mainfranken ein Gegenwort "Fraulein", *Fraala/Frääla* findet. Diese Bildungen beziehen sich wohl auf die ursprüngliche Funktion von Großvater und Großmutter als Herr bzw. Herrin im Haus. Im Mhd. ist vrouwe die 'Herrin' und nicht nur einfache Geschlechtsbezeichnung wie heute.

Die Form **Groß** ist wohl eine Kopfform, d.h. aus ursprünglichen Zusammensetzungen entstanden, bei denen der zweite Teil weggelassen wurde (vgl. "Uni" für "Universität"). Zugrunde liegen dürften Bildungen wie "Großähne(l)" oder "Großtata", wobei "Tata" eine aus der Kindersprache stammende Bezeichnung für den Vater ist. Genauso ist "Papa" oder "Opa" oder "Oma" im Kindermund entstanden.

Karte 63
Großvater
(nur alte Ausdrücke)

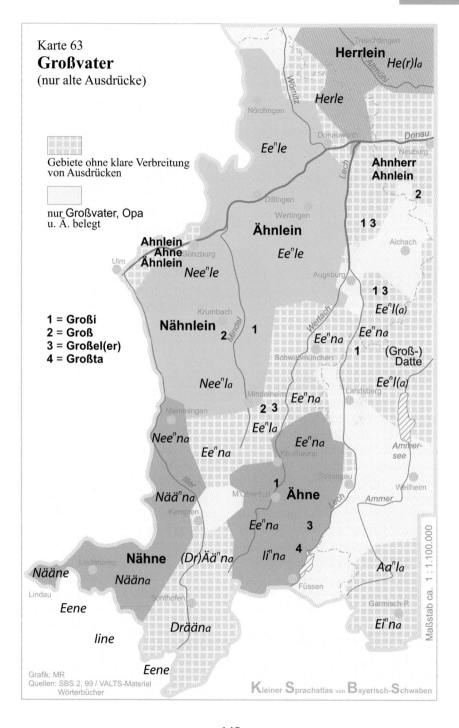

Gebiete ohne klare Verbreitung
von Ausdrücken

nur Großvater, Opa
u. Ä. belegt

1 = Großi
2 = Groß
3 = Großel(er)
4 = Großta

Herrlein *He(r)la*

Herle

Ee^{n}le

Ahnherr
Ahnlein

2

Ähnlein

Ee^{n}le

1 3

Ahnlein
Ahne
Ähnlein

Nee^{n}le

1 3

Ee^{n}l(a)

Nähnlein **2** 1

Ee^{n}na *Ee^{n}na*

1 (Groß-)
Datte

Nee^{n}la

Ee^{n}l(a)

Ee^{n}na

2 3

Ee^{n}la

Ee^{n}na

Nee^{n}na

Ee^{n}na

Ee^{n}na

1 **Ähne**

Nää^{n}na

Ee^{n}na **3**

Nähne *(Dr)Ää^{n}na* *li^{n}na* **4**

Nääne *Aa^{n}la*

Nääna

Eene

Ei^{n}na

line

Drääna

Eene

Maßstab ca. 1 : 1.100.000

Grafik: MR
Quellen: SBS 2, 99 / VALTS-Material
Wörterbücher

Kleiner **S**prachatlas von **B**ayerisch-**S**chwaben

145

Sarg

Dass man die Toten in mehr oder weniger aufwendig gearbeiteten Holzkisten beerdigt, wird erst im 14. und 15. Jh. üblich. In den Zeiten davor war eine freie Bestattung im Erdgrab üblich, ein Brauch, der regional bis ins 19. Jh. gepflegt wurde, vor allem vom einfachen Volk, das in Leinentüchern oder Matten eingewickelt, allenfalls noch mit einem Brett als Stütze für den Körper begraben wurde. Den aus einem Stein gearbeiteten Sarkophag hatten einst die Römer in unsere Region gebracht, später kam er nur noch vereinzelt bei hochgestellten (und reichen) Personen vor.

Aus dem lateinischen sarcophagus hat sich auch unser schriftdeutsches Wort **Sarg** entwickelt, wohl über eine als *sarcus rekonstruierte Kurzform des im frühen Mittelalter gesprochenen Lateins. Die lateinische Vollform war wiederum aus dem Griechischen ins Lateinische übernommen worden, und zwar aus sarkophágos (zu sárx, sarkós 'Fleisch' und phagēin 'aufessen'). Dies ist wohl darauf zurückzuführen, dass man beim späteren Öffnen der Steinsärge vor allem noch Knochen vorfand, nicht mehr die von Kleinlebewesen verzehrten Weichteile, und dass man deshalb dem Stein die Eigenschaft 'fleischfressend' zusprach. Das Wort sarc bezeichnete im Mittelalter vornehme Behälter aus Metall oder Stein; das Wort war nicht auf die Totentruhe beschränkt.

Im größten Teil unseres Gebietes kennt man als alte Dialektwörter noch **Truhe** (vgl. dazu die "Wäsche-Truhe" im Text zu Karte 117) oder **Bahre**. Letzterer Ausdruck spiegelt entwicklungsgeschichtlich einen älteren Zustand, dass nämlich die Toten auf einer Bahre, also auf einem Totenbrett, zum Grab getragen wurden und auf diesem Brett dann langsam in die Grube abgelassen wurden. Das Wort selbst hängt mit einer Wortfamilie zusammen, die auch in "gebären" und "Geburt", "Eimer" und "Zuber" (vgl. Text zu Karte 112) sowie in "Gebärde" und sogar in "Birling" (für 'Heuhaufen', vgl. Karte 155) vorhanden ist. Diese Wortfamilie geht auf ein ahd. Verb beran zurück, das 'tragen' bedeutet.

Auch das Wort **Baum** beschreibt einen älteren Zustand, aus einer Zeit, als ein ausgehöhlter Baumstamm als Bestattungshilfe diente.

Einer Erläuterung bedarf auch der **Hobel** in der Gegend um Dillingen: hobil bedeutet im Althochdeutschen soviel wie 'Deckel'. Die Wortzusammensetzung "Hobel-bahre", die verschiedentlich belegt ist, meint also eine Bahre mit geschlossenem Kasten, und der schon mittelhochdeutsch belegte bârhobel bezeichnet den Deckel dieses Gerätes.

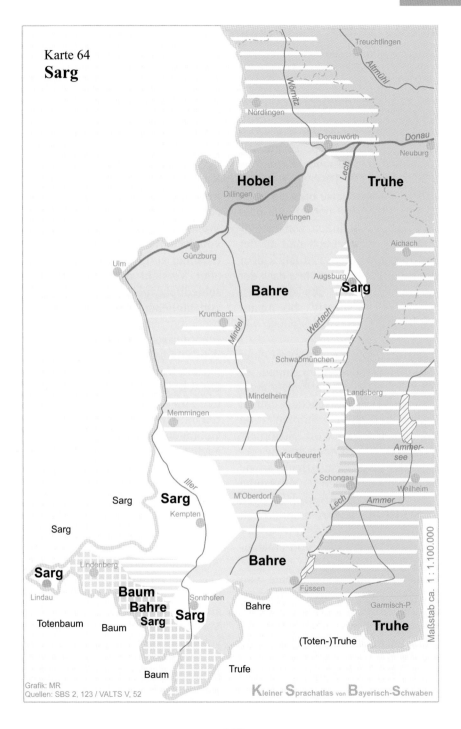

Karte 64
Sarg

Treuchtlingen

Nördlingen

Donauwörth — Donau

Neuburg

Hobel   **Truhe**

Dillingen

Wertingen

Aichach

Ulm   Günzburg

Augsburg   **Sarg**

Bahre

Krumbach

Schwabmünchen

Landsberg

Mindelheim

Memmingen

Ammer-
see

Kaufbeuren

Schongau

Weilheim

Sarg   **Sarg**   M'Oberdorf   Ammer

Kempten

Sarg

Bahre

Lindenberg

Sarg   Füssen

Lindau   Sonthofen   Bahre   Garmisch-P.

Baum
Bahre   **Sarg**

Totenbaum   Baum   **Sarg**   **Truhe**

(Toten-)Truhe

Baum   Trufe

Maßstab ca. 1 : 1.100.000

Grafik: MR
Quellen: SBS 2, 123 / VALTS V, 52

Kleiner Sprachatlas von Bayerisch-Schwaben

147

arbeiten / schaffen

Schaffa, schaffa, Hejsla bou-a, das sei – so eine weit verbreitete und sich hartnäckig haltende Vorstellung – der wesentliche Lebensinhalt der Schwaben.

Aber, hier in Bayerisch-Schwaben ist es nur die westliche Hälfte, die "schafft", die östliche Hälfte "arbeitet" nämlich. Dass man früher aber möglicherweise bis zum Lech "geschafft" hat, darauf könnten verstreute Nennungen von "schaffen" am unteren Lech und an der Wertach hindeuten. Ein Blick über unsere Grenzen lehrt uns, dass der ganze Südwesten des deutschen Sprachraums "schafft", bis hinauf zur Mosel, in Hessen genauso wie im Großteil Frankens.

Das Verb **schaffen** gehört zu einer schon sehr alten Wortgruppe, in der sich verschiedene Bedeutungskomponenten mischen, einmal 'erschaffen', dann 'schöpfen' (von Flüssigkeiten; das Wort "Schöpfer" birgt in sich auch noch die abstrakte Bedeutung 'erschaffen') sowie 'einrichten, ordnen'. Verwandte Wörter in anderen Sprachen legen nahe, dass das Wort ursprünglich als schöpferische Tätigkeit im Bereich der Herstellung von Holzgefäßen anzusiedeln war.

Ganz anders die Geschichte von **arbeiten**, das zum Normalwort in der heutigen Schriftsprache geworden ist. Vor 1000 Jahren, in althochdeutscher Zeit, bedeutete ar(a)beit noch 'Mühsal, Plage, Anstrengung'. Von diesem Hauptwort ist ein ahd. Verb arbeitōn im Sinne von 'plagen, bedrängen, sich abmühen' abgeleitet.

Eine vergleichbare Bedeutungsentwicklung vom Negativen zum Positiven gibt es übrigens auch in den slawischen Sprachen: Im Altslawischen hat der Stamm rabot noch mit Knecht, Diener, Sklave, Knechtschaft und Sklaverei zu tun, im heutigen Russischen bedeutet rabota einfach 'Arbeit'.

Wenn man die Wortgeschichten von "schaffen" und "arbeiten" miteinander vergleicht, könnte man in aller Vorsicht daraus auch unterschiedliche geistige Einstellungen zur täglichen Arbeit herausinterpretieren: Was dem Südwesten eine schöpferische Tätigkeit war, war dem Südosten ein Plage.

Unsere Karte zeigt außerdem auch Gebiete mit Varianten zu "arbeiten": Im Norden ist der Typ **ärbeiten** mit umgelauteter Erstsilbe in Gebrauch, wobei dieser Umlaut je nach Gebiet mit einem *ä* oder einem hellen *a* ausgesprochen wird (vgl. Text zu Karte 13).

Am oberen Lech (*arba*) und verstreut auch um Aichach (*oawan*) sind Lautformen verbreitet, die einem verkürzten Untertyp **arben** zugeordnet werden müssen.

Das nur vereinzelt im Allgäu genannte **werken** ist im nahen Vorarlberg als **werchen** stärker in Verwendung. Diese Verben sind von einem altgermanischen Stamm (vgl. engl. work) abgeleitet und schon ahd. als werkōn für 'handwerklich arbeiten' belegt.

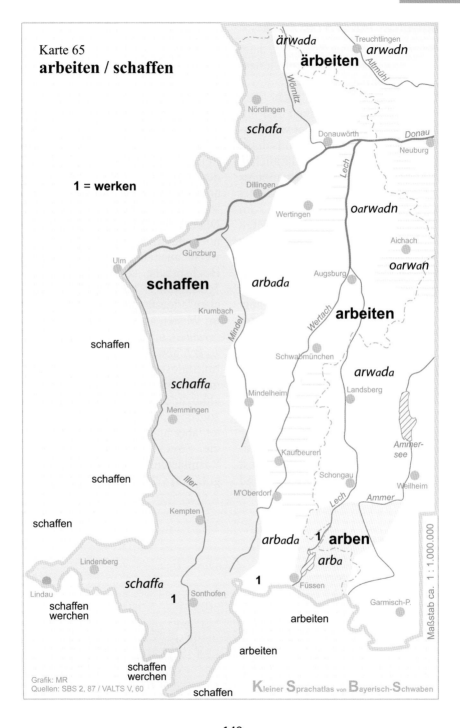

Karte 65
arbeiten / schaffen

1 = werken

ärwada

ärbeiten

arwadn

Treuchtlingen

Altmühl

Wörnitz

Nördlingen

schafa

Donauwörth

Donau

Neuburg

Lech

Dillingen

Wertingen

oarwadn

Aichach

Günzburg

Ulm

schaffen

arbada

Augsburg

oarwan

Krumbach

Mindel

Wertach

arbeiten

schaffen

Schwabmünchen

arwada

Landsberg

schaffa

Mindelheim

Memmingen

Kaufbeurerl

Ammer-
see

schaffen

Iller

M'Oberdorf

Schongau

Weilheim

Lech

Ammer

Kempten

schaffen

arbada

1 arben

Lindenberg

arba

schaffa

1

Sonthofen

1

Füssen

Garmisch-P.

Lindau

schaffen
werchen

arbeiten

arbeiten

schaffen
werchen

Grafik: MR
Quellen: SBS 2, 87 / VALTS V, 60

schaffen

Kleiner Sprachatlas von Bayerisch-Schwaben

Maßstab ca. 1 : 1.000.000

ausruhen (z.B. von der Arbeit)

Wenn man hart gearbeitet hat, dann darf man auch etwas Luft holen, Atem schöpfen, **ausruhen**. Dieses letzte Wort ist auch jener Ausdruck, der im größten Teil unseres Gebietes verwendet wird, natürlich – wie immer – landschaftlich in verschiedenen lautlichen Ausprägungen. Das Wort gibt es als ahd. ruowēn, es ist abgeleitet von dem Substantiv ruowa, im Mhd. steht ruowen neben anderen Schreibformen wie ruogen. Die Konsonanten -w- bzw. -g- waren in diesem Falle schon in der Frühzeit der deutschen Sprachgeschichte eingefügt worden, um einen sog. Hiat, nämlich das Zusammenstoßen von zwei Vokalen an einer Silbengrenze (ruo-en) zu beseitigen. Ähnliches kann heute noch geschehen. So wird die Wortfolge "wie ich" beispielsweise in unseren Dialekten als *wia-n-i* bzw. *wia-r-i* gesprochen. Hier werden *n* bzw. *r* eingefügt, je nach Gegend verschieden. Das -b- in g^e**ruben** ist der Rest des alten -w- von ruowen. Und

kruam ist eine daraus kontrahierte (= zusammengezogene) Form, wie sie im Bairischen üblich, etwa in *geem* < "geben", *leem* < "leben". Das g- am Wortanfang stammt von einer Vorsilbe "ge-", die im Mittelhochdeutschen an viele Verben treten kann und die Funktion hat, den Abschluss oder den Beginn anzuzeigen, geruowen wäre also 'zur Ruhe kommen'. In unseren Dialekten sind solche Bildungen noch häufiger, sie sind aber teilweise auch noch in der heutigen Hochsprache vorhanden, z.B. bei "gedenken", "gestalten", "gehorchen", "gesunden" u.a. Dieses *g* ist im Westen als *g* erhalten geblieben (*gruaba*), am Lech hat es sich vor *r* zu *kch* gewandelt (*auskchruaba*). Im Südosten unseres Gebietes sagt man dafür **rasten**. Dem liegt ein althochdeutsches Substantiv rasta zugrunde, das 'Ruhepause' bedeutet, aber auch ein Wegmaß ist, d.h. die Strecke, die zwischen zwei Rastplätzen zurückgelegt wird (vgl. got. rasta 'Meile, Wegstrecke').

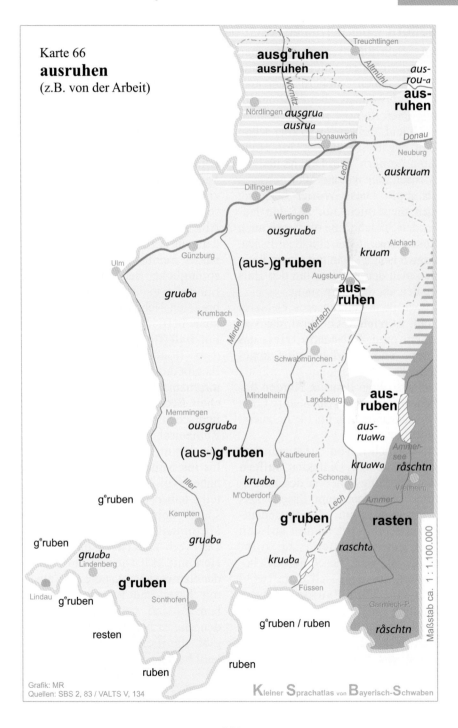

Karte 66
ausruhen
(z.B. von der Arbeit)

ausg^eruhen
ausruhen

aus-rou-_a

aus-ruhen

Nördlingen ausgru_a
ausru_a

auskru_am

ousgru_{ab}a

kru_am

(aus-)g^eruben

aus-ruhen

gru_{ab}a

aus-ruben

aus-rua_{Wa}

ousgru_{ab}a

kru_aWa   råschtn

(aus-)g^eruben

kru_{ab}a

g^eruben

g^eruben   rasten

g^eruben
gru_{ab}a   rascht_a

gru_{ab}a
Lindenberg   kru_{ab}a

g^eruben

g^eruben

g^eruben / ruben   råschtn

resten

ruben   ruben

Maßstab ca. 1 : 1.100.000

Grafik: MR
Quellen: SBS 2, 83 / VALTS V, 134

Kleiner **S**prachatlas von **B**ayerisch-**S**chwaben

151

geifern (Speichel rinnen lassen, bei kleinen Kindern)

Im Schriftdeutschen hat man Schwierigkeiten, diesen Vorgang zu bezeichnen, "sabbern" kann man dafür verwenden, aber es klingt für uns eher fremd, "seifern" gibt es noch und "geifern", was aber schon sehr negativ besetzt ist. Ein Hund kann "geifern", ein Drache und ein Mensch, der wütend oder gehässig schimpft. Diese Wörter beziehen sich meist nicht nur auf den laufenden Speichel, sie umfassen auch unsauberes, ungeschicktes Essen, dessen Folgen man mit einem Latz, den man den Kindern um den Hals bindet, abzumildern sucht.

Im größten Teil unseres Gebietes heißt es **trielen**, ein Wort, das von einem mhd. Substantiv t r i e l, das 'Lippe' und 'Mund' bedeutet, abgeleitet ist.

Genauso liegt dem im Norden üblichen **geifern** ein Substantiv G e i f e r zugrunde, das im 14. Jh. zuerst belegt ist.

Nordöstlich von Donauwörth kommt in den Dialekten **sulfern** vor, allerdings eher in der Bedeutung 'schlürfen beim Essen'. Das Wort gibt es im Mittelhochdeutschen schon in der Form s u l w e n (das eine Nebenform zu s o l n, s u l n, ist, was "beschmutzen" bedeutet), aus dem sich dann (wohl über eine Form *s u l b e n) unsere Lautung *sulfern* entwickelt hat. Vielleicht ist das f auch durch das ähnlich klingende **seifern** beeinflusst, das von einem ahd. Wort

s e i f a r 'Speichel' abgeleitet ist. Das Wort hängt sicher mit "Seife" zusammen, das selbst wiederum zu einem Verb mhd. s î f e n 'tropfen' gestellt wird.

Östlich des Lechs haben wir noch zwei weitere Worttypen. Die in Altbayern großflächig verbreitete Verbform **trenzen** ist eine Verkürzung aus "trenetzen", das seinerseits wohl eine mit -z- gebildete Ableitung zu "tränen" bzw. "Träne" darstellt (vgl. Karte 88 "gurgeln in nassen Schuhen"). Es hat seine ursprüngliche Bedeutung erweitert. Für das *m* in der bei uns weiter verbreiteten Nebenform **tremsen** gibt keine befriedigende Erklärung.

Für **bafe(l)n** ist ein Ursprung aus dem Romanischen anzunehmen. Es gibt das Wort als s b a v a r im rätoromanischen Engadin in der gleichen Bedeutung und im Norditalienischen als b a v a für 'Speichel'. Romanische Bevölkerungsreste, die sich im Süden unseres Raumes bis ins Mittelalter hinein gehalten haben (vgl. Karte 2 im Einleitungsteil), haben das Wort wohl an die später dominierenden Germanen übermittelt.

Das Verb **zädern** ist unbekannter Herkunft, es hat aber in Tirol und in der Schweiz Verwandte, die etwas mit 'Faser' und 'Faden' zu tun haben. Es sind wohl die Speichelfäden, die es bei Kindern manchmal gibt, die diese Benennung veranlasst haben.

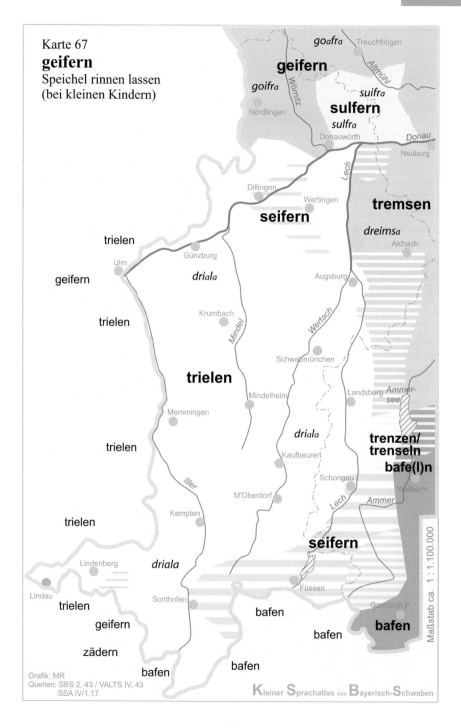

Karte 67
geifern
Speichel rinnen lassen
(bei kleinen Kindern)

goafra Treuchtlingen

geifern

goifra

Nördlingen

suifra

sulfern

sulfra

Donauwörth

Donau

Neuburg

Dillingen

Wertingen

tremsen

seifern

dreimsa

Aichach

trielen

Günzburg

Ulm

geifern

driala

Augsburg

trielen

Krumbach

Schwabmünchen

trielen

Mindelheim

Landsberg

Ammer-see

Memmingen

trielen

driala

**trenzen/
trenseln
bafe(l)n**

Kaufbeuren

Schongau

trielen

Wielheim

Kempten

M'Oberdorf

Ammer

trielen

seifern

Lindenberg

driala

Lindau

Füssen

Garmisch-P.

trielen

Sonthofen

geifern

bafen

zädern

bafen

bafen

bafen

Grafik: MR
Quellen: SBS 2, 43 / VALTS IV, 43
SSA IV/1.17

Maßstab ca. 1 : 1.100.000

Kleiner Sprachatlas von Bayerisch-Schwaben

153

werfen (z.B. von Steinen)

Das Werfen ist eine einfache, häufig vorkommende Tätigkeit, man wirft etwas aus dem Fenster, einen Stein ins Wasser oder jemanden aus dem Haus. Trotzdem gibt es dafür bei uns drei verschiedene Ausdrücke: im Norden "schmeißen", im Osten "werfen" und im Westen "geheien". Das letztgenannte **geheien** ist am "exotischsten", es ist weit weg vom Gebrauch in der Schriftsprache und deshalb auch stark vom Aussterben bedroht, und nur in der Gegend von Ulm erweist es sich noch einigermaßen als stabil; im größten Teil seines ehemaligen Verbreitungsgebietes wird es von "werfen" verdrängt.

Fast abenteuerlich mutet uns die Bedeutungsgeschichte von "geheien" an. Zugrunde liegt ein ahd. Verb hīan, gehīan, das 'heiraten' bedeutet, und zwar durchaus im Sinne des Ehevollzugs (vgl. Karte 61 "heiraten"). Von da aus verengt sich die Bedeutung des Wortes: 'beschlafen' wird im 14. Jh. zu 'schänden' verschlechtert, zu 'vergewaltigen', 'entjungfern', 'aufs Kreuz legen'. Hier ist auch schon eine Gewaltkomponente enthalten, die im 15. Jh. stärker wird und sich in Bedeutungen zeigt wie 'misshandeln', 'quälen', 'ärgern'. Von daher ist es nicht mehr weit zu den in unseren Dialekten ebenfalls noch vorhandenen Bedeutungen 'es ärgert mich', 'tut mir leid', 'reut mich'. Aus der Bedeutung 'gewaltsamer Beischlaf', 'aufs Kreuz / flach legen', 'hinwerfen' ist dann die Bedeutung 'werfen' hervorgegangen. War es noch im 19. Jahrhundert ein Wort mit anrüchigem Beigeschmack, so ist es heute ohne weitere schlimme Nebenbedeutung. Trotzdem ist seine Verwendung stark rückläufig, vor allem deshalb, weil es als Wort ohne weitere Verwandtschaft ziemlich isoliert ist.

Das Verb **werfen** gibt es schon im Althochdeutschen (werfan), es hat sich kaum verändert, weder in der Bedeutung noch in der Form. Stärker verändert hat sich dagegen **schmeißen**, das als ahd. smīzan die Bedeutung 'aufstreichen', 'schmieren' hatte. Dass aus dieser Bedeutung die von 'werfen' hervorgehen konnte, erklärt sich aus der Lehmbauweise. Wie der Maurer heute beim Verputzen zuerst den Mörtel an die Wand wirft und dann glatt streicht, so geschah es damals mit dem Lehm, mit dem man das Flechtwerk, das die Fächer der Fachwerkbauten füllte, bewarf, um ihn dann am Ende glatt zu streichen.

Auch "schmeißen" scheint in der Verwendung allmählich dem Konkurrenten "werfen" zu weichen.

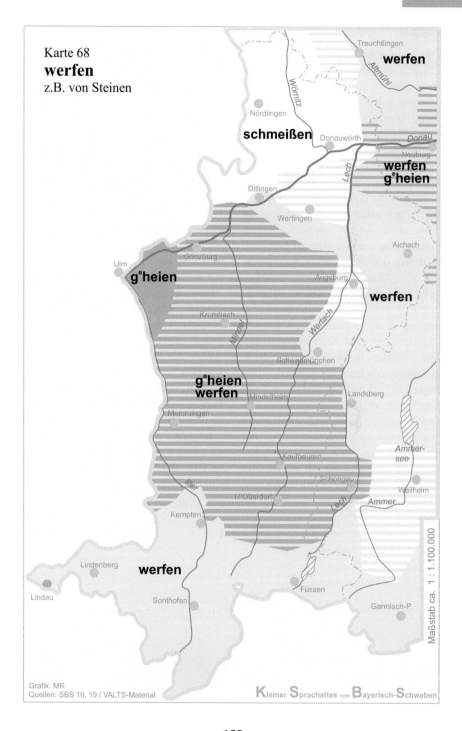

Karte 68
werfen
z.B. von Steinen

Grafik: MR
Quellen: SBS 10, 19 / VALTS-Material

Kleiner Sprachatlas von Bayerisch-Schwaben

steigen / klettern (auf einen Baum)

Für Buben ist es ein beliebtes Vergnügen, auf Bäume zu steigen, ein Erwachsener tut das nur, wenn es aus irgendwelchen Gründen notwendig ist. Es ist oft nicht leicht, so einen Baum zu erklimmen. Einige der Bezeichnungen auf unserer Karte beziehen sich denn auch auf die Mühseligkeit dieses Unterfangens; sie wurden übertragen vom Laufen im steilen Gelände bzw. unter großen Lasten. Solche Lasten trug man früher in Rückenkörben, die man als "Kracksen" oder "Krätten" (vgl. Karte 116) bezeichnete. Die Verben **krackseln** und **krätteln** würden also die mühsame Art des Gehens bezeichnen, die ein schwerer Korb verursacht. Die Wörter **krackeln** und **kräckeln** könnte man als Mischformen zwischen "kratteln" und "kräckseln" deuten.

Das lautlich ähnliche **kräpseln** gehört wohl zu "Krebs", bedeutet also 'sich wie ein Krebs bewegen'. Da aber beim Krebs vor allem sein Rückwärts-Laufen signifikant ist, muss man annehmen, dass ein ur-sprüngliches "krätteln" erst später an "Krebs" angeglichen wurde.

Bei **klimmen** liegt eine andere Benennungsmotivation vor: Das Wort gibt es zwar schon im Althochdeutschen als k l i m b a n in der Bedeutung 'steigen, klettern', jedoch gehört es zu einer Sippe, die das Festhalten betont, wie "klemmen", "klamm" und "Klammer". Die Vorstellung vom Festhalten liegt ebenso vor beim schriftsprachlichen **klettern** (zu mhd. k l a t e 'Kralle', ahd. k l e t t a 'Klette').

Zu erklären bleibt noch **härzen** im Südwesten: Dieses Verb ist von "Harz" abgeleitet und bedeutete ursprünglich 'Harz sammeln'. Harz (auch "Pech" genannt) war nämlich früher ein begehrter Rohstoff (zum Kleben, zum Abdichten und für Lacke). Man ging in den Wald und schabte von Fichten das auslaufende Harz ab. Dazu war es nicht selten nötig, die Bäume zu ersteigen. Die Bezeichnung für diese spezielle Tätigkeit wurde schließlich auch auf das sonstige Steigen auf Bäume übertragen.

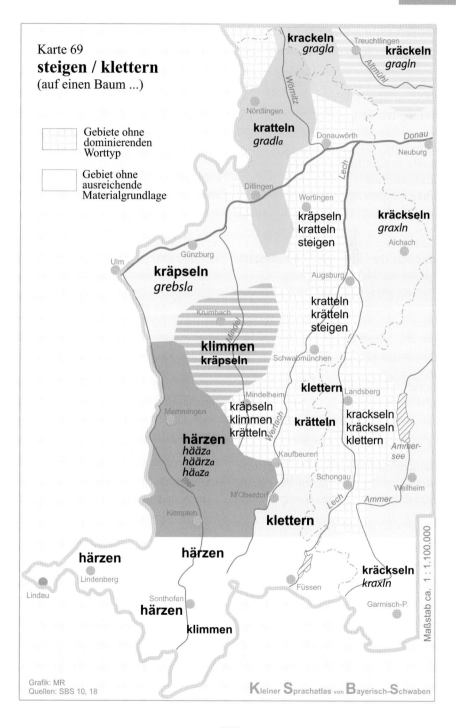

Karte 69
steigen / klettern
(auf einen Baum ...)

Gebiete ohne
dominierenden
Worttyp

Gebiet ohne
ausreichende
Materialgrundlage

krackeln
gragla

kräckeln
gragln

kratteln
gradla

kräckseln
graxln

kräpseln
kratteln
steigen

kräpseln
grebsla

kratteln
krätteln
steigen

klimmen
kräpseln

klettern

kräpseln
klimmen
krätteln

krätteln

krackseln
kräckseln
klettern

härzen
hääza
häärza
häaza

klettern

härzen

härzen

kräckseln
kraxln

härzen

klimmen

Treuchtlingen
Altmühl
Wörnitz
Nördlingen
Donauwörth
Donau
Neuburg
Lech
Dillingen
Wertingen
Aichach
Günzburg
Ulm
Augsburg
Krumbach
Mindel
Schwabmünchen
Landsberg
Mindelheim
Memmingen
Wertach
Ammer-
see
Kaufbeuren
Schongau
Iller
Weilheim
M'Oberdorf
Lech
Ammer
Kempten
Lindenberg
Füssen
Lindau
Sonthofen
Garmisch-P.

Maßstab ca. 1 : 1.100.000

Grafik: MR
Quellen: SBS 10, 18

Kleiner **S**prachatlas von **B**ayerisch-**S**chwaben

raufen (von jungen Buben)

Wir glauben heute in einer Welt voller Gewalt zu leben und vergessen dabei, dass vor allem unsere Medien diesen Eindruck erzeugen. Wir übersehen, dass früher, in der sog. guten alten Zeit, sehr viel mehr Konflikte durch körperliche Gewaltanwendung ausgetragen wurden als heute. Vor allem auf dem Dorf wurden unter Buben auf diese Weise Rangordnungen gebildet, und in den 50er Jahren des letzten Jahrhunderts war auch in der Schule noch der Stecken ein normales Mittel zur Disziplinierung.

Die meisten der Ausdrücke in unserem Gebiet haben etwas mit den Haaren zu tun; offensichtlich waren die Haare bevorzugtes Ziel bei solchen Kämpfen. Wer "Haare gelassen" hat, hat in einer Auseinandersetzung verloren.

Das Verb **haaren** ist denn auch das im Zentrum unseres Gebietes am meisten verbreitete Wort, direkt abgeleitet vom Haar. Es zeigt eine ganz regelmäßige Lautentwicklung von mhd. langem â zu *hååra* im Süden bzw. *haura* im Nordteil (vgl. Karte 10).

Im Osten und im Norden gelten Wörter, die überwiegend mit dem Ziehen und Zupfen von Haaren zusammenhängen. Es sind dies zwei Wortstämme, nämlich "raufen", "rupfen."

Der Überttyp **raufen** gilt im ganzen Norden und Osten. Ihn gibt es schon im Althochdeutschen als roufen mit der Bedeutung 'zup-fen', 'zausen', 'ausreißen' (vgl. "sich die Haare raufen"); im Mittelhochdeutschen kommt dann die Bedeutung 'sich balgen' dazu. Die "Raufe" im Stall ist also ein Gestell, woraus das Vieh sein Futter zupfen, ausreißen kann. Die Vokallautungen in *raufa* und *rååfa* westlich des Lechs entsprechen weitgehend dem "Normalfall" von mhd. ou (vgl. "kau-fen" in Karte 17).

Dies gilt auch für den Typ *raffa* mit auffällig hellem, kurzem *ą* in dem durch kräftigere Farben abgehobenen Osten. Diese Lautform ist als reguläre bairische Entsprechung zu "raufen" zu erklären, wobei hier allerdings die innerbairische Lautung etwas weiter nach Westen reicht als bei den vergleichbaren Fällen "lau-fen" (*laffa*) und "kaufen" (*kaffa*).

Ob die Formen mit kurzem, neutralem *a* im Lechrain (*raffa*) und im Ries (*rafa*) als Sprachimport aus dem Bairischen zu werten sind, oder ob man sie zu der hochsprachlichen Verbform "raffen" stellen kann, muss hier offen bleiben.

Das Wort **ropfen** in der Südostecke entspricht dem hochsprachlichen "rupfen"; es ist auch schon im Althochdeutschen als ropfōn überliefert.

Im Verb **händeln** liegt eine Umlautform zu "handeln" (ahd. hantalōn) vor, das ursprünglich '(er)greifen', 'befühlen' bedeutete. Weiter verbreitet ist das entsprechende Hauptwort "Händel" im Sinne von 'Streit'.

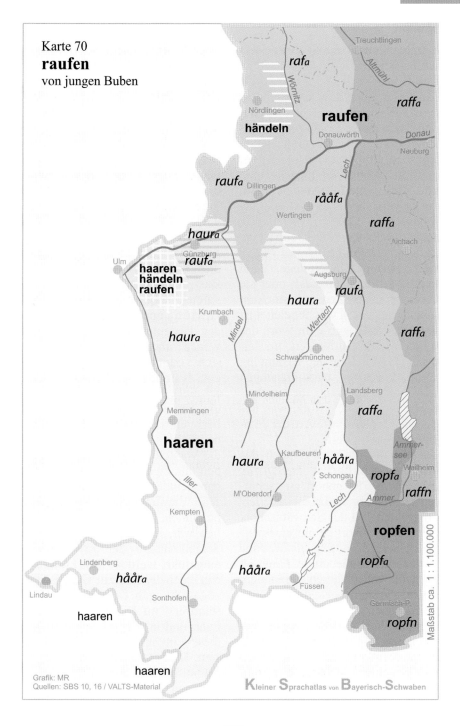

Karte 70
raufen
von jungen Buben

rafₐ

raffₐ

raufen

händeln

raufₐ

rååfₐ

raffₐ

haurₐ

raufₐ

haaren
händeln
raufen

haurₐ

raufₐ

raffₐ

haurₐ

raffₐ

haaren

haurₐ

håårₐ

ropfₐ

raffn

ropfen

ropfₐ

håårₐ

ropfn

haaren

håårₐ

haaren

haaren

Maßstab ca. 1 : 1.100.000

Grafik: MR
Quellen: SBS 10, 16 / VALTS-Material

Kleiner **S**prachatlas von **B**ayerisch-**S**chwaben

159

spielen (von Kindern)

Kinder ahmen beim Spielen die Erwachsenen nach: sie führen einen Kaufladen, gestalten ein Puppenhaus, oder sie haben ihre eigenen (Spiel-)Tiere im Stall, sie **hausen** oder **häuseln** (in der Verniedlichungsform), sie führen einen Haushalt. In dieser Bedeutung gibt es diese Wörter im Dialekt, eine gute "Haus(n)erin" ist eine Frau, die es versteht, einen Haushalt erfolgreich zu führen. Das machen auch die Kinder im Kleinen, sie "häuseln" (*heisla, haisla, hais^iiln*).

Geht es um Kinderpflege, dann tun sie **kindeln** (*kindala*); oder sie vertreiben die Zeit mit **tockeln** (*dogala, dockala*), was abgeleitet ist von "Docke/Dogge", ein Wort, das schon im 10. Jahrhundert, im Althochdeutschen, in der Bedeutung 'Puppe' belegt ist, hervorgegangen aus der Bezeichnung für ein walzenförmiges Stück Holz, was uns einiges sagt über die Art der Puppen in früherer Zeit.

Zu erklären bleibt also noch das Wort **(g^e)schäfferlen** (*schäfferla, gschäfferla*). Es gehört zu "schaffen", dem Normalwort für 'arbeiten' im größten Teil des Schwäbischen. Auch dieses Wort ist mit einem -l-verkleinert. Das "ge-" als Vorsilbe ist dialektal ohne große Funktion noch in vielen Verben vorhanden: *gruaba* 'ruhen', *grichta* 'richten', *gruija* 'reuen'.

Nur ein Wort fällt heraus aus dieser Reihe, die das Kinderspiel als (kleinere) Arbeit der Erwachsenen bezeichnet. Es ist das **schimpfeln** (*schimpfla*) im südlichen Ostallgäu

und im anschließenden Tiroler Außerferngebiet: Dieses Wort bewahrt uns die alte Bedeutung des Substantivs, zu dem es gehört. "Schimpf" (ahd. skimpf) bedeutete nämlich 'Scherz, Spiel'. Davon abgeleitet ist ein ahd. Verb skimpfen 'verhöhnen, necken, verlachen, spotten', was zu unserem heutigen "schimpfen" führte. Das hier vorliegende Verb "schimpfeln" ist wiederum die Kose- bzw. Verkleinerungsform zur Grundform "schimpfen" im Sinne von 'scherzen, spielen' (Vgl. dazu Karte 170).

Das auch hochsprachliche Verb **spielen** gibt es schon im Ahd. (spilōn) und im Mhd. (spiln) in der Bedeutung 'sich schnell bewegen', aber auch 'Scherz treiben, sich vergnügen' (mit Leibesübungen, Kampfspiel, Brett- und Würfelspiel). Es ist also eindeutig auf die Tätigkeiten von Erwachsenen bezogen. Das liegt in der Tatsache begründet, dass es im Mittelalter die Vorstellung, den Begriff 'Kindheit' als eigene Lebensphase nicht gab. Kinder waren junge Erwachsene, die (am Anfang) noch Hilfe brauchten, die aber, sobald es möglich war, in die Arbeit und in die Sozialkontakte der Erwachsenen eingeführt wurden. Den Freiraum, den ihnen die moderne Gesellschaft zugesteht, gab es nicht; der entstand erst im 15./16. Jh. Auf dem Land und in Arbeiterfamilien fand diese Entwicklung erst im 19. Jh. statt. Und es dauert bis etwa 1890, bis bei uns Kinderarbeit gesetzlich verboten wurde.

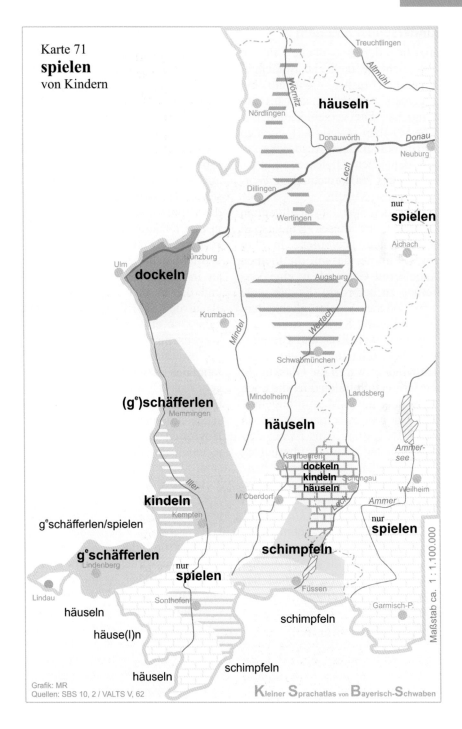

Karte 71
spielen
von Kindern

Treuchtlingen

häuseln

Nördlingen

Donauwörth Donau

Neuburg

Dillingen

Wertingen

nur
spielen

Aichach

Ulm Günzburg

dockeln

Augsburg

Krumbach

Schwabmünchen

Mindelheim Landsberg

(g^e)schäfferlen
Memmingen

häuseln

Kaufbeuren

dockeln
kindeln
häuseln

Ammer-
see

Schongau

M'Oberdorf

Weilheim

Ammer

kindeln
Kempten

g^eschäfferlen/spielen

nur
spielen

g^eschäfferlen
Lindenberg

nur
spielen

schimpfeln

Füssen

Lindau

Sonthofen

Garmisch-P.

häuseln

schimpfeln

häuse(l)n

häuseln

schimpfeln

Maßstab ca. 1 : 1.100.000

Grafik: MR
Quellen: SBS 10, 2 / VALTS V, 62

Kleiner Sprachatlas von Bayerisch-Schwaben

161

Kinderspiel mit Kugeln

Hier liegt der eher seltene Fall vor, dass sich die deutsche Sprachgemeinschaft bisher nicht auf ein allgemein verbindliches Wort geeinigt hat. Die verschiedenen Regionen haben jeweils ihre eigenen schriftsprachlichen Ausdrücke; in den deutschen Dialekten gibt es mindestens 200 verschiedene Wörter für diese Kugeln.

Noch in den 50er Jahren allgemein verbreitet, ist dieses Kinderspiel heute selten geworden. In ihm ging es immer darum, die kleinen Kugeln mit Geschick in eine Vertiefung zu befördern. Es gab viele verschiedene Spielmöglichkeiten. Die billigsten Kugeln waren aus Ton, in matten Rot- und Brauntönen. Wertvoller und begehrter bei den Kindern waren die Glaskugeln mit farbigen Spiralen oder die noch etwas dezenteren Marmorkugeln. **Klucker** gibt es schon im Ahd. in dieser Bedeutung. Uns ist ein einzelner Beleg clucli überliefert, dem eine ahd. Normalform klukkul 'Schusser' entsprechen könnte. Dieses Wort, wie auch das verbreitete "Klicker", ahmt ein *kluck, klick* nach, welches zu vernehmen ist, wenn zwei Kugeln zusammenstoßen. Bei vielen dieser Spielarten galt es nämlich, die Murmel des Spielpartners zu treffen.

Auf die Tätigkeit des Werfens geht der **Schusser** zurück, den es schon im Mhd. gibt (schuzzer 'Schnellkügelchen'); ahd. skiozan bedeutet neben 'schießen' auch 'schleudern' oder 'werfen'.

Auf das verwendete Material weisen zwei Worttypen hin: Leicht durchschaubar sind die **Märbel**, die genauso wie **Murmel** zu "Marmor" zu stellen sind, wobei die "Murmel" schon im Ahd. (8.-11. Jh.) als murmul, marmul aus lateinisch marmor entlehnt ist. Letztlich stammt auch die "Märbel" aus dem Lateinischen, das Wort ist aber wohl über das Französische (frz. marbre) in den Dialekt gelangt. Es könnte zu der Vielzahl von französischen Wörtern gehören, die vom 16. Jh. an ins Deutsche gekommen sind und die in den Dialekten länger als in der Schriftsprache überlebt haben, so etwa wie "Paraplui" für 'Regenschirm' oder "Potschamper" für 'Nachttopf', die bis in die 50er Jahre des letzten Jahrhunderts noch gebräuchlich waren.

Bestimmt nicht aus dem Französischen entlehnt sind die **Letten** bzw. **Horletten** im Norden, wo mehrere unterschiedliche Wörter gängig sind. "Letten" geht auf ahd. letto 'Lehmerde, Tonerde' zurück; der erste Bestandteil "Hor-" ist entweder mit ahd. horo zu deuten, was 'Schmutz, Schlamm, Erde' bedeutet und damit das Material zweifach ausdrücken würde; wahrscheinlicher aber ist die Herkunft von "Hor-" aus mhd. hurren 'sich schnell bewegen' (vgl. bairisch und fränkisch "hurlen" 'rollen, wälzen'), womit die Klucker 'sich schnell bewegende Letten' wären. Das weiter oben erwähnte "Schnellkügelchen" ist vergleichbar gebildet.

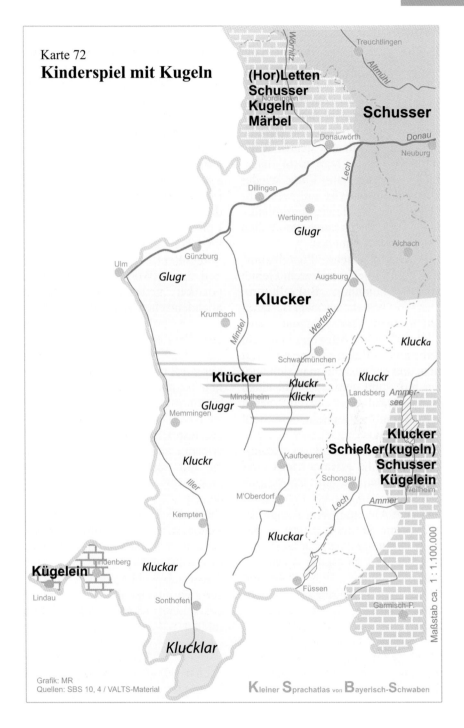

Karte 72

Kinderspiel mit Kugeln

(Hor)Letten
Schusser
Kugeln
Märbel

Schusser

Glugr

Glugr

Klucker

*Kluck**a***

Klücker

Kluckr
Klickr

Kluckr

Gluggr

Klucker
Schießer(kugeln)
Schusser
Kügelein

Kluckr

Kluckar

Kügelein
Kluckar

Klucklar

Maßstab ca. 1 : 1.100.000

Grafik: MR
Quellen: SBS 10, 4 / VALTS-Material

Kleiner **S**prachatlas von **B**ayerisch-**S**chwaben

163

Purzelbaum

Kinder machen Purzelbäume, vom Stand aus rollen sie kopfüber auf den Händen nach vorne und kommen dann wieder zum Stand. Diese Bewegung macht ihnen Freude, es ist ein Spiel für sie. Im Bereich des Sports heißt das heute "Rolle vorwärts". Dass man nicht liegen bleibt, sondern am Ende wieder aufrecht dasteht ist ein wesentlicher Teil des Bewegungsablaufs. Das schlägt sich auch bei vielen Bezeichnungen nieder.

Der schriftdeutsche "Purzelbaum" findet sich auch in unserem Gebiet als Bezeichnung: **Burzelbaum**. Das Wort besteht aus zwei Bestandteilen, dem Verb "purzeln" bzw. "burzen" (mhd. b u r z e n) und dem Substantiv "Baum." Zuerst purzelt man und dann bäumt man sich wieder auf, steht gerade, macht einen Baum. Das Verb "purzeln" hängt mit "Bürzel" zusammen, dem Steiß von Vögeln.

Dem **Bu(r)zenstängel** bzw. -**stänggeler** liegt die gleiche Motivation zugrunde. Nur ist der Baum durch den Stängel ersetzt, der ja bekanntlich eine Ableitung von Stange ist. Die Form **Stänggl** gehört sicher auch zu Stängel, es liegt hier wohl eine spielerische Deformation vor, die bei Kindern, vor allem bei Wörtern, deren Bildung nicht mehr durchsichtig ist, immer wieder vorkommt.

Die Bildung von **Sturzelbaum** geht mit der von "Burzelbaum" parallel. Nur ist das "purze(l)n" hier durch das Wort "sturzel(l)n" (zu schriftdt. "stürzen") ersetzt.

Bei **Stusel**- und bei **Buselbaum** handelt es sich wohl auch um spielerische Deformationen, die sich, ausgehend von der Kindersprache, im allgemeinen Sprachgebrauch durchgesetzt haben.

Eine andere Benennungsmotivation liegt vor beim **Bu(r)zengägel(er)**, -**gäggel(er)**, -**gagel**. Im zweiten Teil dieses Wortes steckt die Präposition "gegen", die im Mittelhochdeutschen als g e g e n und g a g e n überliefert ist und die damals vor allem eine Richtung angezeigt hat, also 'entgegen' bedeutet und nur am Rand die Bedeutung 'feindlich' besitzt. Mhd. g a g e n bedeutet 'sich hin- und herwiegen', "gageln" ist davon abgeleitet und bezeichnet eine Bewegung. Diese Wörter drücken also eine Bewegung aus, die mit einem "Burzen" (= 'den Steiß nach oben strecken') verbunden ist.

Zwei Bezeichnungen haben mit Tieren zu tun: Der **Sturz(el)bock** bezieht sich auf den sich aufbäumenden Bock, beim **Hasenstürzler** denkt man wohl an den Feldhasen, der sich auf der Flucht manchmal überschlägt, wenn er einen Haken schlägt.

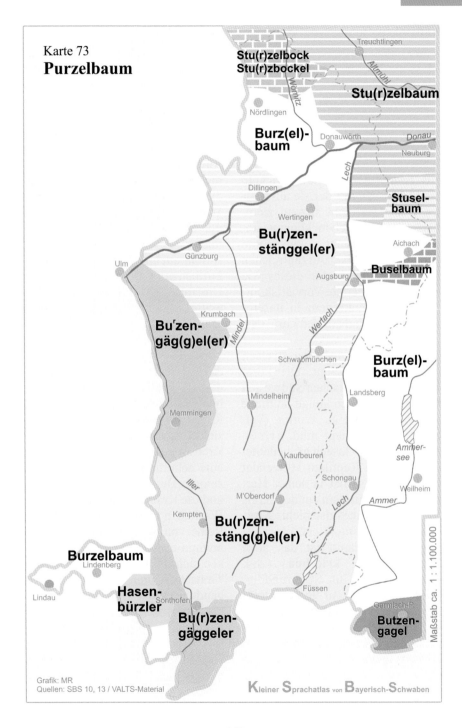

Karte 73
Purzelbaum

Stu(r)zelbock
Stu(r)zbockel

Stu(r)zelbaum

Treuchtlingen

Nördlingen

Burz(el)-
baum

Donauwörth
Donau
Neuburg

Dillingen

Stusel-
baum

Wertingen

Bu(r)zen-
stänggel(er)

Aichach

Ulm

Günzburg

Augsburg

Buselbaum

Krumbach

Bu'zen-
gäg(g)el(er)

Schwabmünchen

Burz(el)-
baum

Mindelheim

Landsberg

Memmingen

Ammer-
see

Kaufbeuren

Schongau

Weilheim

M'Oberdorf

Ammer

Kempten

Bu(r)zen-
stäng(g)el(er)

Burzelbaum
Lindenberg

Füssen

Lindau

Hasen-
bürzler
Sonthofen

Garmisch-P.

Bu(r)zen-
gäggeler

Butzen-
gagel

Maßstab ca. 1 : 1.100.000

Grafik: MR
Quellen: SBS 10, 13 / VALTS-Material

Kleiner Sprachatlas von Bayerisch-Schwaben

herumkriechen (von kleinen Kindern)

Bevor kleine Kinder mit ca. 12 Monaten das Laufen auf zwei Beinen beginnen, haben sie in der Regel eine Phase, in der sie sich auf allen Vieren vorwärtsbewegen. Dabei gibt es verschiedene Techniken; manche Kinder nutzen ausschließlich eine, andere probieren mehrere aus. Es gibt Kinder, die entwickeln eine Methode, mit der sie auf glatten Böden aufrecht sitzend ziemlich schnell rutschen können, andere krabbeln zuerst rückwärts und dann erst vorwärts. Die zahlreichen Ausdrücke, die es für dieses wie auch immer geartete Vorwärtskommen von Kleinkindern in unserer Region gibt, sind auf der Karte dargestellt.

Zwischen Lech und Iller **kreisen** die Kinder bevorzugt. Die Form *kriisa* im alemannischen Südwesten ist dazu eine regelmäßige lautliche Abwandlung dieses Wortes (vgl. Karte 7). Dem liegt mhd. krîsen zugrunde, was 'kriechen' bedeutet und auch bei Reptilien verwendet wird. Das Wort hat in seiner Herkunft nichts mit dem runden Kreis zu tun, es bedeutet also nicht: 'Kreise ziehen'.

Vergleichbar damit ist das auch schriftdeutsche **kriechen** (ahd. kriochan), das im SO grunddialektal üblich ist und verschiedentlich immer wieder genannt wird. Entlehnungen aus dem Niederdeutschen liegen bei **krabbeln** (im Westen) und **kräbeln/kräbern** (im Osten) vor. Das Wort ist schon sehr früh aus dem Norden entlehnt worden, es gibt schon im Mittelhochdeutschen ein krabbeln mit der gleichen Bedeutung und auch ein krabelen. Bei der zweiten Form kann der Tonvokal ohne Schwierigkeiten gedehnt werden, da er in offener Tonsilbe steht (vgl. Text zu Karte 22). Deshalb sind die Formen mit Langvokal im Osten auf die mittelalterliche Entlehnung des Wortes zurückzuführen, die Formen mit Kurzvokal auf jüngeren Einfluss des Schriftdeutschen. Dafür spricht auch die Tatsache, dass die Formen mit Langvokal in der Regel Umlaut zeigen, der von einem ehemaligen -i- in den Endungen -eln (ahd. -ilōn) und -ern (ahd. -irōn) verursacht wurde. Oder es tritt eine Vermischung mit einem Wort auf, das von "Krebs" abgeleitet ist und das als **krebseln** in unserem Gebiet noch zwei Mal belegt ist (vgl. Karte 69). Diese letzten Worttypen sind von Krustentieren ("Krabbe/Krebs") abgeleitet, die bekanntlich eine sehr ungewöhnliche Gangart zeigen: Der Krebs läuft rückwärts und die Krabbe seitwärts.

Wir haben auf der Karte auch eine Reihe von Wörtern, die das breitbeinige unsichere Laufen bezeichnen, nämlich **gratteln** (zu *Grattl* 'Grätsche') und **grägeln**, das irgendwie mit "Grätsche" zu tun hat. Bei **grotschen** liegt wohl eine Kreuzung von "grabeln" und "hotschen" vor.

Die Verben **rutschen** und **hotschen** beziehen sich jeweils auf das Rutschen auf dem Boden.

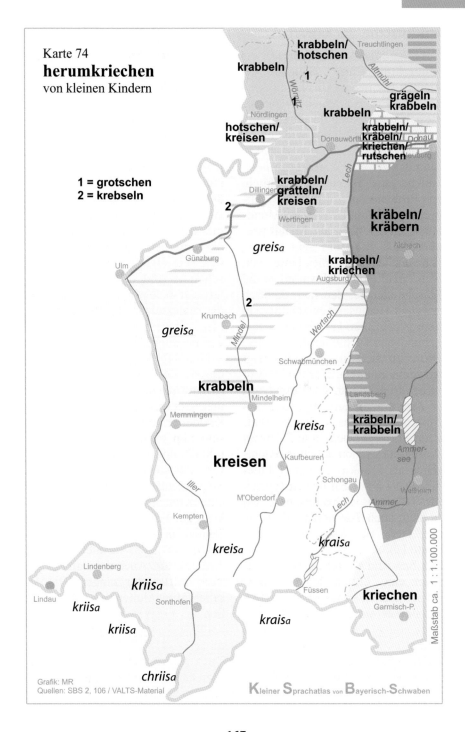

Karte 74
herumkriechen
von kleinen Kindern

krabbeln/
hotschen

krabbeln

1

krabbeln

grägeln
krabbeln

hotschen/
kreisen

krabbeln

krabbeln/
kräbeln/
kriechen/
rutschen

1 = grotschen
2 = krebseln

krabbeln/
gratteln/
kreisen

2

kräbeln/
kräbern

greisa

krabbeln/
kriechen

2

greisa

krabbeln

kreisa

kräbeln/
krabbeln

kreisen

kreisa

kraisa

kreisa

kriisa

kriisa

kriechen

kriisa

kraisa

chriisa

Grafik: MR
Quellen: SBS 2, 106 / VALTS-Material

Kleiner Sprachatlas von Bayerisch-Schwaben

Maßstab ca. 1 : 1.100.000

167

Milchflasche (für Kinder)

Die Säuglinge wurden früher an der Mutterbrust ernährt. Saugflaschen bleiben bis ins 19. Jh. hinein vereinzelte Erscheinungen. Wenn es sie gab, dann waren sie aus Holz, ab dem 17. Jh. aus Metall, und erst im 18. Jh. gab es solche aus Glas. Anfang des 20. Jhs. waren auch noch welche aus Blech gebräuchlich. Ein Problem bot vor dem Aufkommen von Gummi das harte Mundstück, das vielfach aus Metall war, aber auch aus Horn sein konnte. Ein weiches Mundstück hatte man, wenn man einen Schwamm in die Flasche steckte, den man dadurch vor dem Herausziehen schützte, in dem man ein am Flaschenhals aufgebundenes Tuch über ihn stülpte. Diese an sich junge Sache zeigt trotzdem eine relativ große Vielfalt in der Benennung. Als Grundwort (= Zweitbestandteil) tritt vielerorts **Flasche** (teilweise in der umgelauteten Form "Fläsche") auf. Dieses Wort gibt es schon im Althochdeutschen als flaska für ein Hohlgefäß. Die Lautung mit *ä* ist typisch für Teile des Schwäbischen, wo es dann auch *Täsch(a)* für 'Tasche' und *Äscha* für 'Asche' heißt (vgl. Karte 11).
Der bzw. die **Budel** im Westen ist wohl eine Entlehnung aus dem Französischen (aus bouteille). Es bedeutet im Dialekt auch kleine

Flasche für Schnaps ("Schnapsbudel"). Die "Buddel", die aus dem Niederdeutschen in die Schriftsprache eingegangen ist ("Buddelschiff") geht auf den gleichen Ursprung zurück.
Von dem/der "Budel" ist es nicht mehr weit zur/zum "Dudel" und zur/zum "Ludel". Für diese Veränderungen können spielerische Abwandlungen der Kindersprache, die dann von den Erwachsenen übernommen wurden, verantwortlich sein. Beim Wort **Dudel**, das schon im Ahd. u.a. als tutta 'Mutterbrust' belegt ist, spielt aber auch das dialektale Wort "Dutte" für die Mutterbrust hinein, ebenso wie ein davon abgeleitetes schwäbisches "dutten" für 'saugen'. Ganz klar ist dieser Zusammenhang auch bei **Milchdüttlein** in der Südostecke unseres Gebietes.
Die/der **Ludel** als Sauggefäß ist schon im 15. Jahrhundert belegt, es gibt damals auch das Verb "lullen" für 'saugen' (vgl. "einlullen" im Schriftdeutschen); "Ludel" könnte eine Kreuzung mit dem aus dem aus dem Französischen entlehnten "Budel" sein.
Mit dem Saugen hat auch die **Null**, **Nulle** zu tun. Auch dazu gibt es ein Verb "nullen" für 'saugen'. Die Parallelität zu "lullen" ist offensichtlich.

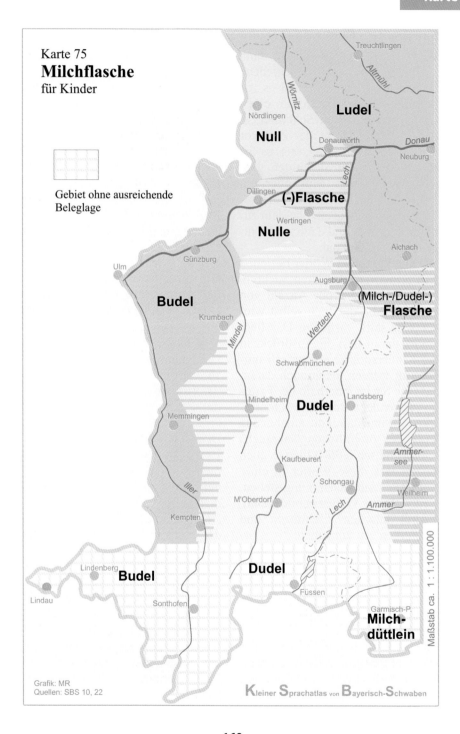

Karte 75
Milchflasche
für Kinder

Gebiet ohne ausreichende
Beleglage

Treuchtlingen

Altmühl

Wörnitz

Nördlingen

Ludel

Null

Donauwörth

Donau

Neuburg

Lech

Dillingen

(-)Flasche

Wertingen

Nulle

Aichach

Ulm

Günzburg

Augsburg

Budel

**(Milch-/Dudel-)
Flasche**

Krumbach

Wertach

Mindel

Schwabmünchen

Mindelheim

Dudel

Landsberg

Memmingen

Ammer-
see

Kaufbeuren

Schongau

Iller

M'Oberdorf

Lech

Weilheim

Ammer

Kempten

Lindenberg

Budel

Dudel

Lindau

Füssen

Sonthofen

Garmisch-P.

**Milch-
düttlein**

Maßstab ca. 1 : 1.100.000

Grafik: MR
Quellen: SBS 10, 22

Kleiner **S**prachatlas von **B**ayerisch-**S**chwaben

Saugbeutel / Gummisauger (für Kleinkinder)

Wenn ein Kleinkind schreit, dann kann das sehr viele verschiedene Ursachen haben. Oft reicht es zur Beruhigung, wenn man ihm einen Gummisauger, einen Schnuller, in der Mund steckt. In der Zeit vor dem ersten Weltkrieg, als es so etwas noch nicht zu kaufen gab, nahm man etwas Mus oder ein Stück Brot, legte es auf ein dünnes Tuch, das man wie ein Säcklein zuband und dem Kind dann zum Saugen in den Mund gab.

Die hier kartierten Wörter beziehen sich primär auf den alten Sachtyp, für den es eine große Anzahl von Wörtern gibt, die auch selbst wieder sehr stark variieren. Das liegt einmal daran, dass die Ausdrücke in der Kindersprache spielerisch umgeformt werden, dann auch daran, dass die Sache innerhalb der Familie verwendet wird, keine Handelsware war und damit die einebnende Kraft des öffentlichen Gebrauchs fehlte, und schließlich liegt es auch daran, dass diese Wörter in einer Nähe zur Lautnachahmung stehen, weil viele aus Verben gebildet sind, die mit "lutschen", "schlutzen" und "schnullen" zu tun haben.

Das beginnt schon bei dem auch schriftsprachlich üblichen Wort **Schnuller**. Es geht zurück auf ein in vielen Dialekten verbreitetes "schnullen" für 'an etwas saugen oder kauen'.

Das Verb "nollen/nullen" mit der gleichen Bedeutung führt zu einem **Noller/Nuller**, wobei die Form mit *o* in unserer Gegend dominierend

ist. Die Endung "-er" bezeichnet häufig Instrumente. Ein "Schnuller" ist also ein Instrument zum "Schnullen", der "Noller" zum "Nollen". In die gleiche Gruppe gehört auch der **Zuller**, der zu einem Verb "zullen" zu stellen ist, und auch der **Schlotzer** zu "schlotzen". In älterer Zeit hatte eine andere Endung die Funktion, aus Verben Bezeichnungen für Instrumente zu machen, nämlich "-el" (vgl. Karten 107 und 109).

Möglicherweise sind die Typen **Nutzel(er)/Nützel** bzw. **Notschel** und **Dutzel** mit einem -il abgeleitet. Grundlage können Verben auf "-eln" (< ahd. -ilōn) gewesen sein. Diese Endung hat entweder verkleinernde Funktion ("lächeln" zu "lachen") oder zusätzlich noch iterative (Wiederholung anzeigende) Funktion, z.B. in "kränkeln" (vgl. Karte 71 mit vielen weiteren Beispielen dazu).

Es sind aber nicht für alle diese Formen verbale Grundwörter belegt; bei **Düde** und dem **Dützel** liegt das dialektale Wort für die Mutterbrust ("Dutte") zugrunde, das entweder über ein Verb oder in direkter Übertragung die neue Bedeutung 'Saugbeutel' annahm.

Bei **Zapfen** kann man nicht vom Saugen und Lutschen ausgehen, sondern hier ist es wohl die Form, die die Bezeichnung abgibt.

Vielleicht gilt dies auch beim **Bapf**, der wohl eine kindersprachliche Vereinfachung von "Zapfen" darstellt.

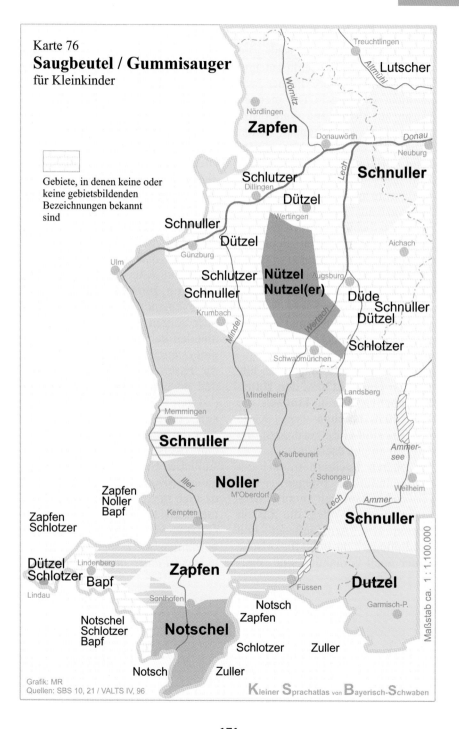

Karte 76
Saugbeutel / Gummisauger
für Kleinkinder

Gebiete, in denen keine oder
keine gebietsbildenden
Bezeichnungen bekannt
sind

Haus und Kinder hüten

Heute sperrt man das Haus ab, gibt dem Nachbarn den Schlüssel und fährt in den Urlaub. Früher war das nicht so einfach: Die meisten Häuser auf dem Land waren von außen nicht verschließbar, schon deshalb war es gut, wenn immer jemand zu Hause war. Außerdem gab es in fast jedem Haus Kinder, die man nur ausnahmsweise mitnahm, und es gab am Herd ein brennendes Feuer, das behütet werden musste. Es sollte nie ausgehen, denn ein neues Feuer zu entfachen war mit Feuerstein und Zunderschwamm bis zum Ende des 19. Jahrhunderts eine zeitaufwendige Sache. So kam es, dass im Prinzip immer jemand zu Hause war, auch während des sonntäglichen Gottesdienstes.

Eine Person musste **das Haus hüten, den Haushüt** bzw. **den Haushirt machen**, musste **kindsen**, die **Kindsdirn machen** (vgl. Karte 62). Das sind alles Ausdrücke, die sich von alleine erklären.

Am oberen Lechrain musste ein Familienmitglied **pflegen**. Diese Verwendung spiegelt ältere Bedeutungen dieses Wortes, die z.B. in Wörtern wie "Armenpfleger" und "Stadtpfleger" für hohe historische Ämter noch vorhanden sind. Pila-tus war "Landpfleger" von Judäa, so kann man es in mancher Bibelübersetzung noch lesen. "Pflegen" bedeutete im Althochdeutschen "etwas leiten", "Sorge, Verantwortung tragen"; auch das schriftsprachliche Wort "Pflicht" ist davon abgeleitet. Diese alten Bedeutungen sind in dieser hier regional vorhandenen Verwendungsweise noch bewahrt worden.

Auch das Verb **gaumen** (bei uns in drei lautlichen Varianten: *gåu^m ma, goo^m ma, gåmma*) ist eine alte Bildung. Im Althochdeutschen heißt goumen zunächst einmal 'essen', auch 'jemandem ein Essen bereiten' oder 'sorgen für jemanden', 'auf jemanden achten'. Neben dem Verb gibt es auch ein Substantiv gouma für 'Essen', 'Aufmerksamkeit'. Aus den jeweils zweiten Bedeutungen ('sorgen für' und 'Aufmerksamkeit'), die aus den ersten entstanden sein dürften, ist wohl die Verwendungsweise im Allgäu und in der südlichen Nachbarschaft hervorgegangen. Zum Verb "gaumen" gibt es auch noch ein Hauptwort "Gaumer". Diese Wörter werden ohne Objekte verwendet. So sagt man beispielsweise *I muass hiat gåmma* oder *I mach hiat da Gåmmer*.

Karte 77

Haus und Kinder hüten

vornehmlich während des
sonntäglichen Kirchgangs

Treuchtlingen

s Haus heidn

Nördlingen
ds Haus hiada

Donauwörth

Donau

Neuburg

s Haus hiatn

Dillingen

das Haus hüten

Wertingen

Aichach

Kindsdirn machen / kindsen

Ulm

Günzburg

s Hous hiata

Augsburg

den Haushirt/-hüt machen

Krumbach

Schwabmünchen

Mindelheim

Landsberg

Memm.

s Haus hiata

Kaufbeuren

Ammersee

gåuᵐma

Schongau

Weilheim

gaumen

M'Oberdorf

Ammer

Kempten

gaumen

gaumen

gooᵐma

pflegen

Lindenberg

Lindau

gåmma

Sonthofen

Füssen

Garmisch-P.

gaumen

gaumen

Kindsmagd machen

kindsen

gaumen

kindsen

Maßstab ca. 1 : 1.100.000

Grafik: MR
Quellen: SBS 2, 110 / VALTS V, 41

Kleiner Sprachatlas von Bayerisch-Schwaben

173

Schnupfen / Katarrh

Alljährlich, wenn die kalte Jahreszeit einsetzt, beginnt bei vielen Menschen die Nase zu laufen. Diese zwar meist recht harmlose, aber doch auch äußerst lästige Reaktion des Körpers auf Kälte wird bei uns jetzt schon vielfach mit dem hochsprachlichen Ausdruck **Schnupfen** benannt, den es im Deutschen erst seit dem 15. Jahrhundert als s n u p - fe gibt, der aber bei uns nirgends dialektal vorhanden ist. Das Wort ist vom Verb "schnupfen" abgeleitet, das wiederum eine Intensivbildung zu "schnaufen" ist.

Hingegen ist das im 16. Jahrhundert aus lateinisch c a t a r r h u s entlehnte Wort **Katarrh** auch bei uns überall seit langem in Gebrauch. Es kam über die Sprache der Medizin in unsere Dialekte (wie z.B. auch das *Remátisch* für 'Rheuma') und geht letztlich auf ein altgriech. Verb k a t a r r h e i n in der Bedeutung 'herunterfließen' zurück.

Das Wort ist bei uns überwiegend männlich (*dr Katáár*), in einem Teil Mittelschwabens und im Tiroler Außerfern wird es aber sächlich (*s Katáár*) gebraucht.

Daneben sind oder waren früher in unserem Gebiet drei weitere Ausdrücke üblich, die alle mit der kollektivierenden, also der zusammenfassenden Vorsilbe "Ge-" (vgl. Karte 162) gebildet sind: das **Geschnuder** (im benachbarten Kleinwalsertal *Gschnüüdr*), **Geschnäuf** (*Gschneif*) und **Gesträuch** (in der alemannische

Lautung *Gschtriich* im Westallgäu, *Gschtrüüch* in Vorarlberg).

Schnuder existiert in dieser Bedeutung bereits im Mittelhochdeutschen (s n u d e r), wozu es auch ein Verb s n u d e r e n ('schnaufen', 'schnarchen') gab. Dieses Verb ist beispielsweise im Raum Oberstdorf noch als *schnuudra* in Verwendung, etwa wenn Pferde mit Geräusch die Lippen vibrieren lassen. Im Schriftdeutschen gibt es dazu noch die Redensart "eine Schnute ziehen".

Gesträuch (*Gschtriich*) ist eine Intensivbildung zu dem im Nordosten und südlich unserer Landesgrenzen verbreiteten Typ **Strauche**, der in allen drei Geschlechtern vorkommt. Dazu existiert ebenfalls bereits eine mhd. Vorform s t r û c h e, die wohl in früher Zeit aus einer slawischen Sprache entlehnt worden ist. Die überwiegende Verbreitung dieses Wortes im Südosten des deutschen Sprachgebietes legt das nahe. Dazu stellen sich auch die Typen **Strauchet** (mit kollektivierenden "-et", vgl. "Strickete", "Rechete") und **Strauke**, die bei unseren südlichen Nachbarn im Bregenzerwald und im Tiroler Lechtal üblich sind.

Auf der Hand liegt der Zusammenhang von **Geschnäuf** und dem Verb "schnaufen".

Der Ausdruck **Sucht** stellt sich zu einem mittelhochdeutschen Adjektiv s i e c h für 'krank'. Es ist eine alte, auf das Germanische beschränkte Bildung.

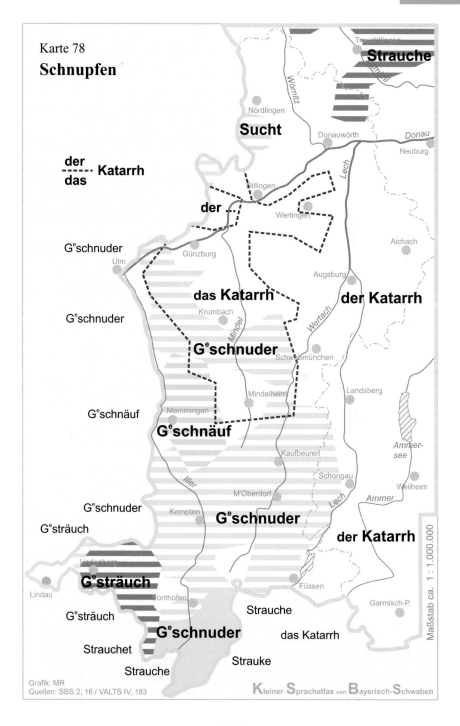

175

Gerstenkorn (Geschwulst am Auge)

Das Gerstenkorn entsteht durch eine eitrige Entzündung von Drüsen am Auge, in der Regel in der Form einer runden Geschwulst, die meist ziemlich schmerzhaft ist. Schon die medizinische Bezeichnung hordeolum hängt mit der Gerste (lat. hordeum) zusammen. Man kann dabei an das runde Gerstenkorn denken, aber auch daran, dass die Gerste die stachligste Getreideart ist und die einzige, bei der die Stacheln jeweils direkt am Korn sitzen. Die Vorstellung liegt nahe, dass das stachlige Korn die Geschwulst formt und die Schmerzen verursacht, im Gegensatz zum Hagelkorn, das ebenfalls am Augenlid sitzt, in etwa die gleiche Größe hat, aber völlig schmerzlos ist.

Das hochsprachliche Wort **Gerstenkorn** ist dem Lateinischen nachgebildet, wie es bei einer großen Anzahl von deutschen Wörtern der Fall ist. So sind beispielsweise auch Alltagswörter wie "Sonntag" (zu lat. dies solis) oder "Leberfleck" (zu lat. macula hepatica), "Blinddarm" (zu lat. colon caecum) entsprechende Lehnbildungen. Den Worttyp "Gerstenkorn" gab es früher in unserem Gebiet nicht, er dringt im Norden ein und verdrängt dort den **(Augen)Würger** (auch **Würgerlein**) des alten Dialekts. Auch in der Gegend von Augsburg und Landsberg rückt "Gerstenkorn" vor. Vielleicht hat der ältere Ausdruck "Würger" etwas mit der Enge zu tun, die das geschwollene, entzündete und schmerzhafte Augenlid schafft.

Mit dem **Kernlein** in der Ulmer Gegend ist wohl auch das Korn der Gerste gemeint, weil "Kern" in älterer Zeit auch 'Korn' bedeutet.

Den größten Teil von Schwaben und dem Westrand des Bairischen nimmt **Werre** ein. Sie ist in dieser Bedeutung erst im 15. Jahrhundert belegt und bezeichnet in vielen Dialekten den 'Engerling', die 'Maulwurfsgrille' oder den 'Wurm' (d.h. die 'Fliegenmade'), der in der Dasselbeule der Rinder sitzt, und der eine gewisse Ähnlichkeit mit dem Engerling hat. In früher Zeit hielt man eine Vielzahl von Krankheiten von Würmern verursacht, auch die "Werre" wird auf diese Weise entstanden sein. Weil das Gerstenkorn am Auge sehr klein ist im Vergleich zu den oben genannten Würmern, gibt es oft auch die Verkleinerungsform **Werlein**, die in Anlehnung an "Perle" auch als "Perlein" erscheint.

Die **Werbe** gehört wohl zum Zeitwort "werben", das im Althochdeutschen 'sich drehen, wenden' bedeutete. Es könnte aber auch eine volksetymologische Umdeutung von "Werre" vorliegen.

In die Nähe dieser Bedeutung stellt sich auch das **Zwirnle, Zwirnerle**, dem ein ahd. Verb zwirnēn 'drehen, zwirnen (= zwei Fäden zusammendrehen)' zugrunde liegt. Für diese Bildungen wird wohl die runde Form, die man sich auch als gedreht denken kann, Pate gestanden haben.

Keine Erklärung gibt es für den **Augenmerker**.

Im Allgäu und in anschließenden Gebieten von Vorarlberg und Tirol ist **Schutz**- oder **Schussbeule** verbreitet, wobei "Schutz" eine Nebenform von "Schuss" ist. Weil ein Gerstenkorn sich in einer Nacht bilden kann, wird hier das plötzliche Auftreten (vgl. "Hexenschuss") zur Motivation für diese Bildung.

Schon alt ist uns in der Volksmedizin der Glaube überliefert, dass Gerstenkörner durch die Verunreinigung eines Weges verursacht werden. Wer am Wege seine Notdurft verrichtet, wird damit bestraft. In drei belegten Formen spiegelt sich diese Auffassung: **Wegbrunzerle**, **Wegseicher** und **Wegscheißerle**.

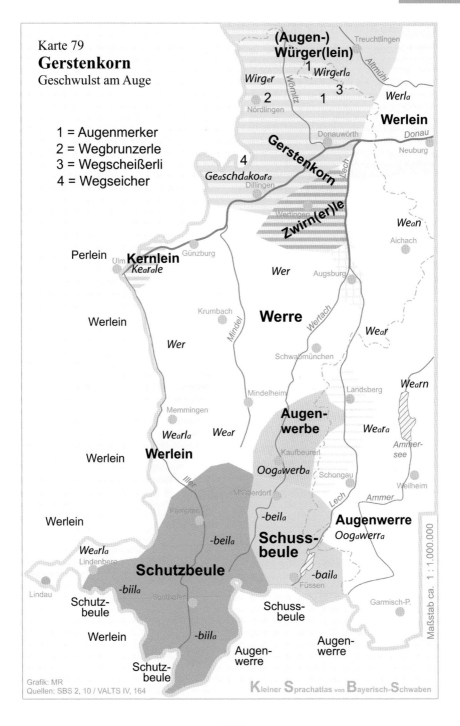

177

Trockene Risse in der Haut – Schrunden

Ein Leiden, das früher große und unangenehme Schmerzen bereitete, machte sich bemerkbar durch Risse in der Haut, die tief bis ins rote Fleisch gingen. Diese Risse traten an den Handinnenflächen und auch am Rand der Fußsohlen auf, dort, wo sich von der schweren Arbeit Hornhäute gebildet hatten, die dann bei Kälte, vor allem dann, wenn die Hände, die stundenlang beim Wäschewaschen den scharfen Waschmitteln der damaligen Zeit ausgeliefert waren, aufsprangen. Diese Schrunden (medizinisch "Rhagade") waren für J. A. Schmeller "ehrenvolle Zeichen, die der weichhändige Städter nie anders, als mit brüderlichem Dankgefühl betrachten sollte". Sie entstehen dann, wenn die Haut ihre Elastizität verliert und reißt, sie gibt es auch an den Lippen und in Gelenkbeugen.

Schrunde ist schon im Althochdeutschen als s c r u n t a 'Riss', 'Scharte', 'Felshöhle' belegt, in unserem hier vorliegenden Sinne erst seit dem 16. Jh. Das Wort gehört zu einem Verb ahd. s c r i n t a n 'bersten', 'rissig werden', das es heute nicht mehr gibt. "Schrunde" ist auch das Wort der Schriftsprache, aber es ist genauso selten geworden wie die Sache, die es bezeichnet.

Im Norden gibt es weitere Bezeichnungen, z.B. **Kinzen** und seine Verkleinerungsform **Kinzlein**. Zugrunde liegt ein Wort K i n s t, das 1482 zum ersten Mal als 'Spalt', 'Ritz' belegt ist, das aber sonst keine weiteren Verwandten in unserem Wortschatz hat. Das *s* in K i n s - konnte zu *z* (gesprochen *ts*) werden, weil es nach *n* nie ohne einen kleinen *d*-Vorschlag artikuliert werden kann. Bei den südlich anschließenden **Kegslein** kann man an eine Deformation des Stammes K i n s - denken, aber auch an eine parallele Bildung zum zusammengesetzten Wort **Baumhäckel**, das rechts des Lechs streut. Dieses Wort bezeichnet normalerweise den Specht, der bei der Suche nach Insekten an den Bäumen hackt. Man hat wohl den stechenden Schmerz, den die Schrunden verursachen, mit dem Hacken des Spechtes verglichen. Und auch die **Kegslein** könnten aus einem früheren *g e h ä c k s l e i n entstanden, wobei das -h ä c k s l e i n abgeleitet sein könnte vom Verb "hacken" (vgl. schriftsprachliches "häckseln").

178

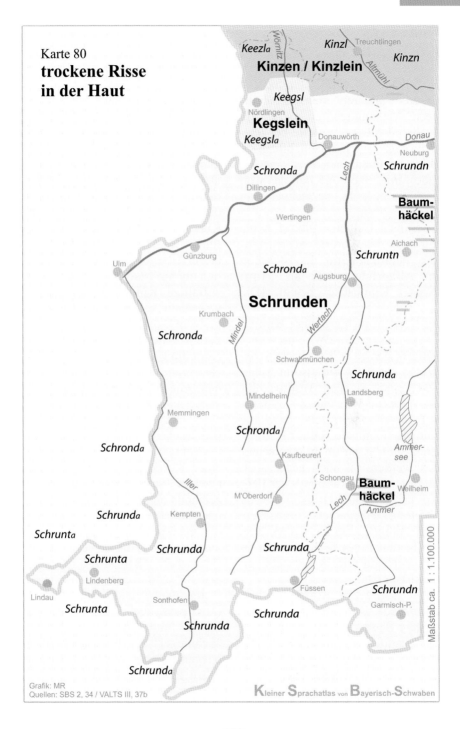

Karte 80

trockene Risse
in der Haut

Keezla

Kinzl   Treuchtlingen

Kinzen / Kinzlein   *Kinzn*

Keegsl

Nördlingen

Kegslein

Keegsla   Donauwörth   *Donau*

Neuburg

Schronda   *Schrundn*

Dillingen

**Baum-
häckel**

Wertingen

Aichach

Schruntn

Ulm   Günzburg   *Schronda*   Augsburg

Schrunden

Krumbach

Schronda

Schwabmünchen

Schrunda

Mindelheim   Landsberg

Memmingen

Schronda

Schronda   Kaufbeuren   *Ammer-
see*

Schongau   **Baum-
häckel**   Weilheim

M'Oberdorf   *Ammer*

Schrunda   Kempten

Schrunta

Schrunta   *Schrunda*   *Schrunda*

Lindenberg

Lindau   Sonthofen   Füssen   *Schrundn*

Garmisch-P.

Schrunta   *Schrunda*

Schrunda

Schrunda

Maßstab ca. 1 : 1.100.000

Grafik: MR
Quellen: SBS 2, 34 / VALTS III, 37b

Kleiner **S**prachatlas von **B**ayerisch-**S**chwaben

179

Kinn

Das Kinn und die Stirn sind die Teile des Kopfes, die den Homo Sapiens vom Neandertaler und von unseren anderen menschenähnlichen Verwandten unterscheiden. Während diese Kopfteile bei letzteren nach hinten fliehen, bilden sie beim Jetztmenschen eher eine gerade Linie, und ein Kinn, das weit nach vorne geht, bezeichnet man als "energisch".

In einigen Gebieten gibt es heute nur mehr das Wort der Schriftsprache, nämlich **Kinn**. Es ist schon im Althochdeutschen als kinni 'Kinn', 'Kinnbacke' belegt. (Die alte Zweisilbigkeit ist bei uns ganz im Norden noch erhalten: **Kinne**.) Es ist aus einem Wort hervorgegangen, das auch 'Kinnbacken' bedeuten kann. Es gab also in früher Zeit keinen eigenen Ausdruck für die vordere Spitze dieses Kopfteils, nur für die Seitenteile bzw. die seitliche Kinnlade. Dass "Kinnbacken" und "Kinn" nicht unterschieden werden, ist auch heute noch im Osten unseres Raumes der Fall, wo es **Kinnbacken** heißt. Auch ahd. backo bedeutet 'Kinnbacken' und 'Wange', man sieht also, dass die beiden Begriffe noch nicht so getrennt sind wie in der heutigen Schriftsprache.

Die Ausdrücke **Kinnbein** und **Kinnmaul** spezifizieren die etwas weitere Bedeutung, die in früheren Sprachstufen vorhanden war. Die Bezeichnung (Kinn-)**Bart** erinnert daran, dass in Zeiten, in denen alle Männer einen Bart trugen und der gewöhnliche Mann sich eher selten rasierte, das Kinn gar nicht sichtbar war und deshalb auch nicht als eigener Körperteil wahrgenommen wurde; das ist wohl auch die Ursache für die Unspezifik der Bezeichnungen in früheren Sprachstufen.

Den größten Teil unseres Gebietes nimmt der **Kinzen** ein, eine Form, die auf Künzel oder Kunz, eine Kurzform für "Konrad", zurückgeführt wird. Diese Personalisierung, dieser Übername ist wohl anfänglich nur auf besonders ausgeprägte, auffällige Kinnladen angewendet und dann später erst zum allgemeinen Wort geworden. Eine andere Möglichkeit bestünde in einer Herleitung aus mhd. kinnzan 'Backenzahn', allerdings müsste sich dann die Bedeutung auf den Backen und das Kinn verlagern.

Der Dialektausdruck **Schniekel** (gesprochen -*gg*-) hat weiter keine Verwandte, doch gehört er zu einer Wortsippe, deren Mitglieder alle mit "Schn-" beginnen. Sie bezeichnen meist spitze Gegenstände und außerdem die Bewegungen, die man mit ihnen macht, sowie die Geräusche, die sie verursachen: "Schnabel", "Schnauze", "schnappen", "schnippen", "schnattern", "schnaufen" und "schnüffeln". Dazu passt auch, dass das bei uns im Lechrain für 'Kinn' belegte "Schniekel" im Bairischen überwiegend 'Penis' und im Schwäbischen 'Rüssel' bedeutet.

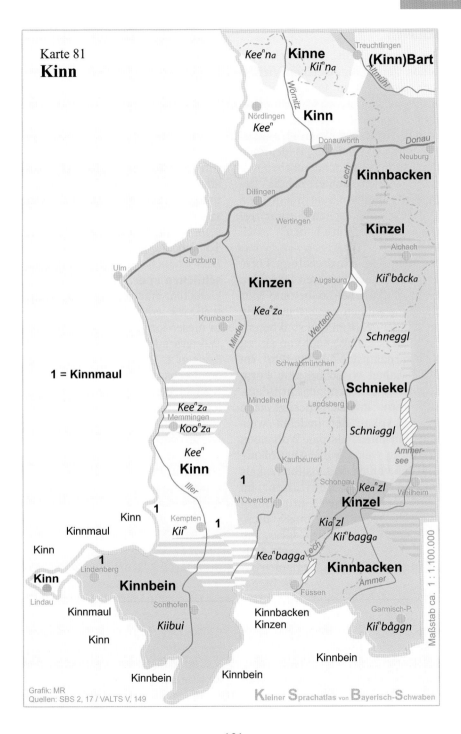

Karte 81
Kinn

Keeⁿna **Kinne**
Kiiⁿna

(Kinn)Bart

Treuchtlingen

Nördlingen
Kinn
Keeⁿ

Donauwörth

Donau

Neuburg

Kinnbacken

Dillingen

Wertingen

Kinzel

Aichach

Ulm
Günzburg

Kinzen
Augsburg
Kiiⁿbåck_a

Keaⁿza

Krumbach

Schneggl

Schwabmünchen

1 = Kinnmaul

Schniekel

Keeⁿza
Mindelheim
Landsberg
Memmingen
Schniaggl
Kooⁿza

Keeⁿ
Ammer-
see
Kinn
Kaufbeuren

1
Schongau
Keaⁿzl
Weilheim

Kinn **1**
M'Oberdorf
Kinzel

Kinn
Kempten
1
Kiaⁿzl
Kinnmaul
Kiiⁿ
Kiiⁿbagg_a

Kinn
Keaⁿbagg_a

Kinn
Lindenberg
Kinnbacken

Ammer
Lindau
Kinnbein
Füssen

Kinnmaul
Sonthofen
Garmisch-P.
Kiibui
Kinnbacken
Kiiⁿbåggn
Kinzen

Kinn

Kinnbein

Kinnbein
Kinnbein
Kinnbein

Maßstab ca. 1 : 1.100.000

Grafik: MR
Quellen: SBS 2, 17 / VALTS V, 149

Kleiner **S**prachatlas von **B**ayerisch-**S**chwaben

schielen

An diesem Wort lässt sich sehr schön zeigen, in welcher Vielfalt sich ein Wort in tausend Jahren Sprachgeschichte entwickeln kann. Auszugehen ist von den althochdeutschen Verben skilichen, skilachen mit gleicher Bedeutung, die zu einem althochdeutschen Adjektiv skelah 'schief, schräg' gehörten und die im Schriftdeutschen in der niederdeutschen Form *scheel* ("einen scheel anschauen") noch vorhanden sind.

Die ursprüngliche dreisilbige Form ist nirgendwo in unseren Dialekten erhalten geblieben, unbetonte Mittelsilben werden ganz regelmäßig zusammengezogen und synkopiert; genauso ist der Wandel von sk- zu sch- ausnahmslos durchgeführt. Im Mhd. haben wir dann eine Form schilhen. Die heutige schriftdeutsche Form "schielen" besitzt einen langen Vokal, der gedehnt worden sein muss, als das Wort noch dreisilbig war. Da die Ausstoßung des unbetonten Mittelsilbenvokals (ski-li-chen zu schilchen) im Mittelhochdeutschen im Prinzip abgeschlossen war, muss diese Dehnung schon beim Übergang vom Althochdeutschen zum Mittelhochdeutschen stattgefunden haben, denn nur bei Silben, die betont sind und nicht auf einen Konsonanten enden, kann eine solche Längung des Vokals stattfinden (vgl. Dehnung in offener Tonsilbe Text bei Karte 22). Das *(c)h* der mhd. Form ist ebenfalls ganz regelmäßig (wie immer im Inlaut vgl. mhd. bevelhen > befehlen) geschwunden. Diesen mit der Schriftsprache übereinstimmenden Typ finden wird auch im Südwesten und teils im Nordwesten. Im Zentrum unseres Gebietes haben wir die Lautform **schillen** mit Schwund des h, aber ohne Dehnung des Vokals. In dieser Region muss also der Mittelvokal schon ausgefallen gewesen sein, bevor die Dehnung in offener Tonsilbe die Dialekte erfasste.

Dies ist auch der Fall beim Lauttyp **schilchen** in den blau eingefärbten Gebieten, nur ist dort das inlautende *ch* erhalten geblieben (wie in dieser Region in vielen anderen Wörtern auch; vgl. z.B. *ziacha* für "ziehen"). Dieser Typ tritt östlich des Lechs überwiegend ohne *l* auf, weil in den mittelbairischen Dialekten l nach Vokal meist vokalisiert wurde.

Diese l-Vokalisierung ist teilweise auch in der häufigen Verb-Endung auf "-eln" (vgl. Karte 76) beim Typ **schiegeln,** seltener **schiekeln,** wirksam (*schiakŭn*), dessen Verbreitung auf der Karte orange gezeichnet ist. Er ist zum mhd. Adjektiv schiech (flektiert: ein schiegez hûs) mit der Bedeutung 'scheu, abschreckend, schief' zu stellen, das hervorragend zur Bedeutung und Etymologie des dialektalen Verbs passt. Der Tonvokal in *scheigeln* im Nordosten ist ganz regelmäßig aus -ie- entstanden (vgl. Textkasten zu Karte 19).

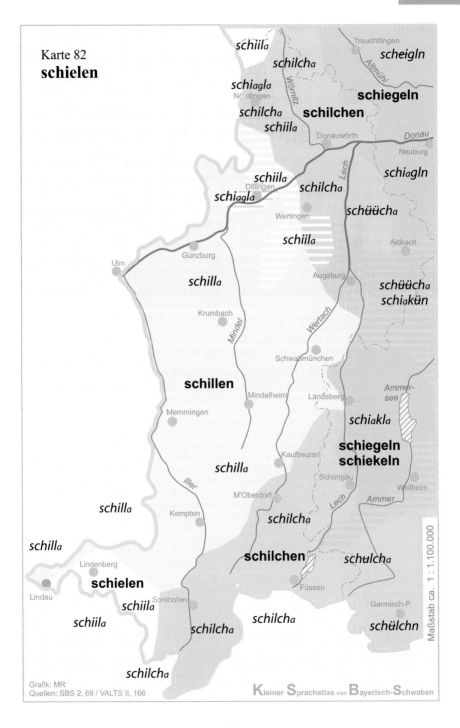

Karte 82
schielen

schiila
schilcha
scheigln
schiagla
Nördlingen
schiegeln
schilcha schilchen
schiila
Treuchtlingen
Wörnitz
Altmühl
Donauwörth
Donau
Neuburg

schiila
Dillingen
schilcha
schiagln
schiagla
Wertingen
schüücha
Lech

schiila
Aichach

Ulm
Günzburg
Augsburg
schilla
schüücha
schiakün
Krumbach
Mindel
Wertach

Schwabmünchen

schillen
Mindelheim
Landsberg
Ammer-
see
Memmingen
schiakla

schiegeln
schiekeln
schilla
Kaufbeuren
Schongau
Iller
M'Oberdorf
Lech
Ammer
Weilheim
schilla
Kempten

schilla
schilcha
schilla
schilchen
schulcha
Lindenberg
Lindau
schielen
Füssen
Garmisch-P.
schiila
Sonthofen
schilcha
schiila
schilcha
schülchn

schilcha

Maßstab ca. 1 : 1.100.000

Grafik: MR
Quellen: SBS 2, 69 / VALTS II, 166

Kleiner Sprachatlas von Bayerisch-Schwaben

schau! (Imperativ im Singular)

Hier ist die Befehlsform (= Imperativ) in der Einzahl eines jener häufig vorkommenden Wörter dargestellt, die einfache Sachverhalte ausdrücken und deren Varianten in den Dialekten relativ großräumig verteilt sind.

Im Osten herrscht das in der Schriftsprache vorhandene *schau!* vor, zu dem im Althochdeutschen schon die Grundform s k o u w ō n belegt ist. Dabei zeigen sich aber lautliche Varianten. Das *gschoob!* hat das alte *w* noch als *b* erhalten; das *g-* im Anlaut ist schon im Mittelhochdeutschen entstanden, wo Verben sehr häufig mit einer Vorsilbe g e - erweitert wurden, meist mit perfektivierender Funktion, oft aber auch zur Intensivierung. Das *-g* in *schaug!* ist wohl ein erhalte-ner Hiattrenner, also ein eingefügter Konsonant, der bei zweisilbigen Wortformen die aus beiden Silben aufeinander treffenden Vokale nach dem allgemeinen Verschwinden des *-w-* im Inlaut geschieden hat (*schau-g-a*). Dieses *-g-* ist in der Regel nur im Südwesten vorhanden, hier reicht es weit in den Osten, ins Bairische.

Das schwäbische *gugg!* ist als *kuck!* umgangssprachlich weit verbreitet, es ist im Mittelhochdeutschen als g u c k e n überliefert, ist aber wohl älter, weil sich Parallelen im Litauischen und Altindischen finden lassen.

Auch die Grundform zu *luag!* ist schon ziemlich alt, sie ist schon im 9. Jh. belegt als ahd. l u o g ē n 'schauen'.

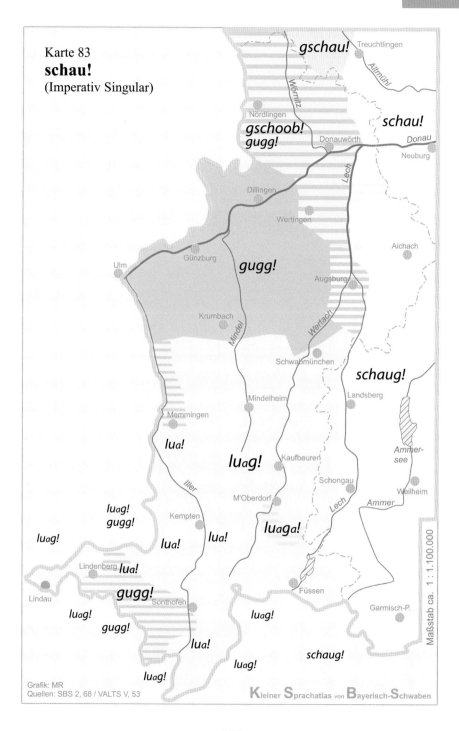

Karte 83
schau!
(Imperativ Singular)

gschau! Treuchtlingen

Altmühl

Wörnitz

Nördlingen

gschoob!
gugg!

schau!

Donauwörth

Donau

Neuburg

Lech

Dillingen

Wertingen

Aichach

Günzburg

Ulm

gugg!

Augsburg

Krumbach

Mindel

Wertach

Schwabmünchen

schaug!

Mindelheim

Landsberg

Memmingen

lua!

Ammer-
see

luag!

Kaufbeuren

Schongau

Weilheim

Iller

M'Oberdorf

luaga!

Ammer

Lech

luag!
gugg!

Kempten

lua!

lua!

luag!

Lindenberg *lua!*

Lindau

gugg!

Sonthofen

Füssen

Garmisch-P.

luag!

gugg!

lua!

luag!

schaug!

Maßstab ca. 1 : 1.100.000

luag!

Grafik: MR
Quellen: SBS 2, 68 / VALTS V, 53

Kleiner **S**prachatlas von **B**ayerisch-**S**chwaben

185

horchen (z.B. an einer Türe)

Überwiegende verbreitet ist das Verb **losen** (*loosa, loo"sa*) bzw. die Variante **lus(n)en** (*luusn, luusna*), deren Vorform (h)lōsēn schon im Althochdeutschen mit den Bedeutungen 'hören, zuhören, gehorchen' belegt ist. Die Vokallautung entspricht weitgehend der üblichen Entwicklung von ehemals kurzem o bei Dehnung; d.h. wir haben im Schwäbischen überwiegend einen langen *o*-Laut, am Ostrand des Gebietes (östl. vom Ries, im Lechrain und im Werdenfels) wird ein flacher Steigdiphthong (*loo"sa, loo"sn*) gesprochen. Im Nordosten reicht die fränkische Lautung mit *u* allerdings ungewöhnlich weit nach Süden (vgl. *Vuuchl, Kupf* für 'Vogel', 'Kopf'). Im Bereich der Altmühl sind vereinzelt noch Lautformen *luusna* belegt, die man wohl als Reste eines ehemals dreisilbigen Verbtyps "lusenen" sehen muss, vergleichbar der Form *lee^isna* für 'lesen' im Lechraingebiet.

Auch **doosen** und **duusen** gehören zu einer gemeinsamen Wurzel, die im Mittelhochdeutschen als dôsen in der Bedeutung 'sich still verhalten, schlummern' belegt ist. Dieses Wort ist wohl von "losen" beeinflusst worden, sonst wären die Belege *duusn* nicht zu erklären. In der heutigen Hochsprache ist "dösen" damit verwandt, im Dialekt auch "doosohrig" für 'taub', das allerdings auch an "tosen" angeschlossen werden kann.

Die häufige Nennung des Ausdrucks **horchen** im Gebiet Augsburg – Ammersee (helle Schraffur) zeigt den Einfluss der neuhochdeutschen Schriftsprache, die mit dieser Form die Wörter der alten Dialekte verdrängt.

Das nur an zwei Orten genannte **luren** ist verwandt mit dem hochsprachlichen Ausdruck "lauern", der erst seit dem 14. Jahrhundert als lûren belegt ist. Denkbar ist, dass die neuhochdeutsche Diphthongierung (vgl. Karte 7) bereits vollzogen war, als das Wort übernommen wurde, und somit der Monophthong erhalten blieb.

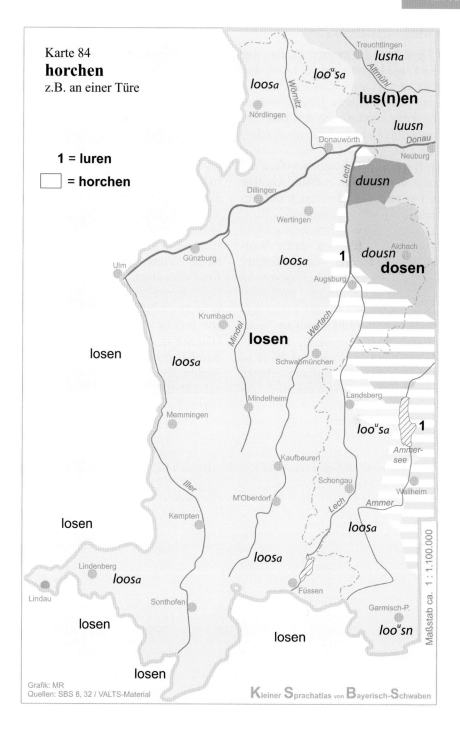

Karte 84
horchen
z.B. an einer Türe

1 = luren

☐ = **horchen**

Treuchtlingen
*lusn*a

*loo*ᵘ*sa*

loosa

lus(n)en

Nördlingen

luusn

Donauwörth

Donau

Neuburg

duusn

Dillingen

Wertingen

Günzburg

Ulm

loosa **1**

Aichach

dousn

dosen

Augsburg

Krumbach

losen

losen

loosa

Schwabmünchen

Mindelheim

Landsberg

Memmingen

*loo*ᵘ*sa* **1**

Kaufbeuren

Ammer-see

Schongau

Weilheim

losen

M'Oberdorf

Kempten

loosa

Lindenberg

loosa

Lindau

Sonthofen

loosa

Füssen

Garmisch-P.

losen

*loo*ᵘ*sn*

losen

Maßstab ca. 1 : 1.100.000

Grafik: MR
Quellen: SBS 8, 32 / VALTS-Material

Kleiner **S**prachatlas von **B**ayerisch-**S**chwaben

187

reden / schwätzen

"Tiere können nicht .....". So war die Frage gestellt, deren Antworten hier kartiert sind. Das Ergebnis ist eine geographische Übersicht über die emotionsfreie Normalbezeichnung für diese zwischenmenschliche Tätigkeit.

In Bayerisch-Schwaben treffen die zwei dialektalen Großlandschaften mit **schwätzen** im Westen und **reden** im Osten aufeinander.

Im Norden des deutschsprachigen Raumes finden sich dafür Wörter wie "snacken" oder "kuren", in der Pfalz und östlich davon im Fränkischen "plaudern", im Kölner Raum "kallen", in der Mitte und im Osten herrscht dagegen "sprechen" vor. Im Gegensatz zu "sprechen", das ein altererbtes Wort ist und mit Vokalabwandlung gebeugt wird ("sprechen" – "sprach" – "gesprochen") sind die beiden hier gebrauchten Wortentsprechungen jünger. Das Verb "reden" gibt es als redinōn zwar schon im Althochdeutschen, es ist aber sicher vom älteren Substantiv "Rede" abgeleitet; "schwätzen" dagegen taucht erst im 15. Jahrhundert als schwätzen bzw. schwetzen auf. Es wird ein Zusammenhang mit lautmalenden Wörtern, die das Plätschern des Wassers nachahmen, vermutet.

In einem Übergangsstreifen sind beide Wörter in Gebrauch, wobei "schwätzen", wie auch in der Schriftsprache, tendenziell negativ besetzt ist. Man verwendet es beispielsweise für unerlaubtes Reden (Kinder in der Schule oder in der Kirche) oder bei nicht sinnvollem Reden (vgl. "Geschwätz", "geschwätzig").

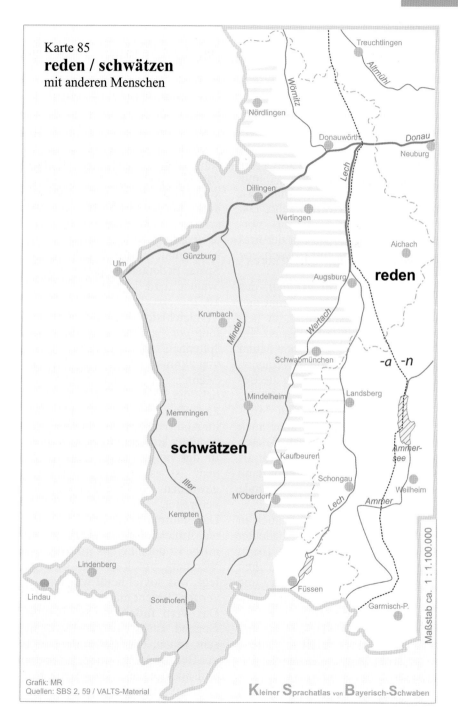

Karte 85
reden / schwätzen
mit anderen Menschen

Treuchtlingen

Altmühl

Wörnitz

Nördlingen

Donauwörth

Donau

Neuburg

Lech

Dillingen

Wertingen

Aichach

Ulm

Günzburg

Augsburg

reden

Krumbach

Mindel

Wertach

Schwabmünchen

-a *-n*

Mindelheim

Landsberg

Memmingen

schwätzen

Kaufbeuren

Ammer-see

Iller

Schongau

Weilheim

M'Oberdorf

Lech

Ammer

Kempten

Lindenberg

Lindau

Füssen

Sonthofen

Garmisch-P.

Maßstab ca. 1 : 1.100.000

Grafik: MR
Quellen: SBS 2, 59 / VALTS-Material

Kleiner **S**prachatlas von **B**ayerisch-**S**chwaben

weinen

Man kann gefasst oder enthemmt weinen; Kinder können brüllend weinen, aber auch verhalten, um dann bei ausbleibender Wirkung nachlegen zu können. Man kann wegen eines körperlichen Schmerzes weinen, aber auch aus Trauer, Enttäuschung oder Wut. Für diese verschiedenen Arten gibt es teils eigene Wörter, in den Dialekten mehr als in der Hochsprache. Die hier kartierten Wörter für das "normale" Weinen wurden mit der Frage erhoben: "Was tun Erwachsene bei einem Begräbnis?"

Im Norden herrscht **greinen**, das man aus ältesten Texten kennt und das schon ahd. als grīnan für 'bellen, knurren, kläffen' existiert. Im Mhd. bedeutet grînen 'den Mund verziehen, lachend oder weinend'. Erst im 18. Jh. verengt sich die Bedeutung zur heutigen Verwendung. An der Donau mischt sich "greinen" mit **blecken**, das aber auch ostlechisch verbreitet ist. Dieses Wort tritt erstmals im Mhd. auf als blecken 'blöken' und nimmt dann später auch die hier vorliegende Bedeutung an.

Das Wort **plärren** gibt es auch in der Hochsprache. Dort bedeutet es aber eher 'laut schreien (beim Sprechen)'. Das Verb ist seit dem Mittelhochdeutschen belegt und bezeichnete (wie "blecken") anfangs als blerren, blêren vor allem Tierlaute (Schaf). Vergleichbar ist engl. to blare 'brüllen, heulen'; es ist wohl lautnachahmenden Ursprungs.

Altbelegt sind **heulen** und **bellen**

(ahd. hūwilōn, hūlōn bzw. bellan), die auch Laute der Hunde bezeichnen. Dies gilt auch für **heinen** und **hienen**, die wohl junge Bildungen sind, die aber im deutschen Südwesten und in der Pfalz weit verbreitet sind.

Wie "bellen" ist auch **(p)flennen** in der Schriftsprache vorhanden, es kommt aber erst seit dem 16. Jh. in dieser Form vor. Als flannēn ist es schon um 1000 belegt; es bedeutete ursprünglich 'den Mund verziehen' (mhd. vlans 'Mund, Maul'). Später bedeutete es gleichermaßen 'weinen' und 'lachen', und erst im 18. Jh. setzt sich 'weinen' durch.

Vergleichbar mit der Entwicklung von "greinen", "blecken" und "pflennen" ist auch die Entstehung von **zännen**. Darin steckt das Wort "Zahn", es bedeutete ursprünglich 'die Zähne zeigen' und ist als zannēn in dieser Bedeutung schon im Ahd. vorhanden. Mhd. zannen bedeutet 'knurren, heulen, weinen'. In der umgelauteten Form "zännen" ist es nie schriftsprachlich geworden, ist aber dialektal weit verbreitet.

Das Normalwort im Südwesten war früher *briagga*, das sehr alt sein muss, ist doch bereits im Ahd. eine Wendung brieken machōn belegt, was soviel heißt wie 'ein verzerrtes Gesicht machen'.

Das Verb **fuden** in der Füssener Gegend ist in dieser Bedeutung sehr selten, häufiger kommt es in der Bedeutung 'verhöhnen, spotten' und auch 'nähren' vor. Seine Herkunft ist nicht geklärt.

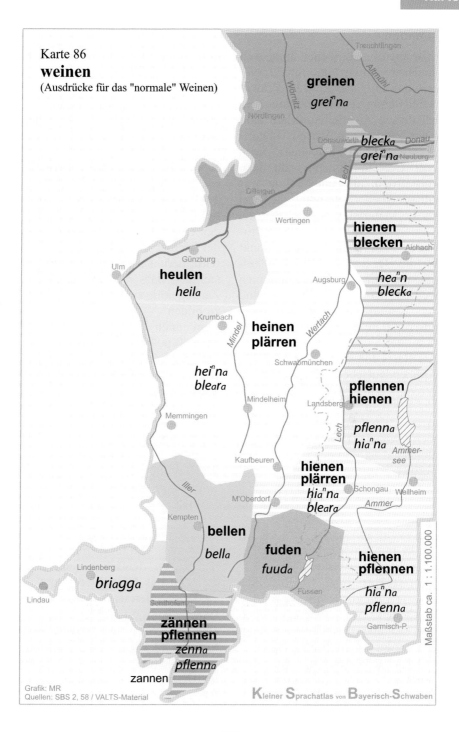

Karte 86
weinen
(Ausdrücke für das "normale" Weinen)

greinen
grei^{n}na

blecka
grei^{n}na

hienen
blecken

heulen
heila

hea^{n}n
blecka

heinen
plärren

hei^{n}na
bleara

pflennen
hienen

pflenna
hia^{n}na

hienen
plärren
hia^{n}na
bleara

bellen
bella

fuden
fuuda

hienen
pflennen

hia^{n}na
pflenna

briagga

zännen
pflennen
zenna
pflenna
zannen

Maßstab ca. 1 : 1.100.000

Grafik: MR
Quellen: SBS 2, 58 / VALTS-Material

Kleiner Sprachatlas von Bayerisch-Schwaben

kämmen

Instrumente, mit denen man sich die Haare entwirrt und reinigt, gibt es schon in früher Zeit. Im Prinzip erfüllt schon eine zweizinkige Gabel diesen Zweck. Natürlich sind mehr Zähne von Vorteil. Materialien wie Bein (Knochen), Horn oder Geweih eigneten sich dazu vortrefflich, aber auch Holz war ein geeignetes und wohl auch das älteste Material, aus dem man die Kämme machte. Und die Instrumente sind auch Ausgangspunkt für die Bezeichnung der Tätigkeiten, die mit ihnen vorgenommen werden. So sind der "Strähl" und der "Kamm" die Ableitungsbasen unserer Haupttypen "strählen" und "kämmen".

Als Basis für **strählen** gibt es im Althochdeutschen ein strāl(a) in der Bedeutung 'Pfeil Strahl' sowie ein strālen 'kämmen' (> mhd. stræl 'Kamm', strælen 'kämmen'), wobei strælen von strāl(a) abgeleitet ist und der Umlaut vom Verb strælen ins Substantiv stræl gekommen ist, das dann auch ausschließlich in der Bedeutung 'Kamm' verwendet wird. Das Ausgangswort ahd. strāl wird bis ins 18. Jh. mit seiner Ursprungsbedeutung 'Pfeil' verwendet. Die Verbform strālen bzw. strælen hieß also ursprünglich 'mit dem Pfeil bearbeiten', was vermuten lässt, dass der ursprüngliche Kamm nur aus wenigen Zähnen bestand.

Ein paralleler Fall liegt vor beim Worttyp "Kamm"/"**kämmen**". Die Etymologie dieses Wortpaars beruht auf einem Wort, das ursprünglich 'Zahn' bedeutete, so im Altindischen. Im antiken Griechisch bezeichnet das entsprechende Wort 'Pflock' oder 'Nagel'. Es ist also auch hier von einem Instrument mit nur wenigen Zähnen auszugehen. Das Wort ist im Deutschen ebenfalls schon sehr früh belegt (ahd. kamb 'Kamm, Helmbusch, Krone', kemben 'kämmen'). Die Tatsache, dass der Kopfschmuck des Hahns und der Henne als Kamm bezeichnet wird, beruht ebenfalls auf der Vorstellung, dass nur wenige Zähne, Zacken nötig sind, um einen Kamm zu bilden.

Zum auch hochsprachlich üblichen Typ "kämmen" gibt es östlich des Lechs mehrere Varianten. Die meisten haben das -b- aus dem Althochdeutschen erhalten bzw. zu -p- weiter entwickelt. Dort sind die Verbformen auch durchgehend mit der Endung "-eln" (< ahd. -ilōn) gebildet, was Verkleinerung bzw. Wiederholung anzeigt (vgl. "lachen - lächeln", "stechen - sticheln"). Allerdings ist das -l- in dieser Endung oft vokalisiert, z.B. *kampen, kamman* (vgl. Karten 71, 76, 82).

Der Typ "Strähl"/"strählen" ist im ganzen deutschen Südwesten dialektal das Normalwort, erst im 18. Jahrhundert ist es in der Schriftsprache langsam ausgestorben, war aber als Wort der gesprochenen Sprache im 19. Jahrhundert immer noch lebendig. Heute ist es selbst im Dialekt im Aussterben begriffen.

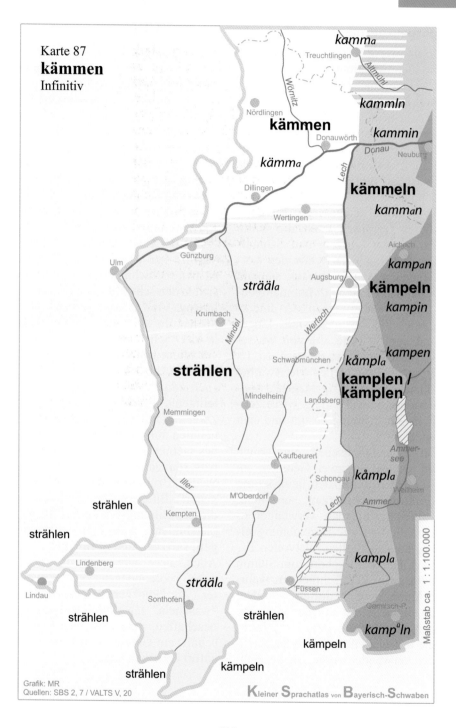

Karte 87
kämmen
Infinitiv

kamma

Treuchtlingen

Wörnitz

Altmühl

Nördlingen

kammln

kämmen

Donauwörth

kammin

Donau

Neuburg

kämma

Lech

Dillingen

kämmeln

Wertingen

kamman

Aichach

Günzburg

kampan

Ulm

Augsburg

kämpeln

strääla

kampin

Krumbach

Wertach

Mindel

kampen

Schwabmünchen

kåmpla

strählen

Mindelheim

Landsberg

kamplen / kämplen

Memmingen

Ammer-see

Kaufbeuren

Schongau

kåmpla

Iller

M'Oberdorf

Ammer

Weilheim

strählen

Kempten

Lech

strählen

Lindenberg

kampla

Lindau

strääla

Füssen

Sonthofen

Garmisch-P.

strählen

strählen

kamp^{ü}ln

kämpeln

strählen

kämpeln

Maßstab ca. 1 : 1.100.000

Grafik: MR
Quellen: SBS 2, 7 / VALTS V, 20

Kleiner **S**prachatlas von **B**ayerisch-**S**chwaben

gurgeln (in nassen Schuhen)

In unserer Zeit sind Gehwege und Straßen asphaltiert, es gibt bei Regen kaum mehr Pfützen, man fährt mit dem Auto, die Schuhe sind wasserdicht, und so richtig nass wird man eher selten. Daher kennt man es kaum mehr, dass der Schuh voller Wasser ist und dieses Wasser zwischen den Zehen gurgelt und schmatzt.

Und die Bezeichnungen für eben dieses Geräusch stellt die Karte dar. Dieses Gurgeln und Schmatzen hört man auch aus den vorhandenen Wörtern heraus, sie sind schallnachahmend (= onomatopoetisch). So überwiegen *sch-* und *s-* Laute, die geeignet sind, länger andauernde Töne, die von Wasser verursacht sind, zu bezeichnen. Es ist nichts Punktuelles wie etwa bei "knacksen" und "grutzgen", sondern etwas, was eine gewisse zeitliche Ausdehnung besitzt und sich wiederholt.

Im Schriftdeutschen und auch im Dialekt in zwei Gebieten im Nordosten und Osten heißt so ein Geräusch **schmatzen,** aus mhd. smackezen, man verwendet es vornehmlich zur Bezeichnung eines geräuschvollen, lustvollen Essens. Das Wort gehört zum Stamm mhd. smacken 'schmecken, wahrnehmen, riechen, duften', von dem es abgeleitet ist mit der ahd. Endung -a(z)zen bzw. -e(z)zen, die in früheren Sprachstufen reichlich verwendet wurde. Sie bezeich-

net sich wiederholende Vorgänge und hat außerdem intensivierende Funktion. In der heutigen Hochsprache ist sie noch in verschiedenen Wörtern vorhanden wie z.B. in "ächzen", aus ach-ezzen '(häufig) ach (sagen)', oder in "duzen", "siezen", "lechzen", aus mhd. lechen 'vertrocknen, d.h. Sprünge bekommen (von Holzgefäßen)' u.a.

Bei **schmatzgen** hat eine zusätzliche Ableitung stattgefunden: Das -g- ist der Rest einer ahd. Endung -agōn, -igōn (vgl. mhd. pînigen zu pînen 'Schmerz zufügen'), die sich in den schwäbischen Dialekten in einer Vielzahl von Verben erhalten hat, die aber auch noch resthaft in der Schriftsprache vorkommt, vor allem in Kombination mit der Vorsilbe "be-", z.B. in "steinigen", "befriedigen", "begnadigen", "beteiligen", "beschönigen".

Zwei Varianten eines solchen Verbs nehmen auf unserer Karte ein großes Gebiet im Süden ein: **sotzgen** bzw. **soozgen** (zu mhd. sôt 'Wallen, Sieden, Brühe' u.a., das zu "sieden" gehört). Einige weitere Verben von diesem Bildungstyp sind nicht gebietsbildend: **knorzgen, matschgen, saftzgen** und **graunzgen.** Auch diese wie auch die sonst noch vorhandenen Dialektwörter (wie "knozgen", "kwätscheln", "wascheln" u.a.) sind lautlich so beschaffen, dass man ihre Eigenschaft, ein Geräusch zu benennen, sofort erkennen kann.

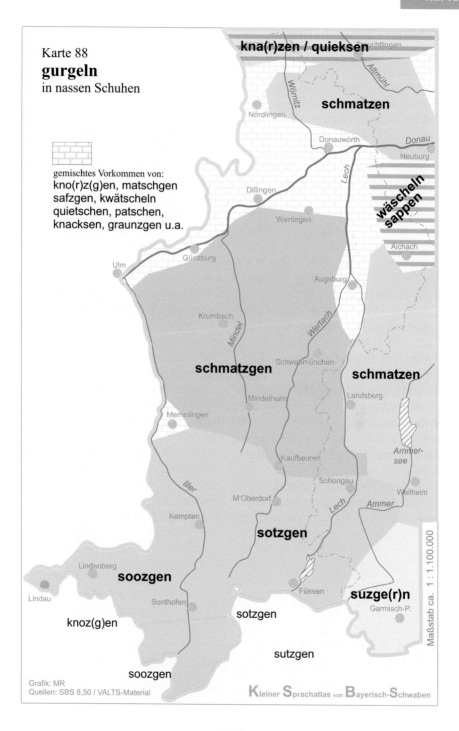

Karte 88
gurgeln
in nassen Schuhen

gemischtes Vorkommen von:
kno(r)z(g)en, matschgen
safzgen, kwätscheln
quietschen, patschen,
knacksen, graunzgen u.a.

kna(r)zen / quieksen

schmatzen

schmatzgen

schmatzen

wäscheln sappen

soozgen

knoz(g)en

sotzgen

soozgen

sotzgen

suzge(r)n

sutzgen

Maßstab ca. 1 : 1.100.000

Grafik: MR
Quellen: SBS 8,50 / VALTS-Material

Kleiner Sprachatlas von Bayerisch-Schwaben

195

Schuster – Schuhmacher

Im Wort **Schuster** vermutet der unbefangene Leser wohl keine lateinische Wurzel, ist doch der Schuh als s c u o h schon im Althochdeutschen belegt. In dieser Zeit wurde der Schuster aber mit dem aus dem Lateinischen stammenden s ū t o r und s ū t ā r i bezeichnet, was '(Flick)Schuster' und (seltener) 'Schneider' (ursprünglich 'Näher') bedeutete. Es gab daneben aber auch (später belegte) einheimische Bezeichnungen für diesen Beruf, wie den mhd. s c h u o c h w ü r h t e. Um nun den Schuster vom gleichlautenden Schneider zu unterscheiden, fügte man an das ursprünglich lateinische Wort ein "Schuh-" dazu, so dass ein mhd. Wort s c h u o c h s û t æ r e entstand, das über Zwischenformen wie mhd. s c h u o h s t e r zu unserem heutigen Wort "Schuster" wurde. Im oberen Allgäu ist nicht wie sonst das *ch* stumm geworden, sondern das *s*, das in den übrigen Formen überlebt hat.

Das Schuhmacherhandwerk war in der mittelalterlichen Stadt aufgeteilt in drei Zweige, nämlich in einen Teil, der neue Schuhe anfertigte, einen anderen, der alte Schuhe neu besohlte (von der damaligen Technik her wurden sie um eine Nummer kleiner) – er hieß "Altmacher" –, und einen dritten, der alte Schuhe reparierte. Letzterer übte sein Handwerk nicht in einer festen Werkstatt aus, sondern umherziehend. Von daher ist auch das geringe soziale Ansehen dieser "Flickschuster" zu erklären. Auch heute spricht man negativ von "Flickschuster" und "etwas zusammenschustern".

Die Gruppe der Maßschuhmacher suchte sich auch in der Bezeichnung von den niedrigeren Flickschustern zu unterscheiden, was schon früh zur erwähnten Entlehnung von lat. sūtor geführt hatte. Als der schuochsūtære zum schuohster geworden war und mit der Erkennbarkeit auch das höhere Ansehen der ursprünglich lateinischen Bezeichnung verloren gegangen war, kam es dann zur Verwendung der deutschen Wortzusammensetzung **Schuhmacher** für den dann höher qualifizierten Beruf.

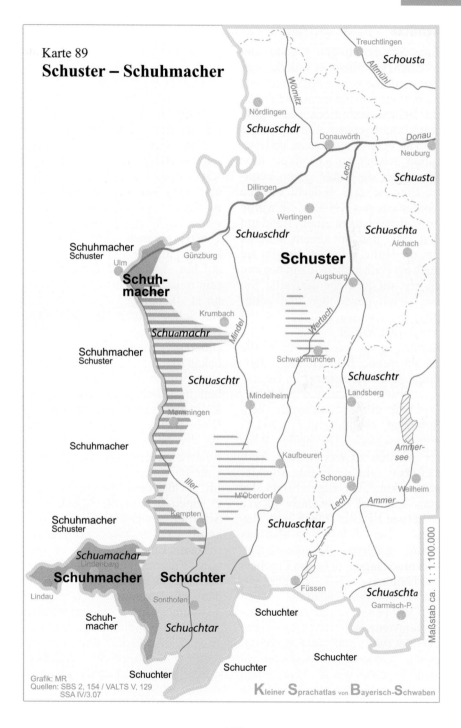

Karte 89

Schuster – Schuhmacher

Treuchtlingen

Schousta

Schuaschdr

Nördlingen

Donauwörth

Donau

Neuburg

Schuasta

Dillingen

Lech

Wertingen

Schuaschdr

Schuster

Schuaschta

Aichach

Schuhmacher
Schuster

Günzburg

Ulm

**Schuh-
macher**

Augsburg

Krumbach

Mindel

Schuamachr

Wertach

Schuhmacher
Schuster

Schwabmünchen

Schuaschtr

Schuaschtr

Mindelheim

Landsberg

Memmingen

Schuhmacher

Kaufbeuren

*Ammer-
see*

Iller

Schongau

Weilheim

M'Oberdorf

Lech

Ammer

Schuhmacher
Schuster

Kempten

Schuaschtar

Schuamachar

Lindenberg

Schuhmacher   **Schuchter**

Füssen

Schuaschta

Lindau

Sonthofen

Garmisch-P.

Schuchter

Schuh-
macher

Schuachtar

Maßstab ca. 1 : 1.100.000

Schuchter

Schuchter

Schuchter

Schuchter

Grafik: MR
Quellen: SBS 2, 154 / VALTS V, 129
SSA IV/3.07

Kleiner Sprachatlas von Bayerisch-Schwaben

197

Schürze (vornehmlich als Arbeitskleidung für Frauen)

Eine Schürze trugen Frauen und Männer (vor allem Schmiede- und Zimmerleute trugen ein Schurzfell) zu bestimmten Arbeiten, bei denen der Schmutzanfall besonders groß war. Nach getaner Arbeit konnte man sie schnell ausziehen, und war schon wieder so gekleidet, dass man unter die Leute gehen konnte. Eine Schürze bedeckt nur die Vorderseite des Körpers; sie wurde normalerweise mit einem Band um den Hals und mit einem anderen um die Hüfte befestigt. Es gibt sie auch als Halbschürze, dann beginnt sie erst auf der Höhe der Taille. Sie ist schnell gewaschen und gebügelt, ein Kleidungsstück, das seinen Zweck erfüllt.

Schurz ist in unserem Raum die dominierende Bezeichnung, allerdings ist es "der Schurz" im Gegensatz zur schriftdeutschen "Schürze". Das Wort gibt es auch in der Form **Schurzel**, ebenfalls mit maskulinem Geschlecht. Die beiden Wörter gehören zu einem mhd. Verb s k u r z e n (aus dem ahd. Adjektiv s k u r z 'kurz', vgl. engl. s h o r t), das zum spätmhd. Substantiv s k u r z wird (wie z.B. der "Fluch" aus "fluchen"). Der "Schurz" ist also aus einem größeren Kleidungsstück hervorgegangen, es ist das Ergebnis der Tätigkeit des Kürzens. Dies gilt ebenso für den "Schurzel", denn mit "-el" (< -il, vgl. Karte 58) wurden einstens nicht nur Instrumente gebildet (wie "Schlegel" zu "schlagen"), sondern sie bezeichneten auch Ergebnisse von Tätigkeiten. Bei Schurzel liegt also keine Ver-

kleinerungsform vor. Der Schurz ist aus einem größeren Kleidungsstück hervorgegangen.

Die Entstehung von **Fürtuch** oder **(Für)Fleck** ist leicht nachzuvollziehen, wenn man weiß, dass dieses "für" auch heute noch in unseren Dialekten 'vor' bedeutet, was schon ahd. der Fall ist (furi 'für' und 'vor') und was sich auch noch in Wörtern wie *viirneem* 'vornehm', *virre* 'nach vorne' und *viirluaga* '(her)vorschauen' zeigt. Die Verkürzung auf *Firta / Furta* weist darauf hin, dass die Bildung sehr alt sein muss, das Wort ist auch schon im 15. Jh. belegt.

Bei **Schoß** deuten die historischen Belege (z.B. ahd. s k ō z o, auch in anderen germanischen Sprachen belegt) darauf hin, dass eine Bedeutung primär ist, die schriftsprachlich in "Rockschoß" vorliegt, ein Kleiderzipfel, etwas Dreieckiges. Diese Bedeutung wurde erst dann auf den beim Sitzen entstehenden Raum zwischen Oberschenkel und Unterleib übertragen.

Im rechtslechischen Gebiet gibt es einen Schurz für Männer, der **Schaber** genannt wird. Zur Herkunft werden zwei Erklärungen geboten: Einmal von frz. c h a p e - r o n 'Kapuzenmantel', das schon im Mhd. als s c h a p r û n vorlag und dann die Bedeutung 'Schürze' angenommen hat (Kleidungsstücke sind sehr wandlungsfreudig, vgl. "Rock" als 'Jacke' und 'Frauenrock'). Oder aber der "Schaber" wäre ein Kleidungsstück, das man statt der Hose "abschabt".

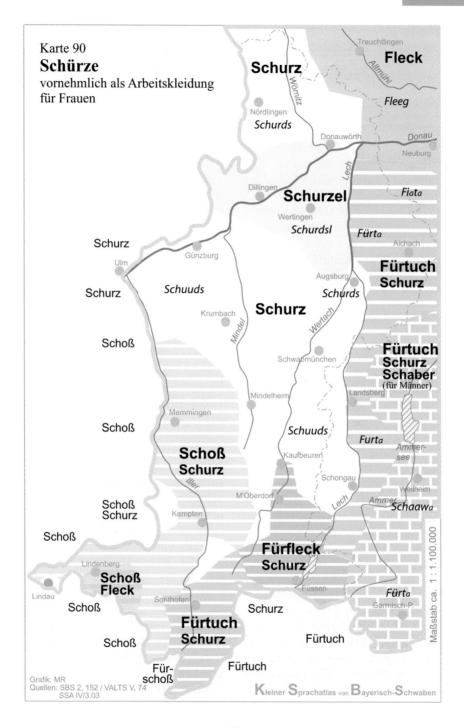

Karte 90
Schürze
vornehmlich als Arbeitskleidung
für Frauen

Schurz

Fleck

Fleeg

Nördlingen
Schurds

Donauwörth

Donau

Neuburg

Dillingen
Schurzel

Fiata

Wertingen
Schurdsl

Fürta

Aichach

Schurz

Günzburg

Ulm

Augsburg

Fürtuch
Schurz

Schurz

Schuuds

Schurds

Krumbach

Schurz

Mindel

Schoß

Schwabmünchen

Fürtuch
Schurz
Schaber
(für Männer)

Mindelheim

Landsberg

Memmingen

Schoß

Schuuds

Furta

Ammer-
see

Schoß
Schurz

Kaufbeuren

Schongau

Iller

M'Oberdorf

Lech

Ammer

Schaawa

Schoß
Schurz

Kempten

Weilheim

Schoß

Lindenberg

Fürfleck
Schurz

Lindau

Schoß
Fleck

Sonthofen

Füssen

Fürta

Garmisch-P.

Schoß

Schurz

Fürtuch
Schurz

Fürtuch

Schoß

Für-
schoß

Fürtuch

Maßstab ca. 1 : 1.100.000

Grafik: MR
Quellen: SBS 2, 152 / VALTS V, 74
SSA IV/3.03

Kleiner Sprachatlas von Bayerisch-Schwaben

Treuchtlingen

Altmühl

Wörnitz

Lech

Wertach

199

Weste (der männlichen Alltagskleidung)

Männer tragen heute zwischen Jacke und Hemd – wenn nötig – meist einen Pullover, Westen sind aus der Mode gekommen; nur beim noblen Anzug und bei besonderen Anlässen trägt man noch eine ärmellose Weste aus Tuch. Diese Weste war früher beim Sonntagsanzug obligatorisch, auch in der Alltagskleidung war sie üblich. Zwischen Hemd und Oberbekleidung wurde, wenn diese vorne ausgeschnitten war, immer schon etwas getragen, bis ins 19. Jahrhundert war das in Süddeutschland der "Brustfleck". Er lebt in den Trachten in dieser Bezeichnung weiter.

Er wurde dann ersetzt durch die hier auf der Karte auftauchenden Wörter "Leiblein", "Weste" und "Gilet" (gesprochen *Schilee*), wobei Bedeutungsunterschiede bei diesen Wörtern nicht selten sind, da sie häufig zusammen an einem Ort vorkommen. So ist die "Weste" meist gestrickt, "Gilet" und "Leiblein" entsprechen sich sachlich in etwa, sie waren beide aus Tuch. Dabei empfand man aber das Wort "Gilet" eher als vornehm, man stufte es aber gleichzeitig auch als "älter" ein.

Das **Leiblein** kommt fast im ganzen Gebiet vor, es hat seinen Namen vom "Leib", d.h. es bedeckte als Kleidungsstück nur den Leib, nicht Arme und Beine. Es ist ein sehr altes Wort, das zu ahd. līb 'Leib, Leben' gehört, aus dem aber nicht der "Brot-Laib" hervorgegangen ist.

Weste und **Gilet** sind beides jüngere Entlehnungen aus dem Französischen. Sie zeigen die Dominanz Frankreichs in Dingen der Mode, die bis ins 20. Jahrhundert hinein vorhanden war. "Weste" ist in der zweiten Hälfte des 17. Jahrhunderts ins Deutsche gekommen und zwar als Jacke mit Ärmeln, die unter dem knielangen Herrenrock getragen wurde. Frz. veste geht auf lat. vestis 'Gewand' zurück. Die kürzer werdenden Herrenanzüge (im 18. Jh.) ließen auch die Weste auf Hüftlänge schrumpfen. Dieses kurze Kleidungsstück hieß im Französischen damals gilet, das Wort bürgerte sich dann im 19. Jh. im Deutschen ein und hat in den Dialekten bis heute überlebt. Dass "Weste" und "Gilet" sich sachlich kaum trennen lassen und dass Weste das ältere Wort ist, spiegelt sich in den häufig belegten Zusammensetzungen ("Giletweste") wie auch bei dem im Spaß gebrauchten Wort "Giletwestenleiblein".

Im SW taucht auch das Wort **Unterschopen** auf, denn die so bezeichnete Sache trägt man unter dem "Schopen". Dies ist im Südwesten unseres Gebietes das Normalwort für die Männerjacke. Das Wort hat den gleichen Ursprung wie die "Juppe"/"Joppe". Es sind Wörter, die letztlich aus dem Arabischen kommen (arab. gubba 'Obergewand'). Dieses Wort wurde ins Italienische als giubba übernommen und kam von da aus als joppe und schôpe ins Mittelhochdeutsche.

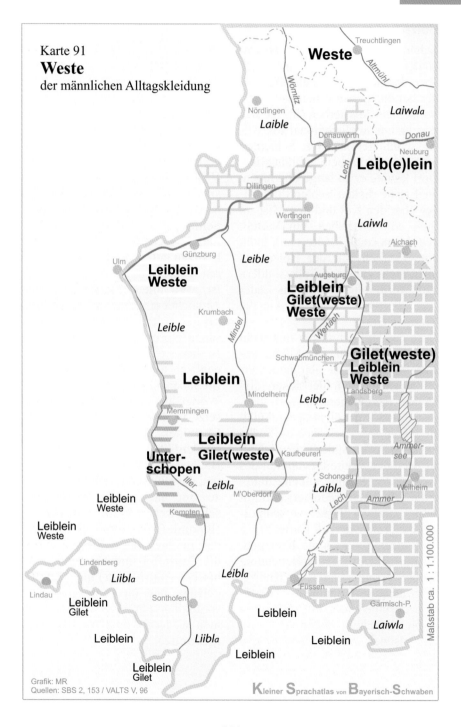

Karte 91
Weste
der männlichen Alltagskleidung

Weste

Treuchtlingen

Laiwal*a*

Nördlingen
Laible

Donauwörth

Donau

Neuburg

Leib(e)lein

Dillingen

Wertingen

Laiwl*a*

Aichach

Ulm
Günzburg
Leible
Leiblein Weste

Augsburg
Leiblein Gilet(weste) Weste

Krumbach

Leible

Gilet(weste) Leiblein Weste

Schwabmünchen

Leiblein

Mindelheim
Leibl*a*
Landsberg

Memmingen

Leiblein Unter- Gilet(weste)
schopen
Kaufbeuren

Leibl*a*
M'Oberdorf

Laibl*a*

Schongau

Ammer-
see

Wellheim

Leiblein
Weste

Kempten

Ammer

Leiblein
Weste

Lindenberg
Liibl*a*
Leibl*a*

Lindau
Füssen

Leiblein
Gilet
Sonthofen

Gärmisch-P.

Leiblein

Laiwl*a*

Leiblein
Liibl*a*

Leiblein

Leiblein

Leiblein
Gilet

Maßstab ca. 1 : 1.100.000

Grafik: MR
Quellen: SBS 2, 153 / VALTS V, 96

Kleiner **S**prachatlas von **B**ayerisch-**S**chwaben

201

Holzschuhe

Jedem sind die Holzschuhe der Holländer ein Begriff, fast keiner weiß aber, dass dieser Typ Pantoffel früher bei uns genauso heimisch war. Vor seinem Aussterben (im 20. Jh.) war er nur noch regional als Alltagsschuh der ärmeren Schichten oder zur Stallarbeit gebräuchlich. Dort konnte er so lange überleben, weil seine dicken Sohlen den Träger über den Kot und den Mist im Stall erhoben haben, ein Vorteil, den der normale Lederschuh nicht bot. Vielfach war der Holzschuh nicht mehr ganz aus Holz, sondern hatte vorne eine Kappe aus Leder oder ähnlichem Material, wie die heutigen Clogs.

Dass der Holzschuh bei uns wohl noch am längsten im Allgäu anzutreffen war, lässt sich daraus erschließen, dass wir hier sichere dialektale Bezeichnungen vorfinden. Diese sind zwar nicht spektakulär, sie zeigen aber doch, dass die Sache (wenigstens im Süden) ziemlich alt ist, weil der zweite Bestandteil des Wortes, der "Schuh", auf eine unbetonte Silbe -*scha* reduziert und mit dem Erstglied "Holz" verschmolzen ist (*Holtscha*; vgl. Karte 20).

Im Südosten gibt es die **Knospen**, die nur schwer mit der Bedeutung 'Knospe' (mhd. knospe 'Knorre, Auswuchs an Bäumen') zusammenzubringen sind, allenfalls über deren Grobheit, Plumpheit. Im Italienischen gibt es einen cospo

"Klotzschuh" (zu lat. cuspus 'Holzschuh'), und in Südtirol hießen diese "Kosperl". Dieses Wort könnte auch die Grundlage für unsere "Knospen" sein, das *n* wäre dann in Anlehnung an die "Knospe" (wegen der groben Form) eingefügt worden.

Viele Ausdrücke orientieren sich an der schleppenden Art des Gehens, z.B. **Schlarpen, Schlorpen, Schlappen,** oder am lauten Geräusch (**Klapper**). Diese Wörter besitzen alle ein p, das in unseren Dialekten nicht ursprünglich ist, weil alle diese p-Laute zum Althochdeutschen hin zu *pf* bzw. *f/ff* geworden sind. Im niederdeutschen Norden und im Englischen ist dieses p erhalten geblieben (vgl. englisch hope, deutsch "hoffen"). Im Süden haben sich in diesem Fall Wörter aus dem Norden durchgesetzt, weil das p den lautmalenden Charakter dieser Wörter besser wiedergibt.

Bleiben noch drei Wörter zu erklären, die etwas mit fremden Völkern zu tun haben: Die **Franzosenschuhe** weisen auf die französische Herkunft (wohl nur eines besonderen, in einer Zeit modernen Typs), die **Pantoffel** sind aus dem Italienischen (pantofola) ins Deutsche gelangt, und die **Galoschen** (ursprünglich ein Überschuh) stammen wieder aus dem Französischen (galoche).

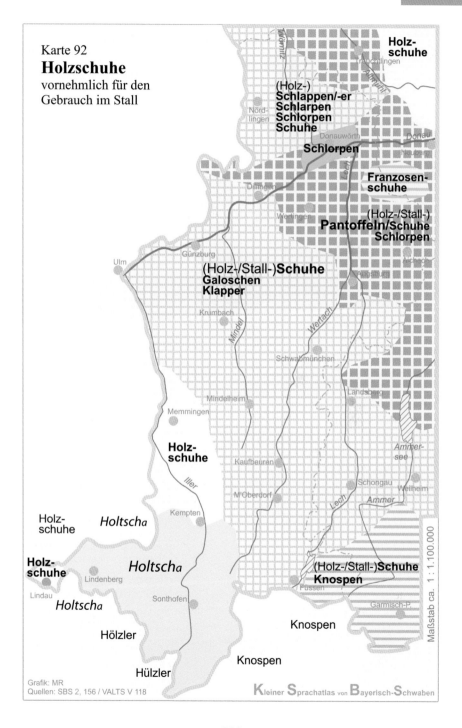

Karte 92

Holzschuhe

vornehmlich für den
Gebrauch im Stall

Holz-
schuhe

(Holz-)
Schlappen/-er
Schlarpen
Schlorpen
Schuhe

Schlorpen

Franzosen-
schuhe

(Holz-/Stall-)
Pantoffeln/Schuhe
Schlorpen

(Holz-/Stall-)Schuhe
Galoschen
Klapper

Holz-
schuhe

Holz-
schuhe

Holtscha

Holz-
schuhe

Holtscha

Holtscha

Hölzler

Hülzler

(Holz-/Stall-)Schuhe
Knospen

Knospen

Knospen

Maßstab ca. 1 : 1.100.000

Grafik: MR
Quellen: SBS 2, 156 / VALTS V 118

Kleiner Sprachatlas von Bayerisch-Schwaben

203

Wortschatz II

Küche und Haushalt

Dampfnudeln

Einen Hefeteig und daraus geformte Klöße, Nudeln genannt, kann man auf verschiedene Art garen. Einmal im Backofen des Herdes, mit mehr oder weniger Fett, dann erhält man "Rohrnudeln" oder "Ofennudeln" oder "gebackene Nudeln", um nur die in unserem Gebiet verbreiteten Ausdrücke zu nennen; diese Nudeln haben oben eine braune Kruste, aber auch dort, wo sie das Kar berührt haben. Im inneren Bairischen heißen sie "Buchteln" oder "Wuchteln".

Wenn man die Hefeteigknödel nun aber auf der Herdplatte im geschlossenen Tiegel gart, in einer Soße aus Milch oder Buttermilch (= Rührmilch) oder Wasser mit Butterflocken, dann entstehen die hier angesprochenen Dampfnudeln. Je nach zugegebener Flüssigkeitsmenge bildet sich dann ebenfalls eine Kruste (vgl. Karte 94), oder es entsteht eine Soße, die man verbreitet "Schleifer(s)brühe" nennt, weil sie so trüb ist wie der Abrieb vom Schleifstein, der sich im Trog sammelt, dessen Wasser den Schleifstein kühlt und reinigt. Und wenn man während des Bratens den Deckel öffnet, dann fallen die Nudeln zusammen, werden fest und hart und heißen dann deswegen "Wetzsteine".

Die Tatsache, dass der Ausdruck "Nudel" in den süddeutschen Dialekten doppeldeutig ist, ist in diesem Kapitel mehrfach von Belang (vgl. Karte 96 "Schupfnudeln"). Die etwas schwierige Herkunft des Grundwortes -nudel wird bei der Karte 107 "Nudelholz" behandelt. Die Bestimmungswörter wie **Hefe-, Dampf-, Pfanne-** erklären sich leicht. Die Nudeln sind aus Hefeteig, sie werden im Dampf, in einem Gefäß, das in der Aichacher Gegend eine Pfanne war, vorsichtig und bei ganz milder Hitze zubereitet.

In dieser Gegend gibt es auch die **Lech(brüh)nudeln**, womit auf die Trübheit der Schleifersbrühe Bezug genommen wird, die mit der "Brühe" des Lechs verglichen wird.

Bleiben noch die **Baunzen**. So heißen regional auch die "geschupften Nudeln" (seltener) oder die "Kartoffelnudeln" (mehr verbreitet); vgl. Karte 96 "Schupfnudeln". Die Herkunft dieses Wortes ist bisher nicht geklärt. Man könnte an das Wort "Bunz" denken, das im Schwäbischen verbreitet für 'Fass' vorkommt und an eine Diphthongierung nach Dehnung des u bei teilweisem Schwund des n. Dann wären die "Baunzen" die Nudeln, die wie ein Fass aussehen.

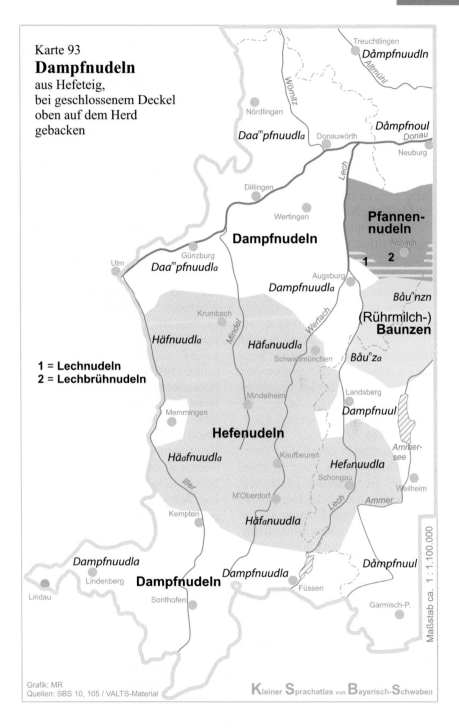

Karte 93
Dampfnudeln
aus Hefeteig,
bei geschlossenem Deckel
oben auf dem Herd
gebacken

1 = Lechnudeln
2 = Lechbrühnudeln

Dåmpfnuudln

Daa^{m}pfnuudla

Dåmpfnoul

Dampfnudeln

Pfannen-nudeln

1   2

Daa^{m}pfnuudla

Dampfnuudla

Båu^{n}nzn

(Rührmilch-) Baunzen

Häfnuudla

Häf$_a$nuudla

Båu^{n}za

Dampfnuul

Hefenudeln

Hä$_a$fnuudla

Hef$_a$nuudla

Häf$_a$nuudla

Dampfnuudla

Dampfnudeln

Dampfnuudla

Dåmpfnuul

Maßstab ca. 1 : 1.100.000

Grafik: MR
Quellen: SBS 10, 105 / VALTS-Material

Kleiner Sprachatlas von Bayerisch-Schwaben

207

Kruste (z.B. bei Dampfnudeln)

Bei Koch- oder Backvorgängen kommt es vor – und es ist teils beabsichtigtes Ergebnis –, dass sich an der Außenseite von Gebäcken (z.B. bei Dampfnudeln oder im Rohr gebackenen Hefenudeln) und am Boden (z.B. eines Grießmuses) eine Kruste bildet, die beim Essen in der Regel begehrt ist. Auf der Karte geht es um die Bezeichnungen für diese Art von Kruste.

Im Norden unseres Gebietes herrschen Wörter, die von "scharren" bzw. von "scherren" abgeleitet sind. Die **Scharre/Scherre** bzw. das **Schärrlein** (*Schaala*) ist das, was sich beim Abkratzen (= Abscherren) vom Pfannenboden löst. Das Verb "scherren" ist schon im Althochdeutschen (s k e r r a n 'kratzen') vorhanden. Als Nebenform ist "scharren" erst im 14. Jh. belegt, es hat sich aber dann in der Schriftsprache durchsetzen können.

Die **Schube** (*Schuaba, Schuawa, Schuam*) entsteht beim "Schieben" (eines Instuments); und parallel dazu ist die **Schubet**[e] (*Schuabed, Schuabat*) gebaut; allerdings haben wir hier eine andere Endung. Dieses "-ete" ist eine Endung mit kollektivierender Funktion. Vergleichbar ist der "Heuet" das Ergebnis (und die Zeit) der Heuernte, das "Bachet" ist die Menge Brot, die man

auf einmal bäckt (vgl. Karte 109), und eine "Rechet[e]" ist das, was man zusammengerecht hat. Somit ist die "Schubet[e]" das, was man zusammen geschoben hat (vgl. auch Karte 119).

Die **Bachet**[e] gibt es im Allgäu auch in der hier thematisierten Bedeutung 'Kruste' als das, was angebacken ist.

Und zum Verb "räumen" stellen sich die im Allgäu stärker verbreitete Form **Raume** (*Rumma*) sowie der Typ **Raumet**[e] (*Rummat*). Daneben ist dort auch **Scherret**[e] (zu "scherren/scharren") in Verwendung.

Es fällt auf, dass wir im Osten unseres Gebietes jeweils Verkleinerungsformen haben, neben dem schon erwähnten "Schärrlein" auch **Räumlein** (*Ramla, Ramal*) und **Braunlein** (*Bråu*[n]*la*) bzw. **Bräunlein** (*Braa*[n]*la*). Dies hängt wohl damit zusammen, dass man die Kruste besonders gerne mochte und sie deshalb mit einer Koseform bezeichnete.

Die **Schwarbe** im Kleinwalsertal gehört zu einem inzwischen ausgestorbenen Verb, das im Althochdeutschen als s w e r b a n in der Bedeutung 'fegen, abwischen' belegt ist. Die "Schwarbe" wäre also das 'Abgefegte'.

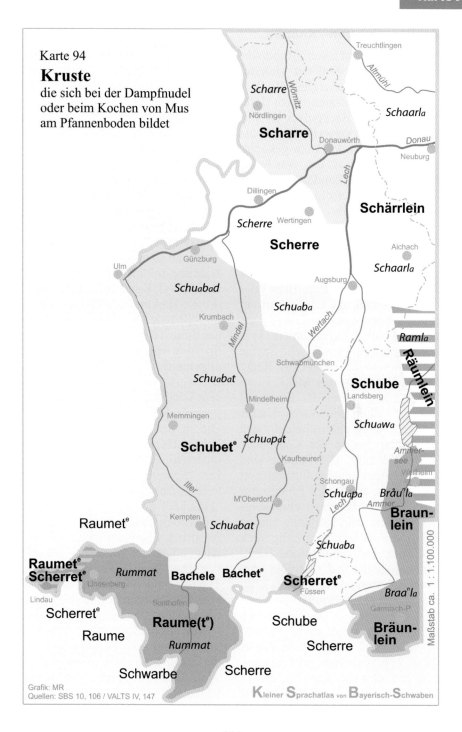

Karte 94

Kruste

die sich bei der Dampfnudel
oder beim Kochen von Mus
am Pfannenboden bildet

Treuchtlingen

Scharre

Nördlingen

Schaarla

Scharre

Donauwörth

Donau

Neuburg

Dillingen

Scherre Wertingen

Schärrlein

Scherre

Aichach

Ulm

Günzburg

Schaarla

Schuabad

Augsburg

Schuaba

Krumbach

Ramla

Schwabmünchen

Räumlein

Schuabat

Schube

Mindelheim

Landsberg

Memmingen

Schuawa

Schubet^e *Schuapat*

Kaufbeuren

Schongau

Schuapa *Bråu^nla*

M'Oberdorf

Ammer

Braunlein

Raumet^e

Kempten *Schuabat*

Schuaba

Raumet^e
Scherret^e *Rummat* **Bachele** **Bachet^e**

Lindenberg

Scherret^e

Füssen

Braa^nla

Lindau

Sonthofen

Garmisch-P

Scherret^e

Raume(t^e)

Schube

Bräunlein

Raume

Rummat

Scherre

Schwarbe Scherre

Grafik: MR
Quellen: SBS 10, 106 / VALTS IV, 147

Maßstab ca. 1 : 1.100.000

Kleiner **S**prachatlas von **B**ayerisch-**S**chwaben

Spätzle – Spatzen – Knöpfle

Mehl war und ist unser Grundnahrungsmittel. Es wird auf vielerlei Arten auf- und zubereitet: als Brot und andere Backwaren, wozu Hefe, Sauerteig oder Backpulver als Lockerungsmittel verwendet wird, als Mus, in Wasser oder Brühe gekocht, oder schließlich als das, was heute als "Teigwaren" handelsüblich ist. Bei diesen unterschied man, als man sie noch selbst herstellte, solche, deren Teig relativ fest war und die z.B. als schmale Streifen (Nudeln) geformt, abgekocht wurden, und solche, deren Teig mehr oder weniger flüssig über ein Brett oder über ein Gerät mit Löchern direkt in kochendes Wasser gelassen wurde. Und von letztgenanntem Typ, der als typisch schwäbische Speise betrachtet wird, ist hier die Rede. Der Teig besteht aus Mehl, Eiern und Wasser, wobei der Eieranteil unterschiedlich sein kann. Dieser Spätzle(s)teig unterscheidet sich im Prinzip nur in der Konsistenz vom Nudelteig. Die Spätzle sind weit weniger regelmäßig geformt als Nudeln, es gibt im Prinzip nur zwei Typen: die einen eher länglich (so wie man sie heute kaufen kann), die anderen knopfartig, dick und kurz. Die schwäbische Hausfrau konnte die Spätzle früher vom Brett "schaben", das ergab den länglichen, schmalen Typ. Bei den heute verwendeten Geräten entstehen verschiedene Formen. Im schwäbischen Osten wird eher der kurze, dicke Typ bevorzugt, in Württemberg der schmale, lange (ca. 4 cm). Innerhalb unseres Gebietes war vor allem im Norden das Schaben vom Brett üblich. Wo beide Typen bekannt und gängig sind, bezeichnen **Knöpfle** eher die runden, kurzen Formen, **Spätzle** bzw. **Spatzen** hingegen die länglichen. Zwischen letzteren zwei Ausdrücken besteht allenfalls der Unterschied, dass die Verkleinerungsform eher eine Essensbeilage, die Grundform aber eher Hauptgerichte (z.B. Käs- oder Krautspatzen) bezeichnet.

Spätzlein und Nudeln sind bei uns – obwohl so populär – eher jung als Nahrungsmittel; sie kommen aus Italien (vgl. Karte 107). Beide Ausdrücke sind erst relativ spät belegt, die "Spätzle" erstmals 1788. Man hat diese Teigwaren wohl mit dem Sperling verglichen, der im Süden allgemein "Spatz" heißt. Möglicherweise verbirgt sich hinter diesem Vergleich eine Verformung des italienischen Wortes pasta. Die in der Funktion unterschiedlichen **Herstellungsgeräte** haben unterschiedliche Bezeichnungen: Der "Spätzle(s)hobel" ist am weitesten verbreitet, die "Presse", auch "Drücker" genannt, ist vor allem im Norden üblich, und der neutrale Ausdruck "Spätzler" kommt vorwiegend in der Mitte des Südens vor. Das "Sieb", der wohl älteste Typ mit runden Löchern, streut vor allem im Norden und in der Mitte, im Westen gibt es außerdem den "Spatzenscheißer", die "Spatzenmodel" und den "Spatzenläucher", der wohl zum westschwäbischen Wort "laichen" gehört, das 'jagen' bedeutet.

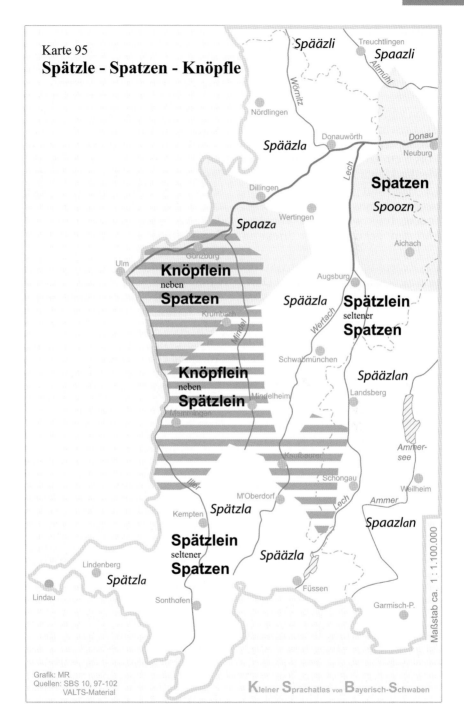

Karte 95
Spätzle - Spatzen - Knöpfle

Spääzli
Treuchtlingen
Spaazli

Nördlingen

Spääzla
Donauwörth
Donau
Neuburg

Dillingen
Spatzen
Spoozn

Spaaza
Wertingen

Aichach

Ulm
Knöpflein
neben
Spatzen
Augsburg
Spääzla
Spätzlein
seltener
Spatzen

Krumbach

Schwabmünchen

Knöpflein
neben
Spätzlein
Mindelheim
Landsberg
Spääzlan

Memmingen

Ammer-
see

Kaufbeuren
Schongau
Weilheim

M'Oberdorf
Ammer
Kempten
Spätzla
Spaazlan

Spätzlein
seltener
Spatzen
Spääzla

Lindenberg
Füssen

Spätzla
Lindau
Sonthofen
Garmisch-P.

Maßstab ca. 1 : 1.100.000

Grafik: MR
Quellen: SBS 10, 97-102
VALTS-Material

Kleiner **S**prachatlas von **B**ayerisch-**S**chwaben

Schupfnudeln

Schupfnudeln sind in den letzten 20 Jahren sehr bekannt geworden, seit sie (vermischt mit Sauerkraut und Geräuchertem) überall auf Volksfesten angeboten werden und auch als Frischnudeln in Kühlregalen von Supermärkten liegen. Sie sind 3 bis 5 cm lang, manchmal so dick wie der kleine Finger. Weil sie mit der Hand auf einem Brett gerollt werden, haben sie zwei spitzige Enden. Teils werden sie vor dem Abrösten gekocht, teils direkt in der Pfanne in Fett gebraten.

Das Rezept schwankt zwar von Region zu Region, von Dorf zu Dorf, von Familie zu Familie, doch lassen sich folgende Tendenzen festhalten: Im N werden sie vor allem aus Roggenmehl gemacht, im S teils mit Weizenmehl gemischt. Im SO kommen zum Weißmehl entweder Topfen (= Quark) oder Kartoffeln hinzu. Dort nähert sich der Schupfnudel-Teig jenem der Kartoffelnudeln, die auf die gleiche Weise hergestellt werden, überwiegend aber Kartoffeln als Teigbasis verwenden und meist auch dicker als die hier angesprochenen Schupfnudeln sind.

Die Bezeichnungen für die **Schupfnudeln** beziehen sich in der Regel auf die Herstellungsart, genauer auf den Formvorgang. Eine gute Köchin riss mit den Fingern ein kleines Stück von der Teigmasse ab und drehte es mit Fingern und Handballen so geschickt, dass in einem einzigen Bewegungsablauf eine Nudel entstand, wie eine Walze, nur mit spitzigen Enden. Der so beschriebene Bewegungsablauf war das "Schupfen", das bei uns ein mehr oder weniger starkes Stoßen (mit den Händen) bezeichnet.

Auch die **gewuzelten Nudeln / Wuzelnudeln** und die **gedrehten Nudeln** haben ihren Namen von diesem Vorgang. Mit dem dialektalen Verb "wuzeln" bezeichnet man das Drehen, das Hin- und Herrollen einer weichen Sache zwischen zwei Fingern, und eine "Wuzel" ist das, was dabei entsteht.

Die **Pfeiferlein** werden teilweise, bezogen auf die schnelle Art der Formung, mit dem Bestimmungswort *Draadiwixpfaifalan* ('Dreh-dich-schnell-') präziser benannt.

Der Terminus **Dämpfnudeln** bezieht sich wohl auf die Zubereitungsart, dass nämlich nach dem Anbraten etwas Wasser in die Pfanne gegossen wird, das sofort verdampfend die Nudeln noch gart.

Die **Kleinnudeln** verdanken ihre Bezeichnung möglicherweise ihrer geringen Größe im Vergleich zu den Dampfnudeln.

Bauchstupferlein bzw. **Bauchstecherlein** spielen auf die spitzigen Enden an. Solche scherzhaften Wörter (meist für Kinder gebildet) gibt es noch mehrere, sie blieben aber vereinzelt und bilden keine Gebiete: **Christenwürger, Bubenspitzlein, Bubenbrunzerlein**.

Baunzen heißen großräumig die ganz aus Kartoffelteig gemachten Nudeln (vgl. Karte 93); in der hier vorliegenden Bedeutung kommen sie nur in der NO-Ecke vor. Sie stellen sich wohl zum Wort "Bunz", das dialektal ein Gefäß, insbesondere ein Fass, bezeichnete.

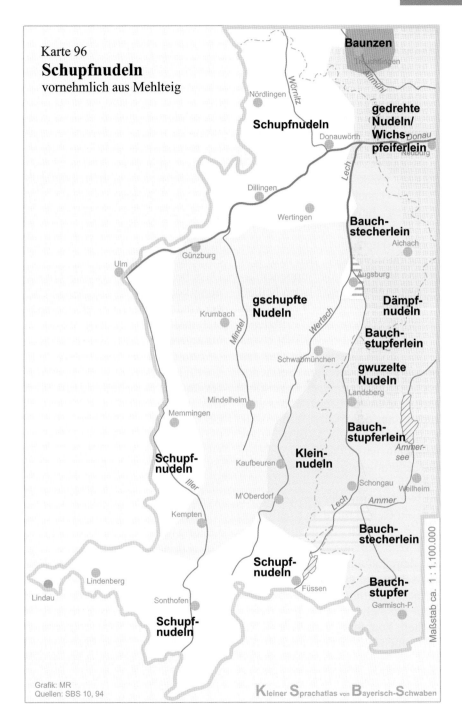

Karte 96
Schupfnudeln
vornehmlich aus Mehlteig

Baunzen

Schupfnudeln

gedrehte Nudeln/ Wichspfeiferlein

Bauchstecherlein

gschupfte Nudeln

Dämpfnudeln

Bauchstupferlein

gwuzelte Nudeln

Bauchstupferlein

Schupfnudeln

Kleinnudeln

Bauchstecherlein

Schupfnudeln

Bauchstupfer

Schupfnudeln

Maßstab ca. 1 : 1.100.000

Grafik: MR
Quellen: SBS 10, 94

Kleiner Sprachatlas von Bayerisch-Schwaben

213

zerkleinerter Pfannkuchen

Man kann aus Eiern, Mehl und Milch – je nach Art der Zubereitung und je nach weiteren Zutaten, wie etwa Äpfel oder Rosinen – einen Kaiserschmarren, ein Omelette oder einen Pfann(en)kuchen machen. Dabei ist hier unter "Pfann(en)kuchen" nicht das beispielsweise in Berlin übliche runde Hefe-Schmalz-Gebäck zu verstehen, das hierzulande "Krapfen" heißt und vornehmlich zur Fasnachtszeit gegessen wird, sondern der in einer Pfanne gebackene dünne Fladen, den man fein geschnitten auch als Suppeneinlage verwendet. Diese Fladen heißen bei uns überwiegend "Flädle", im Osten Österreichs aber "Frittaten". Wenn man nun aber den Teig etwas dicker in die Pfanne gießt und das Resultat kurz vor dem Servieren noch in der Pfanne grob zerkleinert, so dass das Ganze so aussieht wie der aus der Wiener Küche sehr populär gewordene Kaiserschmarren, dann ist es die Speise, deren Bezeichnungen hier auf der Karte vorliegen.

Im Norden unseres Gebietes findet sich ein Gebiet mit dem sächlichen Ausdruck **Koch**. Er gehört sicher zum Verb "kochen", ein Lehnwort aus dem Lateinischen (coquere), das schon die Germanen von den Römern übernommen hatten, obwohl sie sicher auch schon davor kochen konnten. Das "Koch" ist aber auch deswegen interessant, weil es zeigt, wie zentral früher Haferspeisen in unserer Ernährung waren. Der Hafer kann nämlich ohne weitere Aufbereitung (vgl. unsere Haferflocken, die nichts anderes als gequetschte Haferkörner sind) gegessen werden: Man kocht ihn auf und hat fertiges Mus. Wenn das "Koch", die allgemeine Bezeichnung für das Gekochte, im größten Teil eines Gebietes eine Haferspeise ist (auch **Ei(er)haber** muss ein Eier enthaltendes Hafergericht gewesen sein), dann müssen Haferspeisen einen zentralen Platz in der Ernährung unserer Vorfahren eingenommen haben.

Dass bei dieser Speise die Unordnung konstituierend ist – ein schöner Fladen wird zerstoßen – spiegelt sich in den Bezeichnungen **Durcheinander** oder **Rumundnum** (= rum und num 'herüber und hinüber'); gleiches gilt für **Umgerührtes** und **Gemockeltes**. Im Mhd. war eine mocke ein 'Klumpen', ein 'Brocken'. Und so tritt einem diese Speise ja auch gegenüber.

Die Bezeichnung **Kratzet(e)** hebt wohl darauf ab, dass man diese Speise vom Pfannenboden kratzt, wenn sie dort anhaftet. Das "-ete" ist wiederum eine kollektivierende Endung (vgl. Text zu Karte 94).

Zu erklären bleibt noch der **Schmarren**: Er hängt mit dem Wort "Schmer" (ahd. smero) für eine bestimmte Art von Fett zusammen und bezeichnet also eine Speise, die in Fett gebacken wird. Davon ausgehend hat das Wort "Schmarren" mit der Zeit eine ziemlich breite Anwendungsmöglichkeit erlangt: 'Unsinn', 'wirres Zeug' u.Ä.

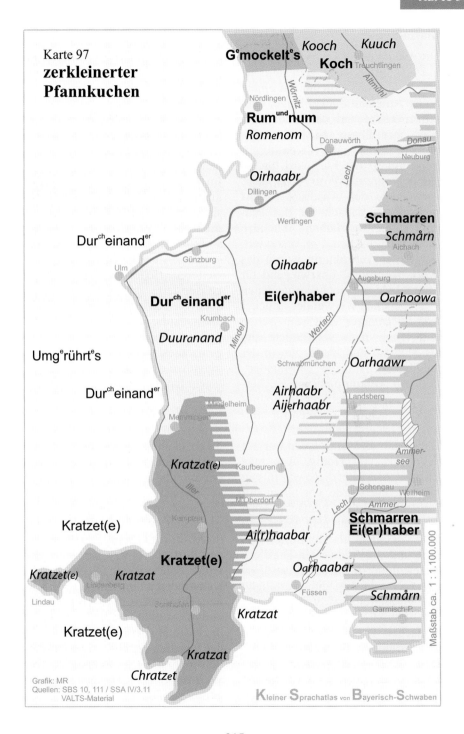

Karte 97
zerkleinerter Pfannkuchen

G^emockelt^es · Kooch · Kuuch
Koch · Treuchtlingen
Nördlingen
Rum^{und}num
Romenom · Donauwörth · Donau
Neuburg
Oirhaabr
Dillingen
Wertingen
Schmarren
Schmårn
Aichach
Dur^{ch}einand^{er}
Günzburg
Ulm
Oihaabr
Augsburg
Dur^{ch}einand^{er} · **Ei(er)haber** · *Oarhoowa*
Krumbach
Duuranand
Umg^erührt^es
Schwabmünchen · *Oarhaawr*
Dur^{ch}einand^{er} · *Airhaabr Aijerhaabr*
Mindelheim · Landsberg
Memmingen
Ammersee
Kratzat(e) · Kaufbeuren
Kratzet(e)
Kempten · *Ai(r)haabar* · **Schmarren Ei(er)haber**
Schongau · Weilheim
M.Oberdorf · Ammer
Kratzet(e)
Kratzet(e) · Kratzat · *Oarhaabar*
Iller
Lindau · Füssen · *Schmårn*
Garmisch-P.
Kratzet(e)
Kratzat
Kratzat
Chratzet

Maßstab ca. 1 : 1.100.000

Grafik: MR
Quellen: SBS 10, 111 / SSA IV/3.11
VALTS-Material

Kleiner Sprachatlas von Bayerisch-Schwaben

215

Marmelade

Die Marmelade ist eine verhältnismäßig junge Speise. Man stellt sie her, indem man Früchte mit einem hohen Anteil an Zucker länger oder kürzer kocht und damit als Brei oder eher flüssig haltbar macht. Seit 1982, seit der "Konfitüren-Verordnung" der EG, wird für die Handelsware das Wort "Konfitüre" verwendet, der Ausdruck "Marmelade" ist danach für das Produkt aus Zitrusfrüchten, d.h. also für den englischen Typ, reserviert. Vor dieser Verordnung wurde das Wort "Konfitüre" überwiegend für Marmelade mit noch vorhandenen Fruchtstücken verwendet. Zucker war in früherer Zeit sehr selten und teuer, man verwendete ihn als Medizin und kaufte ihn in der Apotheke. Erst im 19. Jahrhundert, mit dem Aufkommen von Zuckerrüben, wurde er billiger, und damit wurden auch Marmeladen für breitere Kreise erschwinglich.

Davor gab es Marmeladen nur auf der Basis von Honig, was man **Latwerge** nannte; diese war flüssig bis fest und wurde vor allem mit Holunder / Holder gemacht. Auch die Latwerge war sehr teuer und fand vor allem als Heilmittel Verwendung. Im Südwesten hat diese Bezeichnung noch teilweise überlebt (als *Latwäära* im Westallgäu und im angrenzenden Vorarlberg). Sie stammt aus einem mittellateinischen Fachwort der Medizin (electuarium 'das Erlesene').

Das Wort **Marmelade** selbst kommt aus dem Französischen (dort aus dem Portugiesischen, wo es ein Quittenmus bezeichnete) und ist um 1600 erstmals im Deutschen belegt. In unserer Region war es, genau wie **Konfitüre**, ein Wort der Schriftsprache, es ist aber älter als letzteres und wurde von unseren Gewährsleuten immer wieder genannt.

Im größten Teil unseres Gebietes gibt es die für uns noch sehr durchsichtigen Bezeichnungen **Eingemachtes, Eingekochtes, Eingesottenes, Einsutt**. Wir kennen die beiden ersten davon auch in einer weiteren Bedeutung: in Gläsern konservierte ganze Früchte oder auch Fleisch. Diese Art von Haltbarmachung fand erst im 20. Jahrhundert weitere Verbreitung. "Eingemachtes" war alles, was man in irgendwelchen Gefäßen haltbar gemacht hat. Das war aber früher nur mit Salz und anderen Gewürzen möglich, z.B. beim Fleisch, beim Kraut (zu Sauerkraut) und bei anderen Gemüsesorten. Die Konservierungsfunktion von Salz finden wir auch in Wörtern wir "Sulz/Sülze" (Konservierung mit Gelatine), "Salami" und englisch "sausage" für 'Wurst'. Wir finden es aber auch im Ausdruck **Gesälz**. Das allgemeine Wort für etwas Konserviertes wurde dabei auf die neuere Art des Konservierens mit Zucker übertragen. Diesen Ausdruck gibt es nicht nur in unserem Gebiet hier, er ist das Normalwort des Schwäbischen, das westlich der Iller noch wesentlich mehr in Verwendung ist. Das Wort ist im Schwäbischen schon alt und um 1600 zuerst belegt.

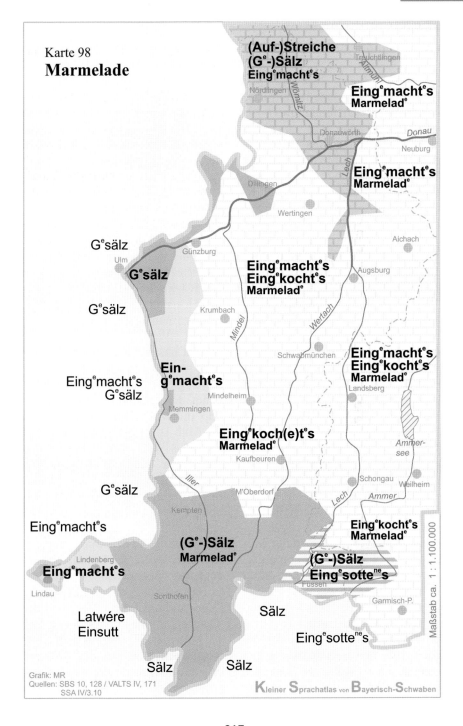

Karte 98
Marmelade

(Auf-)Streiche
(G^e-)Sälz
Eing^{e}macht^{e}s

Eing^{e}macht^{e}s
Marmelad^e

Eing^{e}macht^{e}s
Marmelad^e

G^{e}sälz

G^{e}sälz

G^{e}sälz

Eing^{e}macht^{e}s
Eing^{e}kocht^{e}s
Marmelad^e

Eing^{e}macht^{e}s
G^{e}sälz

Ein-
g^{e}macht^{e}s

Eing^{e}macht^{e}s
Eing^{e}kocht^{e}s
Marmelad^e

Eing^{e}koch(e)t^{e}s
Marmelad^e

G^{e}sälz

Eing^{e}macht^{e}s

Eing^{e}kocht^{e}s
Marmelad^e

Eing^{e}macht^{e}s

(G^e-)Sälz
Marmelad^e

(G^e-)Sälz
Eing^{e}sotte^{ne}s

Latwére
Einsutt

Sälz

Eing^{e}sotte^{ne}s

Sälz

Sälz

Maßstab ca. 1 : 1.100.000

Grafik: MR
Quellen: SBS 10, 128 / VALTS IV, 171
    SSA IV/3.10

Kleiner Sprachatlas von Bayerisch-Schwaben

217

Käserei

Früher wurde die Milch, die auf dem Bauernhof anfiel, auch dort verarbeitet. Die Umstellung von der Dreifelderwirtschaft zur Fruchtwechselwirtschaft brachte im 18. Jh. eine Vermehrung des bewirtschaftbaren Ackerbodens um ein Drittel, damit auch eine Vermehrung des Ertrags, was auch zu einer Steigerung der Milchproduktion führte und im 19. Jh. Betriebe entstehen ließ, die sich speziell Milch verarbeiteten. Im Allgäu kam noch hinzu, dass billige Importbaumwolle den Flachsanbau unrentabel machte, so dass man sich dort schon ab 1820 vermehrt der Milchwirtschaft zuwandte – das blaue Allgäu wurde zum grünen Allgäu – und dass man auch die Technik der Milchverarbeitung verbesserte, indem man den bisher gemachten "Ziger" (= magerer Quarkkäse; vgl. Karte 100) ersetzte durch "Backsteinkäse" (= Limburger) und "Schweizerkäse" (= Emmentaler). Das führte zu zentralerer Verarbeitung größerer Milchmengen in eigens dafür erbauten Häusern, die meist auf Genossenschaftsbasis erstellt und betrieben wurden. Im Allgäu geschah das schon früher, in der Mitte und im N Schwabens erst ab ca. 1870. Um die Bezeichnung dieser Betriebe, die man zweimal am Tag zum Abliefern der Milch aufsuchte, geht es auf der Karte.

Im N überwiegt das Wort, das wir auch von der Schriftsprache her kennen, die **Molkerei**, daneben auch **Molke**, und derjenige, der dort arbeitet, ist der "Molker". Das Wort "Molke" hängt mit "melken" zusammen und bezeichnet den 'Ertrag des Melkens', das "Gemolkene". Noch in mhd. Zeit wurde es für Milch bzw. Butter und Käse verwendet. In diesem Sinne wäre der "Molker" parallel zum "Käser" zu sehen, und die "Molkerei" parallel zur "Käserei". Die Bezeichnung "Molke" ist wohl aus der "Molkerei" zurückgebildet worden, so wie man heute "Tanke" für "Tankstelle" hört oder wie "Kneipe" aus "Kneipschenke" entstanden ist.

Die **Käskuche** bezeichnete auf großen Höfen ursprünglich den Raum, in dem man die Milch verarbeitete (vgl. "Waschküche") und wurde von da aus auf das später entstandene ganze Gebäude übertragen.

Im S gibt es die **Sennerei**. Man kennt den "Senn(en)", der auf der Alp die Milch verarbeitet. Schon im Ahd. ist er als s e n n o überliefert. Das Wort kommt nur in den Alpen vor und stammt wohl aus dem Keltischen. Es ist urverwandt mit unserem "Spanferkel", dessen erster Bestandteil einmal 'Zitze' bedeutet hat.

Im Westallgäu bezeichnet man die Molkerei auch als **Lokal**, das ist eine aus "Sennereilokal" verkürzte Bezeichnung, die wohl über die "Entwicklungshilfe", welche die Käseherstellung im Allgäu in der 1. Hälfte des 19. Jhs. aus dem Limburgischen bzw. aus der Schweiz erhalten hat, in unsere Region gekommen ist.

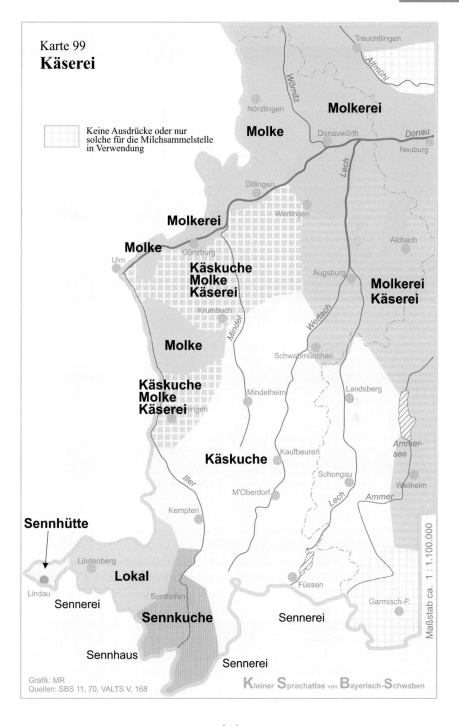

Karte 99
Käserei

Keine Ausdrücke oder nur
solche für die Milchsammelstelle
in Verwendung

Molkerei

Molke

Molkerei

Molke

Käskuche
Molke
Käserei

Molkerei
Käserei

Molke

Käskuche
Molke
Käserei

Käskuche

Sennhütte

Lokal

Sennerei

Sennkuche

Sennerei

Sennhaus

Sennerei

Maßstab ca. 1 : 1.100.000

Grafik: MR
Quellen: SBS 11, 70, VALTS V, 168

Kleiner Sprachatlas von Bayerisch-Schwaben

Quark (einfacher Sauermilchkäse)

Grundlage für diese Speise, die früher auf dem Bauernhof selbst hergestellt wurde, ist die roh in Schüsseln an einem warmen Ort aufgestellte Milch. Sie stockte nach etwa zwei Tagen und wurde entweder sofort verzehrt (als "gestöckelte Milch", "Topfenmilch", "Schlotter", "Schluder") oder weiter verarbeitet. Die gestockte Milchmasse wurde zerkleinert und stehen gelassen oder noch etwas erwärmt, damit sich die Käsemasse von der grünlichen Molke sonderte. Diese Masse ließ man dann in Tüchern oder Seihern abtropfen, so dass ein Frischkäse zurückblieb, der oft in kleine "Käslein" geformt wurde.

Das weit verbreitete Wort **Topfen** (*Dopfa, Dopfn*), auch in der zusammen gesetzten Form **Topfenkäs** (*Dopfakääs*), ist seit dem 13. Jh. als mhd. topfe belegt. Es hat wohl damit zu tun, dass diese Speise in Töpfen gemacht oder aufbewahrt wurde. Nicht auszuschließen ist allerdings auch eine Herleitung von ahd. topho, mhd. topfe, nhd. "Tupf(en)" im Sinne von 'Fleck, Punkt'. In diesem Falle hätten die geronnenen Milchklümpchen die Benennung motiviert. In Mittelschwaben und am oberen Lech liegt dieser Worttyp als **Toppen** (*Doba*), also mit unverschobenem Plosivlaut vor. Vergleichbare Wechsel bei den Konsonanten gibt es in unserem Raum mehrfach: "schopfen – schoppen", "stopfen – stoppen" und "Schnupfen – Schnuppen".

Hinter dem im Südwesten üblichen Ausdruck **Ziger** (*Ziiger, Ziigera*) bzw. **Zigerkäs** (*Ziigerkääs*) steckt wohl ein keltisches Wort *tsigros in ähnlicher Bedeutung, das sich aus der gallischen (= keltischen) Alpwirtschaft über die römische Zeit bis heute erhalten hat.

In die römische Frühzeit unserer Sprachgeschichte führt uns auch der im Ries belegte Ausdruck. Dort, wo der Name der römischen Provinz Rätien noch weiterlebt ("Ries" < Rætia), überlebte auch das Wort **Schotten** (*Schoda*), dem ein lat. *excocta (materia) 'ausgekochte (Materie)' zugrunde liegt. Der Quark wäre also die Masse, die beim Erwärmen der Milch entsteht.

Im Norden deuten Zusammensetzungen von Ausdrücken für die kleinen Hühner mit dem Grundwort "-käs" darauf hin, dass dort dieses Produkt auch als Futter für Jung-Hühner verwendet wurde: **Zibeleskäs** (*Ziwaleskääs*), **Biberleskäs** (*Biwaleskääs*) und **(G)Luckeleskäs** (*Lugaleskääs, Glugaleskees*). Wegen der lautlichen Ähnlichkeit wird allerdings "Zibeleskäs" heute oft mit "Zwiebeln" in Verbindung gebracht.

Quark, das aus dem Slawischen (vgl. sorbisch twarog) entlehnte Wort der Standardsprache, verdrängt heute die älteren Dialektwörter, von denen allerdings eines, nämlich "Topfen", als Produktname einer bayerischen Großmolkerei eine neue Karriere in der Schriftsprache erlebt hat.

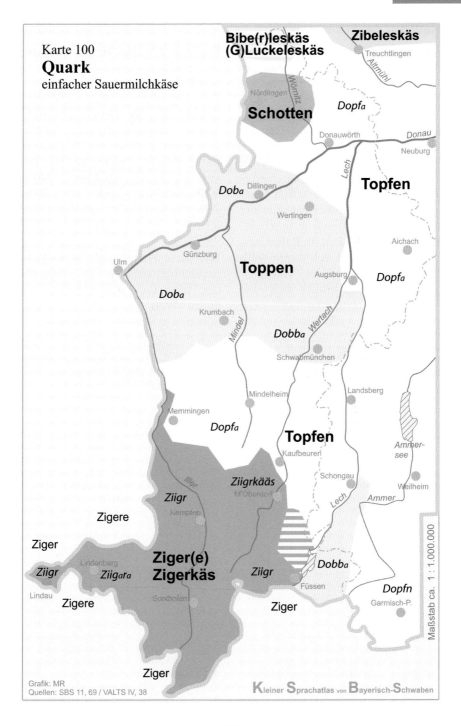

Karte 100
Quark
einfacher Sauermilchkäse

Bibe(r)leskäs
(G)Luckeleskäs

Zibeleskäs

Treuchtlingen

Nördlingen

Schotten

Dopfa

Donauwörth

Donau

Neuburg

Doba   Dillingen

Wertingen

Topfen

Aichach

Günzburg

Ulm

Toppen

Augsburg

Dopfa

Doba

Krumbach

Dobba

Schwabmünchen

Mindelheim

Landsberg

Memmingen

Dopfa

Topfen

Kaufbeuren

Ammer-
see

Schongau

Weilheim

Ziigrkääs

M'Oberdorf

Ziigr

Ammer

Ziigr

Kempten

Zigere

Ziger

Ziigr   Lindenberg   Ziigara

Ziger(e)
Zigerkäs

Ziigr

Dobba

Lindau

Füssen

Dopfn

Zigere   Sonthofen

Ziger

Garmisch-P.

Maßstab ca. 1 : 1.000.000

Ziger

Grafik: MR
Quellen: SBS 11, 69 / VALTS IV, 38

Kleiner Sprachatlas von Bayerisch-Schwaben

221

Haut auf der gekochten Milch

Durch Erwärmen kann man die Milch haltbarer machen. Das geschieht in milder Form durch Pasteurisieren (= Erhitzung auf Temperaturen unter 100° C, z.b. auf 72° C für 30 Sekunden). Bei der H-Milch sind es Temperaturen bis 150° C. Dadurch werden neben anderen auch die Milchsäurebakterien abgetötet, die die Milch sauer werden lassen. Früher hat man die Milch einfach einmal aufgekocht. Dabei wurde das Fett im Rahm ausgeschmolzen und schwamm gelb auf der Oberfläche, und vom ausgefällten Eiweiß bildete sich eine Haut. Diese Haut war bei vielen sehr unbeliebt, viele Kinder mochten sie nicht. Trotz dieser doch mit Emotionen beladenen Fakten zeigt die Karte ein ruhiges Bild.

Das neutrale und schriftsprachliche Wort **Haut** herrscht im gesamten Norden.

Die Bezeichnung **Hexe** ist darauf zurückzuführen, dass im Volksglauben die Meinung weit verbreitet war, Hexen würden Butter und Rahm stehlen, weil sie das Fett für ihre Ernährung brauchten. Wenn man diese Haut von der Milch abzog, konnte man sie der Hexe schenken, bzw. es war nichts mehr für sie da.

Wer diese Haut hingegen als **Pelz** bezeichnet, denkt an den Pelz eines Tieres, nicht jedoch daran, dass dieses Wort aus dem mittelalterlichen Lateinischen (pellicia > ahd. pelliz) entlehnt ist, das selbst wiederum zu klassisch lateinisch pellis 'Haut' gehört.

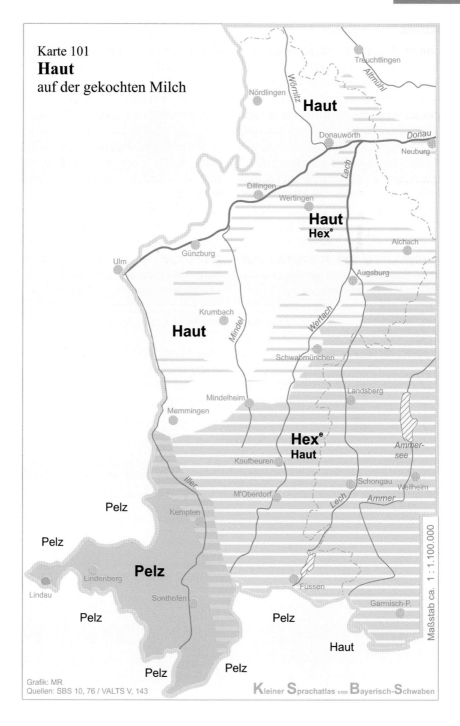

Karte 101
Haut
auf der gekochten Milch

Kaffee

Schon im Jahr 1573 lernt der Augsburger Arzt und Orientreisende Leonhard Rauwolf in Aleppo das Kaffeegetränk kennen, und er berichtet 1582 darüber in seiner Reisebeschreibung, die in Lauingen erschienen ist.

In der Mitte des 17. Jahrhunderts entstehen in Venedig, London und Marseilles erste Kaffeehäuser, in Paris 1672 und in Wien 1683, nachdem man bei der Belagerung Wiens durch die Türken 500 Sack Kaffee erbeutet hatte. In der Folge entstehen auch im binnendeutschen Raum Kaffeehäuser.

Der Kaffee kommt großenteils über Frankreich zu uns, was man dem Wort heute noch ansieht: einerseits in der noch vorhandenen Schreibung *Café*, andererseits in der Betonung auf der zweiten Silbe, die im Süden vorherrscht. Diese Betonung führte in der gesprochenen Sprache zu einer Längung dieser offenen, also nicht durch einen Konsonanten gedeckten, Silbe, was letztlich auch Folgen für die deutsche Schreibung hatte. In großen Teilen unseres Gebietes ist der betonte Vokal außerdem deutlich vernehmbar zum *ää* geöffnet worden.

Man muss aber innerhalb des deutschen Sprachraumes auch noch mit einer Herkunft aus England rechnen, da im 18. Jahrhundert die Schreibungen K a f f e e und K o f f e e nebeneinander stehen und außerdem im norddeutschen Raum das Wort vorwiegend auf der ersten Silbe betont wird.

Das Wort **Kaffee** selbst ist von arabischer Herkunft (q a h w a), das über das Türkische (k a h v e) in die europäischen Sprachen gelangt ist.

224

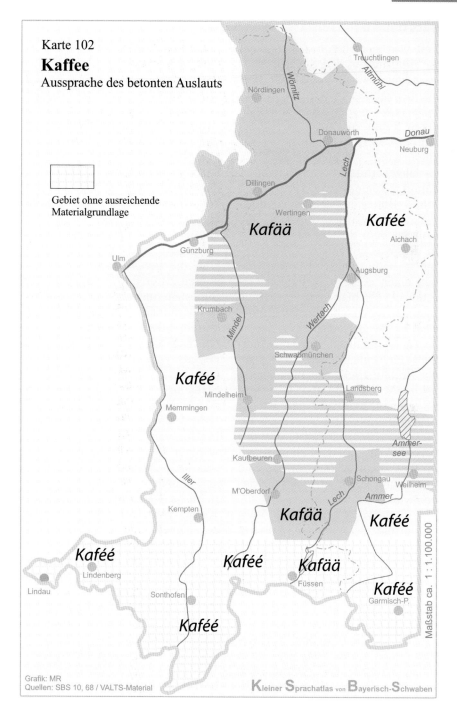

Karte 102

Kaffee

Aussprache des betonten Auslauts

Gebiet ohne ausreichende
Materialgrundlage

Grafik: MR
Quellen: SBS 10, 68 / VALTS-Material

Kleiner Sprachatlas von Bayerisch-Schwaben

Maßstab ca. 1 : 1.100.000

225

Rückstand beim Auslassen von Butter

Fett war in früheren Zeiten nicht so billig und in den Speisen nicht so allgegenwärtig wie heute. Einen beträchtlichen Teil des nötigen Fetts gewann man aus der Milch, deren Rahm zu Butter verarbeitet wurde. Um Butter haltbar zu machen, wurde sie ausgelassen, d.h. so lange erhitzt, bis alles Wasser daraus verdampft war. Übrig blieb reines Butterfett, aber auch noch braune, grießartige Flocken, die sich aus dem Resteiweiß, das sich in den Wasseranteilen befand, gebildet hatte. Diese Flocken haben einen eigenen, würzigen Geschmack, den man in den einzelnen Familien unterschiedlich schätzte. Man verwendete diese Masse gerne zum Abbräunen von Schupfnudeln, für Bratkartoffeln, aber auch als Brotaufstrich. Wo man wenig eigene Milch und damit auch keine eigene Butter hatte, gab es auch keinen signifikanten Ausdruck für diese Sache. Das ist im Großstadtbereich Augsburg der Fall und auch im Ries, wo Ackerbau vorherrschte und kaum Milchwirtschaft getrieben wurde.

Die Karte zeigt eine große Vielfalt an unterschiedlichen Wörtern. Den größten Teil unseres Gebietes nehmen **Süder(e)** und die damit verwandten Formen **Südel/Sügel** ein. Diese Worttypen sind sicher aus dem sehr alten Verb "sieden" entstanden (vgl. auch "Sud"). Sie bezeichnen das Ergebnis des Siedens (vgl. Karte 90), was beim Sieden entsteht, das Ergebnis eines Vorgangs. Die im Westen vorhandene Endung "-er" ist jünger als "-el", das in den Gebieten östlich des Lechs in der gleichen Funktion vorkommt. Denn der "Ursüdel" ist etwas, was (her)ausgesotten (worden) ist (zum Wechsel von -d- und -g- vgl. Karten 143-145). Die Vorsilbe ur- entspricht historisch unserem heutigen er-, das sich in unbetonter Stellung abgeschwächt hat. Damit erweist sich "Ursüdel" als die entwicklungsgeschichtlich älteste Form, "Ursüder(e)" hat die modernere Endung angenommen. Und die geographisch nicht klar abgrenzbaren Formen auf "Un-" im Südosten sind wohl unter Einfluss des Ausdrucks "Unschlitt" für Rinderfett, Talg entstanden.

Die Bezeichnung **Satz** (vgl. "Bodensatz") gehört zum Verb "setzen" (so wie "Ritt" zu "reiten"), und die **Streiche** gehört zu "streichen" ('was man auf das Brot streicht').

Beim **Sauerschmalz** stand wohl im Hintergrund, dass hiermit etwas weniger Wertvolles gemeint war, was sich im Schmalzkübel unten ansammelte.

In diese Richtung geht auch der **Kahm** (*Kåuᵐm*, mhd. kâm); er bezeichnete einerseits den 'Schimmel', der sich auf Flüssigkeiten bilden kann, andererseits auch den Bodensatz, der sich beispielsweise im Mostfass ablagerte.

Das Wort **Bramschmalz** im hinteren Bregenzer Wald setzt sich zusammen aus "Schmalz" für 'Butter' und aus dem Bestimmungswort "Bram-", welches aus der Vorsilbe be- und ahd. rām 'Schwärze,

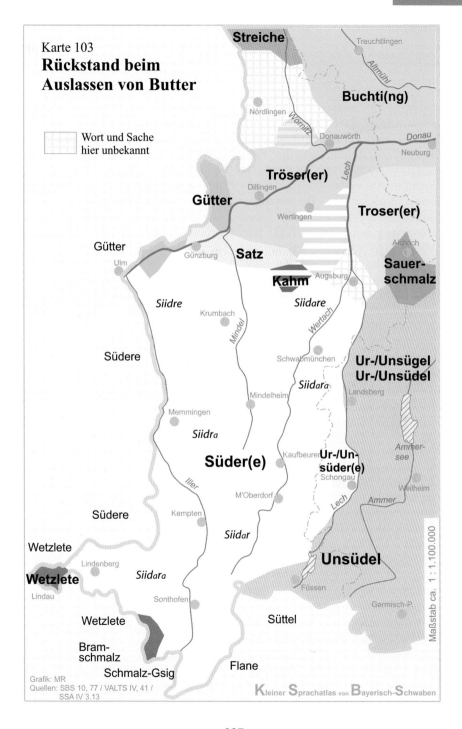

Karte 103

Rückstand beim Auslassen von Butter

Wort und Sache
hier unbekannt

Streiche

Treuchtlingen

Altmühl

Buchti(ng)

Nördlingen

Wörnitz

Donauwörth

Donau

Neuburg

Tröser(er)

Dillingen

Gütter

Wertingen

Troser(er)

Gütter

Ulm

Günzburg

Satz

Aichach

Augsburg

Kahm

Sauer-schmalz

Siidre

Krumbach

Siidare

Wertach

Mindel

Südere

Schwabmünchen

Ur-/Unsügel
Ur-/Unsüdel

Siidara

Mindelheim

Landsberg

Memmingen

Siidra

Süder(e)

Kaufbeuren

Ur-/Un-süder(e)

Schongau

Ammer-see

Iller

M'Oberdorf

Lech

Ammer

Weilheim

Südere

Kempten

Siidar

Wetzlete

Lindenberg

Siidara

Unsüdel

Füssen

Lindau

Sonthofen

Garmisch-P.

Wetzlete

Wetzlete

Süttel

Bram-schmalz

Flane

Schmalz-Gsig

Maßstab ca. 1 : 1.100.000

Grafik: MR
Quellen: SBS 10, 77 / VALTS IV, 41 /
SSA IV 3.13

Kleiner Sprachatlas von Bayerisch-Schwaben

Schmutz' gebildet ist. Die ursprüngliche Bedeutung ist also 'rußige, schmutzige Butter'. Im Westallgäu kennt man auch noch das entsprechende Adjektiv im *brååmega Frittag* ('rußiger Freitag').

Beim Wort **Gütter** lässt sich allenfalls ein Zusammenhang mit "Kutter" herstellen, was im Zentralschwäbischen ein verbreitetes Wort für 'Abfall' ist.

Eine vergleichbare Benennungsmotivation haben auch die Typen **Tröser(er)** bzw. **Troser(er)**. Das Wort "Tros" bezeichnet normalerweise den Rückstand, der beim Pressen von Trauben oder anderem Obst übrig bleibt. Verwandt damit sind ahd. t r u o s 'Bodensatz', sowie t r u o s a h und t r u o s a n a mit der gleichen Bedeutung.

Auch das Walserische **Schmalz-Gᵉsig** ist so motiviert: Ahd. s ī g a n heißt 'sinken, sich senken', das *Gsiig* ist also das, was sich niedergesenkt und am Boden gesammelt hat. Dieses Wort ist in allen Siedlungsgebieten der Walser, vom Wallis bis ins Kleinwalsertal verbreitet.

Der **Buchti** bzw. **Buchting** ist wohl aus dem Slawischen in unsere Dialekte eingedrungen, genauso wie "Buchtel/Wuchtel", das zu tschechisch b u c h t a 'Schmalznudel' gehört, ein Wort, das selbst wieder etwas mit Schmalz zu tun hat (vgl. Text zu Karte 93).

Romanischen Ursprung könnte man beim Ausdruck **Wetzlete** am Bodensee und im vorderen Bregenzer Wald vermuten. Er ginge dann letztlich auf eine lateinische Form *vetus lacte(m) ('alte Milch') zurück. Wahrscheinlicher aber ist, dass das die ursprüngliche Bezeichnung für den Bodensatz im Wetzsteinbehälter, also für den Abrieb vom Wetzstein war, die dann auf den Bodensatz bei der ausgelassenen Butter übertragen wurde.

In der **Flane** (*Floona*) im Tiroler Lechtal steckt sicher eine lateinische Vorform, die auch die Basis des Typs "Fäule" im altromanischen Süden Vorarlbergs und in Graubünden ist. Beiden liegt eine (alpen-)romanische Zwischenform v e g l i a n a s zugrunde, die letztlich eine suffigierte Form von lat. v e t u l u s (zu v e t u s 'alt') darstellt.

Wortkreuzung

In der gesprochenen Sprache kommt es oft vor, dass einem zwei Wörter gleichzeitig einfallen, dass man sich dann nicht auf Anhieb entscheiden kann und schließlich die Wörter vermischt. Diese Bildungen sind jedoch meist vergänglich, man korrigiert sich und entscheidet sich für eine Form. Manchmal findet man jedoch solche Bildungen so gut, dass man sie aufgreift und weiter verwendet. So werden sie zu eigenständigen Wörtern. So ist es mit Bildungen wie "Kurlaub" (aus "Kur" + "Urlaub"), "jein" (aus "ja" + "nein). Solche Bildungen kommen auch in unseren Dialekten vor. Sie bilden oft Übergangsgebiete zwischen verschiedenen Wörtern oder Formen. So eine Erklärung kommt in Frage, wenn etwa zwischen den Verbreitungsgebieten von "Dachrinne" und "Traufkäner" die Bildung "Traufrinne" vorkommt oder wenn neben "Hutzelbrot" und "Birnenzelten" auch noch vereinzelt "Hutzelzelten" auftaucht.

zu wenig gesalzen/geschmacklos (zu den Karten 104+105)

In Zeiten, da vorgefertigte Suppen die Küche beherrschen, wo millionenfach identische Suppenpäckchen die Fabriken verlassen und wir trotzdem glauben, einen höchst individuellen Lebensstil zu pflegen, da kommt es eher selten vor, dass eine Suppe wenig bis keinen Geschmack hat. Dafür wird in den Chemieküchen gesorgt. Früher war das anders. Den Suppenfond kochte die Hausfrau aus Rindfleisch, Rinderknochen und/oder aus Gemüse, die Einlagen kamen später erst dazu. Gesalzen wurde diese Suppe auch (aus Haltbarkeitsgründen) relativ spät. Außerdem lebte man noch nicht unter dem Diktat einer Medizin, die uns heute empfiehlt, wenig zu salzen und dafür mehr zu trinken. So wurde am Tisch kräftig nachgesalzen und eine Suppe schnell für "fad" erklärt.

Auch in der Hochsprache ist **fad** das gängige Wort, es bezieht sich aber auf den gesamten Geschmack und nicht nur auf den Mangel an Salz. Auch im O und N unseres Gebietes herrscht "fad" vor, oder dieser Zustand wird mit kurzen Sätzen umschrieben: "schmeckt nach nichts", "hat keinen Geschmack o.ä. Es gibt dort keinen einfachen Ausdruck für 'zu wenig gesalzen'. Dies trifft auch für das Schriftdeutsche zu, wo es zwar ein Wort für 'nicht hungrig', nämlich "satt", aber keines für 'nicht durstig' gibt. Die Kunstschöpfung "sit" hat sich nicht durchsetzen können.

Unser Dialektgebiet kennt aber sehr wohl Adjektive, die in erster Linie den mangelnden Salzgehalt einer Speise bezeichnen. Im Westen und teilweise im Süden sind verschiedene Worttypen noch stabil in den Dialekten verankert (z.B. "leins" u.a.); die Typen "öde" und "süß" aber sind nicht mehr so sicher, sie sind am Verschwinden. Es gab aber auch andere Wörter für 'versalzen': im Westen "räß", zu ahd. rāzi 'scharf' (ziemlich stabil), im Osten ein ziemlich verbreitetes "sauer" (als Gegenwort zu "süß"), das früher, wie Restbelege zeigen, einmal weit auch im Westen und Norden verbreitet war. Unsere Karten lassen die folgenden Gegensatzpaare für einen älteren Sprachzustand rekonstruieren: "leins – räß", "lin/lack/öde/süß – sauer".

Der Typ **lin/len** ist auf ein mhd. lin für 'lau, matt' zurückzuführen; **leins** (*lei^{n}s, leis, liis*) geht wohl auf mhd. lîs 'leise, allmählich, sanft' (vgl. auch Karte 49) zurück; es tritt schon damals auch als lins auf. Vielleicht hat es sich mit "lin" gekreuzt, das eine vergleichbare Bedeutung hat, aber von anderer Herkunft ist (vgl. Textkasten links). Möglich ist aber auch eine hyperkorrekte Nasalierung wie sie z.B. auch in "Mase" für 'Fleck' (vgl. Karte 113) oder in "Maus" (*Mou^{n}s*) vorkommt.

Das Wort **öde** geht auf mhd. œde zurück, das schon damals 'leer' und 'öde' bedeutet hat; und **lack** bezeichnet auch Pflanzen, die welk sind oder eine Speise, die nicht die richtige Temperatur hat, dem

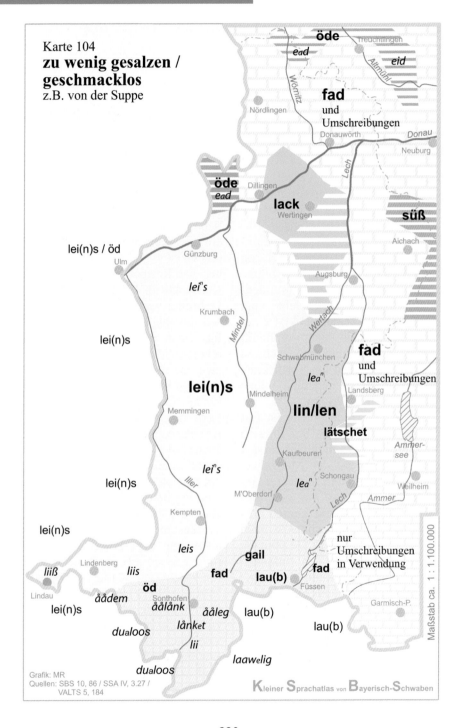

Karte 104
**zu wenig gesalzen /
geschmacklos**
z.B. von der Suppe

öde
ead

eid

fad
und
Umschreibungen

Nördlingen

Donauwörth

Donau

Neuburg

öde
ead

Dillingen

lack
Wertingen

süß

Aichach

lei(n)s / öd
Ulm

Günzburg

leiⁿs

Augsburg

Krumbach

Mindel

Werfach

lei(n)s

Schwabmünchen

fad
und
Umschreibungen

leaⁿ

Landsberg

lei(n)s

Mindelheim

Memmingen

lin/len

lätschet

Kaufbeuren

Ammersee

leiⁿs

Schongau

lei(n)s

Iller

leaⁿ

M'Oberdorf

Weilheim

Ammer

Kempten

lei(n)s

leis

gail

nur
Umschreibungen
in Verwendung

liiß

Lindenberg

liis

fad

lau(b)

fad

Lindau

åådem

öd
Sonthofen
åålånk

Füssen

Garmisch-P.

lei(n)s

duₐloos

lånket

ååleg

lau(b)

lau(b)

lii

laawₑlig

duₐloos

Maßstab ca. 1 : 1.100.000

Grafik: MR
Quellen: SBS 10, 86 / SSA IV, 3.27 /
VALTS 5, 184

Kleiner Sprachatlas von Bayerisch-Schwaben

schriftsprachlichen "lau" (das es bei uns auch als "laub") entsprechend. Ein "lackes" Bier ist zu warm, eine "lacke" Suppe zu kalt. Die Herkunft dieses weit verbreiteten Wortes liegt im Dunkeln, vielleicht gehört es irgendwie zu "lau".

Bemerkenswert ist die Entwicklung von **gail**. Es bedeutet im Ahd. und Mhd. vor allem 'übermütig, frech, fröhlich, mutwillig', zum Nhd. hin wurde es auf den Gebrauch in sexuellem Zusammenhang eingeschränkt; im schwäbischen Dialekt hat es die alten Bedeutungen durchaus noch behalten, hier auf dieser Karte ist es in sehr eingeschränkter Bedeutung präsent.

Mit **lätschet** bezeichnet man normalerweise etwas (zu) Weiches. Das Wort hängt zusammen mit "Lätsch" für 'Schleife, Knoten am Schuh und anderswo' und ist auf ein lat. laqueus 'Schlinge' zurückzuführen, das über ital. laccio 'Schlinge, Schnur' in unsere süddeutschen Dialekte eingegangen ist. Es bezeichnete also ursprünglich etwas, was weich herunterhängt.

Im Oberallgäu begegnen uns die Adjektive **åålånk, lånket** und **ååläg**, und beidseits der Grenze von Westallgäu und Bregenzerwald sind vereinzelt Ausdrücke wie **åådem** in Gebrauch. In der Vorsilbe åå- steckt entweder die alte Präposition ân(e), die Vorform unseres heutigen Wortes "ohne", oder aber die schon

ahd. belegte Vorsilbe ā- für 'von, weg, fort, fehlend'; es wird also in jedem Fall etwas nicht Vorhandenes ausgedrückt (vgl. auch "aper" in Karte 151). Der Stamm *lånk* gehört wohl zu mhd. langen, das auch 'verlangen' und 'gelüsten' bedeutet. Damit wäre die Suppe so, dass sie kein Verlangen hervorruft. In diese Richtung geht auch **dualoos**, das in der Literatur als "tonlos", also 'ohne Ton', 'ohne Pfiff' interpretiert wird. Vermutlich steckt aber im ersten Wortglied das Verb "tun", in dem Sinne, wie man verbreitet auch sagen kann, dass irgendeine Sache "keinen richtigen Tun" habe.

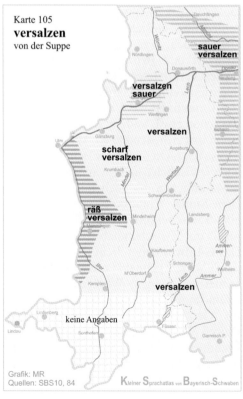

Karte 105
versalzen
von der Suppe

sauer
versalzen

versalzen
sauer

versalzen

scharf
versalzen

räß
versalzen

versalzen

keine Angaben

Grafik: MR
Quellen: SBS10, 84

Kleiner Sprachatlas von Bayerisch-Schwaben

231

Zwischenmahlzeit (vornehmlich am Vormittag)

Bei unseren germanischen Vorfahren waren zwei Mahlzeiten pro Tag üblich. Erst die Klöster führten im Mittelalter eine weitere Mahlzeit am Mittag ein, die dann zur wichtigsten wurde. Zwischenmahlzeiten am Vormittag und am Nachmittag sind seit dem 13. Jh. bei städtischen Bürgerschichten belegt. In den ländlichen Gebieten richtete sich der Tagesablauf nach der vorhandenen Lichtzeit, und die Mahlzeiten, die immer gemeinsam in der Familie (und die war groß) eingenommen wurden, gliederten den Tagesablauf.

Die Bezeichnungen für das Vormittagsfrühstück richten sich an verschiedenen Gesichtspunkten aus, z.B. danach, was gegessen wird: **Brotzeit** und **Brotessen** sind die weitest verbreiteten Ausdrücke. Sie bedürfen keiner Erklärung.

Bei **Unterbrot** und **Untermahl** ist das schon etwas anders: Die Präposition untar bedeutete im Althochdeutschen nicht nur 'unter', sondern auch 'zwischen', und zwar sowohl im räumlichen als auch im zeitlichen Sinne. "Unterbrot" ist somit ein 'Zwischenbrot' und "Untermahl" ein 'Zwischenmahl'.

Das **Gänbrot** hängt nicht etwa mit dem Verb "gähnen" zusammen, sondern mit einem Wort, das uns schon im Althochdeutschen als jān für 'Gang, Reihe' überliefert ist. Dieses Wort hat dann im Mittelhochdeutschen auch die Bedeutung 'Reihe gemähten Grases / geschnit-

tenen Getreides'. Das "Gänbrot" war also ursprünglich jene Mahlzeit, die man den Schnittern von Heu und Getreide, die ja teilweise schon vor Tagesanbruch aufs Feld gegangen waren, dorthin brachte. Die Laute g- und j- wechseln sehr häufig: die "Gicht" geht beispielsweise auf ein mhd. jicht (zu jehen 'sprechen') zurück oder "gären" auf ein mhd. Verb jesen.

Am Bodensee und im nahen Vorarlberg, einschließlich Kleinwalsertal, isst man **z(u) Neune** (z'Niine, z'Nüüni); die Benennung ist also an der Uhrzeit ausgerichtet.

Und zwei in unserem Raum verwendete Ausdrücke stammen aus dem Lateinischen bzw. dem Romanischen: Die auf der zweiten Silbe betonte **Marénd**, die im Werdenfelsgebiet, vor allem aber in ganz Tirol weit verbreitet ist, bezeichnete als marenda schon im alten Rom eine Mahlzeit. Dieses Wort hängt mit lat. merere 'verdienen' zusammen; es handelte sich also um eine Mahlzeit, die man als Verdienst bekam, also eher am Abend denn in der Frühe.

Und **Vesper** war im Lateinischen ursprünglich eine Zeitbezeichnung (hora vespera = 18 Uhr), im Mittelalter dann die Bezeichnung für eine christliche Gebetzeit, die man teilweise auch am Vormittag abhielt. Von da übertrug sich der Begriff zunächst auf die nachmittägliche, dann auch auf die vormittägliche Zwischenmahlzeit.

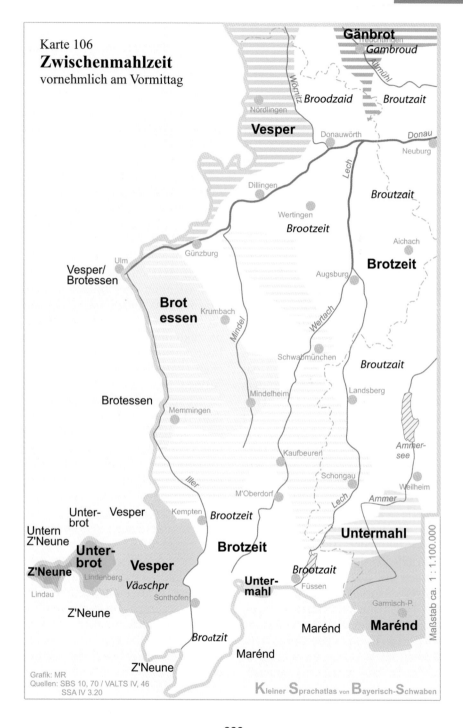

Karte 106
Zwischenmahlzeit
vornehmlich am Vormittag

Gänbrot
Gambroud

Broodzaid   Broutzait

Vesper   Donauwörth   Donau
               Nördlingen   Neuburg

Dillingen   Broutzait

Wertingen
Brootzeit

Aichach

Brotzeit

Günzburg   Augsburg
Vesper/
Brotessen   Ulm

**Brot
essen**   Krumbach

Schwabmünchen   Broutzait

Mindelheim   Landsberg
Brotessen   Memmingen

Kaufbeuren   Ammer-
see

Schongau   Weilheim
M'Oberdorf   Ammer

Unter- Vesper Kempten Brootzeit
brot
Untern
Z'Neune   **Untermahl**

Unter-   **Brotzeit**
brot   **Vesper**
Z'Neune Lindenberg   Brootzait
            Väaschpr   **Unter-** Füssen
Lindau   Sonthofen   **mahl**

                                 Garmisch-P.
Z'Neune

                    Maránd   **Maránd**
Broatzit

           Maránd
Z'Neune

Maßstab ca. 1 : 1.100.000

Grafik: MR
Quellen: SBS 10, 70 / VALTS IV, 46
        SSA IV 3.20

Kleiner Sprachatlas von Bayerisch-Schwaben

233

Nudelholz

Die Wortbildung "Nudelholz" kann der heutige Sprecher kaum mehr nachvollziehen, das neuere Wort "Teigrolle" hingegen eher. Kaum jemand weiß mehr, dass die Nudeln (= Teigwaren) früher von jeder Hausfrau selbst hergestellt wurden, und zwar für jede Mahlzeit frisch! Und der Weg zu den meisten der damals üblichen Nudelsorten führte über Fladen, die auf einem speziellen Brett, dem Nudelbrett, möglichst dünn ausgerollt wurden.

Dieses Rollen steckt in allen unseren Bezeichnungen, ob im Norden im ersten Glied der Zusammensetzungen, ob im Süden im zweiten Glied. Aber alle vorkommenden Wörter sind noch relativ jung, ist doch die Nudel (als Teigware) aus Italien zu uns gekommen und das Wort **Nudel** selbst erst seit dem 16. Jahrhundert bezeugt. Die Herkunft des Wortes ist nicht sicher geklärt, es könnte irgendwie mit "Knödel" zusammenhängen oder (wahrscheinlicher) aus einem ladinischen Wort, dem grödnerischen menudli (aus lat. minūtulus 'winzig, zerkleinert') ins südliche Deutsche gekommen sein. Die Erstglieder **Well-, Wergel-, Wargel-, Walgel-** sind jeweils auf Verben mit der Bedeutung 'rollen, walzen' zurückzuführen, wobei die Typen mit r (Wargel, Wergel) aus einem mhd. welgeln (das ein walgeln voraussetzt) durch Dissimilation (walgen zu wargeln, welgeln zu wergeln) entstan-

den sind. Die Zweitglieder **-waler, -walgeler, -wargeler, -wergler** benutzen die gleichen Basen, wobei der "-waler" sich zum "Wellholz" genauso verhält wie das "welgeln" zu "walgeln": Das e ist aus älterem a hervorgegangen.

Im Süden haben wir zwei Grundwörter **Triebl(er)** und **Triller**, die nicht auf Verben mit der Bedeutung 'rollen, wälzen' zurückgehen, sondern auf solche, die 'drehen' bedeuten: Ahd. trīben 'treiben, drehen, rollen' und das erst im 16. Jh. belegte drillen 'drehen'. Gemeinsam ist allen Zweitgliedern, dass sie ein Suffix, eine Erweiterung auf -er aufweisen, der hier die Funktion zukommt, aus einem Verb eine Instrumentenbezeichnung zu machen (vgl. "bohren" → "Bohrer", "öffnen" → "Öffner"). Dieses -er ist schon vor fast 2000 Jahren aus dem Lateinischen ins Germanische entlehnt worden, und zwar mit Handwerkernamen des Typs molinarius 'Müller', und hat sich über ahd. -āri, mhd. -ære zu nhd. -er entwickelt. Heute bezeichnet das -er nicht nur Täter, Handelnde, Beruf, sondern auch Instrumente. Der "Trieb(e)ler" kommt auch als "Triebel" vor. Hier steckt in dem -el (< ahd. -il) der Vorgänger der heutigen Instrumentenendung -er, die in diversen Instrumenten im Deutschen noch erhalten ist (vgl. "Schlegel" zu "schlagen", "Pickel" zu "picken", "Schlüssel" zu "schließen").

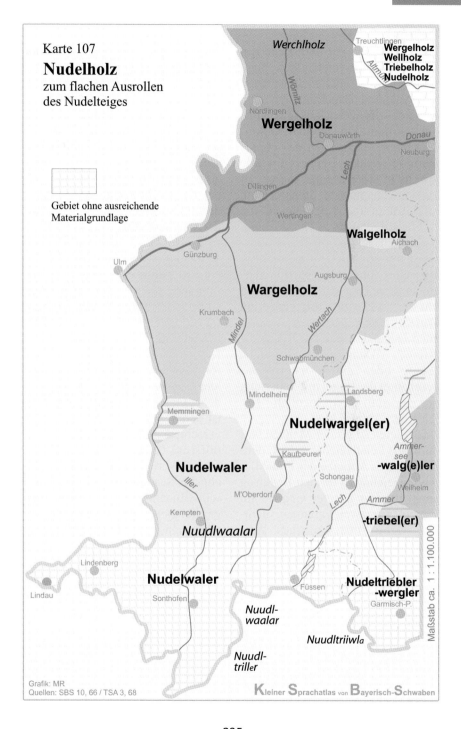

Karte 107

Nudelholz
zum flachen Ausrollen
des Nudelteiges

Gebiet ohne ausreichende
Materialgrundlage

Werchlholz

Wergelholz
Wellholz
Triebelholz
Nudelholz

Wergelholz

Walgelholz

Wargelholz

Nudelwargel(er)

Nudelwaler

-walg(e)ler

Nuudlwaalar

-triebel(er)

Nudelwaler

**Nudeltriebler
-wergler**

*Nuudl-
waalar*

Nuudltriiwla

*Nuudl-
triller*

Maßstab ca. 1 : 1.100.000

Grafik: MR
Quellen: SBS 10, 66 / TSA 3, 68

Kleiner Sprachatlas von Bayerisch-Schwaben

Brotbacktrog

Dass man auch auf dem Land das Brot wie selbstverständlich beim Bäcker holt, ist noch nicht so lange her. Auf dem Bauernhof hat man das Brot selbst gebacken, und natürlich hat man dort, wo man Getreide anbaute, dazu auch das eigene Korn verwendet. Gebacken wurde jeweils in einer Menge, die ca. 14 Tage reichen musste. Entsprechend groß waren die Teigmengen, die zu bewältigen waren. Der dazu gebrauchte Backtrog war aus Holz, meist nur aus Brettern gezimmert, mit oder ohne Handgriffe daran. In dem Trog wurde am Abend mit einer kleineren Teigmenge ein Vorteig angerichtet, den man je nach Gegend "Hebel", "Anhebel", "Hefel", "Dämpflein", "Zufang", "Säure" oder "Zwere" nannte. Das geschah in der Regel mit Sauerteig, der regional unterschiedlich "Hefel" oder "Urhab" hieß.

Das Kneten so großer Mengen war durchaus keine leichte Arbeit, dennoch war es Aufgabe der Frauen. Als Bezeichnung für den Backtrog kennt man in unserer Gegend im Prinzip nur zwei Varianten, nämlich "Trog" (als einfaches Wort oder in unterschiedlichen Zusammensetzungen) und "Multe".

Trog ist ein altererbtes Wort, das ursprünglich 'Baum' bedeutete, d.h. die so benannten Holzgefäße waren früher aus einem Baumstamm herausgehauen (vgl. Karten 112 und 117). In Norddeutschland war dieser Sachtyp bis ins 20. Jahrhundert hinein gebräuchlich. Es gab sogar als eigenen Beruf den "Moldenhauer", der solche Gefäße in verschiedenen Größen und für verschiedene Zwecke herstellte.

Und eben das in dieser Berufsbezeichnung verborgene Wort finden wir als **Multe** in unterschiedlicher Lautung auch in Teilen des Allgäus, soweit dort wegen der vorherrschenden Milchwirtschaft überhaupt selbst Brot gebacken wurde. Das Wort ist aus dem Latein der romanischen Vorbevölkerung entlehnt, wo es als mulctra zunächst den 'Melkkübel' bezeichnete. Es ist schon im Althochdeutschen in verschiedenen Formen (muolter, multer) belegt. Anfangs bedeutet das Wort in der Bergmannssprache die 'Senkung eines Flözes', und schließlich ab dem 18. Jahrhundert wurde es in der Form "Mulde" allgemein für eine 'Geländeabsenkung' verwendet.

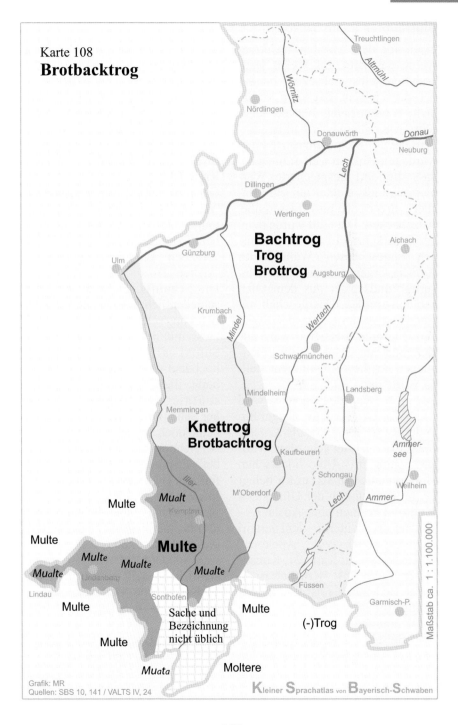

Karte 108
Brotbacktrog

Treuchtlingen

Altmühl

Wörnitz

Nördlingen

Donauwörth · *Donau* · Neuburg

Lech

Dillingen

Wertingen

Aichach

Bachtrog
Trog
Brottrog · Augsburg

Günzburg

Ulm

Krumbach

Wertach

Mindel

Schwabmünchen

Mindelheim · Landsberg

Memmingen

Knettrog
Brotbachtrog · Kaufbeuren

*Ammer-
see*

Schongau

Weilheim

Iller

Multe · *Mualt* · M'Oberdorf · *Ammer*

Kempten

Lech

Multe

Multe · *Mualte*

Multe

Mualte · Lindenberg · *Mualte*

Lindau

Multe · Sonthofen

Füssen

Garmisch-P.

Multe · Sache und
Bezeichnung
nicht üblich · Multe · (-)Trog

Multe

Muata · Moltere

Maßstab ca. 1 : 1.100.000

Grafik: MR
Quellen: SBS 10, 141 / VALTS IV, 24

Kleiner **S**prachatlas von **B**ayerisch-**S**chwaben

237

Gluträumer (beim Backofen)

Noch vor dem zweiten Weltkrieg wurde das Brot auf vielen Bauernhöfen selbst gebacken. Im dabei verwendeten Backofen wurde nicht kontinuierlich Wärme zugeführt, wie es heute der Fall ist, sondern der aus Stein gemauerte Ofen wurde mit Holz so weit aufgeheizt, dass die dort gespeicherte Wärmemenge ausreichte, um ein "Bachet", also ca. 10 bis 20 Brotlaibe, auszubacken. Die Glut wurde dann herausgeräumt und die Laibe wurden "eingeschossen". Während des Aufheizvorgangs musste die Glut verteilt und später aus dem Ofen geräumt werden. Das geschah mit einer Stange, an der in der Regel ein Querbrett befestigt war, aus Holz oder aus Eisen. Die Bezeichnungen für dieses Instrument stellt die Karte dar.

Der größte Teil des Gebietes wird vom Worttyp **Krücke** ausgefüllt, in der Regel umlautlos als *Krucka, Grug*. Dies ist ein sehr altes Wort, das schon im Althochdeutschen (8. Jahrhundert) als k r u c k a belegt ist. Im Ries und in der Ulmer Gegend sind Formen ohne Auslautvokal und erweichten (= lenisierten) *k*-Lauten üblich (vgl. "Apokope" im Textkasten zu Karte 21, Konsonanten Karte 26). "Krücke" ist in seiner Bedeutung relativ undurchsichtig (ursprünglich wohl 'Stab mit Krümmung').

Die meisten anderen Ausdrücke sind in historischer Zeit entstanden und damit für uns durchschaubar: Der **Scharrer** oder **Scherrer** bzw. die **Scharre** oder die **Scherre** gehören zum Verb "scharren" bzw. "scherren"; es sind also Instrumente, mit denen man "scharrt" bzw. "scherrt". Zu diesem Typ der Instrumentenbildung vgl. Text zu Karte 107.

Genauso gehört der **Raumer** zu "räumen", das im Dialekt nicht umgelautet ist und also "raumen" heißt; der **Schaber** stellt sich zu "schaben" und die **Glutziehe** zu "ziehen".

Die **Schaufel**, die man dazu verschiedentlich verwendet, ist letztlich von "schieben" abgeleitet, und zwar mit der alten Endung (dem Suffix) -al(a), was man im Althochdeutschen noch versteht, da heißt dieses Instrument nämlich s c ū f a l a. Dieses Suffix war früher sehr produktiv. Man sieht das heute noch an vielen Instrumentenbezeichnungen wie "Gabel", "Meißel", "Spindel", "Schlegel", "Löffel" u.a. (vgl. Text zu Karte 107).

Interessant ist, dass es hier teilweise keine einheitlichen Gebiete gibt; das liegt wohl daran, dass dieses Gerät keine Handelsware war, sondern auf dem Bauernhof selbst hergestellt wurde und damit auch spontane Benennungen zur allgemeinen Bezeichnung werden konnten.

Die Wörter **Ofengabel, Stange** und **Besen** erklären sich selbst.

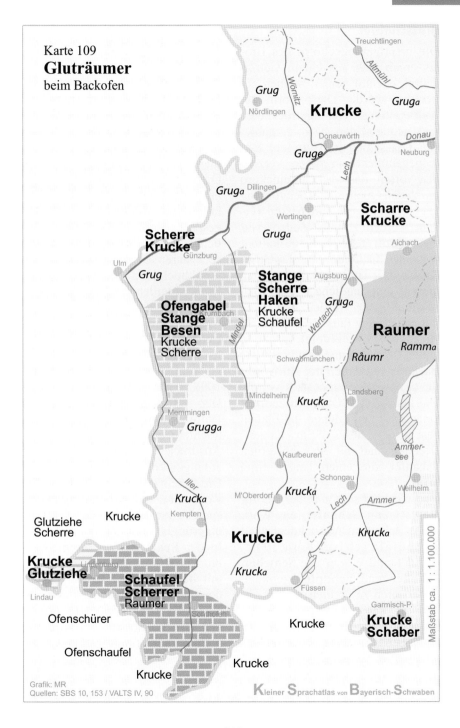

Karte 109
Gluträumer
beim Backofen

Grafik: MR
Quellen: SBS 10, 153 / VALTS IV, 90

Kleiner Sprachatlas von Bayerisch-Schwaben

239

Brotschaufel

Die ursprüngliche Form des Brotes ergab sich aus einem Getreidebrei, der auf heißen Steinen getrocknet wurde. Diese Form der Aufbereitung von getrockneten und gequetschten bzw. gemahlenen Grassamen (= Getreide) hatte gegenüber dem rohen Verzehr den Vorteil, dass das Getreidekorn durch den Quell- und Kochvorgang leichter gegessen und besser verdaut werden konnte. Zudem war diese Form genauso lange haltbar wie das Getreide selbst. Unser Knäckebrot entspricht heute noch diesem ursprünglichen Typ. Noch bekömmlicher wurden die Brote mit Sauerteig- (aus Roggen) bzw. Hefegärung (Weißbrote). Es gab in vielen Dörfern gemeinsam genutzte Backöfen, in denen der Brotvorrat für ca. 14 Tage hergestellt wurde. Die gemauerten Öfen wurden mit einer größeren Menge an Laiben beschickt. Dieses "Einschießen" erledigte man mit einer hölzernen Schaufel, die einen langen Stiel hatte.

Überwiegend sagt man bei uns für dieses Gerät **Schaufel**, ein Wort, das es schon im Althochdeutschen als scūfala gab (vgl. Karte 109). Parallel sind Wörter wie **Schieber, Schuber** und **Schupfer** gebildet, die ersteren zu "schieben", das andere zu "schupfen" im Sinne von 'stoßen', das als Intensivbildung zu "schieben" gilt, wie z.B. "ritzen" zu "reißen". Zur Endung -er vgl. Karte 107.

Auch der **Schießer** gehört dazu, weil diese Tätigkeit ja generell als "Einschießen" bezeichnet wurde. Die ältere Form des Schießers ist der **Schissel**, nämlich das Instrument, mit dem man das Brot in den Ofen "schießt". Dieser "Schissel" hat jedoch nichts zu tun mit dem in unseren Dialekten identisch ausgesprochenen Küchengefäß weiblichen Geschlechts, der "Schüssel", deren Bezeichnung schon in voralthochdeutscher Zeit von den Römern entlehnt wurde (lateinisch scutella, ahd. scuzzila). Der "Schissel" in der hier vorliegenden Bedeutung ist erst im 16. Jh. belegt. Er ist gebildet wie "Schlüssel" zu "schließen" (vgl. Text zu Karte 109).

Der (Brot-)**Schlüssel** kann als Deformation von "Schissel" betrachtet werden, weil man mit dem Ausdruck "Schissel" nichts mehr anfangen konnte.

Die vereinzelt belegte **Schippe** ist wohl mit dem Einfluss der Schriftsprache zu erklären, das Wort ist ursprünglich nur norddeutsch.

In der Regel werden die hier gebrauchten Grundwörter zusätzlich mit dem Erstglied **Brot**- verbunden, um Verwechslungen mit der normalen "Schaufel" zu vermeiden. Dies konnte bei der Kartierung nicht berücksichtigt werden.

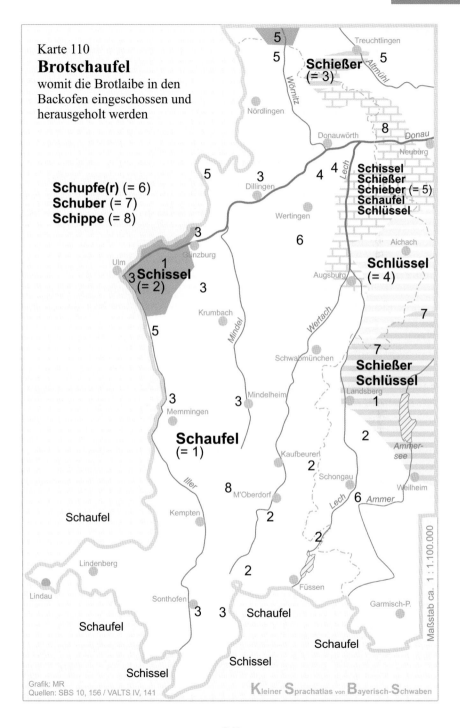

Karte 110

Brotschaufel

womit die Brotlaibe in den
Backofen eingeschossen und
herausgeholt werden

Schießer (= 3)

Schupfe(r) (= 6)
Schuber (= 7)
Schippe (= 8)

Schissel
Schießer
Schieber (= 5)
Schaufel
Schlüssel

Schissel (= 2)

Schlüssel (= 4)

Schießer
Schlüssel

Schaufel (= 1)

Schaufel

Schaufel

Schaufel

Schaufel

Schissel

Schissel

Nördlingen
Treuchtlingen
Altmühl
Wörnitz
Donauwörth
Donau
Neuburg
Lech
Dillingen
Wertingen
Aichach
Günzburg
Ulm
Augsburg
Krumbach
Mindel
Wertach
Schwabmünchen
Landsberg
Mindelheim
Memmingen
Ammer-see
Kaufbeuren
Schongau
Weilheim
Iller
M'Oberdorf
Lech
Ammer
Kempten
Lindenberg
Füssen
Garmisch-P.
Lindau
Sonthofen

Maßstab ca. 1 : 1.100.000

Grafik: MR
Quellen: SBS 10, 156 / VALTS IV, 141

Kleiner Sprachatlas von Bayerisch-Schwaben

Langbrot

Es gab früher sehr viel weniger Brotsorten als heute; es gab aber zwei grundsätzlich verschiedene Brotformen, die runden und die länglichen, die auch terminologisch unterschieden wurden. Das runde Brot war in der Regel der "Laib" (davon abgeleitet die Verkleinerungsform "Laiblein" für das kleine Weihnachtsgebäck, teils auch für die Brötchen/Semmel). Das längliche Brot war hingegen der oder die "Kipf" bzw. der "Wecken".

Die ursprüngliche Brotform war sicher rund, weil der ungegorene, irgendwie zu backende bzw. zu trocknende Musfladen sich rund am besten gestalten ließ (vgl. Karte 110).

Das Wort **Laib** war anfangs auch das allgemeine Wort für 'Brot', während der Ausdruck "Brot" für den neueren, mit Hefe oder Sauerteig vergorenen, luftig und locker gemachten Typ stand. Die Entstehung des Wortes "Brot" wird im Allgemeinen mit dem Verb "brauen" in Verbindung gebracht.

Der Ausdruck **Kipf** ist jünger, er ist erst im 13. Jh. im Mittelhochdeutschen in dieser Bedeutung belegt; im Althochdeutschen bezeichnete kipfa (f.), kipfo (m.) noch die Wagenrunge, d.h. einen Teil des Leiterwagens, der in unserer Gegend, als es solche Leiterwagen noch gab, ebenfalls "Kipf" geheißen hat. Kipfe sind jene Wagenteile, die von den Kipfblöcken, den Achsstöcken, schräg aufstreben und die Wagenleitern halten. Das Wort ist aus lateinisch cippus für 'Spitzpfahl einer Palisade' entlehnt. Anscheinend waren diese Kipfe am Wagen ursprünglich rund, so dass der Ausdruck von diesen auf die länglichen Brotformen übertragen werden konnte. Es könnte aber auch direkt der spitze Pfahl gewesen sein, der Pate gestanden hat.

Das Wort **Wecken** (ahd. weggi, mhd. wecke, wegge) bedeutete ursprünglich 'Keil' und wurde dann auf ein längliches Gebäck mit spitzigen Enden übertragen. In dieser Bedeutung tritt es, genauso wie "Kipf", erst im Mittelhochdeutschen auf.

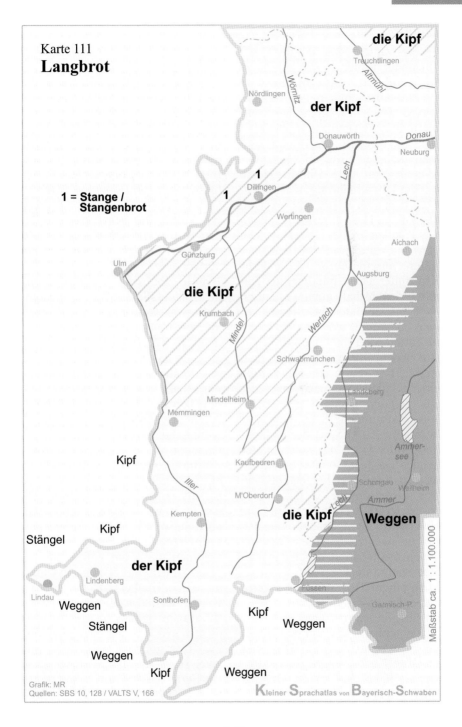

Karte 111
Langbrot

die Kipf

Treuchtlingen

Wörnitz

Nördlingen

der Kipf

Donauwörth   Donau

Neuburg

Lech

1

1 = Stange /
    Stangenbrot

1   Dillingen

Wertingen

Aichach

Günzburg

Ulm   Augsburg

die Kipf

Krumbach   Wertach

Mindel

Schwabmünchen

Mindelheim   Landsberg

Memmingen

Kipf   Kaufbeuren   Ammer-
see

Iller   Schongau   Weilheim

M'Oberdorf   Ammer

Kempten   die Kipf   Weggen

Kipf   Lech

Stängel   Maßstab ca. 1 : 1.100.000

der Kipf

Lindenberg   Füssen

Lindau   Garmisch-P

Weggen   Sonthofen   Kipf

Stängel   Weggen

Weggen

Kipf   Weggen

Grafik: MR
Quellen: SBS 10, 128 / VALTS V, 166   Kleiner Sprachatlas von Bayerisch-Schwaben

243

Brühtrog (für Schweine)

Früher war die Mehrheit der Dorfbewohner Bauern. Und bei ihnen war es üblich, dass (vor allem im Herbst) ein Schwein geschlachtet wurde, das man während der Sommermonate fett gemästet hatte. Man brauchte das Fett zum Braten, weil man die heute billigen Pflanzenfette noch nicht hatte. Und Probleme mit der Überernährung, wie nur ein Menschenalter später, gab es auch noch nicht. Die Schweine bekamen die Küchenabfälle (so es welche gab) und vor allem Kartoffeln, eher selten Getreideschrot oder anderes Kraftfutter. Diese intelligenten Tiere wurden deshalb auch wesentlich älter, bis sie unter das Messer kamen, als heute, wo man sie schon im zarten Alter tötet und isst.

Auf jedem Bauernhof hatte man einen Trog, etwa von der Größe einer Badewanne, der entweder aus geraden Brettern als eckige Kiste zusammengeschreinert war oder vom Küfer/Schäffler in länglich-ovaler Form mit aufrecht stehenden Dauben (so eher im Süden unseres Gebietes) hergestellt war. Das kistenförmige Gefäß wurde an zwei verlängerten Brettern (wie eine Bahre) getragen, der ovale Zuber an zwei verlängerten Dauben, die ein Loch hatten, durch das man eine Stange steckte.

In so einem Trog wurde das getötete Schwein mit kochendem Wasser übergossen und dann mit Pech (= Fichtenharz) bestreut und eingerieben, worauf man mit Hilfe der scharfen Kanten eines glockenförmigen Blechschabers die Borsten entfernen konnte.

Trog hängt mit "Truhe" zusammen, aber auch mit "Teer". Alle gehen auf eine Wurzel zurück, die im Indogermanischen 'Baum' bedeutet und die z.B. in engl. tree noch weiterlebt. Im Deutschen ist die Wurzel noch resthaft vorhanden im Endglied von "Wacholder" (ahd. wehhalter) und "Holunder" (ahd. holuntar) sowie in "Rüster" ('Ulme') oder in "Flieder". Der Teer war früher das beim Verschwelen des Holzes gewonnene Schweröl, das man z.B. als Wagenschmiere verwendete.

Brente gibt es für verschiedenartige Holzgefäße nur im Alpenraum, und zwar sowohl in romanischen als auch in germanischen bzw. deutschen Dialekten. Man nimmt an, dass das Wort, wie auch andere Ausdrücke aus der alpinen Milchwirtschaft, von der keltischen Vorbevölkerung übernommen wurde.

Auch der **Zuber** hat eine ungewöhnliche Geschichte: Das Wort ist schon im Ahd. als zubar bzw. zwibar belegt. Es ist parallel zu "Eimer" gebildet, das es im Ahd. u.a. als eimbar gibt. Eine noch ältere Form ist als ampri belegt, das als Lehnwort aus dem Lateinischen amp(h)ora ins Deutsche übernommen und dann volksetymologisch zu ein-bar 'Gefäß, das man mit einem Henkel trägt' umgeformt wurde, weil das allgemeine Wort für 'tragen' damals beran war. Zu diesem ein-bar wurde parallel der zwi-bar gebildet, als 'Gefäß mit zwei Henkeln', das in seiner ovalen Form diese zwei Henkel heute noch besitzt.

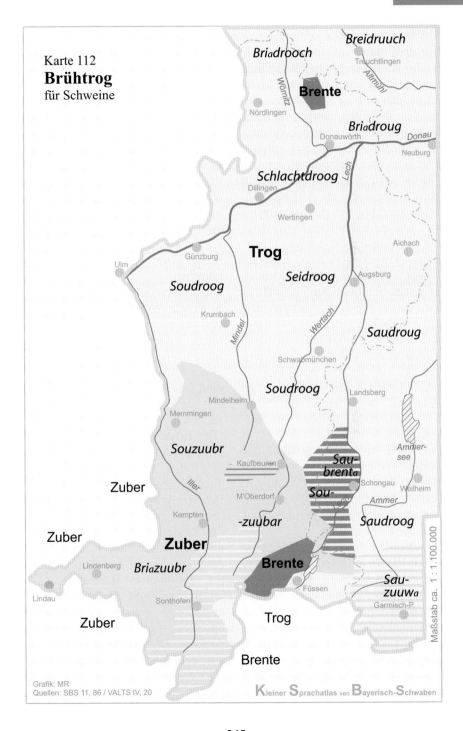

Karte 112
Brühtrog
für Schweine

Breidruuch

Briadrooch

Treuchtlingen

Wörnitz

Altmühl

Brente

Nördlingen

Briadroug

Donau

Donauwörth

Neuburg

Lech

Schlachtdroog

Dillingen

Wertingen

Aichach

Ulm

Günzburg

Trog

Seidroog

Augsburg

Soudroog

Krumbach

Mindel

Wertach

Saudroug

Schwabmünchen

Soudroog

Landsberg

Memmingen

Mindelheim

Souzuubr

Ammer-
see

Kaufbeuren

Sau-
brenta

Iller

Zuber

M'Oberdorf

Schongau

Weilheim

Sou-

Ammer

Kempten

-zuubar

Saudroog

Zuber

Zuber

Lindenberg

Briazuubr

Brente

Füssen

Sau-
zuuwa

Lindau

Sonthofen

Garmisch-P.

Zuber

Trog

Maßstab ca. 1 : 1.100.000

Brente

Grafik: MR
Quellen: SBS 11, 86 / VALTS IV, 20

Kleiner Sprachatlas von Bayerisch-Schwaben

Fleck (auf Tischtuch oder Kleidung)

Für den 'Fleck auf dem Tischtuch' ist das hochsprachliche Wort **Fleck** im ganzen Gebiet bekannt. Meist ist es aber nur als Zweitbeleg vorhanden, in Teilen unseres Gebietes aber auch allein vorherrschend, teilweise in der zweisilbigen Form **der Flecken**. Das Nebeneinander von "Fleck" und "Flecken" geht darauf zurück, dass es im Althochdeutschen zwei Formen des Substantivs gab. Die stark flektierte Form flek, die den Genitiv mit -s bildet (flekkes) entwickelt sich zu unserem "Fleck". Daneben gab es aber auch eine schwach flektierte Form flekko, deren Flexionsendungen alle ein n enthalten (-in, -un, -ōno-), das dann in die Grundform übertragen wurde (Flecke > Flecken). "Fleck" verhält sich zu "Flecken" (vgl. Marktflecken) wie "Lump" zu "Lumpen" oder "Tropf" zu "Tropfen" (vgl. Karte 36 zum Auslautschwund).

Die **Mase** ist das zweite Wort, das ein großes Gebiet einnimmt. Es existiert im Ahd. als māsa 'Wundmal, Narbe'. Die nasalierten Formen im Mittelschwäbischen beruhen auf späterer Entwicklung.

Vom Nordwesten ragt noch der Ausdruck **Blatte** in unser Kartengebiet herein. In dieser Form mischen sich zwei Wörter, die aus dem Lateinischen (ahd. platta 'Tonsur, Glatze' zu volkslateinisch plattus 'flach') bzw. aus dem Französischen (mhd. plate 'Schüssel, Teil der Rüstung') ins Deutsche entlehnt wurden und heute in der Schriftsprache als "Platte" in verschiedenen Bedeutungen vorhanden ist.

Das Wort **Spickel**, das nur in wenigen Orten vorkommt, gehört wohl zu "Speck" (vgl. einen Braten "spicken", also 'mit Fett durchflechten') und bedeutete ursprünglich wohl den Fettfleck.

Der **Bletz** ist schon ahd. als blez belegt, bedeutete damals aber noch 'Stück, Flickfleck'. Der **Blatz** in der Ulmer Gegend hat wohl von der nahen Form "Blatte" das a angenommen.

Die **Flärre** ist zu mhd. vlerre im Sinne von 'breite Wunde' zu stellen und hat eine vergleichbare Bedeutungsentwicklung wie "Mase" erfahren. Flecken auf der Haut sind in der Entwicklungsgeschichte primär, solche auf Textilien werden erst später als bemerkenswert empfunden.

Die **Tatze** (*Datza*) entspricht der hochsprachlichen "Tatze", ist also ursprünglich der "Fleck", den eine Tatze, Pfote verursacht.

Der **Dolken** (*Dolgga*) entspricht dem hochsprachlichen Wort "Talg", das Rinder- und Schaffett bezeichnet. Im Südwesten benennt man damit oft auch den Tintenklecks (im Schulheft); "dalket" als Adjektiv beschreibt eine nicht durchgebackene Speise, oft auch eine amorphe, nicht gelungene Speisemasse. Das Wort kam im 16. Jh. aus dem Niederdeutschen in den Süden.

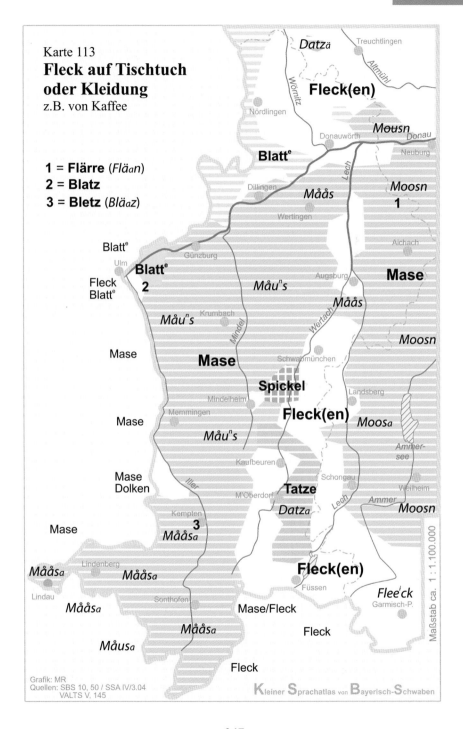

Karte 113
Fleck auf Tischtuch oder Kleidung
z.B. von Kaffee

1 = Flärre (*Flään*)
2 = Blatz
3 = Bletz (*Bläaz*)

Datz*ä*   Treuchtlingen

Wörnitz   Altmühl

Fleck(en)

Nördlingen

Meusn   Donau

Donauwörth   Neuburg

Blatte

Dillingen   *Måås*   **Moosn**
1

Wertingen

Blatt*e*   Aichach

Ulm   Günzburg
Blatte

Fleck   **2**   *Måu*n*s*   Augsburg   **Mase**
Blatt*e*

Krumbach   *Måås*

*Måu*n*s*   Mindel   Werlach

Mindel   **Moosn**

Mase   **Mase**   Schwabmünchen

Spickel

Memmingen   Mindelheim   Landsberg

Mase   **Fleck(en)**   *Moosa*

*Måu*n*s*

Kaufbeuren   Ammersee

Mase   Schongau   Weilheim
Dolken   Iller   M'Oberdorf   **Tatze**   Ammer   **Moosn**

Datz*a*   Lech

Kempten   **3**
Mase   *Måå**sa*

*Måå**sa*   Lindenberg   **Fleck(en)**

*Måå**sa*   Füssen   Maßstab ca. 1 : 1.100.000

Lindau   Sonthofen   *Flee*i*ck*
Garmisch-P.

*Måå**sa*   Mase/Fleck

*Måå**sa*   Fleck

Måusa

Fleck

Grafik: MR
Quellen: SBS 10, 50 / SSA IV/3.04
VALTS V, 145

Kleiner **S**prachatlas von **B**ayerisch-**S**chwaben

Flickfleck

Diese Karte ist in engem Zusammenhang mit der vorausgehenden Karte 113 zum Schmutzfleck auf einem Tuch u.Ä. zu sehen.

Auf ihr entsprechen die Formen von **Fleck(en)** und **Bletz(en)** denen auf der vorausgehenden Karte.

Hier hat der schriftsprachliche Ausdruck **Flicken** in der Gegend von Augsburg bereits Fuß gefasst.

Einzig das Wort **Riester** für den 'Flickflecken' ist auf dieser Karte neu. Es kommt in zwei Orten vor. Das Wort existiert bereits in althochdeutscher Zeit als riostar für einen 'Teil des Pfluges'. Eine nachvollziehbare Erklärung des Zusammenhangs dieser beiden Wörter gibt es nicht.

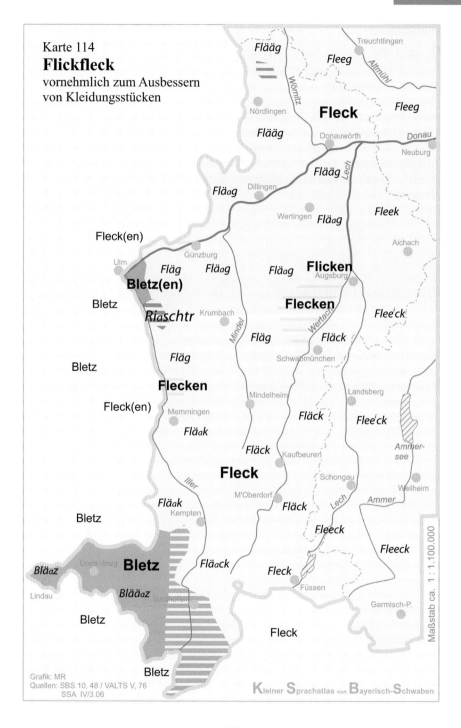

Karte 114
Flickfleck
vornehmlich zum Ausbessern
von Kleidungsstücken

Flääg

Fleeg

Treuchtlingen

Altmühl

Wörnitz

Nördlingen

Fleck

Fleeg

Flääg

Donauwörth

Donau

Neuburg

Flääg

Lech

Fläag

Dillingen

Wertingen Fläag

Fleek

Fleck(en)

Aichach

Günzburg

Ulm

Fläg   Flääg   Flääg   **Flicken**

Augsburg

Bletz(en)

Bletz

Flecken

Flee'ck

Riaschtr   Krumbach

Fläg   Fläck

Mindel

Wertach

Fläg

Schwabmünchen

Bletz

Flecken

Mindelheim   Landsberg

Fleck(en)   Memmingen

Fläck   Flee'ck

Flääk

Fläck   Kaufbeuren

Ammer-
see

Fleck

Schongau

Weilheim

Iller   M'Oberdorf

Fläck   Ammer

Lech

Fläak   Kempten

Bletz

Fleeck

Fleeck

Bläaz   Lindenberg   **Bletz**   Fläack   Fleck

Lindau   Bläääz   Sonthofen   Füssen

Garmisch-P.

Bletz

Fleck

Maßstab ca. 1 : 1.100.000

Grafik: MR
Quellen: SBS 10, 48 / VALTS V, 76
    SSA IV/3.06

Bletz

Kleiner Sprachatlas von Bayerisch-Schwaben

Wollknäuel

Es geht auf dieser Karte um die Ausdrücke für die zu einer Kugel aufgewickelte Wolle.

Der überwiegende Teil der kartierten Formen ist auf althochdeutsch kliuwil (eine Verkleinerungsform zu ahd. kliuwa 'Knäuel, Kugel') zurückzuführen; sie entsprechen somit dem schriftsprachlichen **Knäuel**. Der Anlaut kl- wurde überwiegend zu kn-, was durchaus öfter vorkommt, so etwa auch bei mhd. klobelouch zu heutigem "Knoblauch". Die ursprüngliche Verkleinerungsform ist an der im Ries gängigen Form *Glui* mit sächlichem Geschlecht noch erkennbar. Recht nah an der alten Form steht auch der allgäuische *Knuibl*, bei dem das *b* noch als Rest des alten *w* vorhanden ist. Der Typ *Knuidl* bezieht sein männliches Geschlecht wohl vom nah verwandten Wort "Knödel", das sich mit der Form *Knuibl* vermischt hat, oder das *b*

wurde lautlich an das folgende *l* angeglichen, assimiliert.

Bei *Knipfl* liegt eine Vermischung mit "Knopf" vor. Gemeinsam ist all diesen Wörtern, dass sie mit *Kn-* beginnen; sie stellen sich somit zu einer größeren Gruppe anderer Wörter, die alle etwas Rundes bezeichnen, beispielsweise "Knie", "Knauf", "Knebel", "Knöchel", "Knolle", "Knospe", "Knopf", "Knödel" oder "Knoten".

Die Vokale der zu "Knäuel" zu stellenden Lautformen (*ui, ai,ei, ii, ou*) entsprechen weitgehend der regulären Entwicklung von ahd. ui vor einem alten w, vergleichbar sind etwa die Vokallautungen im Verb "reuen" (< ahd. riuwen) oder im Pronomen "euer" (< ahd. iuwer).

Der *Bob(b)l* im Westen bezeichnet im Schwäbischen allgemein etwas Kleines, Rundes. Vielleicht ist ein Zusammenhang mit englisch bubble 'Blase' gegeben.

250

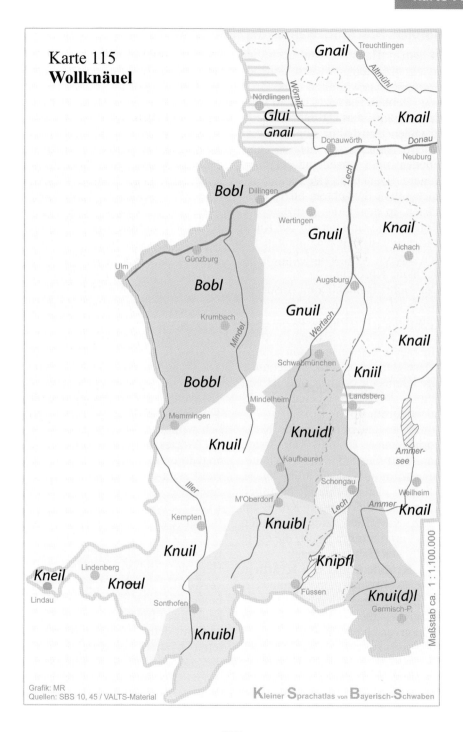

Karte 115
Wollknäuel

Gnail

Treuchtlingen

Altmühl

Wörnitz

Nördlingen

Glui
Gnail

Knail

Donauwörth

Donau

Neuburg

Bobl Dillingen

Lech

Wertingen

Gnuil

Knail

Aichach

Ulm

Günzburg

Bobl

Augsburg

Krumbach

Gnuil

Mindel

Wertach

Knail

Schwabmünchen

Kniil

Bobbl

Mindelheim

Landsberg

Memmingen

Knuidl

Knuil

Kaufbeuren

Ammer-
see

Iller

Schongau

M'Oberdorf

Weilheim

Lech

Ammer

Knail

Kempten

Knuibl

Knuil

Knipfl

Kneil

Lindenberg

Knoul

Füssen

Knui(d)l

Lindau

Sonthofen

Garmisch-P.

Knuibl

Maßstab ca. 1 : 1.100.000

Grafik: MR
Quellen: SBS 10, 45 / VALTS-Material

Kleiner **S**prachatlas von **B**ayerisch-**S**chwaben

Körblein zum Aufbewahren der Nähsachen

In jedem Haushalt gab es früher so ein Körblein, in verschiedener Form, aber gewöhnlich ohne Griff bzw. Henkel. Dieses Körblein wurde im Laufe des 20. Jahrhunderts in vielen Haushalten abgelöst von einem Nähkästlein, dessen drei Ebenen man auseinanderklappen konnte. Daneben gab es immer auch schon Schachteln oder Holzkästen, in denen das Nähzeug untergebracht war. Hier auf der Karte finden wir die Bezeichnungen für den älteren Typ, nämlich das geflochtene Körblein.

Der schriftsprachliche Ausdruck **Korb** ist, meist in der Verkleinerungsform **Körblein**, bereits im ganzen Gebiet als Grundwort in Gebrauch, teilweise schon alleine herrschend. Es ist eine Entlehnung aus lateinisch corbis und ist seit dem 9. Jahrhundert belegt als althochdeutsch korb, korf.

Auch die anderen auf der Karte vorhandenen Grundwörter treten ganz überwiegend in der Verkleinerungsform auf, ist doch ein "Näh-, Flick-, Fadenkörblein" deutlich kleiner als die übrigen Körbe für Holz, Kartoffeln, zum Einkaufen oder zum Futtertransport, die es im ländlichen Haushalt so gab.

Das **Krätzlein** und das **Krättlein** haben wohl einen gemeinsamen Ursprung in einer lateinischen Form *crattis, die zunächst vor der 2. Lautverschiebung (vgl. Einführungsteil) entlehnt wurde, was ahd.

kretzo (m.) ergab; aus einer zweiten, späteren Entlehnung resultieren wohl die althochdeutschen Wortformen kratto (m.) und kretto (m.), bei denen es keine Verschiebung t > tz gab. Mit "Kretze(n)" auf das Engste verwandt ist "Kräze" in der Bedeutung 'Rückentrage'. In diesem Zusammenhang steht auch die heute abschätzige Bezeichnung "Krattler" für einen 'schäbigen, in ärmlichen Verhältnissen lebenden Menschen'. Es handelt sich dabei um eine Übertragung der ursprünglichen Benennung für einen fahrenden Händler (oft aus Tirol), der mit einer/einem 'Kratten' auf dem Rücken seine Waren transportierte und zum Verkauf anbot (vgl. Karte 69). Die **Zeine** (*Zia(r)na, Zuana, Zuinda*) im Südwesten, < mhd. zeine, ahd. zeinn(a), ist schon seit dem 9. Jahrhundert in der Bedeutung 'Korb' in Gebrauch. Verschiedentlich wird eine Verwandtschaft dieses Wortes mit dem Wort "Zaun" angenommen, das ursprünglich wohl auch etwas Geflochtenes bezeichnete. Zu "Zaun" vgl. Karte 152.

Bemerkenswert ist, dass der Ausdruck "Zeine" im Westallgäu vorwiegend beim Holzkorb (mit zwei Henkeln) und beim Nähkörblein verwendet wurde, kaum jedoch beim außer Haus gebrauchten einhenkeligen Einkaufskorb, den man eher mit dem überregional verbreiteten "Kratten" benannte.

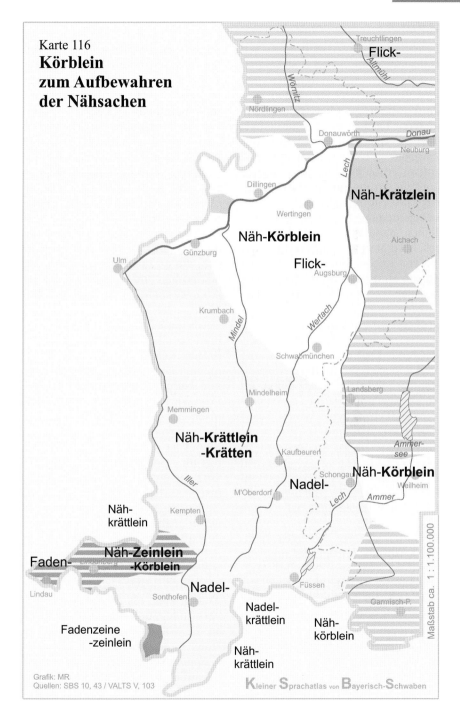

Karte 116
Körblein
zum Aufbewahren
der Nähsachen

Flick-

Treuchtlingen

Nördlingen

Donauwörth   Donau

Neuburg

Dillingen

Wertingen

Näh-**Krätzlein**

Näh-**Körblein**

Aichach

Ulm   Günzburg   Flick-   Augsburg

Krumbach

Schwabmünchen

Näh-**Krättlein**
-**Krätten**

Mindelheim   Landsberg

Memmingen

Kaufbeuren

Ammer-
see

Schongau   Näh-**Körblein**

M'Oberdorf   Nadel-   Weilheim

Ammer

Näh-
krättlein   Kempten

Näh-**Zeinlein**
Faden-   -**Körblein**

Lindau   Sonthofen   Nadel-   Füssen

Garmisch-P.

Fadenzeine
-zeinlein

Nadel-
krättlein   Näh-
körblein

Näh-
krättlein

Maßstab ca. 1 : 1.100.000

Grafik: MR
Quellen: SBS 10, 43 / VALTS V, 103

Kleiner Sprachatlas von Bayerisch-Schwaben

253

Holztruhe (vornehmlich für Wäsche)

Schränke gab es früher in einfachen Haushalten nur selten. Sie waren ursprünglich nur in Kirchen und in Bürgerhäusern vorhanden. Zur Aufbewahrung von Kleidung und anderen Dingen hatte man damals Truhen, d.h. Holzkisten mit aufklappbarem Deckel. Stellt man eine solche Truhe auf ihre Schmalseite, entsteht daraus ein Schrank mit einer Türe. Stellt man zwei Truhen so nebeneinander und versieht sie mit Füßen, haben wir den Typus unseres normalen Schrankes mit zwei Türen. Solche Truhen gab es nicht nur im Haushalt, auch Dienstboten besaßen solche, um ihre Habseligkeiten von einer Herrschaft zur nächsten zu transportieren.

Als Bezeichnung ist bei uns überwiegend **Truhe/Trucke** bzw. die Verkleinerungsform dazu verbreitet. Das Wort gibt es schon im 10. Jh. als ahd. truha, es ist nah verwandt mit dem Wort "Trog" (vgl. Karte 108 und 112). Das altüberlieferte -h- ist im Westen teils geschwunden (*Druu-a*), sonst tritt es mit unterschiedlicher Stärke auf (*Druuha, Druucha, Driichla*), im Ober- und Westallgäu hat es sich zu *ck* verstärkt.

In Teilen unseres Gebietes streut der Ausdruck **Kufer**, der unserem schriftsprachlichen "Koffer" entspricht. Die Überschneidung der Bedeutungen ergab sich daraus, dass Truhen früher auch von Reisenden benutzt wurden, vielfach in geflochtener Ausführung. Das Wort selbst geht auf altgriechisch kóphinos für '(großer) Tragkorb' zurück, es wurde ins Lateinische als cophinus 'Weidenkorb' entlehnt, welches wiederum Grundlage für altfranz. cofre 'Truhe, Kiste' ist, und aus diesem wird es, zunächst am Niederrhein, als koffer, kuffer mit der gleichen Bedeutung ins Deutsche übernommen. Es dringt im 16. Jh. nach Süden vor. Die Bedeutung 'Reisebehälter' setzt sich erst im 18. Jh. durch; in unseren Dialekten ist die ältere Bedeutung noch erhalten.

Einen **Schrein** (*Schrei^n*) kennen wir heute meist nur noch aus der Kirche, wo er zur Aufbewahrung von Kleinodien und Gebeinen dient. Im Ahd. ist scrīn(i) ein einfacher Behälter, eine Lade oder Truhe, also etwas ganz Profanes, etwas so Verbreitetes, dass der Hersteller dieser Kisten, der "Schreiner", zur allgemeinen Bezeichnung einer Gruppe von Handwerkern werden konnte. Das Wort ist früh aus dem Lateinischen entlehnt und bezeichnete dort ein rollenförmiges Behältnis.

Siedel ist eine Form von "Sedel", das im Ahd. als sedil, sedal für 'Sitz' belegt ist und das zu lateinisch sedile (mit der gleichen Bedeutung) gehört. **Siegel** ist wohl nur als abgewandelte Form dazu entstanden, als man das Wort "Siedel" nicht mehr verstanden hat. Aber wie wird der "Sedel" zur 'Truhe'? Wohl deswegen, weil man die Truhen auch als Sitzgelegenheiten verwendete und sogar systematisch an die Wand angelehnte Bänke im Haus hatte, deren Sitzflächen als Klappdeckel konstruiert waren und die auf diese Weise auch als Truhen dienen konnten.

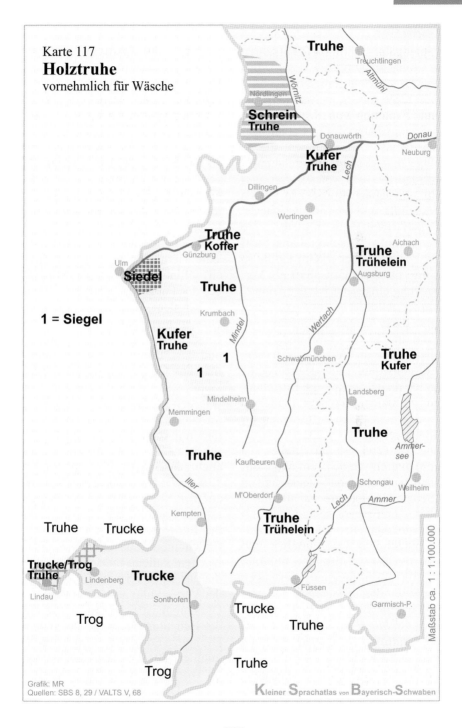

Karte 117
Holztruhe
vornehmlich für Wäsche

Truhe

Treuchtlingen

Nördlingen

Schrein
Truhe

Donauwörth

Donau

Neuburg

Kufer
Truhe

Dillingen

Wertingen

Truhe
Koffer

Günzburg

Truhe
Trühelein

Aichach

Augsburg

Ulm

Siedel

Truhe

1 = Siegel

Krumbach

Kufer
Truhe

1
1

Schwabmünchen

Truhe
Kufer

Landsberg

Mindelheim

Memmingen

Truhe

Truhe

Ammer-
see

Truhe

Kaufbeuren

Schongau

Weilheim

M'Oberdorf

Ammer

Kempten

Truhe
Trühelein

Truhe

Trucke

Trucke/Trog
Truhe

Lindenberg

Trucke

Füssen

Lindau

Sonthofen

Trucke

Garmisch-P.

Trog

Truhe

Trog

Truhe

Maßstab ca. 1 : 1.100.000

Grafik: MR
Quellen: SBS 8, 29 / VALTS V, 68

Kleiner Sprachatlas von Bayerisch-Schwaben

Papiertüte

Papier gab es schon vor 2000 Jahren in China, ab dem Ende des 13. Jhs. wurde es auch in Italien hergestellt, und 1389 gab es in Nürnberg die erste Papiermühle in Mitteleuropa. Ausgangsmaterial für Papier waren damals Leinenlumpen, die so lange eingeweicht und zerstampft wurden, bis ein weicher faseriger Brei entstanden war, der in Sieben geschöpft und getrocknet wurde. Diese Art von Papier löste das teure Pergament als beschreibbaren Stoff ab. Es wurde aber erst im 19. Jh. so billig, dass es massenhaft als Verpackung eingesetzt werden konnte. Vorher umhüllte es nur Luxusgüter. Und diese kamen in unserer Gegend im 15./16. Jahrhundert vor allem über die Alpen aus Italien. Augsburg und seine Handelsleute hatten damals sehr enge Beziehungen zu Italien. Das merkt man auch an den dialektalen Ausdrücken für die Papiertüte.

Die **Gstattel** ist aus italienisch scatola entstanden, ein Wort das auch in "Schachtel" steckt und in "Schatulle"; letztere ist allerdings über das Französische ins Deutsche gelangt. Die italienische Lautverbindung sk- (geschrieben sc-) war für unsere Vorfahren nur sehr schwer auszusprechen, weswegen sie gscht- daraus machten, genauso wie wir als Buben nicht Skat, sondern Gschtaad gespielt haben, weil die Lautfolge sk- im Dialekt nicht vorhanden war.

Auch das südlich der "Gstattel" heimische Wort **Scharmützel**, das ebenfalls in Westösterreich verbreitet ist, ist in Italien beheimatet. In vielen norditalienischen und alpenromanischen Dialekten gibt es vergleichbare Wörter, deren Bedeutung entweder gleich ist oder die etwas mit Fell, Leder, Gerberei zu tun haben. So z.B. genuesisch scarnūccio 'Fellinnenseite'; ladinisch scarnus 'Tüte' oder trentinisch scarnuz 'Streifen gegerbten Leders'. Alle gehen zurück auf eine lateinische Grundform excarnare 'eine Tierhaut vom Fleisch befreien'. Offensichtlich war der Vorgänger der Papiertüte aus Leder. Weil es bei dem Wort keine weiteren Formen mehr gab (so wie z.B. zu "binden" das "Band", den "Bund" und das "Bündel", was für Stabilität des Grundwortgerüsts sorgt), konnte es leicht verformt werden, was sich in einer großen Anzahl an Varianten zeigt, z.B. bei den Formen mit verschobenem, metathetischem r (Schar- vs. Stra-), was es auch sonst noch gibt (vgl. Karten 128, 167). Nur ein kleiner Teil ist auf der Karte vorhanden. "Scharmützel" und "Gstattel" sind beides Entlehnungen des Mittelalters, Entlehnungen aus der damals überlegenen italienischen Zivilisation, die uns diese Termini aus der Welt der Verpackung geschenkt hat.

Die **Gugge** ist zu lat. cucullus mit der Bedeutung 'Kapuze' zu stellen. Die spitze Form hat zu der Übertragung geführt. Das Wort steckt auch im Wort "Kugel" und im schwäbischen "Gugelhupf".

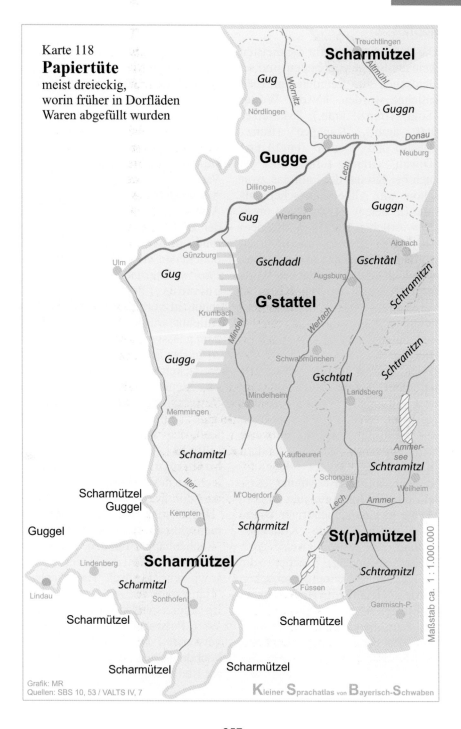

Karte 118
Papiertüte
meist dreieckig,
worin früher in Dorfläden
Waren abgefüllt wurden

Scharmützel

Gug

Wörnitz

Treuchtlingen

Altmühl

Nördlingen

Guggn

Donauwörth

Donau

Neuburg

Gugge

Lech

Dillingen

Gug

Wertingen

Guggn

Aichach

Ulm

Günzburg

Gug

Gschdadl

Gschtåtl

Augsburg

Schtramitzn

Krumbach

G^estattel

Wertach

Mindel

Gugga

Schwabmünchen

Schtranitzn

Mindelheim

Gschtatl

Landsberg

Memmingen

Schamitzl

Kaufbeuren

Ammer-
see

Schtramitzl

Schongau

Scharmützel
Guggel

M'Oberdorf

Lech

Ammer

Weilheim

Iller

Kempten

Scharmitzl

St(r)amützel

Guggel

Lindenberg

Scharmützel

Scharmitzl

Lindau

Sonthofen

Füssen

Schtramitzl

Garmisch-P.

Scharmützel

Scharmützel

Scharmützel

Scharmützel

Maßstab ca. 1 : 1.000.000

Grafik: MR
Quellen: SBS 10, 53 / VALTS IV, 7

Kleiner **S**prachatlas von **B**ayerisch-**S**chwaben

Kopfkissen

Die Bezeichnungen für die meisten weichen Sitzgelegenheiten sind im Deutschen aus fremden Sprachen entlehnt worden, so die Wörter "Sofa" (franz., arab.), "Matratze" (ital., arab.), "Kanapee" (franz., griech.) und "Couch" (engl.) und "Diwan" (franz., türk.). Dies ist auch bei **Kissen** der Fall, das zwar schon im Althochdeutschen als kussīn belegt ist, aber von unseren westlichen Nachbarn, aus dem Altfranzösischen, übernommen worden ist. In einem großen Gebiet ist jedoch statt der einfachen Wortform "Kissen" der Typ **Kisset** in Verwendung, was wohl als kollektivierende Wortbildung zu sehen ist (vgl. unten).

Hier war speziell nach dem 'Kopfkissen' gefragt, darum wird "Kissen" oder "Kisset" meist mit dem Bestimmungswort "Kopf-" näher bestimmt. Interessant ist, dass auch das Bestimmungsglied teilweise nicht einfaches "Kopf-", sondern "Kopfet-" ist. Dieses "Kopfet-" ist, wie das oben erwähnte "Kisset", eine Bildung, die eine größere Menge zusammengehöriger Dinge zusammenfasst, eine Kollektivbildung, wie beispielsweise auch "Nähet" (Nähzeug) "Bachet" (die Menge, die auf einmal gebacken wurde), "Heuet" (die Heuernte und ihr Ertrag). Also: "Kopfet" ist alles, was zum oberen Ende, zum Kopfende des Bettes gehört. Und das "Kopfetkissen" ist das Kissen, das am Kopfende des Bettes liegt (vgl. auch Karte 94).

Im bayerischen Schwaben sind aber auch noch zwei weitere alte Ausdrücke vorhanden: "Pfulgen" und "Häupfel". Beide Wörter sind vor allem in der Gegend von Ulm noch bekannt. Und obwohl sie schön deutsch aussehen, sind auch sie entlehnt. **Pfulgen** (auch in der Variante **Pfulben** wie im Kleinwalsertal belegt) gibt es schon im Althochdeutschen als pfuluwi in der Bedeutung 'Kissen'. Aus dem mhd. phulwe werden dann die dialektalen Ausdrücke *Pfulga* und *Pfulba*. Zugrunde liegt lateinisch pulvinus ('Polster, Kissen'), das schon in voralthochdeutscher Zeit entlehnt wurde. Die Entwicklung zum g lässt sich über eine Form mit -i- in der Endung gut erklären: Es entwickelt sich dann wie minium zu "Mennige" ('rote Malerfarbe'), Venetia zu "Venedig", lilia zu "Ilge" ('Lilie') u.a.

Und den **Häupfel** gibt es auch schon in althochdeutscher Zeit als houbitpfuluwi, das eine Spezifizierung des Lehnwortes pfuluwi darstellt. Damals war houbit, also "Haupt", das Normalwort für den menschlichen 'Kopf' (vgl. dialektal "Rechenhaupt" für den 'Kopf', als den vorderen Teil des Handrechens, sowie schriftdeutsch "Hauptsache", "Hauptstadt").

Im angrenzenden Tirol wird das Wort **Polster** für das Kopfkissen verwendet. Es ist schon im Althochdeutschen als polstar in dieser Bedeutung belegt.

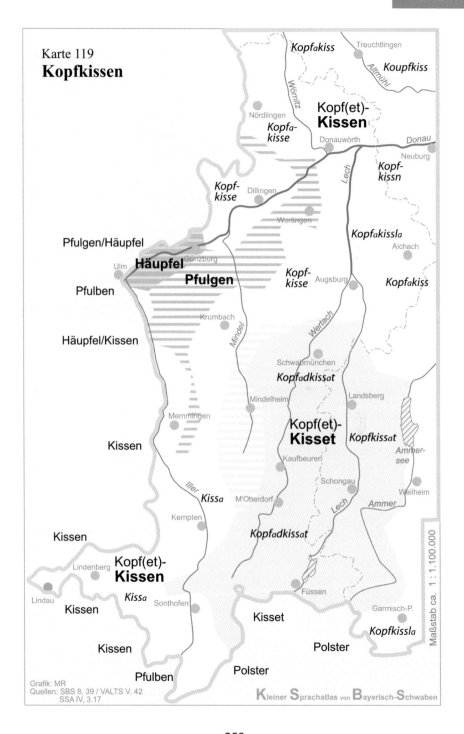

Karte 119
Kopfkissen

Kopfakiss Treuchtlingen

Koupfkiss

Nördlingen
*Kopfa-
kisse*

Kopf(et)-
Kissen
Donauwörth

Donau
Neuburg

*Kopf-
kissn*

*Kopf-
kisse* Dillingen

Wertlingen

Pfulgen/Häupfel

Häupfel Günzburg
Ulm **Pfulgen**

Pfulben

Kopfakissla
Aichach

*Kopf-
kisse* Augsburg

Kopfakiss

Krumbach

Häupfel/Kissen

Schwabmünchen

Kopfadkissat

Mindelheim Landsberg

Memmingen

Kopf(et)-
Kisset *Kopfkissat*

Kissen

Kaufbeuren
Ammer-
see

Schongau

Kissa M'Oberdorf
Weilheim

Kempten
Ammer

Kopfadkissat

Kissen

Kopf(et)-
Kissen
Lindenberg

Füssen

Lindau
Garmisch-P.

Kissa Sonthofen
Kopfkissla

Kissen
Kisset

Kissen

Polster

Pfulben
Polster

Grafik: MR
Quellen: SBS 8, 39 / VALTS V, 42
SSA IV, 3.17

Kleiner **S**prachatlas von **B**ayerisch-**S**chwaben

Maßstab ca. 1 : 1.100.000

zündeln

In dieser Karte konnten keine farbigen Gebiete eingetragen werden, weil sich die Bezeichnungen in den einzelnen Ortschaften nicht zu Flächen ordnen und gegeneinander abgrenzen lassen. Zu groß ist die Variation der Ausdrücke.

Dies gilt vor allem auch bei dem am häufigsten vorkommenden Typ, der auch in der heutigen Schriftsprache gilt, bei **zündeln** (*zendla, zindla, zintla, zindln*). Dieses Wort stammt vom Verb "zünden" ab, das es schon im Althochdeutschen als zunten gibt. Zu diesem Typ gibt es noch die Variante **zünderln** (*zenderla, zenterla*).

Davon abgeleitet ist auch althochdeutsch zinsilo 'Glut, Zunder', das die Basis für den Ausdruck **zinzeln** (*zinzla, zenzla*) im Süden ist, zu dem sich noch der Untertyp **zinzerln** (*zinzerla*) gesellt.

Das Wort *fuirla* nordwestlich von Augsburg ist zur Lautform *Fuir* für 'Feuer' (ahd. fiur) zu stellen, und *fägala* bei Ulm gehört wohl zur "Fackel" und bedeutete vermutlich ursprünglich '(unvorsichtig) mit der Fackel hantieren'.

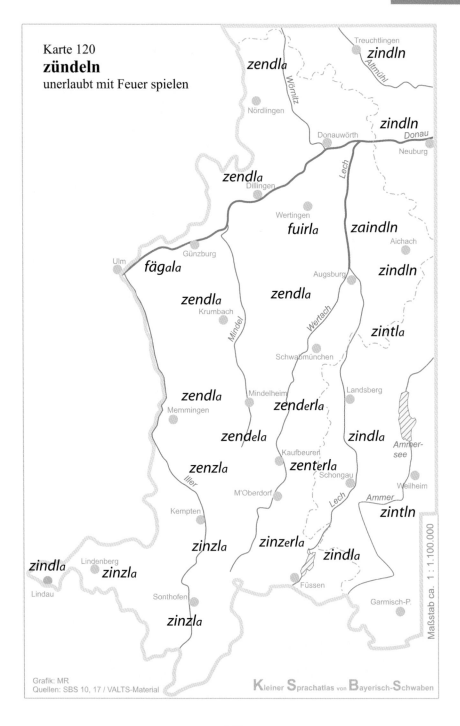

Karte 120
zündeln
unerlaubt mit Feuer spielen

zendla

zindln Treuchtlingen

Nördlingen

zindln Donau

Donauwörth

Neuburg

zendla Dillingen

Wertingen

fuirla *zaindln*

Aichach

fägala Günzburg

Ulm

Augsburg *zindln*

zendla Krumbach *zendla*

zintla

Schwabmünchen

zendla Mindelheim Landsberg

Memmingen *zenderla*

zendela *zindla* Ammer-see

Kaufbeuren

zenzla *zenterla* Schongau

M'Oberdorf Weilheim

Kempten *zintln*

zinzla *zinzerla*

zindla

zindla Lindenberg *zinzla*

Lindau Füssen

Sonthofen Garmisch-P.

zinzla

Maßstab ca. 1 : 1.100.000

Grafik: MR
Quellen: SBS 10, 17 / VALTS-Material

Kleiner **S**prachatlas von **B**ayerisch-**S**chwaben

261

Wortschatz III

Bauernhaus und Holzarbeit

Fensterladen

Man darf sich ein mittelalterliches Bauernhaus nicht so vorstellen wie ein heutiges. Es gab zwar Fenster, aber Glas war teuer und selten. Die Glasherstellung hatte unter den Römern schon einen hohen technischen Stand erreicht, doch ging dieser im Mittelalter wieder verloren. Die Fenster in Wohnhäusern waren klein und mit geöltem Leinen oder Pergament bespannt, in Kirchen mit dünn geschliffenen Alabasterplatten gefüllt. Im normalen Haus gab es nichts dergleichen, die Fenster konnten nur durch Holzläden geschlossen werden. Im 14. Jh. kamen Butzenscheiben auf, rund und mit Bleistegen gefasst, und erst im 18. Jh. wurden Fenster mit flachen Scheiben häufiger. Das Holzbrett des Fensterladens bot da einen Schutz vor den Unbilden der Witterung.

Das auch schriftdeutsche Wort (Fenster-)**Laden** ist im größten Teil unseres Gebietes die normale Dialektbezeichnung (um Ulm auch in der weiblichen Form **Lade**). Das Wort erklärt sich von selbst, wenn man weiß, dass in unseren Dialekten ein "Laden" ein dickes Brett (vgl. Karte 140) bezeichnet. Diese Bedeutung hatte laden, lade auch schon im Mittelhochdeutschen, es handelte sich also um dicke Bretter, die man in die Fensteröffnungen stellte.

Offensichtlich waren diese Bretter gegendweise so dick, dass man sie auch als **Klotzen** (zu "Klotz", ahd. kloz, das mit "Kloß" verwandt ist) bezeichnen konnte. Je kleiner die Fenster waren – und sie waren in früheren Zeiten sehr klein – desto klotzartiger konnten die Hölzer werden, mit denen man sie verschloss.

Und der Aspekt des Verschließens steht im Vordergrund beim Ausdruck **Falle**. Ursprünglich handelte es sich um etwas, was "das Fallen" bewirkt (wie ein "Fallstrick"), oder etwas, was selbst fällt (wie eine "Falltür"). Eine Falltüre hat natürlich auch etwas verschlossen, und so konnte das Brett, das ein Fenster verschloss, auch "Falle" genannt werden.

Die **Schlage** im oberen Illertal hängt sicher mit dem Verb "schlagen" zusammen. In Oberstdorf hieß früher ein Kästchen zum Vogelfang, eine Vogelfalle, ebenfalls "Schlage", so dass die gleiche Bedeutungsentwicklung wie bei "Falle" vorliegt.

Den **Blickel** gibt es nur in ein paar Orten auf dem Lechfeld. Das Wort hängt sicher mit dem Verb "blicken" zusammen und bezeichnete wohl ursprünglich nur das Fenster, von wo es auf den Fensterverschluss übertragen wurde. Vergleichbar konnte ja auch der "Laden", das Brett zur Auslage von Ware, zur Gesamtbezeichnung für ein Geschäft werden.

Nicht selten stehen Bezeichnungen für das Fenster mit dem Auge in Verbindung, so z.B. bei ahd. ougatora 'Augentor' oder bei altnordisch wintauga (vgl. engl. window), und auch in slawischen Sprachen ist das Auge die Basis für die Bildung des Wortes für 'Fenster'.

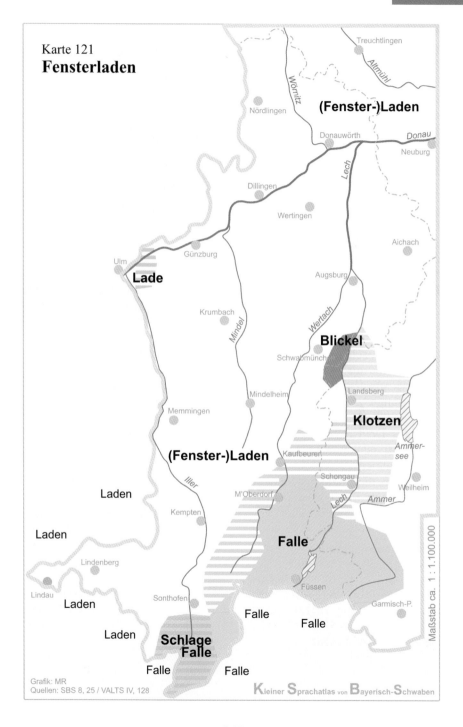

Karte 121
Fensterladen

(Fenster-)Laden

Treuchtlingen

Nördlingen

Donauwörth

Donau

Neuburg

Dillingen

Wertingen

Aichach

Ulm

Günzburg

Lade

Augsburg

Krumbach

Blickel

Schwabmünch

Landsberg

Mindelheim

Klotzen

Memmingen

Ammer-see

(Fenster-)Laden

Kaufbeuren

Schongau

Weilheim

Laden

M'Oberdorf

Ammer

Kempten

Laden

Falle

Lindenberg

Füssen

Garmisch-P.

Lindau

Laden

Sonthofen

Falle

Falle

Laden

Schlage Falle

Falle

Falle

Maßstab ca. 1 : 1.100.000

Grafik: MR
Quellen: SBS 8, 25 / VALTS IV, 128

Kleiner Sprachatlas von Bayerisch-Schwaben

Fenstersims

Es gibt an jedem Fenster zwei, den einen innerhalb, den anderen außerhalb des Fensters. Der äußere Sims ist in der Regel schmäler, versucht man doch, den Fensterstock möglichst weit nach außen zu verlegen. Simse kann es aber auch an anderer Stelle des Hauses geben, meist "Gesims" genannt, waagrechte, nach außen, von der Mauer weg stehende Bauteile, die ein größeres Gebäude gliedern. Fensterbänke können in großen Gebäuden mit dicken Mauern eine beachtliche Tiefe erreichen.

Das auch der Schriftsprache angehörende Wort **Sims** ist nur im Deutschen vorhanden, man nimmt eine sehr frühe Entlehnung aus dem Lateinischen an, woraus es zusammen mit vielen weiteren Wörtern aus dem Bereich Steinbau (wie "Mauer", "Fenster", "Estrich", "Pfeiler", "Mörtel" u.a., vgl. Karte 125) ins Deutsche gekommen ist. Das Wort ist schon im 12. Jahrhundert als s i m i z belegt und geht wohl auf eine lateinische Form sīmātus im Sinne von 'platt gedrückt' zurück. Die Formen **Simes** (*Siimes, Siimas*) im Norden und Osten unseres Gebietes reflektieren noch die mittelhochdeutsche Form, die identisch lautete. Der ebenfalls zweisilbige **Simsen** (*Semsa, Simsa*) hat in Anlehnung an Formen der sog. "schwachen Flexion" -en als Endung angenommen.

Das **Fensterbrett** erklärt sich von selbst, das gleiche gilt für die **Fensterbank**.

Die **Bai** (*Bai, Boi*) im Raum Kempten – Memmingen – Mindelheim ist eine im heutigen Wortschatz völlig isolierte Form, sie bedeutet in den Dialekten nicht nur die 'Fensterbank', sondern auch die 'gesamte Fensteröffnung' in großen Gebäuden. Das Wort gibt es schon im Mittelhochdeutschen (Nibelungenlied, Handschrift) als b e i e für 'Fensteröffnung, Fenster'; es existiert in dieser Bedeutung nur noch in romanischen Sprachen. Man nimmt daher an, dass es aus altfranzösisch b a i e 'Fensteröffnung, Öffnung' entlehnt wurde. Es handelt sich also wohl um eine Entlehnung des hohen Mittelalters, die dem Deutschen eine ansehnliche Reihe französischer Wörter beschert hat, vor allem aus dem Bereich der höheren Gesellschaft, des Rittertums, wie z.B. "Palast", "Lanze", "Preis", "tanzen" und nicht zuletzt die Höflichkeitsanrede "Ihr" statt altem "Du" ("ihrzen" statt "duzen" ab dem 12. Jahrhundert; seit dem 16. Jahrhundert wird nach spanischem Vorbild "gesiezt").

Der **Balken** im nahen Tirol ist durch die dort übliche Holz(block)bauweise zu erklären, denn der die Fensterbasis bildende Balken ist gleichzeitig der Fenstersims.

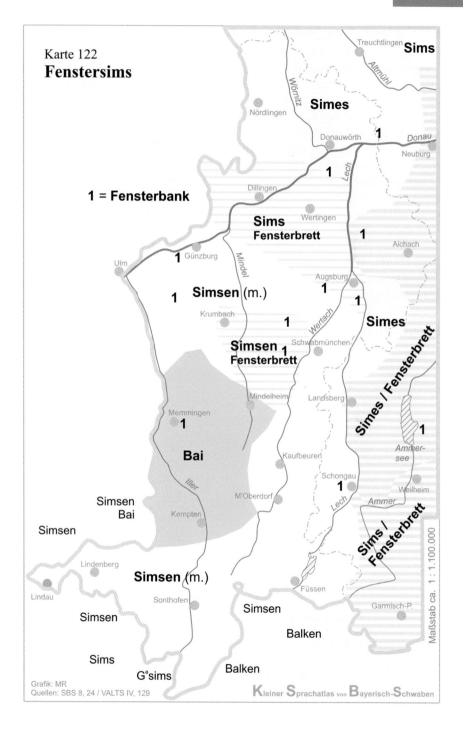

Karte 122
Fenstersims

Sims

Simes

1 = Fensterbank

Sims
Fensterbrett

Simsen (m.)

Simes

Simsen 1
Fensterbrett

Simes / Fensterbrett

Bai

Simsen
Bai

Simsen

Maßstab ca. 1 : 1.100.000

Simsen (m.)

Sims / Fensterbrett

Simsen

Simsen

Balken

Sims

Gᵉsims

Balken

Grafik: MR
Quellen: SBS 8, 24 / VALTS IV, 129

Kleiner Sprachatlas von Bayerisch-Schwaben

unterer Hausgang (im Bauernhaus) (Karte 123)

Das germanische Haus war ein Langhaus, ein Einraumhaus, das alle Bewohner (auch die Tiere) unter einem Dach in einem Raum beherbergte. Mit der Zeit, aber regional und sozial mit großen Unterschieden, wurde das Haus in mehrere Funktionsbereiche aufgeteilt: Vorne (an der Straße) ein Wohnbereich, dann abgeteilt durch einen eventuell dazwischen geschobenen Hausgang die Tenne (beim älteren Typ "Mittertennhaus") bzw. der Stall (beim Typ "Mittelstallhaus). Aus der Zeit, in der der Tennen noch nicht vom Hausgang separiert war, stammt wohl die Bezeichnung **Tennen**, oft näher bestimmt durch "Haus-", um diesen Tennen von dem Tennen zu unterscheiden, auf dem man das Getreide gedroschen hat. Das Wort "Tennen" (schriftdt. "die Tenne") hat nichts mit "Tanne" zu tun, sondern eher mit einer Wurzel, die ursprünglich die Handfläche, also etwas Flaches, bezeichnete (ahd. tenni 'Tenne, Dreschplatz'; tenar 'Handfläche'). Zu dem nur selten belegten Wort **Fletz** siehe Karte 125.

Stiege / Treppe (Karte 124)

Die in ganz Bayerisch-Schwaben überwiegend verbreitete **Stiege** zeigt im Südwesten unseres südlichen Kartenausschnittes eine besondere Lautung, nämlich **Stege**, die nicht mit der Lautung "Stiege" zusammenzubringen ist. Beide Wörter gehören wohl zum Verbum "steigen", doch gibt es bei beiden gewisse Erklärungsschwierigkeiten, wie sie davon abzuleiten sind. Es handelt sich bei beiden um sehr alte Ableitungen, und die Vorläufer sind schon im Althochdeutschen überliefert, einerseits als stiega 'Stiege, Treppe' und andererseits als stega 'Stiege, Leiter, Treppe'. Die beiden Wörter spiegeln wohl sehr frühe, d.h. schon zur Einwanderungszeit im 5./6. Jahrhundert bestehende sprachliche Gegensätze wider.

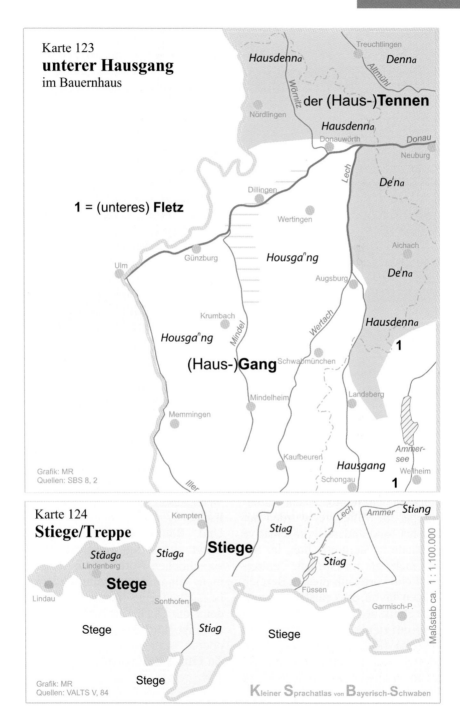

Karte 123
unterer Hausgang
im Bauernhaus

1 = (unteres) **Fletz**

der (Haus-)**Tennen**

(Haus-)**Gang**

*Hausdenn*a
*Denn*a
*Hausdenn*a
*De^{j}n*a
Housga^{n}ng
De^{j}na
*Hausdenn*a
Housga^{n}ng
1
Hausgang
1

Grafik: MR
Quellen: SBS 8, 2

Karte 124
Stiege/Treppe

Stäaga
Stege
Stiaga
Stiege
Stiag
Stiang
Stiag
Stiag
Stege
Stiag
Stege
Stiege
Stege

Maßstab ca. 1 : 1.100.000

Grafik: MR
Quellen: VALTS V, 84

Kleiner Sprachatlas von Bayerisch-Schwaben

269

oberer Hausgang (im Bauernhaus)

Das Bauernhaus des frühen Mittelalters war eingeschossig, das Dach war vom Boden aus sichtbar, ein oberes Stockwerk gab es nicht. Erst als auch auf dem Land die Häuser höher wurden und man weitere Ebenen einzog, war es notwendig, den dabei entstehenden oberen Hausgang zu bezeichnen. Das konnte auf zweierlei Weise geschehen. Einmal indem man den Namen des unteren Hausgangs auf den im 1. Stock übertrug, **oberer Gang**, **oberer Tennen** (vgl. Karte 123), zum anderen, indem man den Namen z.B. aus der Stadt bezog, wo es schon sehr viel früher mehrstöckige Häuser gab.

Der Ausdruck **Soler** dürfte diesen Weg gegangen sein. Ihm liegt ein lateinisches solarium zugrunde, das einen der Sonne ausgesetzten Raum in einem aus Steinen gemauerten Haus bezeichnet haben muss. Die Germanen und ihre Nachfahren bauten Häuser aus Holz. Der Fachwerkbau ist das Erbe dieser germanischen Baukultur. Die Römer brachten den Steinbau nach Mitteleuropa. Im Mittelalter wurden nur Kirchen und andere repräsentative Gebäude in Stein errichtet, im Süden mehr als im Norden. Zahlreiche Lehnwörter aus diesem Bereich zeugen davon, dass einst die gesamte Technik des gemauerten Hauses aus Rom zu uns kam: "Mauer" (aus murus), "Fenster" (aus fenestra), Mörtel (aus mortārium) und vieles andere mehr (vgl. Text zu Karte 122). "Soler" ist als solāri schon im Althochdeutschen belegt und bedeutet damals einen bedeckten Raum im oberen Stockwerk, eine Terrasse, einen Umgang am Haus überhaupt, das Obergeschoß und auch den Dachboden.

Die **Laube** im Ulmer Gebiet hat eine andere Herkunft. Die Geschichte dieses Wortes wird bei der Karte "Abort" (Karte 126) erklärt.

Der **Fletz** ist ein Wort, das schon im Althochdeutschen als flezzi vorhanden ist. Es hat da verschiedene Bedeutungen wie 'Tenne, Vorplatz, Vorhalle', es bezeichnet in der Regel etwas Flaches, genauso flach, wie der "Kohleflötz" ist, dem einzigen Wort, in dem es in der Hochsprache noch überlebt hat. Im Augsburger Rathaus gibt es einen "oberen Fletz", was dort so viel wie 'Stockwerk', auch 'Ebene' bedeutet. Im alten niederdeutschen Haus ist das entsprechende "Flett" der Raum, in dem das Herdfeuer brannte. Das Wort hängt mit einem althochdeutschen Adjektiv flaz 'flach' zusammen, das auch im englischen Wort flat vorliegt.

Und **Bööne** im Kleinwalsertal hängt sicher mit unserem hochsprachlichen Wort "Bühne" zusammen; mhd. büne 'Zimmerdecke' bezeichnet eine identische Sache, denn die Decke des unteren Zimmers ist gleichzeitig der Boden des oberen.

Zu **Obret** und **Vordiele** vgl. Karte 128.

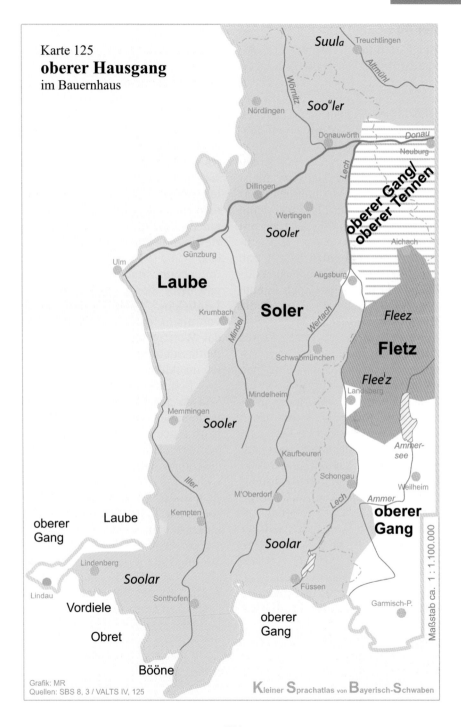

Karte 125
oberer Hausgang
im Bauernhaus

Suula
Treuchtlingen

Altmühl

Wörnitz
Nördlingen
Soo^uler

Donauwörth
Donau
Neuburg

Dillingen
Lech

Wertingen
Sooler

**oberer Gangl/
oberer Tennen**

Ulm
Günzburg
Aichach

Augsburg

Laube

Krumbach
Soler
Wertach
Fleez

Fletz

Schwabmünchen

Mindelheim
Fleeⁱz
Landsberg

Memmingen
Sooler
Mindel

Kaufbeuren
*Ammer-
see*

Schongau
Weilheim

Iller
M'Oberdorf
Lech
Ammer

**oberer
Gang**

oberer
Gang
Laube
Kempten

Soolar

Lindenberg

Lindau
Soolar
Sonthofen
Füssen
Garmisch-P.

Vordiele
oberer
Gang

Obret

Bööne

Maßstab ca. 1 : 1.100.000

Grafik: MR
Quellen: SBS 8, 3 / VALTS IV, 125

Kleiner **S**prachatlas von **B**ayerisch-**S**chwaben

der Abort (auf dem Bauernhof)

Bei den Zimmerleuten vergangener Tage gab es den Spruch, dass sie ein Haus in einem Tag bauen könnten. Das ungläubige Staunen der Umstehenden endete im Gelächter, wenn sie sagten, damit sei ein Aborthäuslein gemeint.

So etwas gab es früher auf jedem Hof, es stand etwas abseits, meist am Rand des Misthaufens, was praktisch war für die Entsorgung der Fäkalien, denn die wurden mit dem Dünger, den das Vieh produzierte, aufs Feld gefahren. Da gab es keine Wasserspülung, ein kräftiges Brett mit einem Loch musste genügen. Manchmal gab es für die Kinder einen etwas niedrigeren Sitz mit einem kleineren Loch. Dieses Örtchen war nicht geheizt, den Minusgraden des Winters konnte man nicht ausweichen.

Man ging aufs **Häuslein**, eine Verkleinerungsform von "Haus", die in dieser Bedeutung lexikalisiert war. Oder man suchte den **Abort** auf, was der Schriftsprache entsprach. Dieses Wort ist erst im 18. Jahrhundert bezeugt und hat zunächst die Bedeutung 'abgelegener Ort'.

Bald ersetzt es auch den **Abtritt**, der selbst schon im 16. Jahrhundert in dieser Bedeutung auftritt, nachdem er seit dem 14. Jahrhundert (mhd. abetrit 'Weggang') als Ableitung vom mhd. Verb abetreten ohne weitere anrüchige Verwendung belegt war. In beiden Fällen wird das Wort euphemistisch, also beschönigend, verhüllend verwendet. Im östlichen Allgäu sowie südwestlich von Augsburg hat sich "Abtritt" noch als Dialektwort erhalten.

Im Gegensatz zur Hochsprache scheut man sich in unseren Dialekten weniger, die Dinge beim Namen zu nennen; die vielfach notierten Zusammensetzungen mit dem Bestimmungswort **Scheiß-** belegen das.

Im oberen und westlichen Allgäu heißt dieser Ort **Laube** bzw. **Läubelein**. "Laube" kommt heute vor allem in "Gartenlaube" vor; das Wort gehört nach allgemeiner Auffassung zu "Laub" und bedeutet im Althochdeutschen als l o u - ba 'Schutzdach, Hütte, Vorbau'. Von da aus hat es unsere heutige Bedeutung angenommen. Dieses l o u b a geht wiederum aus einem germanischen Wort hervor, das in die romanischen Sprachen entlehnt wurde und von da aus in späteren Zeiten als "Loge" (aus dem Französischen) bzw. "Loggia" (aus dem Italienischen) wieder ins Deutsche zurückgekommen ist, genauso wie der Vorläufer unseres Wortes "Balken" ins Französische entlehnt wurde und als "Balkon" heute im Deutschen einen festen Platz hat.

272

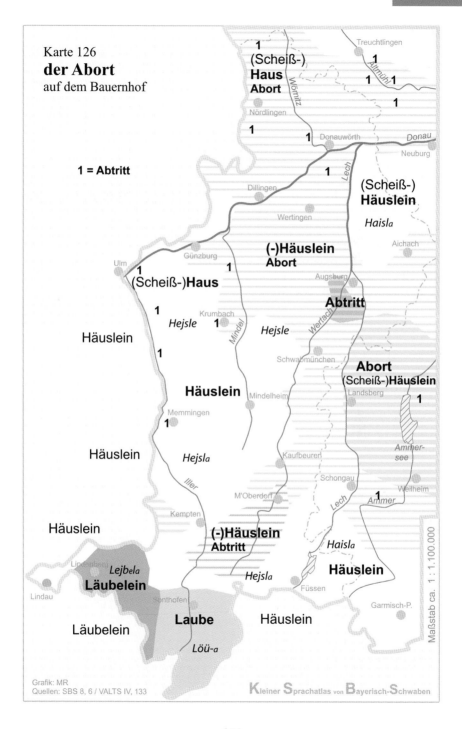

Karte 126
der Abort
auf dem Bauernhof

1 = Abtritt

(Scheiß-)
Haus
Abort

Wörnitz

Treuchtlingen

1

Altmühl

1

1 1

1

Nördlingen

1

1 Donauwörth

Donau

Neuburg

1

Lech

Dillingen

(Scheiß-)
Häuslein

Haisla

Wertingen

Aichach

(-)Häuslein
Abort

Günzburg

Ulm

1

(Scheiß-)Haus

1

Augsburg

Abtritt

Wertach

1

Krumbach

Hejsle 1

Hejsle

Mindel

Häuslein

1

Schwabmünchen

Abort
(Scheiß-)Häuslein

Landsberg

1

Häuslein

Mindelheim

Memmingen

1

Ammer-
see

Häuslein

Hejsla

Kaufbeuren

Schongau

Iller

M'Oberdorf

Lech

Ammer

Weilheim

1

Kempten

Häuslein

(-)Häuslein
Abtritt

Haisla

Lindenberg

Lejbela

Läubelein

Hejsla

Füssen

Häuslein

Lindau

Sonthofen

Laube

Häuslein

Garmisch-P.

Läubelein

Löü-a

Maßstab ca. 1 : 1.100.000

Grafik: MR
Quellen: SBS 8, 6 / VALTS IV, 133

Kleiner **S**prachatlas von **B**ayerisch-**S**chwaben

Gaden (Vorkommen und Bedeutung)

Der Ausdruck **Gaden** (*Gaada*) ist bei uns nur in einem Teilraum bekannt, überwiegend mit sächlichem, teils aber auch mit männlichem Geschlecht. Am Nordrand des Vorkommensgebietes ist überwiegend die Verkleinerungsform **Gädelein** (*Gäädala*) üblich.

Die Bezeichnung geht zurück auf das althochdeutsche Wort g a d u m mit dem sehr breiten Bedeutungsspektrum 'Zimmer, Speicher, Haus, Scheune'. Im Mittelhochdeutschen hat das Wort die Bedeutung 'Haus mit einem Raum, Kammer, hochgelegener Verschlag, Stockwerk'.

In unseren Dialekten hat sich die Bedeutung des Wortes eingeengt und spezialisiert, es bezeichnet jetzt selbst in dem begrenzten Vorkommensgebiet regional jeweils verschiedene Bereiche einer Hausanlage.

Vermutlich steckt auch in dem nur nördlich der Donau verbreiteten Wort "die/das **Gabert**" für den 'Boden über der Tenne' (vgl. folgende Karte 128) dieses "Gaden". Das Wort ist wohl aus der ehemals längeren Bildung *gademwerk zusammengezogen worden.

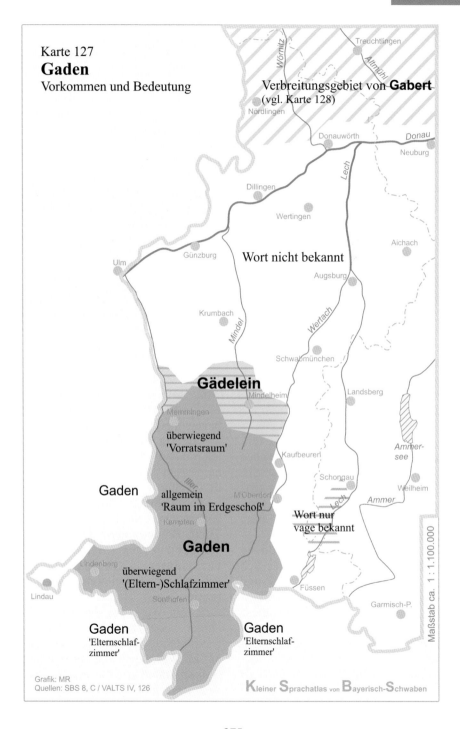

Karte 127
Gaden
Vorkommen und Bedeutung

Verbreitungsgebiet von Gabert
(vgl. Karte 128)

Wort nicht bekannt

Gädelein

überwiegend
'Vorratsraum'

Gaden
allgemein
'Raum im Erdgeschoß'

Wort nur
vage bekannt

Gaden

überwiegend
'(Eltern-)Schlafzimmer'

Gaden
'Elternschlaf-
zimmer'

Gaden
'Elternschlaf-
zimmer'

Maßstab ca. 1 : 1.100.000

Grafik: MR
Quellen: SBS 8, C / VALTS IV, 126

Kleiner Sprachatlas von Bayerisch-Schwaben

Boden über der Tenne

Die Tenne war dort, wo man früher das Getreide gedroschen hat (vgl. Karte 123 "unterer Hausgang"; in unserer Region meist nach dem Wohnteil oder nach dem Stall). Die Tenne war durch ein hohes Tor zugänglich, durch das man mit dem voll beladenen Erntewagen (ob Heu oder Korn) fahren konnte. Darüber in größerer Höhe befand sich oft noch ein Bretterboden, auf dem man Stroh oder Getreidegarben gelagert hat. Manchmal war dieser Raum auch nur teilweise mit so einem Zwischenboden versehen.

Die Bezeichnung **Obertennen** erklärt sich damit von selbst (zur Herkunft von "Tenne(n)" vgl. Karte 123). Diese Zusammensetzung muss schon sehr alt sein, sonst wäre das Wort nicht zu *Oberte* verschliffen und weiter zu *Orbete* mit einer Umstellung des r geworden. Diese "Metathese" ist ein Vorgang des Ahd. (und früher), sie hat Wortdubletten entstehen lassen, die teilweise im heutigen Hochdeutschen noch nebeneinander stehen, z.B. "Born" und "Brunn(en)", "bersten" und die "Gebresten" und "Bernstein" aus "brennen" (vgl. engl. "burn" 'brennen').

Bei der **Irbete** liegt eine Bildung "Übertenne" zugrunde, die sich über "Überte" zu "Ürbete" und dann mit Entrundung (vgl. Textkasten bei Karte 14) und Metathese (s.o.) zu "Irbete" entwickelt hat.

Der **Oberling** ist eine eher ungewöhnliche Ableitungsform mit der Endung "-(l)ing", die heute vor allem bei Personen, Pflanzen und Tieren vorkommt ("Schönling", "Säugling", "Röhrling", "Engerling"; vgl. Karte 141). Die Bildung dürfte deswegen auch schon sehr alt sein und entstand in einer Zeit, als diese Endung noch Zugehörigkeit ausdrückte.

Zu **Gabert** vgl. Karte 127.

Das Wort **Plan(e)** dagegen ist noch nicht so alt. Es ist in mhd. Zeit aus lat. planum 'Ebene' entlehnt; es muss im Haus mehrere solcher "Planen" gegeben haben, sonst würde man sie nicht teilweise mit "Zwerch-" näher bestimmen. Dieses ist das gleiche Wort wie das schriftdeutsche "quer", das ahd. noch dwerah, mhd. twerch lautete und das in unseren Dialekten ganz lautgesetzlich den Anlaut zw- annahm.

Baan(e), **Bääne** und **Bühne** haben wohl eine gemeinsame Herkunft. Es wird damit eine ebene Fläche bezeichnet, teilweise erhöht.

Mit **Brette** (zu "Brett") ist das Mittel, mit dem man eine solche Fläche hergestellt hat, zur Bezeichnung dieses Hausteils geworden, genauso wie bei **Dille** im Außerfern, wo ein anderes Wort für 'Brett' (ahd. dilla 'Brett, Bretterboden') den gleichen Wandel durchgemacht hat.

Der **Gänter** im Bregenzer Wald geht auf ein mittellateinisch canterius 'Sparrenwerk, Gebälk' zurück, ein Wort, das die dort noch länger überlebende romanische Bevölkerung hinterlassen hat und das im Westallgäu auch noch einen Balkon unter einem breiten Vordach bezeichnet (vgl. Karte 133).

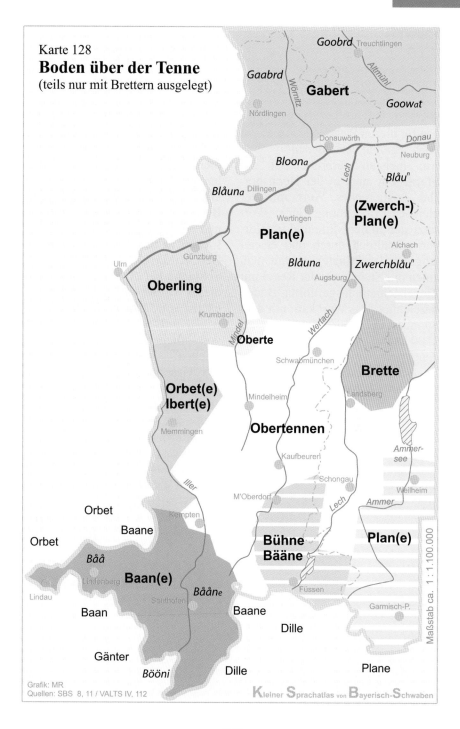

Standplatz der Kühe (im Stall)

Der Platz im Stall, auf dem die Kühe standen und lagen, war immer etwas erhöht und hatte ein Gefälle nach hinten, damit der Urin ablaufen konnte. Die Bezeichnungen für diesen Platz waren und sind noch regional verschieden.

Am meisten verbreitet ist der **Stand**, ein auch in der Hochsprache existierendes Wort mit der gleichen Bedeutung. Das Wort setzt sich in der Mitte und im Norden allmählich durch und ersetzt langsam das **Pflaster**, womit man einen mit Steinen (in der Regel mit Ziegelsteinen) ausgeführten Boden bezeichnet. Das Wort kam mit dem Steinbau der Römer vor mehr als 1500 Jahren, noch vor der "hochdeutschen Lautverschiebung" (aus lat. emplastrum 'Wundpflaster', vgl. Karte 125) in unsere Region. Gegen die Kälte des Steins hatte man in den Getreideanbaugebieten der Mitte und des Nordens reichlich Stroh zum Einstreuen zur Verfügung. Im Allgäu mit seiner intensiven Viehzucht gab es weniger Stroh, dafür aber reichlich Holz. Daher standen die Kühe, vor der Kälte des Bodens geschützt, auf hölzernen Podesten, die man als **Brugg**, dem nicht umgelauteten Normalwort für "Brücke" bezeichnete. Allerdings hatte so ein Holzpodest gegenüber dem Pflaster aus Stein den Nachteil, dass es schneller verrottete.

Warm ist es normalerweise auch im **Bett**, das in Teilen des Lechrains und östlich davon den Stand- und Liegeplatz der Kühe bezeichnete.

Der Ausdruck **B^eschlacht** bzw. **Schlacht** hat eine alte Bedeutung dieses Wortes erhalten. Er ist zunächst von "schlagen" abgeleitet – wie "Fahrt" von "fahren", "Flucht" von "fliehen" oder "Zucht" von "ziehen" – und bedeutet zunächst das 'Geschlagene'. Das kann eine 'Schlacht' sein, im Bauwesen aber auch eine 'Befestigung' oder überhaupt ein 'Bau', so z.B. ist es im Mittelhochdeutschen belegt. Und von diesen Bedeutungen ausgehend wurde die Wortverwendung hier auf die Holzbrücke des Viehs verengt.

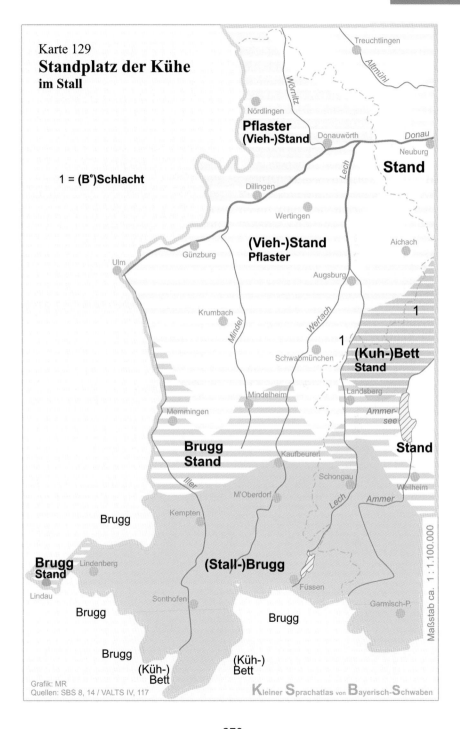

Karte 129
Standplatz der Kühe
im Stall

Treuchtlingen

Wörnitz

Altmühl

Nördlingen

Pflaster
(Vieh-)Stand Donauwörth *Donau*

Neuburg

Stand

1 = (B°)Schlacht

Lech

Dillingen

Wertingen

(Vieh-)Stand
Pflaster Aichach

Ulm Günzburg

Augsburg

Krumbach *Wertach*

Mindel

1

1

Schwabmünchen **(Kuh-)Bett**
Stand

Mindelheim Landsberg

Memmingen *Ammer-*
see

Brugg
Stand Kaufbeuren **Stand**

Schongau

Iller M'Oberdorf Weilheim

Lech *Ammer*

Kempten

Brugg

Brugg Lindenberg **(Stall-)Brugg**
Stand

Lindau Füssen

Sonthofen Garmisch-P.

Brugg

Brugg

Brugg

(Küh-) **(Küh-)**
Bett **Bett**

Maßstab ca. 1 : 1.100.000

Grafik: MR
Quellen: SBS 8, 14 / VALTS IV, 117

Kleiner **S**prachatlas von **B**ayerisch-**S**chwaben

279

Jaucherinne (im Stall)

Im größten Teil unseres Gebietes wird der Typ **Seichrinne** verwendet, in verschiedenen Lautungen, die bei der Vokallautung im Bestimmungswort "Seich-" der normalen geographischen Verteilung von mhd. ei (vgl. Karte 16) entsprechen. Das Verb "seichen" war früher das Normalwort für 'harnen', 'Wasser lassen'. Es handelt sich hier also um jene Rinne im Stall, durch die "der Seich" bzw. "die Seiche" abrinnt.

Entsprechend gibt es auch die Ausdrücke **Odel**rinne und **Lach**erinne, wobei die beiden Erstglieder jeweils die 'Jauche', die 'Gülle' bezeichnen. Im Gegensatz dazu ist die **Schlitz**rinne nach ihrer Form bezeichnet.

Auch über einen **Graben** kann man Flüssigkeiten ableiten: Der **Schaal**graben besteht aus einer "(Ver)schalung", also einer Einfassung, Abtrennung mit Brettern. Die Lautformen *Schåål*- bzw. *Schaul*- machen deutlich, dass hier von der historischen Lautung mhd. schâl auszugehen ist (vgl. Karte 10), was die von der üblichen Rechtschreibung abweichende Schreibung mit zwei a rechtfertigt.

Der **Schorr**graben hat etwas mit der "Schore", der Schaufel zu tun, die im **Schäufel**graben dann auch selbst auftritt.

Der **Schergraben** ist ebenfalls dazu zu stellen; in ihm steckt das Verb "scheren", das (ahd. s c e r a n) vorwiegend 'schneiden' bedeutet, das aber in der Bildung "Schermaus" ('Maulwurf') mehr die Bedeutung 'scharren, schärren' beeinhaltet. Hier dürfte wohl eine Überschneidung mit dem Wort "schärren" 'kratzen' vorliegen. Mit dieser Bedeutung ist das Wort sinnvoll erklärbar: Der Graben, den man ausscharren muss.

Einzig die Wörter **Guss** und **Flosse** sind eingliedrig. "Guss" gehört zum Verb "gießen", "Flosse" zu "fließen" und auch zu "Fluss". Der "Guss" war früher das Becken und die Rinne, über die das Abfallwasser abfloss (vgl. "Ausguss" in der Küche), die "Flosse" gibt es nur in der vorliegenden Bedeutung, vor allem im Fränkischen.

Der **Scherzen** im Norden Vorarlbergs geht auf mhd. s c h e r z e 'abgeschnittenes Stück' zurück und bezog sich zunächst auf eine Holzplatte, die den Stallgang von der Jaucherinne trennte, später aber diese selbst bezeichnete.

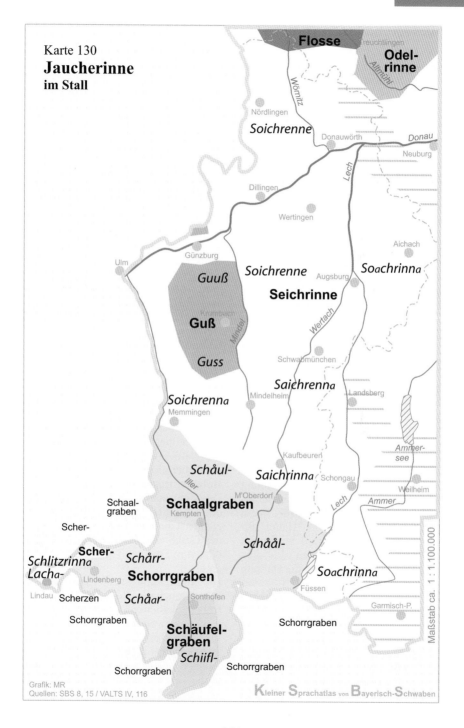

Karte 130
Jaucherinne
im Stall

Flosse

Odel-rinne

Wörnitz

Nördlingen

Soichrenne

Donauwörth

Donau

Neuburg

Lech

Dillingen

Wertingen

Aichach

Ulm

Günzburg

Guuß

Soichrenne

Augsburg

Soachrinna

Seichrinne

Guß

Mindel

Guss

Wertach

Schwabmünchen

Saichrenna

Soichrenna

Mindelheim

Landsberg

Memmingen

Ammer-see

Kaufbeuren

Schåul-

Saichrinna

Schongau

Iller

M'Oberdorf

Ammer

Schaalgraben

Kempten

Lech

Weilheim

Schaal-graben

Scher-

Schåål-

Scher-

Schlitzrinna

Schårr-

Lacha-

Lindenberg

Schorrgraben

Soachrinna

Füssen

Lindau

Scherzen

Schåar-

Sonthofen

Garmisch-P.

Schorrgraben

Schäufel-graben

Schorrgraben

Schiifl-

Schorrgraben

Schorrgraben

Maßstab ca. 1 : 1.100.000

Grafik: MR
Quellen: SBS 8, 15 / VALTS IV, 116

Kleiner **S**prachatlas von **B**ayerisch-**S**chwaben

Jauchegrube (im Stall oder im Freien)

Eine Grube, in der man den im Stall anfallenden Urin der Tiere und die vom Misthaufen ablaufende Brühe sammelte, gab es seit dem 19. Jh. auf jedem Hof. Vorher war man sich der Düngekraft dieser Flüssigkeiten weniger bewusst. Erst die allgemeine Einführung der Stallfütterung und die damit verbundene intensivere Bewirtschaftung der Felder führte dazu, dass auch die anfallende Jauche entsprechend genutzt wurde. Vielfach war die Jauchegrube unter dem Misthaufen, dem Mistlagerplatz, damit die bei Regen vom Misthaufen abfließende wertvolle "Mistlache" nicht verloren ging (vgl. Karte 132).

Als Bezeichnungen für die Jauche selbst kommen bei uns mehrere Wörter vor. Den Norden nimmt die (Mist-) **Lache** ein. Das Wort bedeutet so viel wie 'Pfütze'; dieses Wort kennen wir auch als Sprachimport aus dem Niederdeutschen: "Lake" für 'Salzwasser'. Zu dieser Wortgruppe gehört auch lat. lacus 'See'. Das im Allgäu verbreitete Wort **B'schütte** bezeichnete zumindest ursprünglich den Flüssigdünger, womit Wiesen und Weiden "beschüttet" wurden (*bschitta*). Der **Seich** (*dr Soich*) um Ulm bezog sich hingegen ursprünglich nur auf den Urin der Tiere (vgl. "seichen") und hat dann seine Bedeutung auf 'Jauche' ausgeweitet. Nur kleinräumig verbreitet ist **Hattelwasser**. Darin steckt wohl ein altes Wort "Hattel" für 'Ziege'. Dies könnte darauf hindeuten, dass auf den ertragsarmen, kiesigen Böden des Lechfeldes einst die Haltung von Ziegen vorherrschte.

Das neben "Jauche" zum Standardwortschatz gehörende **Gülle** (< mhd. gülle 'Lache, Pfütze, Pfuhl', erst seit dem 16. Jh. 'Jauche') kommt bei uns nur im SO als Dialektwort vor, meist im Kompositum "Güllewasser". Das Wort ist vor allem im südwestdeutschen Sprachraum verbreitet. Für den in fast ganz Altbayern und darüber hinaus verbreiteten Worttyp **Odel**, meist m., seltener n. und vereinzelt auch f., ist keine sichere Herkunft auszumachen. Die häufige Schreibweise Adel – so auch im Duden – entspricht der vermuteten Herkunft von einem germ. Wort *adelōn 'Jauche'. Im Mhd. gibt es ein Wort atel für 'Schlamm, Morast'. Dies deutet darauf hin, dass sich das Wort ursprünglich auf die vom Misthaufen abfließende Flüssigkeit bezog.

Bei den Bezeichnungen für die Jauchegrube finden wir alle diese Worttypen als Bestimmungswörter wieder, nur jeweils verbunden mit einem Zweitglied wie -**grube** (ahd. gruoba) oder -**loch** (ahd. loh), die beide auch im Schriftdeutschen vorhanden sind.

Bei **Dole**, vereinzelt auch männlichem **Dolen**, handelt es sich ebenfalls um ein schon ahd. belegtes Wort dola, das so viel wie 'Rinne, Röhre, Kanal' bedeutet. Hier ist das Wort für die Jaucherinne auf den Behälter übertragen worden.

Das **Geschäl(t)** bezeichnet i.d.R. eine Holzkonstruktion, oft die Einfassung oder Auskleidung eines Brunnens (vgl. "Verschalung"). Im Allgäu wurde das Wort auf die Jauchegrube übertragen, die früher nicht aus Beton, sondern eine Holzkonstruktion war.

Das sieht man auch bei **Lachenkasten** oder **Lachenstande**, wobei "Stande" zunächst ein vom Küfer gefertigtes rundes Gefäß war, das man für Sauerkraut oder zum Einsuren von Fleisch verwendete.

Die **Senkgrube** im Norden war wohl ursprünglich die alte Sickergrube, in der früher Fäkalien entsorgt wurden, bis man den Düngewert dieses Abfalls erkannte. Im ersten Teil des Wortes steckt unser "senken", das in der gleichen Form (als Ableitung von "sinken") schon im Ahd. vorhanden ist und 'sinken machen, sinken lassen' bedeutet.

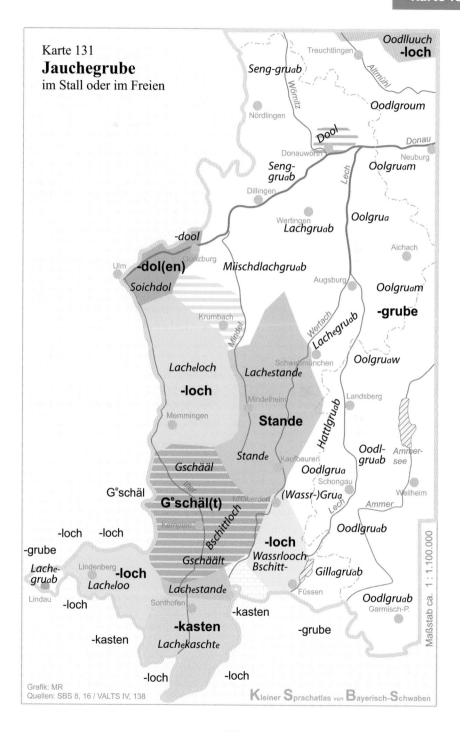

Karte 131
Jauchegrube
im Stall oder im Freien

Oodlluuch
-loch

Seng-gruab

Treuchtlingen

Nördlingen

Dool

Oodlgroum

Donauwörth

Donau

Neuburg

Seng-gruab

Oolgruam

Dillingen

Wertingen

Lachgruab

Oolgrua

Aichach

Ulm **-dol(en)**

-dool

Günzburg

Miischdlachgruab

Soichdol

Augsburg

Oolgruam

-grube

Krumbach

Lachegruab

Schwabmünchen

Oolgruaw

Lacheloch

Lachestande

-loch

Mindelheim

Landsberg

Memmingen

Stande

Hattlgruab

Stande

Kaufbeuren

Oodlgrua

Oodl-gruab

Ammer-see

G°schäl

Gschääl

Schongau

Weilheim

G°schäl(t)

M.Oberdorf

(Wassr-)Grua

Ammer

Kempten

Bschittloch

Oodlgruab

-loch **-loch**

-loch

-grube

Wassrlooch
Bschitt-

Lache-gruab

Lindenberg **-loch**

Gschäält

Gillagruab

Füssen

Lindau

Lacheloo

Sonthofen

Lachestande

Oodlgruab
Garmisch-P.

-loch

-kasten

-kasten

-kasten

-grube

Lachekaschte

-loch **-loch**

Maßstab ca. 1 : 1.100.000

Grafik: MR
Quellen: SBS 8, 16 / VALTS IV, 138

Kleiner **S**prachatlas von **B**ayerisch-**S**chwaben

Mistlagerplatz

Was hier kartiert ist, sind nicht die Wörter für den auf jedem Bauernhof mit Viehwirtschaft vorhandenen Misthaufen selbst, sondern jene für den Platz, auf dem dieser Misthaufen lagert. Dies erkennt man bereits an den Bezeichnungen:

Bei der **Mistgrube** muss eine irgendwie geartete Grube da gewesen sein. Es war sehr häufig die Odelgrube, die Jauchegrube, die mit einer Schicht aus relativ dicken Stangen abgedeckt war, auf denen der Mist aus dem Stall zu einem Haufen aufgeschichtet und so lange gelagert wurde, bis Gelegenheit war, ihn aufs Feld zu bringen. Auf diese Weise ging die wertvolle, stark stickstoffhaltige Jauche, die bei Regen vom Misthaufen ablief, nicht verloren, und der Hofraum wurde nicht durch diese dunkle, stinkende Flüssigkeit in Mitleidenschaft gezogen.

Im ganzen Süden ist die **Mistlege** verbreitet, im Lindauer Zipfel als *Mistleggi*, also ohne Dehnung in offener Tonsilbe (vgl. Text bei Karte 22) und somit einen relativ alten sprachlichen Zustand bewahrend. Im Althochdeutschen ist das Grundwort als legī (beispielsweise in grabalegī 'Grablege') überliefert; nicht nur der betonte Vokal hat seine Kürze bewahrt, sondern auch in der zweiten Silbe ist der alte Vokal i noch vorhanden.

Beim **Misthof** wird deutlich, dass das Grundwort "Hof" ursprünglich etwas Abgegrenztes, Eingefriedetes bezeichnete.

Die **Miste** bezeichnet nicht nur den Platz, sondern auch den darauf ruhenden Misthaufen. In dieser Bedeutung 'Misthaufen' ist das Wort schon ahd. als mista vorhanden.

Das **Mistbett** im Bregenzer Wald erklärt sich von selbst.

284

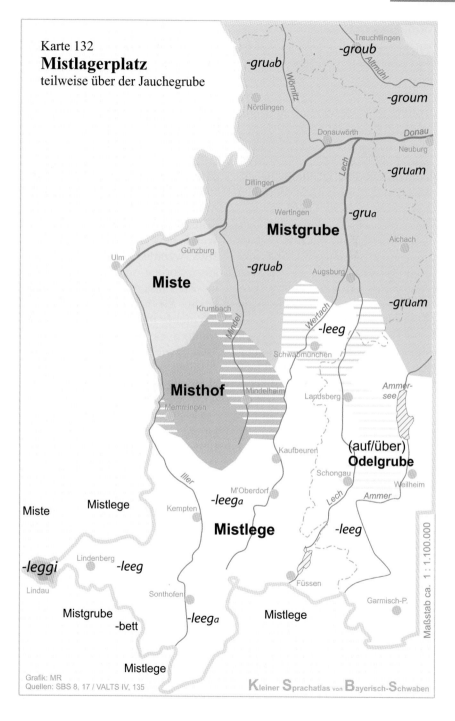

Karte 132
Mistlagerplatz
teilweise über der Jauchegrube

-gruab

-groub

-groum

Nördlingen

Donauwörth

Donau

Neuburg

-gruam

Dillingen

Wertingen

-grua

Mistgrube

Aichach

Ulm

Günzburg

-gruab

Augsburg

Miste

-gruam

Krumbach

-leeg

Schwabmünchen

Misthof

Mindelheim

Landsberg

Ammer-see

Memmingen

Kaufbeuren

(auf/über)
Odelgrube

Schongau

Weilheim

Miste

Mistlege

-leega

Ammer

Kempten

M'Oberdorf

Mistlege

-leeg

-leggi

Lindenberg

-leeg

Lindau

Sonthofen

Füssen

Garmisch-P.

Mistgrube
-bett

-leega

Mistlege

Mistlege

Maßstab ca. 1 : 1.100.000

Grafik: MR
Quellen: SBS 8, 17 / VALTS IV, 135

Kleiner Sprachatlas von Bayerisch-Schwaben

Volksetymologie

Nicht nur der Sprachwissenschaftler denkt über Sprache nach, auch der Laie macht sich ein Bild von den Wörtern, denkt nach über ihre Herkunft und Verwandtschaft, stellt Zusammenhänge zwischen ihnen her und versucht, Strukturen zu erfassen. Ohne ein gewisses Maß an Verständnis für die Sprache könnte er nicht schreiben und lesen. Solche Überlegungen haben bewusst oder unbewusst auch Einfluss auf die Interpretation von Welt und auf die Entwicklung der Sprache.

So ist der naive Betrachter versucht, in der "Eberraute" ein Kraut zu vermuten, das der Eber gern mag, obwohl das Wort auf ein lat. abrotonum zurückgeht. Mit diesem Wort wusste der Laie nichts anzufangen, er gab ihm deshalb einen neuen Sinn, es wurde zurechtgeredet und lautlich umgeformt, bis etwas Durchsichtiges entstanden war.

Eines der schönsten Beispiele ist die "Hängematte", die sich als Sache erst ab ca. 1500 in Europa verbreitete; zugrunde liegt ein Wort aus der Karibik, Hamaka, das 1529 in einer deutschen Reisebeschreibung auch noch als Fremdwort Hamaco belegt ist. Im Niederländischen geschieht die Umwandlung zuerst in Hangmak und dann in Hangmat, das 1673 in einer Übersetzung aus dem Niederländischen in "Hängematte" übergeführt wird. Auf diese Weise bekam das Wort eine sekundäre, neue Motivation; es wurde "volksetymologisch" umgedeutet. Aber nicht nur Fremdwörter, auch deutsche Wörter können auf diese Weise neu interpretiert werden, etwa wenn sie als Einzelwörter ausgestorben sind und nur noch in Zusammensetzungen weiterleben. So hat die "Zwickmühle" nichts mit "zwicken" zu tun, sondern es steckt das Zahlwort "zwei/zwie" drinnen (vgl. den "Zwieback", der zweimal gebacken ist). Und auch die "Sintflut" wird auch heute noch gern mit "Sünde" in Zusammenhang gebracht, obwohl ein altes Wort sin für 'immerwährend, allgemein' in ihr steckt (vgl. "Singrün" für die Pflanze "Immergrün"). Ebenso wenig hat das "Spanferkel" etwas mit den Spänen zu tun, mit denen man es vielleicht grillt, sondern mhd. spen ist die Zitze, an der es in diesem Alter noch saugt.

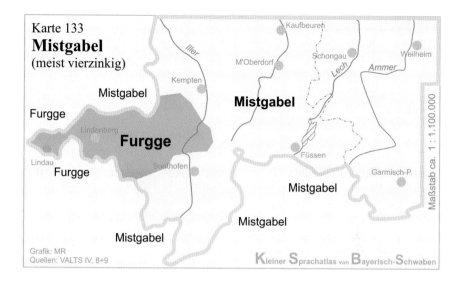

Karte 133
Mistgabel
(meist vierzinkig)

Mistgabel
Furgge

Furgge

Furgge

Mistgabel

Mistgabel

Mistgabel

Mistgabel

Grafik: MR
Quellen: VALTS IV, 8+9

Kleiner Sprachatlas von Bayerisch-Schwaben

Maßstab ca. 1 : 1.100.000

Die Karte 133 zur Mistgabel bietet ein weiteres Beispiel für Lehnwörter aus dem Lateinischen, die wir im Süden unseres Gebietes in wesentlich größerer Anzahl antreffen als im Norden (vgl. z.B. auch Karte 125).

Die Rede ist von der **Furgge**. Lateinisch furca bezeichnete ursprünglich eine zweizinkige Gabel, eine feste Gabel aus Eisen, die für so etwas Schweres wie den Mist geeignet war, im Gegensatz zur dreizinkigen, wesentlich leichteren Heugabel, die im 19. Jahrhundert noch regelmäßig aus Holz gefertigt war und allenfalls Eisenspitzen besaß. "Furgge" ist zwar letztlich lateinischen Ursprungs, in unsere Dialekte ist das Wort aber von der romanischen Vorbevölkerung gekommen. Diese hat damals, d.h. um 500 nach Christus, einen vulgärlateinischen Dialekt gesprochen, einen Verwandten des heute noch lebendigen Alpenromanischen, also des Rätoromanischen in Graubünden, des Ladinischen in den Dolomiten und des Friulanischen. Diese romanische Bevölkerung, die wohl noch einige Zeit neben den von Norden gekommenen germanischen "Neusiedlern" lebte, wurde langsam germanisiert, ihre Sprache hat aber in solchen Resten ihre Spuren hinterlassen.

Das Wort "Furgge" lebt im Alpenraum auch noch in geographischen Namen weiter, z.B. in "Furkapass" in Vorarlberg und in der Schweiz.

287

Heulagerraum, ebenerdig

In großen Teilen unseres Raumes (vor allem im Norden) wurde das Heu auf dem Boden direkt über dem Stall aufbewahrt. Das war sehr praktisch, weil man das Futter von dort direkt durch das "Heuloch" in den Stall werfen konnte. In der Mitte und im Süden gab es aber auch abgeteilte Heulager, die auf dem Niveau des Stalles, d.h. ebenerdig waren. Teilweise hatten diese Lager keinen eigenen Namen, man bezeichnete nur das darin liegende Heu als **Heustock**.

Dieser Heustock befand sich im **Heuviertel**. Man kann davon ausgehen, dass das, was heute einfach eine 'Abteilung' unbestimmter Größe ist, sicher einmal der vierte Teil einer bestimmten Fläche gewesen ist. Ähnlich hat ja auch im Wort "Stadtviertel" das Grundwort seine präzise Bedeutung verloren.

Beim **Heukar** liegt ein altes Wort ahd. kar 'Gefäß, Trog, Behälter' zugrunde, das auch heute noch dialektal als Kochgefäß, z.B. für den Braten, existiert.

Im höher gelegenen Allgäu mit seiner ausschließlichen Milchwirtschaft, wo es keine entsprechenden Räume für das Getreide mehr gab, braucht es das Erstglied "Heu-" nicht mehr. Da sind allgemeine Wörter wie die miteinander eng verwandten "Scheune" und "Schünde" ausreichend.

Scheune kennt man vom Schriftdeutschen her, ahd. skugina in der gleichen Bedeutung wird mit g-Schwund zu mhd. schiune, das mit Entrundung (vgl. Textkasten bei Karte 14) zu *Schiina* wird, so wie es im unteren Westallgäu belegt ist.

In **Schünde** (*Schinda*, im inneren Bregenzerwald mit erhaltener Rundung *Schünda*; vgl. Textkasten bei Karte 14) könnte sich eine nicht mehr erkennbare, verdeutlichende Zusammensetzung "Scheun-Tenne" für die 'Scheune neben der Tenne' verbergen.

Nach einer anderen Erklärung läge aber dem Stamm "Schünd- / Schind-" ursprünglich eine Wurzel zugrunde, die auch in "schinden" (ahd. skinten, mhd. schinden) für 'enthäuten, schälen, abdecken' steckt (vgl. "Schinder" für den 'Abdecker'). Im 15. Jh. gibt es schint in der Bedeutung 'Schale von Obst', im Niederländischen schinde für 'Fell, Baumrinde' und im Altnordischen skinn für 'abgezogene Haut'. Von daher ist eine Ursprungsbedeutung von "Schinde" als etwas, was irgendwie bedeckt ist, wahrscheinlich. Auch "Schindel" (obwohl in dieser Form aus dem Lateinischen entlehnt) gehört zu diesem Stamm. Bei "Schopf" und "Schuppen" für eine '(angebaute) Hütte' liegt die gleiche Bedeutungsentwicklung vor, dass nämlich das, was für die Bedeckung sorgt, zum Namen eines Gebäudes oder Gebäudeteiles wird.

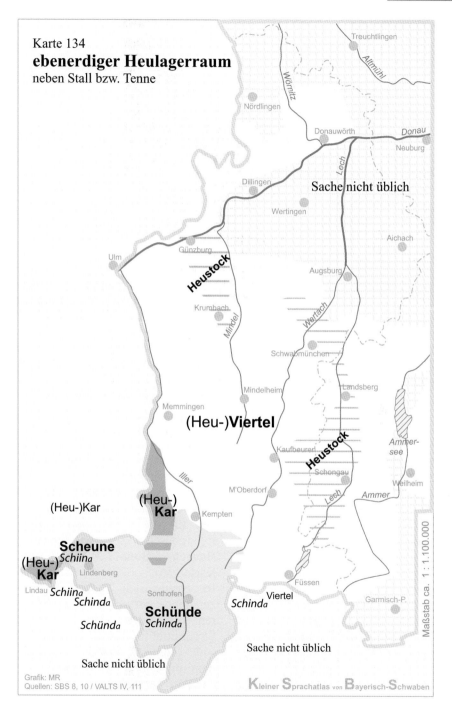

Karte 134
ebenerdiger Heulagerraum
neben Stall bzw. Tenne

Sache nicht üblich

Heustock

(Heu-)**Viertel**

Heustock

(Heu-)Kar

(Heu-)**Kar**

Scheune
(Heu-)*Schiina*
Kar
Schiina
Schinda

Schünde
Schinda

Viertel

Schinda

Schünda

Sache nicht üblich

Sache nicht üblich

Maßstab ca. 1 : 1.100.000

Grafik: MR
Quellen: SBS 8, 10 / VALTS IV, 111

Kleiner Sprachatlas von Bayerisch-Schwaben

grünes Reisig

Beim Holzmachen im Wald fallen bei Nadelbäumen nicht nur die Stämme an, sondern auch die Äste, die teils schon dürr sind, teils noch grüne Nadeln besitzen. Dieses Astwerk wurde früher ebenfalls verwendet, teilweise auch zu den Zwecken, die es heute noch erfüllt (Dekoration, Abdeckungen). Vorwiegend wurden die Äste aber zu Bündeln zusammengefügt (vgl. folgende Karte 136)

Im größten Teil unseres Gebietes herrscht ein Wort vor, das es in zwei Hauptvarianten gibt: **Daas** und **Dachsen**, wobei auffällig ist, dass sich "Daas" in der Vokallautung überwiegend wie kurzes mhd. a verhält (*Daas*), an Lech und Wertach aber wie langes mhd. â (*Dåås* bzw. *Daus*). Das Wort ist sehr alt, und es gibt zwei unterschiedliche Erklärungen zu seiner Herkunft: Es passt einerseits lautlich zu lateinisch taxus 'Eibe', wenn man eine Entlehnung aus der lateinischen Gelehrtensprache des Mittelalters annimmt. Die Lautung *Daas/Dåås* neben *Dax* wäre relikthaft geblieben aus Zeiten, als jedes -*chs* zu einem -*ss* bzw. -*ß* wurde, als der "Fuchs" *Fuuß* hieß und der "Ochse" *Ooß*. Doch kann man das Wort andererseits auch zu einem keltischen Stamm stellen, der mit *dagisia zu rekonstruieren wäre. Damit würde das Wort ererbt sein von keltischen Bevölkerungsgruppen, die vor den Römern unseren Raum besiedelten. Eine dieser Gruppen, die Vindeliker, standen Pate für den antiken Namen Augsburgs, nämlich "Augusta Vindelicum".

Die anderen Bezeichnungen für das grüne Reisig streuen in unserem Gebiet eher kleinräumig: Das Wort **Reis** (am Bodensee in der alemannischen Lautung *Riis*), ist in der Schriftsprache inzwischen veraltet; es geht aus einer althochdeutschen Form (h)rīs hervor. Das **Reisig** stammt von einem zusammenfassenden, kollektivierenden ahd. rīsahi ab (vgl. Karte 37). Ebenfalls eine kollektivierende Endung (vgl. Karten 94 und 119) liegt vor bei **Geadlet** (zu Nadel) sowie bei **Grasslet** und **Grasseret** zu dialektalem *Grass* bzw. *Krass* (mit der gleichen Bedeutung), das im Mittelhochdeutschen schon als graz 'Sprossen oder junge Zweige vom Nadelholz' belegt ist. (Dieses ist nicht verwandt mit unserem grünen Gras, welches mhd. gras lautet). Der Anlaut *Gr-* ist in diesem Gebiet überwiegend verhärtet zu *Kr-*, so beispielsweise auch in *krood* für 'gerade'.

Viele zusammengesetzte Wörter erklären sich aus den Bezeichnungen für die daraus hergestellten Reisigbüschel, so etwa **Bosch- / Bausch- / Borz- / Wellholz** (vgl. Karte 136).

Im Nordwesten kündet die Bezeichnung **Streu** von einer früheren Verwendung von Reisig als Streumittel für das Vieh im Stall. Mit (Tannen-)**Wedel** verwendet man im Norden das dialektal übliche Wort für 'Schwanz'.

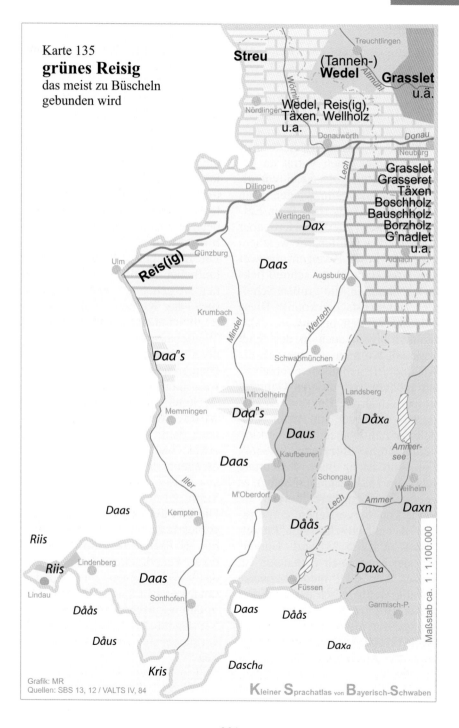

Karte 135

grünes Reisig

das meist zu Büscheln
gebunden wird

Streu

(Tannen-)
Wedel   Grasslet
u.ä.

Wedel, Reis(ig),
Täxen, Wellholz
u.a.

Grasslet
Grasseret
Täxen
Boschholz
Bauschholz
Borzholz
G^{e}nadlet
u.a.

Reis(ig)

Dax

Daas

Daa^{n}s

Daa^{n}s

Daus

Daas

Dåxa

Daas

Riis

Riis

Daas

Dåås

Dåus

Kris

Daas

Dascha

Dåås

Daxa

Daxn

Daxa

Maßstab ca. 1 : 1.100.000

Grafik: MR
Quellen: SBS 13, 12 / VALTS IV, 84

Kleiner **S**prachatlas von **B**ayerisch-**S**chwaben

Reisigbündel

Wer einmal Feuer im Ofen oder im Herd gemacht hat, weiß, wie praktisch es ist, wenn trockene dünne Holzzweige, eben "Reisig", zur Verfügung stehen, um größere Holzstücke oder Kohle zu entfachen. Auf jedem Hof hatte man früher immer einen Vorrat an gebundenen Reisigbüscheln, vor allem von Nadelbaumzweigen. Man verwendete sie als Hilfe beim Entzünden eines Feuers im Herd, aber auch im Kachelofen, in welchem man mit diesen Zweigen, die wegen ihres Harzgehalts schnell lichterloh brannten, die großen Scheiter leichter entfachen konnte. Diese Büschel wurden bis ins 19. Jahrhundert hinein auch in der Stadt verkauft, wo man sie ebenfalls als Anzündhilfe gebrauchen konnte.

Im größten Teil unseres Gebietes ist der Ausdruck **Borzen** (*Boarza, Boazn*) verbreitet, im Raum Mindelheim häufig auch in der Verkleinerungsform **Börzlein** (*Beazla*). Das Wort ist in dieser Bedeutung schon im 16. Jahrhundert belegt, es gehört zu einem Verb "borzen" im Sinne von 'hervorstehen, emporragen', das in "purzeln" (vgl. "Purzelbaum" in Karte 73) und "Bürzel" (bei der Ente) noch vorhanden ist. Dieses Wort spielt möglicherweise auf die wenig geschlossene Form dieser Büschel an, wo überall irgendwelche nicht in die Form passenden Äste 'herausstehen' konnten. Die Ausdrücke **Börzel** oder **Bürzel** im Süden haben die gleiche Herkunft.

Genauso gehören die **Buscheln** (*Buschla*) und die **Boschen** (*Bouschn, Boscha*) zusammen, sie sind, wie auch **Büschel** und die Verkleinerungsform **Büschelein**, die jeder kennt, zu "Busch" zu stellen. Zugrunde liegt hier ein ahd. busc, bosc, das u.a. ins Mittellateinische entlehnt wurde und heute beispielsweise noch in italienisch bosco weiterlebt.

Die **Bauschen** gehören aber, trotz lautlicher Ähnlichkeit, nicht hierher; sie gehen auf mhd. bûsch zurück, das 'Knüttel, Schlag' bedeutet, aber auch 'Wulst', und das in "Wattebausch" und "aufbauschen" noch vorliegt.

Bleiben noch die **Wellen** im Nordwesten unseres Gebietes. Das Verb "wellen" gibt es schon ahd. als wellan für 'wälzen, rollen, drehen'; damit bezeichnet eine Welle etwas, was walzenförmig zusammengebunden wurde, nicht nur aus Reisig, sondern z.B. auch aus Stroh.

Die **Kendel** im Tiroler Außerferngebiet bezeichnen die Reisigbündel als Sache, die zum Anzünden eines Feuers dient. Es gibt dort das Verb "ankenten" für 'anzünden' (ahd. kentila 'Fackel, Kerze'), das in den nordischen Sprachen einige Verwandte hat. Im Lateinischen vergleicht sich incendere 'anzünden'.

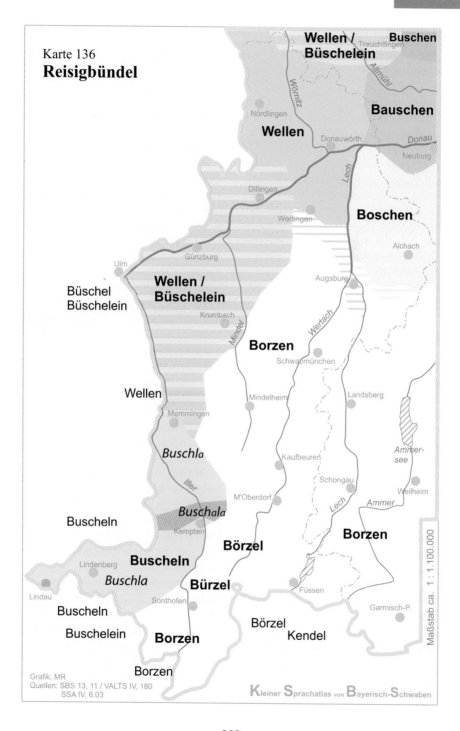

Karte 136

Reisigbündel

Wellen / Buschen
Büschelein
Treuchtlingen

Bauschen

Nördlingen

Wellen
Donauwörth
Neuburg
Donau

Dillingen

Wertingen
Boschen

Aichach

Ulm
Günzburg

Büschel
Büschelein
Wellen /
Büschelein
Augsburg

Krumbach

Borzen
Schwabmünchen

Wellen
Mindelheim
Landsberg

Memmingen

Buschla
Kaufbeuren
Ammer-
see

Buschala
Schongau
Weilheim

Buscheln
M'Oberdorf
Ammer

Börzel
Borzen

Lindenberg
Buscheln
Buschla
Bürzel
Füssen

Lindau
Sonthofen
Garmisch-P.

Buscheln
Börzel

Buschelein
Borzen
Börzel
Kendel

Borzen

Maßstab ca. 1 : 1.100.000

Grafik: MR
Quellen: SBS 13, 11 / VALTS IV, 180
SSA IV, 6.03

Kleiner Sprachatlas von Bayerisch-Schwaben

293

Haumesser für Reisig

Um die in Karte 136 beschriebenen Reisigbüschel machen zu können, benutzte man ein Instrument, ein Haumesser, das früher in jedem Haus vorhanden sein musste, denn wenn man kein Reisig zur Verfügung hatte, stellte man das nötige Kleinholz selbst her, indem man ein Scheit in lange, schmale Späne/Stäbe spaltete (vgl. Karte 139). Dieses Gerät war meist vom Typ des Hackbeils, wie es der Metzger hat, ca. 30 cm lang; es gab aber auch sichelartige Formen. Entweder war die Spitze der Schneide nach innen geneigt, so dass man damit die Zweige bequem zu sich herziehen konnte, oder man erledigte dies mittels eines Hakens auf dem Rücken des Haumessers.

Die Bezeichnungen für dieses Instrument sind in unserem Gebiet sehr vielfältig und kleinräumig verteilt. Meist liegen einigermaßen durchsichtige Bildungen vor. Beim **Weller**, **Borzer** und **Gertler**, **Gertel** steht das Ergebnis im Vordergrund, es sind die Instrumente, mit denen man "Wellen", "Borzen", "Gerten" (wohl von der Weide für den Korbmacher) macht.

Beim **Reis(el)haken** ist entweder der an der Oberseite befindliche Haken namengebend geworden, oder die regionale Form "Haken" ist Ergebnis des sprachhistorisch lange andauernden Nebeneinanders von "Haken" und "Hacke", d.h. diese Wörter waren lange Zeit nicht so klar getrennt wie heute. "Reisel-" ist schon im Mhd. die Verkleinerungsform zu rîs 'Reis', also der kleine Zweig.

Der **Reishaken** kann aber auch anders gedeutet werden, nämlich als "Reißhaken", der geeignet ist, z.B. Weidenruten ziehend (= reißend) vom Stamm zu schneiden. Die vereinzelt belegten **(Wieden-)Reißer** (zu "Wiede" 'Flechtreis') machen so eine Interpretation plausibel.

Der **Daashacker** ist das Instrument zum Hacken des "Daases" (vgl. Karte 135).

Und im **Schnaiter** steckt ein altes Verb (gi)sneitōn 'abschneiden', das von snīdan 'schneiden' abgeleitet ist. Das t stammt von Formen, die auch in "Schnitt" und "geschnitten" vorliegen.

Der **Schnäuer** und der bzw. die **Schnaupe(n)** gehören zusammen. Ein mhd. Verb snöuwen, das 'schnauben, schnaufen' und auch 'schnappen' bedeutet, dürfte die Grundlage sein.

In **Kräul** liegt ein schon im Ahd. belegtes krewil, krouwil vor, das damals die Bedeutung 'Gabel, Haken, Dreizack' hatte.

Der **Degen** ist erst im 14. Jh. belegt; er bezeichnete ursprünglich einen Dolch.

Die **Hape/Häppe** kennt man als sichelartig gebogenes Messer des Winzers und des Gärtners; das Wort ist schon ahd. als happa mit der gleichen Bedeutung überliefert.

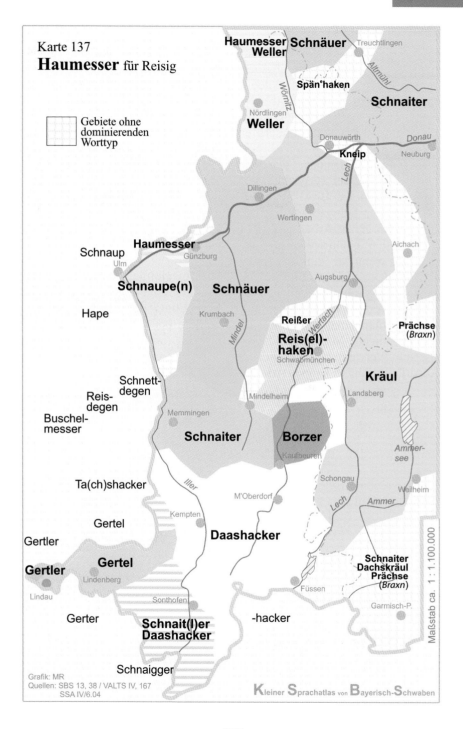

Karte 137
Haumesser für Reisig

Gebiete ohne dominierenden Worttyp

Haumesser Schnäuer Weller

Treuchtlingen

Spän°haken

Schnaiter

Nördlingen
Weller

Donauwörth   Donau

Kneip   Neuburg

Dillingen

Wertingen

Schnaup   **Haumesser**   Aichach
Ulm   Günzburg

Schnaupe(n)   Schnäuer   Augsburg

Hape   Krumbach   **Reißer**   **Prächse**
                                                (Braxn)
            **Reis(el)-
            haken**
            Schwabmünchen

        Schnett-   **Kräul**
        degen
    Reis-   Mindelheim   Landsberg
    degen
Buschel-   Memmingen
messer
        Schnaiter   Borzer
            Kaufbeuren   Ammer-
                        see

Ta(ch)shacker   Schongau   Weilheim
        M'Oberdorf
                Ammer

    Gertel
Gertler   Kempten   **Daashacker**

Gertler   Gertel   Schnaiter
    Lindenberg   Dachskräul
Lindau   Sonthofen   Füssen   Prächse
                        (Braxn)
                Garmisch-P.

    Gerter   **Schnait(l)er   -hacker
    Daashacker**

    Schnaigger

Grafik: MR
Quellen: SBS 13, 38 / VALTS IV, 167
    SSA IV/6.04

Maßstab ca. 1 : 1.100.000

Kleiner Sprachatlas von Bayerisch-Schwaben

295

sägen / schneiden

Es ist für jedermann klar, dass man ein Brett, das zu lang ist, absägen muss. Es überrascht dann doch, dass kein Mensch im Südosten unseres Gebietes auf die Idee kommt, das Brett "abzusägen", sondern er verwendet eine Säge, um es "abzuschneiden". Genauso wie der Tiroler ein Messer verwendet, um sich eine Scheibe Brot "abzuhauen", und der Schwabe "schaffen" geht, wenn er zur Arbeit aufbricht (vgl. Karte 65), und seine Frau "anschafft", wenn sie ihm sagt, was als nächstes zu tun ist. Eine solche Verwendung von alltäglichen Wörtern mit verschiedener Bedeutung verblüfft manchmal mehr und verursacht mehr Missverständnisse als die Verwendung besonderer Ausdrücke. Diese kennen wir als Alltagserfahrung, die abweichende Verwendungsweise von solchen "gewöhnlichen" Wörtern ist es ebenfalls wert, in Karten dargestellt zu werden.

Für **sägen** lässt sich eine althochdeutsche Vorläuferform segōn festlegen, die mit lateinisch secare 'schneiden' engstens verwandt ist. Das Verb **schneiden** geht auf mittelhochdeutsch snîden, ahd. snīdan in der gleichen Bedeutung zurück.

Die Texteinträge auf der Karte zeigen die ungefähre geographische Verbreitung der Aussspracheunterschiede bei der Vorsilbe "ab-" einerseits (*aa-, oo-, ab-*) und beim Tonvokal von "sägen" andererseits (*äa, ee, ää*).

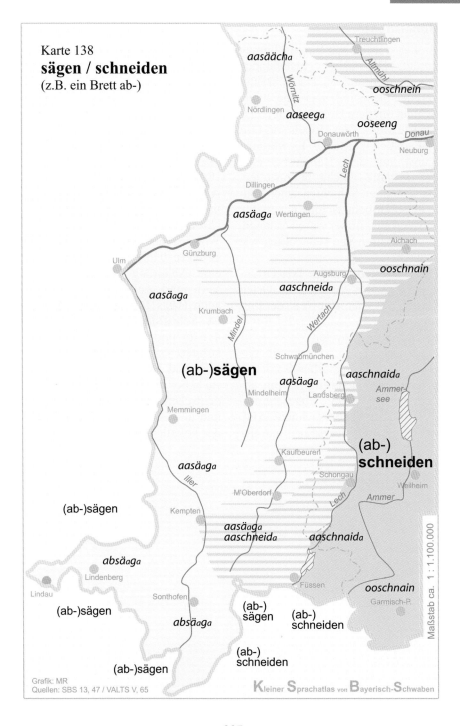

Karte 138
sägen / schneiden
(z.B. ein Brett ab-)

aasäächa

ooschneih

Nördlingen aaseega

ooseeng

Donauwörth Donau

Neuburg

Dillingen

aasäaga Wertingen

Aichach

Ulm Günzburg

Augsburg ooschnain

aasäaga aaschneida

Krumbach

Mindel Wertach

Schwabmünchen

(ab-)sägen

aasäaga aaschnaida

Mindelheim Landsberg Ammer-see

Memmingen

(ab-)
schneiden

aasäaga Kaufbeuren

Schongau Weilheim

M'Oberdorf Ammer

(ab-)sägen Kempten

aasäaga
aaschneida aaschnaida

absäaga

Lindenberg

Lindau Füssen ooschnain

Sonthofen Garmisch-P.

(ab-)sägen absäaga (ab-)
sägen (ab-)
schneiden

(ab-)
schneiden

(ab-)sägen

Maßstab ca. 1 : 1.100.000

Grafik: MR
Quellen: SBS 13, 47 / VALTS V, 65

Kleiner Sprachatlas von Bayerisch-Schwaben

297

Hobelspäne

Bretter werden aus Baumstämmen gesägt. Die dabei entstehenden Oberflächen sind rau. Der Schreiner veredelt diese, indem er eine dünne Schicht mit dem Hobel abträgt. Das scharfe Messer des Hobels sorgt für eine glatte Oberfläche. Es war eine Kunst, mit dem Handhobel eine ebene glatte Fläche herzustellen. Diese dünnen Schichten sehen heute in der Hobelmaschine wie kleine Flocken aus; früher waren es lange, glatte Streifen, die sich rollten wie Locken.

Diese Streifen sind im Westen unseres Gebietes "Späne", im Osten "Scheiten". Hier ist jeweils der Plural kartiert, da Späne in der Regel nicht einzeln auftreten.

Das Wort **Späne** ist sehr alt, das es in allen germanischen Sprachen gibt und das ursprünglich ein abgespaltenes (nicht: abgeschnittenes) Stück Holz bezeichnete. Ahd. spān ist der 'Holzspan' und der 'Splitter', im Englischen ist spoon 'Löffel' das entsprechende Wort, und im Schwedischen ist spån die 'Schindel', im Niederländischen hat spaan auch die Bedeutung 'Ruderblatt'. Heute ist Span alles, was eher klein ist, was abgespalten oder abgeschnitten ist, nicht nur beim Holz, auch bei Metallen.

Auch bei **Schaiten** ist die ursprüngliche Bedeutung etwas Abgespaltenes, nicht Abgeschnittenes. Das Wort ist erst im Mhd. belegt als scheite 'Holzspan, Schindel' und eine Ableitung aus dem starken Verb mhd. schîten 'spalten', das auch Basis für das Wort "Scheit" ist. Schriftdeutsch "Scheit" (mhd. schît) und die "Schaiten" (mhd. scheite) sind zwar in ihrer Bedeutung und Herkunft nah verwandt, sie haben aber seit dem Mittelhochdeutschen ihre eigene Geschichte und unterscheiden sich deutlich in der Vokallautung.

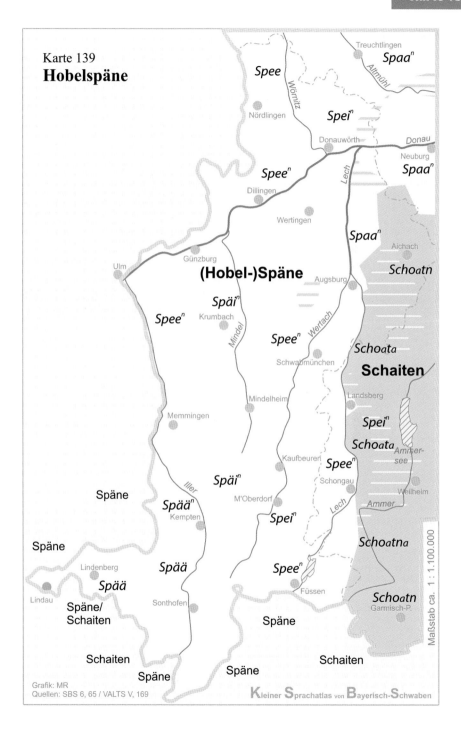

Karte 139
Hobelspäne

Spee

Spaa^n

Spei^n

(Hobel-)Späne

Späi^n

Spee^n

Spaa^n

Spaa^n

Schoatn

Spee^n

Spee^n

Schoata

Schaiten

Spei^n

Schoata

Spee^n

Späi^n

Späne

Spää^n

Spei^n

Späne

Schoatna

Späne

Spää

Spee^n

Spää

Lindau

Späne/
Schaiten

Schoatn

Späne

Schaiten

Späne

Späne

Schaiten

Maßstab ca. 1 : 1.100.000

Grafik: MR
Quellen: SBS 6, 65 / VALTS V, 169

Kleiner **S**prachatlas von **B**ayerisch-**S**chwaben

dickes Brett (4 bis 8 cm)

Holz war der bevorzugte Baustoff in alter Zeit. Das Haus, den Wagen, die Gefäße, die Möbel, das alles machte man aus Holz. Für verschiedene Zwecke brauchte man verschieden dicke Balken, Bretter und Latten. Die hier behandelten dicken Bretter wurden z.b. verwendet für tragende Böden und Gerüste, für schwere Lasten, aber auch für den Boden in der Tenne, wo gedroschen wurde.

Die größte Verbreitung hat der Ausdruck **Laden**. (vgl. "Fensterladen" in Karte 121). Dabei handelt es sich um ein Wort, das es schon im Mittelhochdeutschen als l a d e in der gleichen Bedeutung gab und das die Grundlage bildet für unseren "Kaufladen", bei dem die Holzkonstruktion mit Läden als Auslagebrettern zur Bezeichnung für das gesamte Geschäft geworden ist. Der "Laden" tritt im Osten in der Lautung *Loon* auf, was auf einer im Großteil des Bairischen üblichen Verschmelzung (Assimilation) des d an das auslautende -n beruht (*Loodn* > *Loon*). Gleiches geschieht in dieser Position mit b (*loben* > *loom*) und mit g (*legen* > *leeng*).

Bei den **Dielen / Dillen** ist ein vergleichbarer Vorgang zu konstatieren: Die althochdeutschen Wörter d i l (m) und d i l l a (f) bedeuten neben 'Brett' auch schon 'Boden' und später dann auch den mit einem Holzboden versehenen Teil des Hauses, der als "Diele" (niederdeutsch d e e l) Teil des Wohnhauses oder auch Teil des Wirtschaftsgebäudes ist. Im westlichen Allgäu und angrenzenden Gebieten wird der Tonvokal lang ausgesprochen: *Diila*. Beim **Diller** an der Donau ist wohl die Instrumentenendung "-er" angefügt worden (vgl. Karte 107). Bei Formen, die heute auf -en enden, ist von alten Mehrzahlformen auszugehen, die in die Einzahl eingedrungen sind. So ist auch die Form **Dinn** im Bregenzerwald zu erklären.

Der **Flecken** war ursprünglich kein Holzbrett; im Althochdeutschen bedeutet f l e k (k o) das gleiche wie in der Schriftsprache, nämlich einen Fleck als andersfarbige Stelle und Stück (von Leder, Stoff). Das Wort hat sich wohl über eine Spezialverwendung (mit Holz) zu dieser Bedeutung hin entwickelt.

Die **Planke** im Kleinen Walsertal beruht auf einer romanischen Form (spätlateinisch p l a n c a) mit der gleichen Bedeutung, die schon im Mittelhochdeutschen belegt ist.

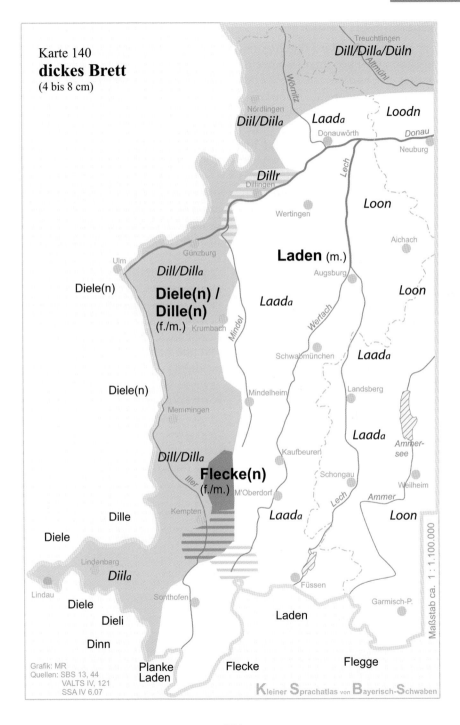

Karte 140
dickes Brett
(4 bis 8 cm)

Dill/Dilla/Düln

Diil/Diila   *Laada*   *Loodn*

Dillr

Loon

Diele(n)   *Dill/Dilla*   **Laden** (m.)

**Diele(n) /
Dille(n)**
(f./m.)   *Laada*   *Loon*

Diele(n)   *Laada*

Dill/Dilla   *Laada*

Flecke(n)
(f./m.)

Dille   *Laada*   **Loon**

Diele

Diila

Diele   Laden
Dieli

Dinn

Grafik: MR
Quellen: SBS 13, 44
VALTS IV, 121
SSA IV 6.07

Planke   Flecke   Flegge
Laden

abgerundetes Randbrett

Ein Baumstamm wird durch parallel laufende Sägeblätter in einzelne Bretter geschnitten. Die Bretter aus der Mitte werden am breitesten, zum Rand hin werden sie immer schmaler. Am rechten und linken Rand fällt je ein Brett an, das nur mehr sehr eingeschränkt verwendet werden kann. Es ist auf der einen Seite nur an wenigen Stellen eben, weil es vor allem die runde Oberfläche des Baumes zeigt, die anfangs oft noch mit Rinde bedeckt ist. Solche Bretter kann man kaum beim Hausbau und gar nicht für Möbel verwenden, man nimmt sie vor allem für einfache Bretterzäune.

Seinen Namen hat solch ein Brett von der Tatsache, dass es vor allem Baumoberfläche zeigt. Und das Wort **Schwarte** bezeichnet schon im Mittelhochdeutschen (swarte) die behaarte Kopfhaut des Menschen, auch die Haut von behaarten und gefiederten Tieren, aber auch schon unser hier behandeltes Randbrett. Heute lebt es noch weiter in der "Speckschwarte" von Schweinen, und abwertend benennt es noch Bücher (übertragen vom schweinsledernen Einband). Gemeinsam ist die dem Brett hier und in den vorher beschriebenen anderen Bedeutungen jeweils, dass es aus zwei Schichten besteht: Rinde und Holz, Haare und Haut, Haut und Speck.

Der **Schwärtling / Schwartling** ist das Brett, das eine Schwarte besitzt, wobei die Endung "-(l)ing" ursprünglich eine Zugehörigkeit bezeichnete; heute ist diese Endung fast nur mehr in Personalbildungen produktiv: "Täufling", "Säugling", "Engerling", "Egerling" u.ä. (vgl. Karte 128).

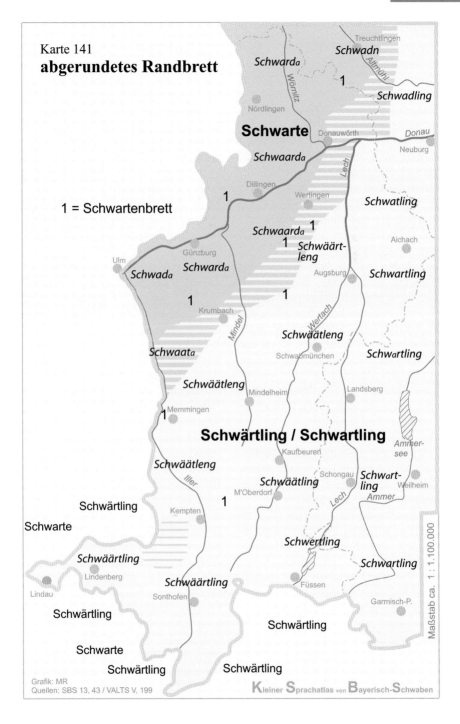

Karte 141
abgerundetes Randbrett

Schwadn

Schwarda

1

Schwadling

Nördlingen

Schwarte Donauwörth *Donau*

Neuburg

Schwaarda

Dillingen

1

Wertingen *Schwatling*

1 = Schwartenbrett

Schwaarda **1**

1 *Schwäärt-leng*

Aichach

Ulm

Günzburg

Schwada *Schwarda* Augsburg *Schwartling*

1 **1**

Krumbach

Schwäätleng

Schwaata Schwabmünchen *Schwartling*

Schwäätleng Mindelheim Landsberg

1 Memmingen

Schwärtling / Schwartling

Kaufbeuren

Ammer-see

Schwäätleng

Schongau *Schwart-ling* Weilheim

Schwäätling M'Oberdorf *Ammer*

1

Schwärtling Kempten

Schwarte

Schwertling

Schwäärtling *Schwartling*

Lindenberg

Schwäärtling Füssen

Lindau Sonthofen

Garmisch-P.

Schwärtling

Schwärtling

Schwarte

Schwärtling Schwärtling

Maßstab ca. 1 : 1.100.000

Grafik: MR
Quellen: SBS 13, 43 / VALTS V, 199

Kleiner **S**prachatlas von **B**ayerisch-**S**chwaben

Bremsvorrichtung am Wagen

Nicht jeder vom Wagner gebaute Holzwagen hatte früher eine Bremse. Wo das Gelände flach war, kam man ohne sie aus. Gab es aber Berge und Hügel, war das Zugvieh nicht in der Lage, einen beladenen Wagen zurückzuhalten; dann musste man abstiegen und die hölzernen Bremsklötze, die sich am Bremsbalken befanden, an die Räder pressen. Das geschah mit einer Kurbel, die mit einer Schraubspindel versehen war und damit den Bremsbalken an die Eisenreifen der Räder herzog, was die Bremswirkung verursachte. Bei starkem Gefälle war es oft üblich, mit einem Balken, der durch die Speichen der Hinterräder geschoben wurde, oder mit einer entsprechenden Kette die Räder völlig zu blockieren. Um zu verhindern, dass dabei der Abrieb eine "Delle" im Eisenreif verursachte, konnte man einen Radschuh unter das Rad schieben.

Der größte Teil unseres Gebietes zeigt keine systematische Verteilung alter Ausdrücke, die allgemein verbreitete **Bremse** hat da ältere Formen schon verdrängt.

Die **Sperre** dürfte wohl den ältesten Zustand reflektieren, dass nämlich einfach ein Räderpaar blockiert wurde.

Die mit der Vorsilbe "Ge-" gebildete kollektivierende (vgl. Karte 162) Bezeichnung **Gesperr** fasst den gesamten Bremsapparat am Wagen zusammen und bringt so zum Ausdruck, dass die Bremse als Gesamtheit aus vielen Einzelteilen besteht.

Bei **Trieb** bzw. bei **Zutreibe** ist der Teil, mit dem der Wagenlenker zu tun hat, zur Benennung geworden, d.h. die Kurbel, die er drehen muss, um die Bremswirkung auslösen. Genauso ist es bei der **Winde**. Hier ist die Drehkurbel mit der Schraubspindel, die man "windet", also dreht, zur Bezeichnung für das Ganze geworden.

Beim **Schrepfer** ist wohl ein anderer Teil namenbildend gewesen. Im Mhd. bedeuten s c h r e f f e n , s c h r e p f e n 'reißen, ritzen, kratzen'. Im heutigen Hochdeutsch ist dieses Wort noch als "schröpfen" erhalten. Der "Schrepfer" ist also die Apparatur, die durch das "Reiben, Kratzen" der Bremsklötze am Wagenreifen die Bremswirkung auslöst.

Auch die **Scherre** ist vergleichbar entstanden, denn "scherren" ist im Schwäbischen das Normalwort für 'kratzen' (vg. Karte 94).

Die Herkunft des Wortes **Migge** ist schwerer zu erklären. Im Niederdeutschen gibt es ein Wort "Micke" für den Richtkeil einer Kanone. So ein Keil, den man unter das Rad "gehauen" hat, könnte neben der Sperre entwicklungsgeschichtlich eine der ersten Bremsentypen gewesen sein. Das Wort könnte aber auch aus dem Französischen kommen und von m e c h a n i q u e zu "Migge" verkürzt worden sein. Vollere Formen im westlichen Schwaben wie "Mickenie" oder "Mekenie" sprechen für diese Herkunft. Danach wäre dieser Bremsentyp aus Frankreich zu uns gekommen.

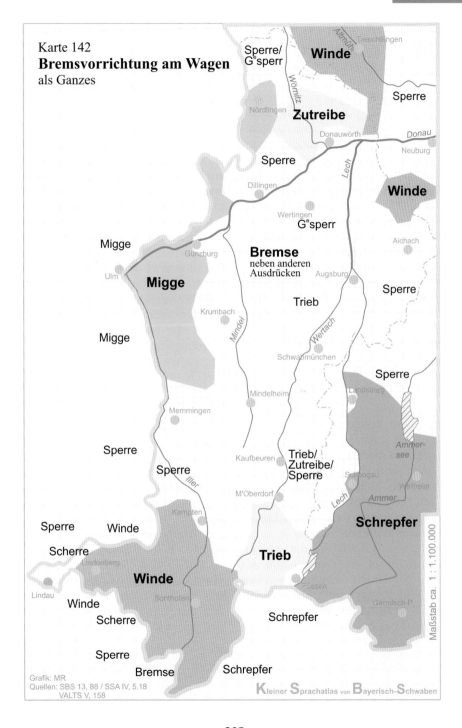

Karte 142
Bremsvorrichtung am Wagen
als Ganzes

Sperre/
G^esperr

Winde

Altmühl

Treuchtlingen

Wörnitz

Sperre

Nördlingen

Zutreibe

Donauwörth

Donau

Neuburg

Sperre

Lech

Dillingen

Winde

Wertingen

G^esperr

Aichach

Migge

Günzburg

Bremse
neben anderen
Ausdrücken

Augsburg

Ulm

Migge

Sperre

Krumbach

Mindel

Trieb

Migge

Wertach

Schwabmünchen

Memmingen

Mindelheim

Landsberg

Sperre

Sperre

Iller

Kaufbeuren

Trieb/
Zutreibe/
Sperre

Ammer-
see

Schongau

Weilheim

M'Oberdorf

Lech

Ammer

Sperre

Winde

Kempten

Schrepfer

Scherre

Lindenberg

Trieb

Füssen

Maßstab ca. 1 : 1.100.000

Lindau

Winde

Sonthofen

Garmisch-P.

Winde

Scherre

Schrepfer

Sperre

Bremse

Schrepfer

Grafik: MR
Quellen: SBS 13, 88 / SSA IV, 5.18
VALTS V, 158

Kleiner **S**prachatlas von **B**ayerisch-**S**chwaben

305

Drehknebel / knebeln

Dieses Stück Holz, nicht länger als einen Meter, gab es früher überall dort, wo schwere Lasten mit dem Leiterwagen transportiert werden mussten. Der Knebel diente dazu, ein Seil oder eine Kette zu spannen, um die Last zusammenzuhalten. Bevorzugt nahm man dazu einen natürlich gewachsenen Ast, vornehmlich aus der Hage- bzw. Hainbuche oder von der Eiche, weil so einer besonders zäh ist und auch höchste Spannung aushält. Den größten Teil unseres Gebietes nehmen Wortzusammensetzungen mit **Raitel-, Rait-** ein. Die gehören zu einem Verb "raiten", dessen ahd. Vorläufer rīdan 'winden, drehen' bedeutet und von dessen Vergangenheitsform reid ('drehte') das hier vorliegende Wort abgeleitet ist. Schon in mhd. Zeit gibt es dann dieses Instrument als reitel, reidel mit der Endung -el (ahd. -il), die Instrumente bezeichnet (vgl. bei Karte 58). Eine vergleichbare Funktion hat die Endung -er beim "Raitler", in dem das "Raitel" nochmals abgeleitet ist. Das Verb "reiden" gibt es auch in den Dialekten, seine Bedeutung hat immer etwas mit 'drehen' zu tun. Nahe am "Raitel-" ist der **Raigel.** Der Wechsel von t zu g hängt mit dem folgenden l zusammen (vgl. "Spreidel"/"Spreigel", Karte 144). Beim **Raintelprügel** liegen nasalierte Formen vor, bei denen die Nasalierung bzw. das n hyperkorrekt eingefügt wurde.

Auch der **Rangg-** bzw. **Rangprügel** hat mit 'drehen' zu tun. Das schriftdeutsche "ranken" bezeichnet Drehbewegungen im Wachstum von Pflanzen. Der "Rank" ist in unseren Dialekten eine Kurve; im Mittelhochdeutschen gibt es ein Verb rangen 'ringen' und ein Substantiv ranc, das eine schnelle drehende Bewegung bezeichnet; und ahd. ranca ist die Zaunrübe, eine sich windende Kletterpflanze. Parallel liegt der Fall bei **Rebler.** Mhd. rebe bezeichnet nicht nur den Weinstock, sondern auch die Ranken anderer Pflanzen, so dass auch hier als ursprüngliches Benennungsmotiv die Drehbewegung anzusehen ist.

Der **Knüttel/Knüttler** ist wie die anderen bisher besprochenen Formen gebildet, ein zugrunde liegendes Verb gibt es im Schwäbischen mit "knitten", das das Drehen von Weidenruten bezeichnet, um sie biegsam zu machen. Man kann auch einen Zusammenhang herstellen zu "Knoten" und "Knüpfel". Beim "Knoten" könnte man die drehende Bewegung sehen, wenn man einen solchen macht; ansonsten gehören "Knüttel" und "Knüttler" zu einer Gruppe von Erbwörtern, die alle mit *Kn*- beginnen und etwas Rundes bezeichnen (vgl. Karte 115), genauso wie bei **Knebel.**

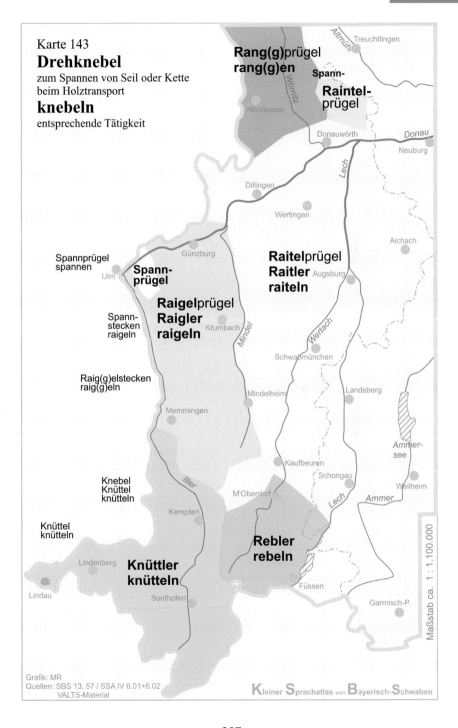

Karte 143
Drehknebel
zum Spannen von Seil oder Kette
beim Holztransport
knebeln
entsprechende Tätigkeit

Rang(g)prügel
rang(g)en
Spann-
Raintel-
prügel

Spannprügel
spannen
Spann-
prügel

Raitelprügel
Raitler
raiteln

Raigelprügel
Raigler
raigeln

Spann-
stecken
raigeln

Raig(g)elstecken
raig(g)eln

Knebel
Knüttel
knütteln

Knüttel
knütteln

Rebler
rebeln

Knüttler
knütteln

Grafik: MR
Quellen: SBS 13, 57 / SSA IV 6.01+6.02
VALTS-Material

Maßstab ca. 1 : 1.100.000

Kleiner Sprachatlas von Bayerisch-Schwaben

Brennholz spalten

Der hier angesprochene Vorgang wird bei der Karte 145 "Hackstock" beschrieben. Es sind lauter meist schon ältere deutsche Verben, die diese in früherer Zeit grundlegende und viel Zeit in Anspruch nehmende Tätigkeit bezeichnen.

Am weitesten verbreitet ist bei uns das Verb **klieben**. Dieses Wort gibt es schon im Althochdeutschen als klioban 'spalten'; die Wörter "Kluft" und "Kloben" sind von ihm beispielsweise abgeleitet.

Das Verb **hacken** ist schon etwas jünger, obwohl ebenfalls schon im Althochdeutschen als hakkōn belegt. Aber Verben auf -ōn sind in der Regel von Hauptwörtern abgeleitet. Ursprünglich bedeutete es wohl 'mit einer Hacke bearbeiten', wobei die Hacke damals wohl die Axt, das Beil, meinte, das zum Spalten von Holz dient.

Auch das Verb **spalten** gibt es schon im Althochdeutschen als spaltan, der "Spelten", die "Spalte" und "zwiespältig" gehören zu diesem Wort.

Bei der Bildung von **scheiten** dachte man vom Ergebnis her, 'Scheite machen'. Das Substantiv gibt es schon im Althochdeutschen als skīt, im Mittelhochdeutschen dann erst das davon abgeleitete Verb schîten 'spalten', das mit gekürztem -i- im alemannischen Südwesten unseres Raumes noch als *schitta* erhalten ist (vgl. Karte 7).

Auch die Verben **spreideln** und **spreigeln** sind von einem Substantiv abgeleitet, dessen Ausgangspunkt wiederum ein Verb ist. Es ist auszugehen von einem mittelhochdeutschen sprîden 'sich ausbreiten, zersplittern', aus dem ein "Spreidel" gebildet wurde, das heute noch in der Bedeutung 'gespaltenes Anzündholz' weiterlebt und das wieder abgeleitet wurde zu "spreideln" 'Spreidel machen'. Die Formen mit g "Spreigel" und "spreigeln" beruhen auf einem Wechsel von $d > g$, der sich vor l vollzieht und der auch in Westallgäuer Formen wie *Bilgla* für 'Bildlein', *Uisiigla* (für den Schweizer Wallfahrtsort Einsiedeln) oder in *Ursiigl* für den 'Rückstand beim Einsieden von Butter' (vgl. Karte 103) noch vorhanden ist. Auch im Stamm "Raigl-" (vgl. Karte 143) ist diese Lauterscheinung noch festzustellen. In den uns heute noch greifbaren Dialekten gibt es dieses Phänomen systematisch nur mehr im Westallgäu; ursprünglich war dieser Lautwandel aber wohl weiter verbreitet (vgl. Karten 143 und 103). Bei Wörtern, die isoliert sind, die also in der Schriftsprache keine Entsprechung haben, können sich solche älteren Erscheinungen erhalten; es fehlte das Vorbild, an dem man sich hätte ausrichten können.

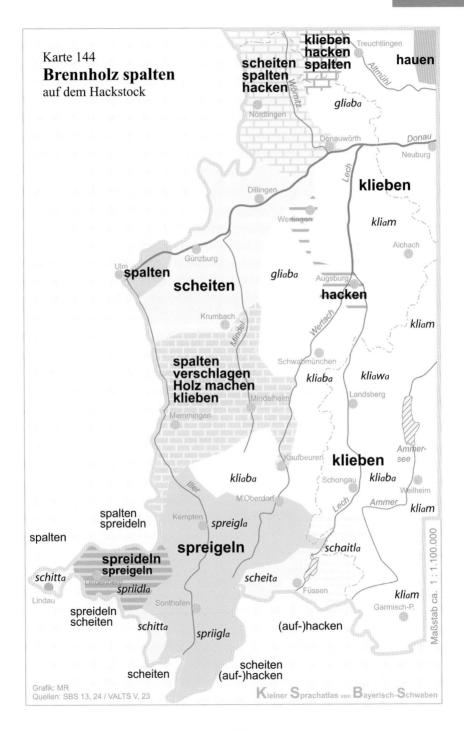

Karte 144
Brennholz spalten
auf dem Hackstock

klieben
hacken Treuchtlingen
scheiten spalten **hauen**
spalten
hacken Altmühl
Wörnitz

gliaba

Nördlingen

Donauwörth Donau

Neuburg

Lech

klieben

Dillingen

Wertingen *kliam*

Aichach

Ulm **spalten**
Günzburg
scheiten *gliaba* Augsburg

hacken

Krumbach

kliam

Mindel
Wertach

spalten
verschlagen Schwabmünchen
Holz machen *kliaba* *kliawa*
klieben Mindelheim Landsberg

Memmingen

Ammer-
see
Kaufbeuren **klieben**
kliaba Schongau *kliaba*
Iller M'Oberdorf Weilheim
Lech Ammer
spalten Kempten *kliam*
spreideln *spreigla*

spalten
spreigeln *schaitla*

spreideln
spreigeln
schitta Lindenberg
spriidla *scheita*
Lindau Sonthofen Füssen *kliam*
Garmisch-P.
spreideln
scheiten *schitta*
spriigla (auf-)hacken

scheiten
scheiten (auf-)hacken

Maßstab ca. 1 : 1.100.000

Grafik: MR
Quellen: SBS 13, 24 / VALTS V, 23

Kleiner Sprachatlas von Bayerisch-Schwaben

Hackstock

Brennholz wurde und wird mit dem Raummaß "Ster" gemessen und gehandelt. Das ist jeweils ein Raum- bzw. Kubikmeter. Deshalb sind die Holzstämme, die im Wald für Brennholz hergerichtet werden, einen Meter lang. Diese "Meterstücke" – auch "Roller" genannt – werden, wenn sie von starken Bäumen stammen, in kleinere Segmente und Keile gespalten und dann in Stücke "gesägt" bzw. "geschnitten" (vgl. Karte 138). Diese sind je nach Verwendungszweck zwischen 25 und 50 cm lang; für den Kochherd brauchte man kürzere Stücke, für den Kachel- oder Brotbackofen deutlich größere Scheiter. Nach dem Absägen mussten diese Holzstücke noch weiter zerkleinert werden, indem man sie mit der Axt der Länge nach spaltete, um auf diese Weise Stücke der passenden Größe zu erhalten. Das geschah früher auf einem aufrecht stehenden, ca. 60 bis 70 cm hohen, dicken Baumstück. Heute geschieht das alles mit Maschinen, aber früher war es eine der Tätigkeiten der Männer im Winter und in der Zeit, in der keine Feldarbeit anfiel.

Um dieses oben genannte Baumstück, um diese Unterlage beim "Holz hacken", geht es auf der vorliegenden Karte. Und es sind jeweils zusammengesetzte Wörter, die dieses Ding bezeichnen; das Grundwort ist meist "Stock", nur in einem Gebiet "Stotzen". Das Erstglied besteht meist (Ausnahme "Holz-" im Nordosten) aus einem Verb, das die Tätigkeit bezeichnet, die mit diesem Gerät geschieht. Die dabei vorkommenden Wörter sind bei Karte 144 besprochen.

Das Grundwort **Stock** bezeichnet schon im Althochdeutschen als stok einen Baumstumpf, aber auch einen Balken oder einen Stock. Die Lautung *Stuug* in der Nordostecke ist Folge einer ganz regelmäßigen Entwicklung von mhd. *o* zu *u* (vgl. KBSA Karten 9 und 10). Das ist dort, "wo die Hasen *Hoosn* und die Hosen *Huusn haaßn*". Und das *g* am Ende zeigt das Faktum, dass man im Norden unseres Gebietes alle Konsonanten sehr weich ausspricht (vgl. Karte 26).

Das zweite Grundwort ist der **Stotzen**, es bezeichnet in der Regel ebenfalls etwas Kurzes, etwas Dickes. Das Wort gehört zum Verb "stutzen", das wiederum aus "stoßen" abgeleitet ist. "Stotzen" nannte man im Allgäu aber auch die weiten, sehr flachen Holzgefäße, in denen man früher die Milch aufstellte, um den Rahm von der Milch abschöpfen zu können. Man sah sie oft vor den Käsereien, wo sie zum Trocknen aufgestellt waren.

310

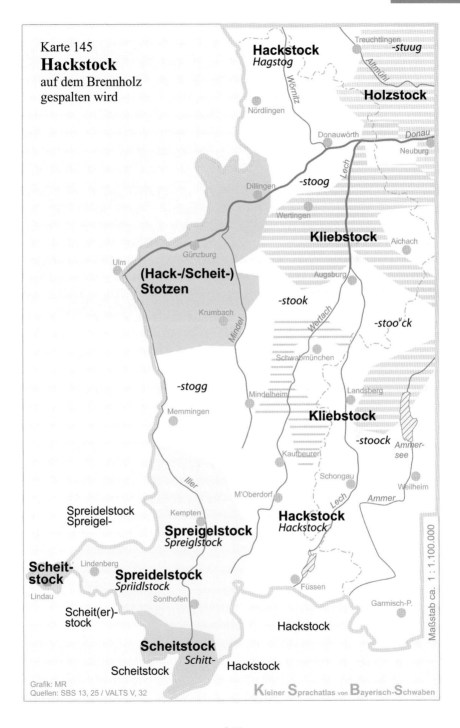

Karte 145
Hackstock
auf dem Brennholz
gespalten wird

Hackstock
Hagstog

-stuug

Holzstock

Treuchtlingen

Altmühl

Wörnitz

Nördlingen

Donauwörth

Donau

Neuburg

Dillingen

-stoog

Lech

Wertingen

Kliebstock

Aichach

Ulm

Günzburg

**(Hack-/Scheit-)
Stotzen**

Augsburg

-stook

Krumbach

Mindel

Wertach

-stoo^uck

Schwabmünchen

-stogg

Mindelheim

Landsberg

Memmingen

Kliebstock

-stoock

Ammer-
see

Kaufbeuren

Schongau

Iller

M'Oberdorf

Lech

Ammer

Weilheim

Spreidelstock
Spreigel-

Kempten

Spreigelstock
Spreiglstock

Hackstock
Hackstock

**Scheit-
stock**

Lindenberg

Spreidelstock
Spriidlstock

Lindau

Sonthofen

Füssen

Garmisch-P.

Scheit(er)-
stock

Scheitstock
Schitt-
Scheitstock

Hackstock

Hackstock

Maßstab ca. 1 : 1.100.000

Grafik: MR
Quellen: SBS 13, 25 / VALTS V, 32

Kleiner Sprachatlas von Bayerisch-Schwaben

Brennholz aufschichten

An jedem Haus konnte man sie früher sehen, ziemlich hohe "Beigen", also Stapel von Brennholz, das herd- bzw. ofenfertig dort lagerte, damit in der kalten Jahreszeit für Wärme im Haus gesorgt war, damit das Waschwasser im Waschkessel geheizt und Kartoffeln für die Schweine gekocht werden konnten. Wenn kein Platz an einer Wand vorhanden war, dann schichtete man das Holz kunstvoll zu runden Türmen auf.

Im überwiegenden Teil unseres Gebietes bezeichnet man diese Tätigkeit als **an-**, [hi]**nan-** bzw. **aufbeigen**, ein Wort, das erst seit dem späten Mittelhochdeutschen als bîgen belegt ist, wohl abgeleitet von einer bîga 'Beige', die bereits früher, noch in althochdeutscher Zeit, aufgezeichnet wurde. Die alte Lautung mit langem i-Laut, nämlich *biiga*, gibt es noch in unseren alemannischen Landesteilen, also am Bodensee sowie im West- und Oberallgäu (vgl. Karte 7), im übrigen Gebiet haben wir einen Zwielaut (*beiga, baiga*).

Die im Osten und Norden vorkommenden Ausdrücke verbinden sich mit den gleichen Vorsilben wie "beigen", sie basieren jeweils auf Verben wie **-richten**, **-legen**, **-setzen** und **-schlichten**, wobei letzteres von seiner Herkunft mit "schlecht" zusammenhängt, was ursprünglich 'eben, geglättet' bedeutet hat, im Sinne von 'schlicht, einfach'.

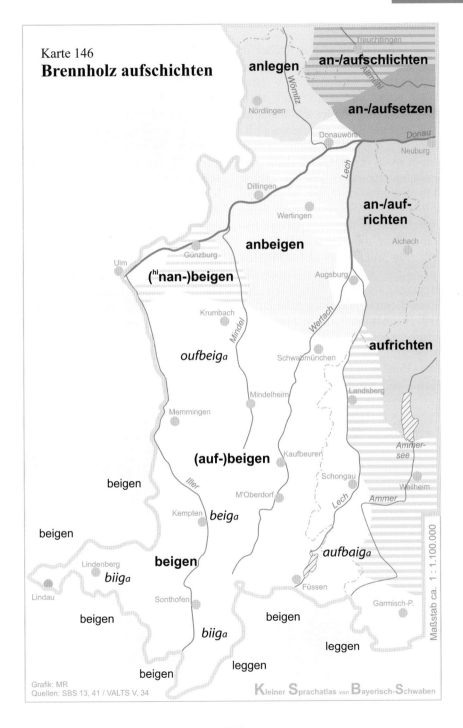

Karte 146
Brennholz aufschichten

anlegen

an-/aufschlichten

an-/aufsetzen

Nördlingen

Donauwörth

Donau

Neuburg

an-/auf-
richten

Dillingen

Wertingen

Aichach

anbeigen

Günzburg

Ulm

(ʰnan-)beigen

Augsburg

Krumbach

oufbeiga

Schwabmünchen

aufrichten

Mindelheim

Landsberg

Memmingen

Ammer-
see

(auf-)beigen

Kaufbeuren

beigen

Schongau

M'Oberdorf

Weilheim

Kempten beiga

beigen

aufbaiga

beigen

Lindenberg

biiga

Lindau

Sonthofen

Füssen

Garmisch-P.

beigen

beigen

biiga

leggen

leggen

beigen

Maßstab ca. 1 : 1.100.000

Grafik: MR
Quellen: SBS 13, 41 / VALTS V, 34

Kleiner Sprachatlas von Bayerisch-Schwaben

Schnitzbank

Eine Schnitzbank gab es früher in fast jedem Bauernhaus, vor allem in Gegenden, in denen man selbst Wald besaß und daher auch Holz zur Verfügung hatte. Es handelte sich um eine Bank, auf der man rittlings sitzen konnte und auf der man durch einen mit dem Fuß bedienten Hebelmechanismus ein Werkstück einspannen konnte, das sich dann z.B. mit dem Schnitzmesser bearbeiten ließ. In der Schnitzbank bekamen auf diese Weise Holzstangen eine Spitze, was sie zu Pfählen machte, es wurden damit auch die Heinzen, die zum Trocknen des Heus dienten, zurechtgeschnitzt.

Die Bezeichnungen für dieses Instrument sind in aller Regel zweigliedrig:

Die Grundwörter sind durchsichtig, **Bank** und **Stuhl** bezeichnen Sitzgelegenheiten, **Bock** und **Esel** sind übertragen von den entsprechenden Tieren. Beim "Bock" ist das ein gar nicht so seltener Vorgang: Es gibt einen "Sägebock", einen "Rammbock" und einen "Kutschbock". Beim "Esel" tut man sich schwer, wenn man vergleichbare Beispiele sucht. Im Grimmschen Wörterbuch, dem umfangreichsten Wörterbuch der deutschen Sprache, findet sich nur ein weiteres Beispiel dafür, nämlich "Esel" in der Bedeutung eines 'Tragegestelles aus Holz'.

Der erste Bestandteil der Bezeichnungen hat meist mit der auf diesem Gerät ausgeübten Tätigkeit zu tun: **schnitzen, schneiden** und **beschneiden.**

Nur der **Reifstuhl** westlich von Augsburg fällt da heraus. Wenn man annimmt, dass dieses Instrument zunächst nur bei den Küfern / Schäfflern vorhanden war und sich erst dann auch auf den Bauernhöfen verbreitete, dann ist die folgende Herleitung einsichtig: Der Stuhl bekam seinen Namen von den Fass- bzw. Kübelreifen, die die Dauben (= Bretter) zusammenhielten und die bis ins 19. Jahrhundert hinein noch oft aus schmalen Holzbändern bestanden. Sie wurden auf diesem Stuhl wohl zurechtgeschnitten bzw. zurechtgeschnitzt.

Die Karte hier gibt nur die häufigsten der vorhandenen Typen wieder. Einige weitere Bezeichnungen wären z.B. **Schnitzstock, Schnitzgeiß, Schäffleinbock, Schnipfelbock, Schälbock, Schnitzelbock, Zimmer(manns)bock, Reifler.**

314

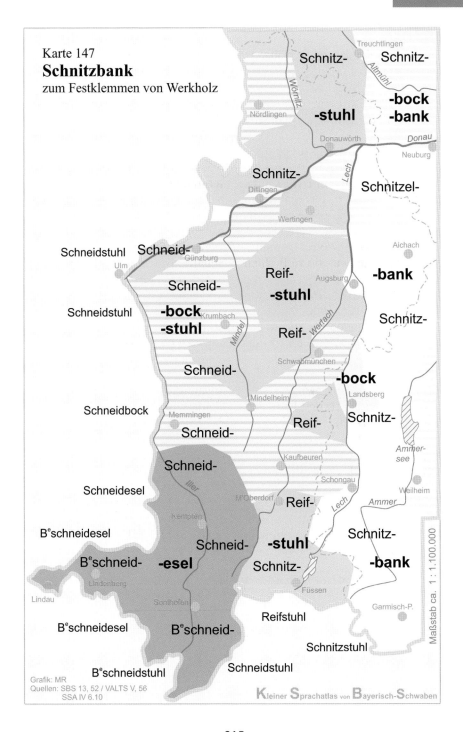

Karte 147
Schnitzbank
zum Festklemmen von Werkholz

Schnitz-

Schnitz-

-bock
-stuhl -bank

Schnitz-

Schnitzel-

Schneidstuhl Schneid-

Schneid-   Reif-   -bank

-stuhl

Schneidstuhl -bock

-stuhl   Reif-   Schnitz-

Schneid-

-bock

Schneidbock   Reif-   Schnitz-

Schneid-

Schneid-

Schneidesel

B^eschneidesel

B^eschneid- -esel   Schnitz-

Schneid- -stuhl   -bank

Reif-

Schnitz-

B^eschneidesel B^eschneid-

Reifstuhl

Schnitzstuhl

B^eschneidstuhl   Schneidstuhl

Grafik: MR
Quellen: SBS 13, 52 / VALTS V, 56
        SSA IV 6.10

Kleiner Sprachatlas von Bayerisch-Schwaben

Maßstab ca. 1 : 1.100.000

Wortschatz IV

Natur und Landwirtschaft

Wespe

Das Tier kennt jeder, sein Name zeigt im Deutschen wenig lexikalische Variation. Die vorhandenen Varianten sind fast alle von einem westgermanischen Stamm *wabsō abzuleiten. Auch in unserem Gebiet ist es so. Was aber hier fasziniert, ist die scheinbar spielerische Variation, die im Silbenauslaut herrscht. Diese Variabilität ist schon im Althochdeutschen vorhanden, wo die folgenden Formen belegt sind: wefs, wefsa, wafsī, wefsih; im Mittelhochdeutschen gibt es Formen wie wefse, webse, webze und wespe.

In unserem Gebiet kommen zu diesen Formen noch dazu der Typ mit angehängtem -g (*Wefzg, Wefzga*) und der Typ *Weewas* im Lechrain. Eine *Weewas(a)* gibt es auch in Kärnten, in der Steiermark und in Thüringen. Die ältere Forschung setzt deshalb eine Vorform *webes- an. Auch hier erweist sich die Altertümlichkeit der lechrainischen Dialekte. Von den belegten ahd. Formen ausgehend ist der Typ *Wefs-* der älteste, der sich zu *weps* weiterentwickelt hat und dann zu *Wesp(-)* geworden ist. Die Umstellung von *Wepse* zu *Wespe* wird in der Regel lateinischem Einfluss (lat. vespa) zugeschrieben, es gibt im Deutschen aber vergleichbare Lautumstellungen, die nichts mit lat. Einfluss zu tun haben können, z.B. bei "räuspern", das auch als "räupsen" vorkommt, oder bei "Trespe" (ein Ackerunkraut), das auch als "Trepse" belegt ist, oder die "Lefze" ('Lippe'), die im Mittelhochdeutschen als lefs, leps und lesp überliefert ist.

Auch das am Ende angewachsene -g steht hier nicht allein. Im Schwäbischen ist so eine Entwicklung nicht selten. Es ist die gleiche Erscheinung, die wir auch in "Bretzg(e)" für 'Breze' (aus ahd. brezilla) haben, aber auch bei vielen meist lautmalenden Verben, deren Stamm auf -ts endet, wie *grutzga* für 'knirschen' oder *schmatsga* 'schmatzen'. Die Form *Waschp* im Westen gehört zu den Formen mit des Typs *Weschp*, weil in diesen Dörfern sich das germ. ë ganz regelmäßig zu diesem zentralisierten Indifferenzlaut *a* entwickelt hat (vgl. Karte 15).

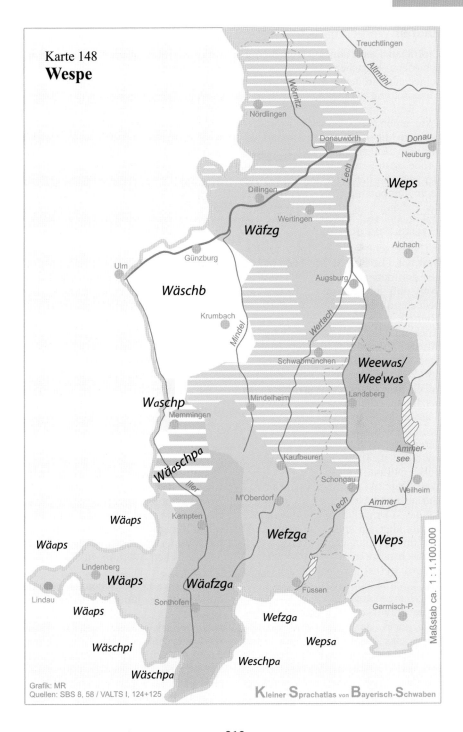

Karte 148
Wespe

Grafik: MR
Quellen: SBS 8, 58 / VALTS I, 124+125

Kleiner Sprachatlas von Bayerisch-Schwaben

Raureif (vornehmlich an Bäumen)

Eiskristalle an Pflanzen können verschiedene Ursachen haben und verschiedene Größen erreichen. In der Meteorologie werden mehrere Arten von Reif unterschieden, unsere Dialekte unterscheiden nur zwei: einen, bei dem die Eiskristalle vornehmlich auf dem Boden, am Gras in kleinerer Größe auftreten, und einen anderen, der vornehmlich an Bäumen, bei tieferen Temperaturen vorkommt, wobei der Behang beachtliche Größen erreichen kann. Von diesem Raureif ist im Folgenden die Rede.

Im N herrscht das Wort **Duft** oder **Anduft** vor. Die Belege "Reif(en)" scheinen dort neuerer Einfluss zu sein. Das Wort duft gibt es schon im Ahd., es bedeutet da den 'Nebel bei Kälte', den 'Raureif', aber auch den 'Hitzedunst'. Auch im Mhd. ist die Bedeutung des Wortes 'Dunst', 'Nebel', 'Tau' und 'Reif'. Die Vorsilbe "An-" beschreibt den Vorgang, wie sich Dunst und Nebel als Reif an den Zweigen anlegt. Bis ins 18. Jh. hinein ist der "Duft" in der Schriftsprache in der Bedeutung 'Reif' gebräuchlich. Die Bedeutung 'Wohlgeruch' entwickelt sich erst im 18. Jh., vor allem zur Bezeichnung von pflanzlichen Düften.

Wie "Duft" ist auch **Reif** sehr alt und ahd. als hrīfo belegt. In dieser Lautung hat das Wort weiter keine Verwandten, es gibt aber ein ahd. Wort rīm 'Reif', das Entsprechungen in anderen germanischen Sprachen hat (z.B. altengl., altnord. hrīm) und aus dem die übrigen Ausdrücke in unserem Gebiet hervorgegangen sind.

Reim entwickelt sich aus ahd. rīm. Man kann dazu mit der Vorsilbe "Ge-" eine zusammenfassende Form "G^ereim" bilden (vgl. Karte 162), die östl. von Augsburg als **Kreim** erscheint ("gerade" heißt dort auch *khrood*). Eine adjektivische Form **kreimig** lässt

sich gut davon ableiten (wie "sandig" zu "Sand").

Man kann den Vorgang auch verbal ausdrücken, dann wären die Bäume "bereimt" (mit Reim versehen), so wie eine Brust "behaart" sein kann. Daraus wird in unseren Dialekten regelmäßig **b^ereimt** bzw. **pfreimt**. Das *pf-* aus be- entspricht dem oben erwähnten *kh-* aus ge-. Das ist im Prinzip der gleiche Vorgang. *b-* bzw. *g-* werden verstärkt und öffnen sich als Reibelaute *pf-* bzw. *kh-* (vgl. *Pfiati* < "Behüt dich (Gott)" oder *Pfeebar* im westl. Allgäu für einen "Beheber", also ein Kalb, das man behält). Dem *ei* im SO entsprechen im zentralen Allgäu die einfachen Vokale *ee* bzw. *ii*, also **b^eremt, b^erimt**. Hier hat sich wohl der alte Langvokal î in diesem isolierten Wort großflächiger erhalten als sonst (vgl. Karte 7) und hat dann um Kempten die vor Nasalen übliche Senkung zu e erlebt.

Von den Verbalformen "pfreimt" und "b^eremt/b^erimt" lassen sich wieder Substantive rückbilden, nämlich **Pfreim, B^erem** (*Breem*), **B^erim** (*Briim*) und (unter dem Einfluss von "Kreim") **G^efreim**.

Um Oberstdorf ist ausgehend von "b^erimt" ein Substantiv **Brinte** gebildet worden, das teils *Brimte* gesprochen wird. Etymologisch gehört dieses Wort zu einer Wurzel, die zum vorrömischen Alpenwortschatz zu stellen ist. Es ist weder mit romanischen noch mit germanischen Wörtern zusammen zu bringen.

Behang westl. von Schongau ist eine durchsichtige jüngere Bildung zu "hängen".

Das vielfach belegte Erstglied **Rau-** wird man zum Adjektiv "rau" stellen, das in Ahd. rūh 'uneben, struppig, zottig' und mhd. rûch 'haarig, struppig u.a.' eine ganz zum Erscheinungsbild des Raureifs passende Bedeutung trägt.

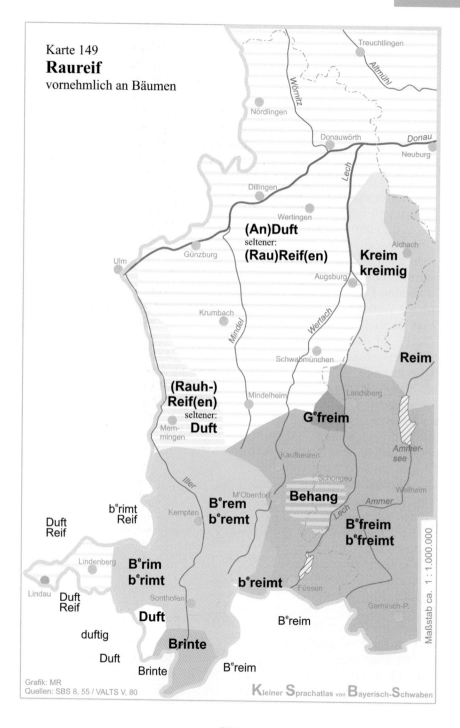

Karte 149
Raureif
vornehmlich an Bäumen

Treuchtlingen

Nördlingen

Donauwörth

Neuburg

Dillingen

Wertingen

(An)Duft
seltener:
(Rau)Reif(en)

Ulm

Günzburg

Augsburg

Aichach

**Kreim
kreimig**

Krumbach

Schwabmünchen

Reim

**(Rauh-)
Reif(en)**
seltener:
Duft

Mindelheim

Landsberg

G^e freim

Mem-
mingen

Ammer-
see

Kaufbeuren

Schongau

Weilheim

b^e rimt
Reif

Kempten

M'Oberdorf

**B^e rem
b^e remt**

Behang

Ammer

Duft
Reif

**B^e freim
b^e freimt**

Lindenberg

**B^e rim
b^e rimt**

b^e reimt

Füssen

Lindau

Duft
Reif

Sonthofen

Garmisch-P.

Duft

B^e reim

duftig

Brinte

Duft

Brinte

B^e reim

Maßstab ca. 1 : 1.000.000

Grafik: MR
Quellen: SBS 8, 55 / VALTS V, 80

Kleiner Sprachatlas von Bayerisch-Schwaben

stürmisch schneien

Ergibt es sich, dass in ruhigen Wintertagen und -nächten der Schnee leise rieselt und die Flocken nieder schweben, dann freut man sich, denn das ist ein Schauspiel, das man gern genießt. Wenn aber gleichzeitig ein starker Wind weht, meist noch eisig kalt, und der Schnee sich in alle und durch alle Ritzen in die Kleidung drängt, wenn sich auf den Straßen und Fußwegen Schneewehen auftürmen, und das innerhalb kürzester Zeit, dann ist man froh, wenn man heimkommt und eine warme Stube vorfindet.

In unseren Dialekten kann man ein solches Wetter mit einem einfachen Wort bezeichnen, im Schriftdeutschen geht das nicht. Da braucht man mindestens zwei Wörter dazu. Als Substantiv gibt es "Schneetreiben" oder "Schneegestöber".

Im größten Teil unseres Gebietes benennt man diesen Vorgang mit dem Verb **wehen**, und zwar in der unpersönlichen Form **es weht**. Dies ist ein altes Verb, es ist schon im Althochdeutschen als wāen belegt. Die eingefügten inlautenden Konsonanten in unseren Dialektwörtern, *j* und *ch*, sind sog. Hiatustilger, die verhindern, dass Vokale von unterschiedlichen Silben nebeneinander zu stehen kommen (vgl. bei Karte 66).

Ein zweites großes Gebiet nimmt **stieben** ein. Dieses Wort ist ebenfalls alt (ahd. stioban) und hängt mit der Wortsippe "Staub" zusammen. Dazu gehört auch das Wort **stöbern**, das wohl ursprünglich aus dem Niederdeutschen stammt. Niederdeutsch stowen, stöben entspricht südlichem stauben, das dazugekommene "-ern" hat iterative Funktion, drückt also Wiederholung aus. Im Althochdeutschen enden solche Verben auf -arōn, -irōn; in der Schriftsprache gibt es noch weitere Beispiele wie "sickern", "plappern", "stottern", "gackern" u.a.

Die jeweils nur in kleineren Gebieten verbreiteten Verben **sturmen** im Allgäu und **jagen** an der Donau erklären sich von selbst.

Die gilt jedoch nicht für das Wort **gähwinden** im Süden. Als Substantiv ist "Gähwinde" in der Bedeutung 'Schneewehe' im gesamten Karten-Gebiet verbreitet. Dieses Wort wird mit seinem ersten Bestandteil "Gäh-" in der Regel zu ahd. gāhi, mhd. gæhe gestellt, was 'schnell', 'plötzlich' und 'ungestüm' bedeutet; und wenn es "gähwindet", dann bläst der Wind schnell und ungestüm. Was dabei entsteht, ist die "Gähwinde", eine "Schneewehe", die eine parallele Bildung aufweisen ("Wehe" als Ergebnis des Wehens, "Gähwinde" als Ergebnis des ungestümen "Windens"). Dieses "Gäh-" ist übrigens das gleiche Wort wie schriftdeutsch "jäh".

Das Verb **pfusen** im Bregenzer Wald und im Kleinwalsertal ist schallnachahmend; es kommt im ganzen deutschsprachigen Südwesten in Bedeutungen wie 'zischen' und 'sausen' vor.

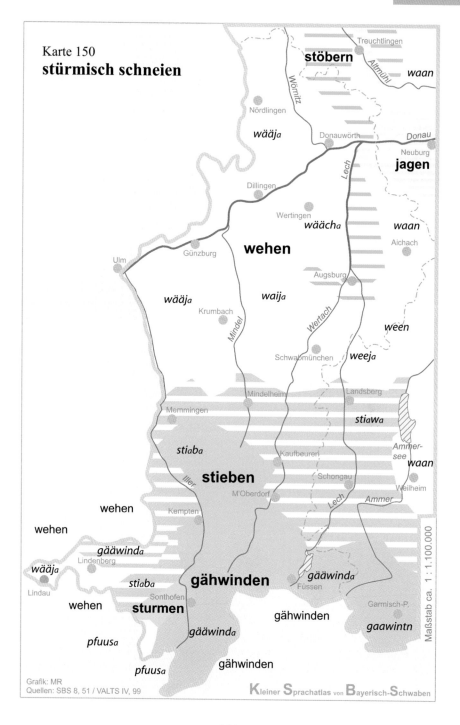

Karte 150
stürmisch schneien

stöbern

waan

Treuchtlingen

Wörnitz

Altmühl

Nördlingen

wääja

Donauwörth

Donau

Neuburg

jagen

Lech

Dillingen

Wertingen

wäächa

waan

Aichach

Ulm

Günzburg

wehen

Augsburg

wääja

waija

Krumbach

Mindel

Wertach

ween

Schwabmünchen

weeja

Mindelheim

Landsberg

Memmingen

stiawa

stiaba

Kaufbeuren

Ammer-
see

waan

Iller

stieben

Schongau

Weilheim

M'Oberdorf

Lech

Ammer

wehen

Kempten

wehen

gääwinda

Lindenberg

wääja

Lindau

stiaba

Sonthofen

gähwinden

gääwinda

Füssen

wehen

sturmen

Garmisch-P.

gähwinden

gaawintn

pfuusa

gääwinda

pfuusa

gähwinden

Maßstab ca. 1 : 1.100.000

Kleiner Sprachatlas von Bayerisch-Schwaben

aper / äper ('schneefrei')

Dieses Wort gibt es nur im Süden, wo die Höhenlage dafür sorgt, dass der Schnee im Frühjahr länger liegen bleibt, wo man darauf wartet, dass die Vegetation beginnt, wo sich an exponierten Stellen schon früh offene, schneefreie, eben "apere" Stellen zeigen. Im Norden unseres Gebietes gibt es für diesen Sachverhalt kein einfaches Wort, "frei von Schnee", "schneefrei", "ohne Schnee" muss man da sagen.

Als Herkunft des Wortes **aper**, das es schon im Althochdeutschen als ābar in der gleichen Bedeutung gab, werden zwei Ansätze diskutiert:

Einmal von einem lat. Adjektiv aprīcus ('offen', 'sonnenbeschienen'), wobei sich aber Schwierigkeiten mit der Bedeutung und mit der Lautentwicklung ergeben.

Wahrscheinlicher ist die Ableitung von einem ā-bar, wobei "ā" etwas nicht Vorhandenes ausdrückt (ahd. āwerk 'Flachsabfall' und ahd. āwerf 'Frühgeburt') und in dem "bar" das althochdeutsche Verb beran 'tragen' steckt. Das Wort bringt also zum Ausdruck, dass etwas nicht tragend, leer ist, so wie ein Hang (vom Schnee). Es wird im Schwäbischen regional auch verwendet bei einer Ähre, wenn sie leer von Frucht ist, oder von einem Geldbeutel, wenn er leer ist.

Im Südwesten ist das Wort nicht umgelautet und zeigt die reguläre Vokallautung von mhd. â: *ååbr* und *aubr* (vgl. Karte 10). Was im nordöstlichen Vorkommensgebiet die Umlautung (*ääbr, eewr,* bairisch *aawa*) bewirkt hat, ist nicht geklärt.

324

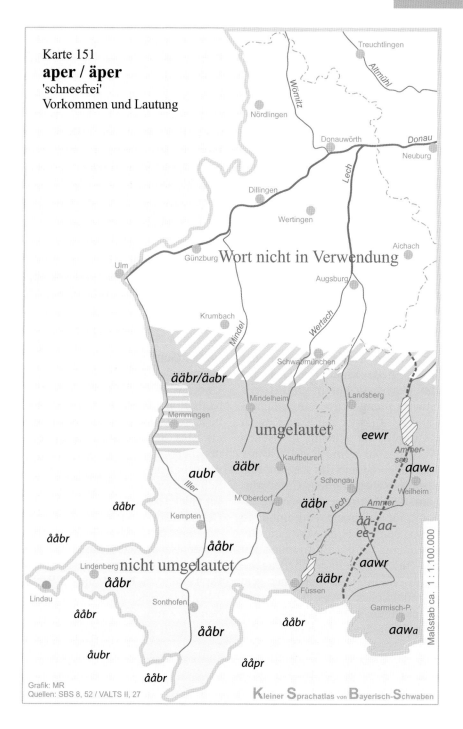

Karte 151
aper / äper
'schneefrei'
Vorkommen und Lautung

325

Zaun

Zäune spielten in der Dreifelderwirtschaft, die bis ins 18. Jahrhundert vorherrschte, eine zentrale Rolle, denn damals wurde das Vieh im Sommer nicht im Stall gefüttert, sondern es wurde vom Dorfhirten auf Weideflächen geführt. Vor allem musste das hungrige Vieh von den Flächen ferngehalten werden, auf denen das Getreide angebaut wurde. Das geschah durch ein ausgedehntes Zaun- und Heckensystem. Das Zäunen war eine Arbeit, die von der Dorfgemeinschaft gemeinsam ausgeführt wurde, geschriebene Dorfordnungen regelten das Ganze.

In **Zaun** haben wir ein sehr altes Wort, das als zūn im Althochdeutschen auch 'Hecke, Gehege' und 'Mauer' bedeuten konnte. Das gleiche Wort liegt vor in engl. town 'Stadt' (altengl. tūn 'eingezäuntes Land, Hof, Ortschaft'), und es ist verwandt mit einem keltischen Wort, das in altirisch dūn 'Burg' vorhanden ist und das z.B. auch in den römischen Namen "Cambodunum" für Kempten oder "Parrodunum" für Burgheim vorkommt. In diesen beiden Fällen wurde die Bezeichnung für die Einfriedung auf den eingefriedeten Ort übertragen.

Beim "Zaun" lässt sich über sein ursprüngliches Aussehen nicht mehr sagen, sehr wohl aber bei **Hag**. Denn dieses Wort ist nah verwandt mit "Hecke" und "Hain", auch mit "Gehege". Das zeigt uns, dass hier ursprünglich ein Wort für eine Abgrenzung vorlag, die durch eine Pflanzenzeile gebildet wurde. Im Althochdeutschen gibt es das Wort in der gleichen Form hag ebenfalls schon, es kann in dieser Zeit neben 'Zaun' auch 'Wall' und 'Damm' bedeuten. Es gab damals auch noch den hagan, den 'Dornstrauch'. Und die haganberi war die Weißdornfrucht oder die "Hagebutte", und die heutige Hainbuche ist ursprünglich eigentlich eine "Hagebuche".

Die Formen **G^ehag** (*Kaag*) sind Kollektivbildungen mit der Vorsilbe "Ge-", die häufig vorkommen (vgl. "Gebeine" zu "Bein" oder "Gebirge" zu "Berg"; Karte 162).

Und das Wort **Zeil**, das nur mehr resthaft im Ostallgäu erhalten ist, bedeutete im Althochdeutschen als zīla 'Reihe' und 'Linie', wurde aber vorwiegend im landwirtschaftlichen Kontext gebraucht. Im Schwäbischen kann das Wort auch für Hecke stehen.

Beim Ausdruck **Dill** ist das Material, aus dem Zäune oft gemacht werden, namengebend geworden. Zugrunde liegt ein ahd. Wort dil für 'Brett' (vgl. Karte "dickes Brett" 140), das später auch auf einen lebenden Zaun, also auf eine Hecke, übertragen worden ist.

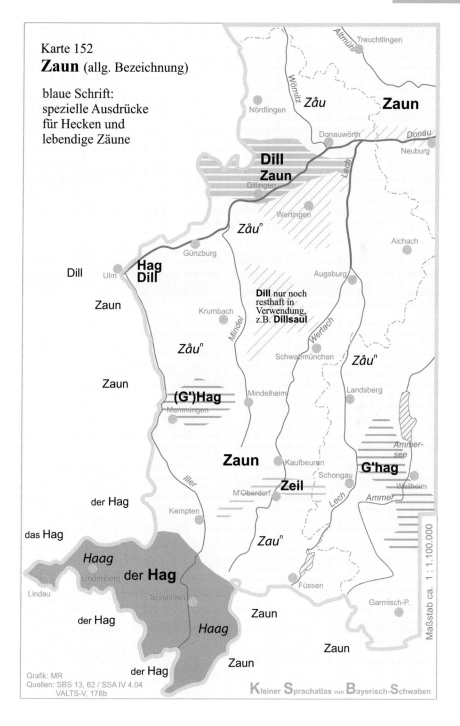

Karte 152
Zaun (allg. Bezeichnung)

blaue Schrift:
spezielle Ausdrücke
für Hecken und
lebendige Zäune

Zåu

Zaun

Nördlingen

Donauwörth

Neuburg

**Dill
Zaun**

Dillingen

Wertingen

Zåu^n

Aichach

Dill

Günzburg

**Hag
Dill**

Ulm

Augsburg

Zaun

Krumbach

Dill nur noch
resthaft in
Verwendung,
z.B. **Dillsaul**

Zåu^n

Zaun

Schwabmünchen

Zåu^n

(G')Hag

Mindelheim

Landsberg

Ammer-
see

Zaun

Kaufbeuren

Schongau

G'hag

Weilheim

Zeil

M'Oberdorf

Ammer

der **Hag**

Kempten

Maßstab ca. 1 : 1.100.000

das **Hag**

Zau^n

Haag

Lindenberg

der **Hag**

Füssen

Lindau

Sonthofen

Garmisch-P.

der **Hag**

Zaun

Haag

der **Hag**

Zaun

Zaun

Grafik: MR
Quellen: SBS 13, 62 / SSA IV 4.04
VALTS-V, 178b

Kleiner **S**prachatlas von **B**ayerisch-**S**chwaben

327

Zaundurchlass (zur Viehweide)

Eingezäunte Viehweiden gibt es in der Mitte und im Norden unseres Gebietes sehr viel weniger als im Allgäu mit seiner intensiven Milchwirtschaft. Da verwundert es nicht, dass es im Norden keinen speziellen Ausdruck für diese Sache gibt. Hinzu kommt, dass dort der verbreitete Sachtyp, nämlich das Tor, auch nicht einheitlich war, im Gegensatz zum Allgäu, wo man dafür in der Zaunkonstruktion eine Lücke gelassen hat, die durch zwei verschiebbare Stangen geschlossen werden konnte.

Bezeichnet wird hier also nicht die Verschlusskonstruktion, so wie bei "Gatter" (das zu "Gitter" gehört) oder "Tor" (das mit Tür verwandt ist), sondern das Fehlen eines Stücks vom Zaun, das "Lucke" heißt.

In der alten Landwirtschaft wurde das Vieh des ganzen Dorfes vom Hirten geweidet. Durchtriebsrechte spielten eine große Rolle, wenn man von einem Weidegrund zum nächsten kommen wollte. In den Dorfordnungen war sehr genau geregelt, welcher Grundstücksbesitzer wo eine "Trieblucke" zu lassen hatte. Aus dieser Zeit ist es zu erklären, dass die Zaunöffnung eine größere Rolle spielte als die Konstruktion, die sie verschloss.

Lucke ist das gleiche Wort wie schriftdeutsch "Lücke", das eng verwandt ist mit "Loch" und "Luke" und das schon im Althochdeutschen als lukka überliefert ist. Im Dialekt ist – wie in "Bruck/Brücke" und in "Rucken/Rücken" – die umlautlose Form gebräuchlich geworden (vgl. Textkasten "Umlaut" bei Karte 13).

Im Lechraingebiet gibt es in einigen Dörfern den Ausdruck **Lege**, was sicher zu "legen" gehört.

Und im Westallgäu kennt man neben "Lucke" die **Stapfe**, die ein älteres Wort für eine Treppe ist. In dieser Bedeutung verwendet man heutzutage eher die Verkleinerungsform "Stäpfelein" (*Stäpfela*). Schon im Ahd. gibt es stapfo in der Bedeutung 'Stufe'. Dieser Ausdruck wurde übertragen von einer Konstruktion von zwei auf jeder Seite des Zauns sehr schräg angestellten Leitern, die fest mit ihm verbunden waren. Diese Konstruktion half dem Bauern, den Zaun aufrecht zu überwinden, wie man es bei einer Treppe kann.

Im Westallgäu heißen die Stangen, die die "Lucke" schließen, auch *Stapfastanga*; es waren die Stangen, die man bei der Stapfe zur Seite schieben konnte, um einen größeren Durchlass zu öffnen. Die Stapfe befand sich in der Regel direkt neben dem Durchlass, so dass eine Übertragung des Wortes auf diesen stattfinden konnte.

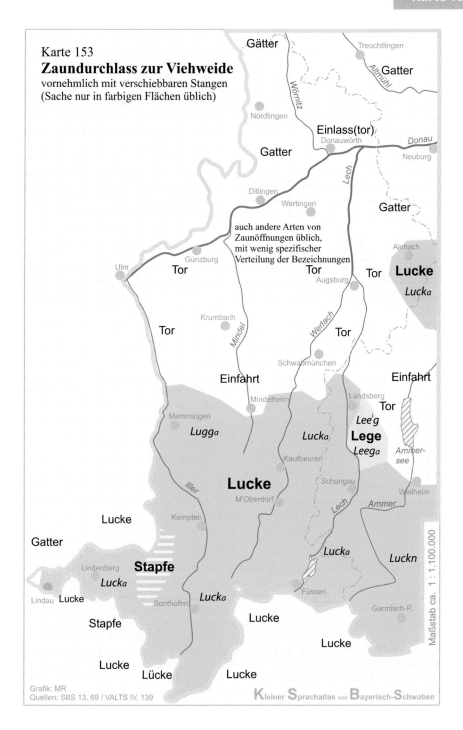

Karte 153
Zaundurchlass zur Viehweide
vornehmlich mit verschiebbaren Stangen
(Sache nur in farbigen Flächen üblich)

Gätter

Treuchtlingen

Gatter

Altmühl

Wörnitz

Nördlingen

Einlass(tor)

Donauwörth

Gatter

Donau

Neuburg

Lech

Dillingen

Wertingen

Gatter

auch andere Arten von
Zaunöffnungen üblich,
mit wenig spezifischer
Verteilung der Bezeichnungen

Aichach

Ulm

Günzburg

Tor

Tor

Augsburg

Tor

Lucke

Lucka

Krumbach

Mindel

Tor

Wertach

Tor

Schwabmünchen

Einfahrt

Mindelheim

Landsberg

Einfahrt

Tor

Memmingen

Lee'g

Lege

Lugga

Lucka

Leega

Ammer-see

Kaufbeuren

Lucke

Schongau

M'Oberdorf

Lech

Ammer

Weilheim

Iller

Kempten

Lucke

Gatter

Lucka

Stapfe

Lindenberg

Lucka

Lindau Lucke

Sonthofen

Lucka

Füssen

Lucka

Garmisch-P.

Stapfe

Lucke

Lucke

Lucke

Lücke

Lucke

Maßstab ca. 1 : 1.100.000

Kleiner Sprachatlas von Bayerisch-Schwaben

Grasmahden anstreuen

Heute kann der ganze Vorgang des Heuens von einer Person erledigt werden; verschiedene Geräte vollbringen das, wozu früher eine ganze Anzahl von Knechten und Mägden und anderen Helfern (meist aus der Verwandtschaft) notwendig waren. Gemäht wurde bis in die 30er Jahre des letzten Jahrhunderts hinein vorwiegend mit der Sense. Die dabei und auch die beim Mähen mit der Maschine entstehenden langen Grasreihen ("Mahden") mussten auseinander genommen und auf der Fläche verteilt werden, um das Trocknen zu beschleunigen. Das war vor allem die Aufgabe der Frauen, aber auch von Kindern und älteren Personen, weil diese Verrichtung zu den leichteren Arbeiten gehörte. Es geschah mit einer kleineren, dreizinkigen Heugabel, meist noch mit einer hölzernen, weil diese relativ leicht waren.

Dieser Vorgang wurde regional sehr unterschiedlich bezeichnet, eine Fülle von verschiedenen Wörtern gibt es in unserem Gebiet. Jedes dieser Verben ist ein Fachwort, auch wenn es sich noch so allgemein anhört. Wenn es etwa hieß "Hans und Anna kommen mit zum **Breiten**", dann wusste jeder, was damit gemeint war. Die meisten der hier vorkommenden Wörter gibt es auch in der Schriftsprache, sie sind vom Vorgang her motiviert.

Aber **worben** und **anwerben** sind Wörter, die es so bzw. in dieser Bedeutung nicht gibt. Sie hängen zusammen mit einem althochdeutschen Verb w e r b e n mit den Formen w i r b e (Gegenwart), w a r b, w u r b e n (Vergangenheit), g i w o r - b a n (Partizip der Vergangenheit), dessen Grundbedeutung 'sich drehen' ist, das aber auch 'wenden, bewegen, umkehren' bedeuten kann. Von den oben zitierten alten Formen sind die hier vorhandenen abzuleiten, genauso wie der "Worb" der Sense, der Sensenstiel, der deswegen so heißt, weil man mit ihm beim Mähen eine drehende Bewegung ausführt und keine hauende. Bei **vertwenden** bzw. **vertwinden** liegt eine schwäbische Vorsilbe "vert-" vor, die aus einer Verschmelzung der zwei Vorsilben v e r - und e n t - entstanden ist. Man kennt diese Vorsilbe u.a. in *vrtrinna* ('entgleiten'), *vrtlaufa* ('ent-/weglaufen'), *vrtleena* ('ausleihen'). Der Ausdruck **verkeien** gehört zum Verb "g^{c}heien" ('werfen'), das bei der Karte 68 näher erklärt wird. Bei **zetten** liegt ein altes deutsches Verb vor, das in der gleichen Form und Bedeutung schon im Althochdeutschen belegt ist. Es ist abgeleitet von einem Substantiv, das es ahd. als z a t a 'Zotte, zottiges Haar' gibt (vgl. "Zatten" in Karte 156). Zu **(an-)roden** im nahen Tirol vgl. Karte 156.

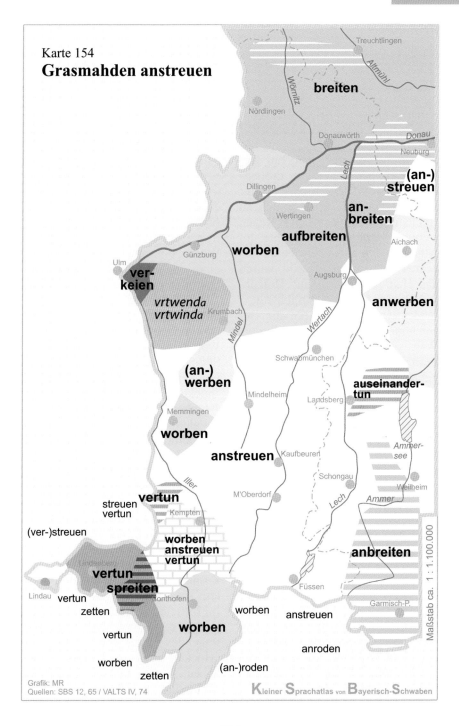

Heuhaufen (bei drohendem Regen)

Das Heu braucht je nach Witterung in der Regel zwei oder drei Tage, bis es so weit getrocknet ist, dass man es nach Hause bringen kann. Am Abend wurde das ausgebreitete Heu (vgl. Karte 154) in der Regel auf Reihen gerecht, damit das angetrocknete Gras dem Tau weniger Oberfläche bot. Bei drohendem Regen wurde es noch weiter zusammengeschlagen, nämlich zu Heuhaufen, damit es der Regen weniger durchfeuchten konnte. Im Allgäu und im Ammergebiet, wo es mehr Niederschläge gibt, wurde das Heu regelmäßig auf Holzgestellen, den Heinzen, aufgehängt.

In der Karte geht es um die Bezeichnungen für die Heuhaufen. Weit verbreitet ist **Birling**. Das Wort gehört zu einem einst viel gebrauchten ahd. Wort b e r a n, das 'tragen' bedeutete. "Birling" bezeichnete die Menge des Heus, die man (mit beiden Armen) tragen konnte. Als Verb ist b e r a n heute zwar ausgestorben, ist aber resthaft noch in vielen Wörtern vorhanden, z.B. in "gebären" und "Geburt", in "Bahre" und in der Endsilbe "-bar" (vgl. "fruchtbar" 'Frucht tragend'). Weniger gut erkennbar ist es in "Eimer", "Zuber" (vgl. Karte 112), "Gebühr" und "empor".

Schochen ist als Wort erst im Mhd. belegt als s c h o c h e mit der gleichen Bedeutung. Es hängt zusammen mit "Schock", das eine Anzahl von 60 Getreidegarben bezeichnete. Als Wort für einen größeren Haufen Heu ist das Wort auch im "Birling-Gebiet verbreitet.

Der **Schober** ist schon im Althochdeutschen als s c o b a r für 'Haufen, Heu- und Getreidehaufen' belegt. Es ist verwandt mit schriftdeutsch "Schopf" und mit "Schuppen", dessen ursprünglich strohgedecktes Dach zur Bezeichnung für das Gebäude wurde. Den "Schober" gibt es in umgelauteter Form **Scheewa** (= "Schöber") auch im Südosten, ebenso den "Schochen" in der Zusammensetzung "Spitzschochen". In diesem Gebiet werden mehrere Wörter ohne deutliche Gebietsbildung nebeneinander verwendet. Darunter gibt es auch den **Woim**, "Walm", der von der Herkunft wohl mit "wölben" zusammenhängt. Das "Walmdach" gehört zum gleichen Wortstamm.

Südöstlich von Augsburg sagt man **Hocker**. Das Wort ist nicht von "hocken" ('kauern') oder vom "Hocker", dem Stuhl ohne Lehne, abgeleitet, ist aber durchaus damit verwandt. Es hat mit "Hocke" zu tun, das in vielen Dialekten den Garben- oder Heuhaufen bezeichnet, und es ist mit dem "Höcker" (des Kamels) und mit der "Hucke", der auf dem Rücken getragenen Last, verwandt. Auch der "Hügel" gehört zu dieser Wortsippe.

Der **Hoder** bleibt unerklärt, ein Zusammenhang mit anderen Wörtern kann nicht hergestellt werden. Im Mittelhochdeutschen gibt es ein h o d e l r o s 'Saumpferd' (= Lasten tragendes Pferd). Da "Birling" und "Hocker" etwas mit "tragen" zu tun haben, könnte hier eventuell eine Verbindung bestehen.

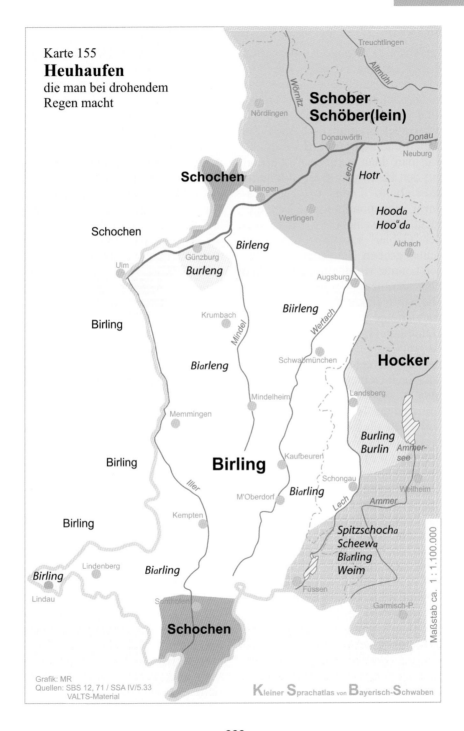

Karte 155
Heuhaufen
die man bei drohendem
Regen macht

**Schober
Schöber(lein)**

Schochen

Schochen

Birleng

Burleng

Hotr

*Hood*a
*Hoo*ᵘ*da*

Biirleng

Birling

Biarleng

Hocker

Birling

Birling

*Burling
Burlin*

Birling

Biarling

Birling

Biarling

Birling

*Spitzschocha
Scheew*a
*Biarling
Woim*

Schochen

Maßstab ca. 1 : 1.100.000

Grafik: MR
Quellen: SBS 12, 71 / SSA IV/5.33
VALTS-Material

Kleiner **S**prachatlas von **B**ayerisch-**S**chwaben

333

dicke Heureihen (vor dem Aufladen)

Im Text zur Karte 155 wurden schon die Heureihen erwähnt, die man am Abend macht. Hier ist nun von Heureihen die Rede, die um einiges dicker sind. Diese konnte man mit der Gabel zusammenschieben und erhielt dadurch große Heubüschel, die man dann zum Heimtransport auf den Heuwagen reichen konnte, wo sie vom "Lader" bzw. der "Laderin" abgenommen und kunstgerecht aufgeschichtet wurden. Was der "Gabler" bzw. "Aufbieter" mit seiner großen Heugabel nicht fassen konnte, wurde mit dem Rechen eingesammelt.

Die vorliegende Karte unterscheidet sich von jener für die kleineren Heureihen (vgl. KBSA Karte 109). Es gibt Gegenden, in denen die beiden Typen unterschieden werden, aber auch Gebiete, wo die Bezeichnung gleich ist.

Im größten Teil unseres Gebietes herrschen die **Schlauen**. Ein Vorläufer dieses Wortes ist als slouwe, slâ(we) 'Spur' auch schon in der Bedeutung 'Wiese' belegt.

Die **Schlagen** sind leicht zu erklären, wenn man davon ausgeht, dass das Verb "schlagen" das "Zusammenschlagen" des vorher ausgebreiteten, als Fläche daliegenden Heus bezeichnet.

Bei den **Mahden** wurde das Wort für eine Reihe frisch gemähten Grases auf diese Heureihen übertragen. Die Bezeichnungen **Schochen** und **Schöber** übertrug man hingegen von den Haufen, die man teilweise auch vor dem Aufladen machte (vgl. Karte 155).

Bei **Britten** liegt eine Ableitung von "Brett" vor (ahd. bret, Diminutiv britilī, Plural britir); nur bleibt fraglich, ob die Übertragung von der Fläche des ausgebreiteten Heus aus geschah, das regional ebenso genannt wird, oder von der langgestreckten Form des Bretts. Unterschiedliche Erklärungen gibt es für **Loreien** (*Loreija*), die nördl. von Memmingen auch mit vertauschten Konsonanten (Metathese) als **Roleien** (*Roleija*) vorkommen. Vielleicht steckt dahinter ein roman. Wort *laborerium, eine Ableitung von lat. labor 'Arbeit'; denkbar ist aber auch die Rückführung auf lat. lōrum 'Riemen' bzw. auf roman. lōria 'riemenartig'.

Ebenfalls romanischen Ursprungs sind die **Roden** in Tirol. Sie haben nichts mit dem Verb "roden" zu tun. Vielmehr liegt hier ein Relikt aus lat. rota 'Rad, Reihe' vor. **Nudeln** und **Reihen** erklären sich von selbst, die **Raine** bezeichnen schon im Ahd. als rein die 'Ackergrenze', die meist aus einem erhöhten kleinen Wall bestand, und die **Wutzlen** im Lechtal gehören zum Verb "wutzeln", das im Bairischen seit dem 18. Jh. belegt ist, das u.a. 'hin- und herrollen' bedeutet und das auch als "Wutzel" 'Büschel, Wulst' vorkommt.

Die **Schleißen** im Lechraingebiet führen auf ein ahd. Verb slīzan '(zer)reißen', und die **Zatten** gehören zu einem ahd. Wort zata 'Zotte' bzw. zatto 'Mähne, Zotte', wozu auch ahd. zetten 'ausstreuen' zu stellen ist (vgl. Karte 154).

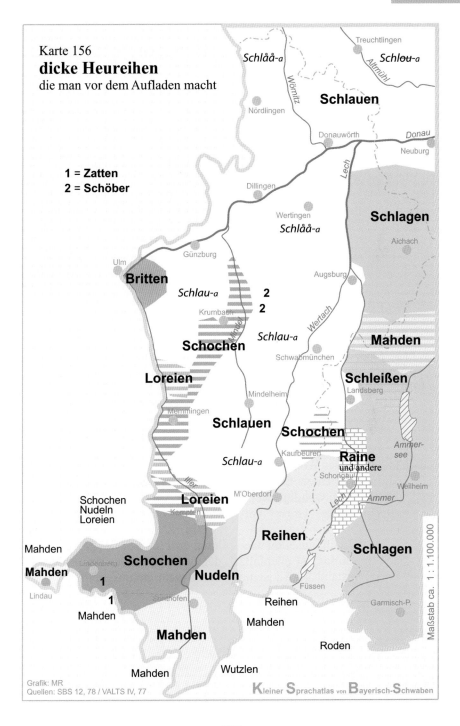

Karte 156
dicke Heureihen
die man vor dem Aufladen macht

1 = Zatten
2 = Schöber

Schlåå-a

Schlou̶-a

Treuchtlingen

Schlauen

Wörnitz

Nördlingen

Donauwörth

Donau

Neuburg

Dillingen

Wertingen
Schlåå-a

Schlagen

Aichach

Günzburg

Ulm

Britten

Schlau-a

Augsburg

2
2

Krumbach

Schlau-a

Wertach

Mahden

Schochen

Schwabmünchen

Loreien

Mindelheim

Schleißen

Landsberg

Memmingen

Schlauen

Schochen

Schlau-a

Kaufbeuren

Schongau

Raine
und andere

Ammer-
see

Schochen
Nudeln
Loreien

Loreien

M'Oberdorf

Weilheim

Ammer

Kempten

Reihen

Mahden

Schlagen

Mahden

Schochen

Mahden

1
1

Lindenberg

Nudeln

Füssen

Lindau

Sonthofen

Reihen

Garmisch-P.

Mahden

Mahden

Mahden

Roden

Mahden

Wutzlen

Maßstab ca. 1 : 1.100.000

Grafik: MR
Quellen: SBS 12, 78 / VALTS IV, 77

Kleiner **S**prachatlas von **B**ayerisch-**S**chwaben

zweiter Grasschnitt

Dass man Gras trocknete, um damit das Vieh besser über den Winter zu bringen, ist eine schon alte Vorgehensweise. Diese ist aber noch nicht so alt, dass man nicht mehr erkennen könnte, wie die Bezeichnung dafür gebildet ist. Das Wort **Heu** gehört nämlich zum Verb "hauen" und bedeutete ursprünglich "das Gehauene" (ahd. h o u w i).
Entwicklungsgeschichtlich später ist der zweite Grasschnitt, was man schon daran erkennt, dass alle Bezeichnungen noch als zweigliedrig (mit dem Grundwort "**-mahd**") zu erklären sind:
Der Ausdruck **Grummet** geht auf ein ahd. Verb g r u o e n ('wachsen') zurück. Es handelte sich anfänglich um eine Zusammensetzung (mhd. g r u o n m â t), die durch langen Gebrauch heute als solche nicht mehr erkennbar ist. "Grummet" war also die 'Mahd des Grünen', das mit der Zeit wieder nachgewachsen war und das man ursprünglich nur abgeweidet hat. Dieses Wort bezeichnete ursprünglich einen Erntevorgang, der nicht notwendigerweise auch das Dörren des Grases vorsah.
Das zweite Wort in unserem Gebiet, der Typ **Aamat**, ist ebenfalls zweigliedrig. Spätahd. ā m ā d ist die Mahd, die man wegbefördert hat, denn die Vorsilbe "ā-" bedeutete im Althochdeutschen 'von etwas weg' bedeutete (vgl. "aper" für 'schneefrei' in Karte 151). Auch hier ist die Bildung durchsichtig, es ist 'das Weggemähte', das im Gegensatz zu dem stand, was man stehen ließ und das das Vieh noch abgeweidet hat. Für die Milchwirtschaft ist der zweite Grasschnitt der wertvollere. Er enthält nämlich weniger Stängel (= Holzanteile) als das Heu und dafür mehr eiweißhaltige Kräuter.
Im Süden liegt mit den **Aamaden** ein Mehrzahlwort vor, es bezeichnet jene Mahden, die man weggeschafft hat.
In der Ulmer Region ist mit dem **Emd** eine Form mit Umlaut vorhanden, bei der das alte a zu e geworden ist. Das Wort ist gleichzeitig auch einsilbig geworden.
In diesen zwei mit Schraffur hervorgehobenen Gebieten gibt es auch eine zum allgemein verbreiteten "Heuet" ('Zeit und Ertrag der Heuernte') parallele Bildung, nämlich den **Aamadet** (z.B. *Ååmäädat*) bzw. den **Emdet** (zur Bildungsweise vgl. Karten 94 und 119). Man kann dort sagen: "das ist im Aamadet passiert" oder "der Emdet ist heuer nicht gut ausgefallen."

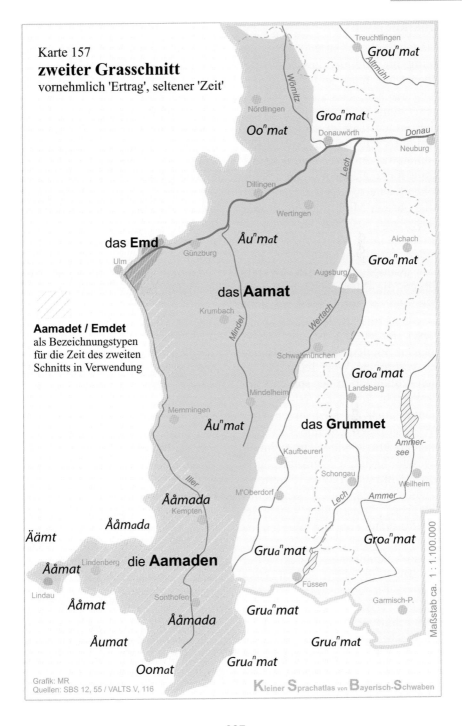

Karte 157
zweiter Grasschnitt
vornehmlich 'Ertrag', seltener 'Zeit'

Grou^{n}mat

Groa^{n}mat

Oo^{n}mat

das **Emd**

Åu^{n}mat

Groa^{n}mat

das **Aamat**

Aamadet / Emdet
als Bezeichnungstypen
für die Zeit des zweiten
Schnitts in Verwendung

Groa^{n}mat

Åu^{n}mat

das **Grummet**

Ååmada

Ååmada

Äämt

Groa^{n}mat

Ååmat

die **Aamaden**

Grua^{n}mat

Ååmat

Grua^{n}mat

Ååmada

Åumat

Grua^{n}mat

Oomat

Grua^{n}mat

Maßstab ca. 1 : 1.100.000

Grafik: MR
Quellen: SBS 12, 55 / VALTS V, 116

Kleiner **S**prachatlas von **B**ayerisch-**S**chwaben

337

Unkraut jäten

Manch fleißiger Gartenbesitzer, der zeitig im Frühling gesät und gepflanzt hat, muss leider die Erfahrung machen, dass auch das weniger erwünschte Unkraut sprießt und sich mindestens im selben Tempo ausbreitet wie die Radieschen oder Spinatpflanzen. Will man dem Unkraut nicht gleich mit der chemischen Keule zu Leibe rücken, dann hilft nur ein Mittel, gleich ob man dieses nun als "(aus)grasen", als "kräutern", als "(j)äten" oder noch anders bezeichnet.

Den Kampf gegen das Unkraut führen die Menschen offensichtlich schon seit uralten Zeiten, denn bereits in ahd. Quellen ist jëtan in dieser Bedeutung belegt. Dieses später in Süddeutschland am weitesten verbreitete Wort **jeten** konnte sich schließlich in der sprachhistorisch nicht korrekten Schreibform "jäten" auch als hochsprachliches Wort etablieren gegenüber zahlreichen konkurrierenden Bezeichnungen wie "kräutern", "grasen", "gräsen", (Unkraut) "raufen", "rupfen", "ziehen", "zupfen", "sammeln", "klauben", "(aus)reißen" etc. Bei der Variante **eten** im Westen ist das j- im Wortanlaut geschwunden in Anlehnung an Dialektwörter mit früher gleichem Anlaut, etwa in *jassa* für 'essen' oder in *jabba* für 'etwa', wie er im Westallgäu noch relikthaft vorhanden ist. Man glaubte bei gleichem Anlaut auch den etymologisch gleichen Fall vor sich zu haben, was Anlass gab, ihn zu vereinheitlichen.

Die beiden anderen Worttypen auf unserer Karte, (aus-)**grasen/gräsen** und **kräutern** sind Ableitungen von "Gras" bzw. von "Kraut". Deren alte Bedeutung umfasst alle grünen, nicht holzigen Gewächse, im Gegensatz zu Bäumen und Sträuchern. Während g r a s im Althochdeutschen auch 'erwünschtes Grünzeug', mithin sogar 'Gemüse' bedeuten kann, kommt "Kraut" in den ältesten Quellen überwiegend in der Verbindung k r ū t u b i l a z (wörtlich: 'übles Kraut') vor. Seine Bedeutung damals war 'Gras, Unkraut'. Die heutige positive Bedeutung 'Kraut' wurde in althochdeutscher Zeit von den Bezeichnungen (g a r t) g r a s oder (g a r t) w u r z getragen. Erst zum Mittelhochdeutschen hin erfuhr k r ū t eine Aufwertung und Spezialisierung der Bedeutung.

Das von "Kraut" abgeleitete Verb hat in unserem Gebiet meist einen Umlaut: **kräutern**, gesprochen als *greidra, greidera*. Das Verb **grasen** behält dagegen den Vokal des Hauptwortes. An der Iller hat es zwar einen Umlaut (**gräsen**), den bringt es aber schon vom Hauptwort mit, das hier nämlich ebenfalls "Gräs" heißt.

Übrigens wurde früher nicht nur im Gemüsegarten "gejätet". Alle alten Bezeichnungen bezogen sich auch auf das Ausreißen von Gras und Unkraut auf dem Kartoffel- oder Getreideacker, besonders von der gefürchteten Quecke.

338

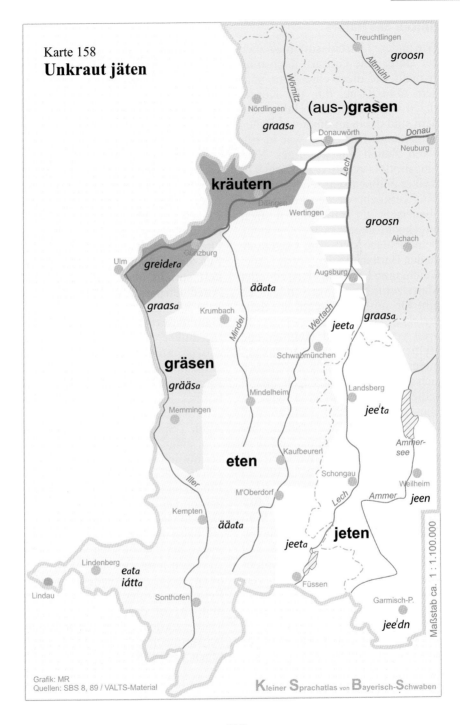

Karte 158
Unkraut jäten

groosn

Nördlingen
(aus-)**grasen**

graasa
Donauwörth
Donau
Neuburg

kräutern
Dillingen
Wertingen

Ulm
greidera
Günzburg

groosn
Aichach

Augsburg

ääata

graasa
Krumbach
jeeta
graasa

gräsen
Schwabmünchen

grääsa
Mindelheim
Landsberg
Memmingen
jee'ta

Ammer-
see

eten
Kaufbeuren

Schongau
Weilheim
M'Oberdorf
Ammer
jeen

Kempten
ääata
jeten

Lindenberg
eata
idtta
Füssen
jeeta
Lindau
Sonthofen
Garmisch-P.

jee'dn

Maßstab ca. 1 : 1.100.000

Grafik: MR
Quellen: SBS 8, 89 / VALTS-Material

Kleiner **S**prachatlas von **B**ayerisch-**S**chwaben

Hülsen des Hafers

Wie andere Getreidesorten ist auch der Hafer eine Grasart, doch trägt er nicht wie diese eine Ähre, sondern eine Rispe, d.h. die Körner sitzen nicht direkt am Halm, sondern sind daran an dünnen Ästchen aufgehängt. Der Hafer war in früheren Zeiten ein wichtiges Nahrungsmittel (vgl. Text zu Karte 97), weil er enthülst sehr leicht zu Brei/Mus verkocht werden konnte und gequetscht als Haferflocken sogar ungekocht gegessen werden kann. Seine Hülsen sind – im Gegensatz zu den Barthaaren der Gerste – eher weich, man hat sie als Kissen- oder Matratzenfüllung verwendet. Es gibt für sie nicht überall spezielle dialektale Ausdrücke.

Weit verbreitet sind **Helmen** und **Helben**. Beide haben zwar eine gemeinsame indogerm. Wurzel, haben sich aber schon relativ früh lautgeschichtlich auseinander entwickelt. Die "Helben" lassen sich zu ahd. helawa stellen, was 'Spreu' bedeutet. Und die "Helmen" gehören zum schriftdeutschen Wort "Helm" (ahd. helm), das auf eine Wurzel mit der Bedeutung 'schützen, verbergen' zurückgeht (vgl. Karte 49) **Gᵉsod** und **Gᵉsied** sind vom Verb "sieden/sott/gesotten" abgeleitet. Früher war es nämlich üblich, den Dreschabfall durch Kochen aufzuweichen und als Viehfutter zu verwenden. Das kann dann auch zu den Ausdrücken **Schweines/Schweiniges** führen (vgl. Karte 160).

Die **Spelzen** gehören vor allem zur Getreideart "Spelz(weizen)" 'Dinkel, Fesen', der besonders viele und schwierig zu entfernende Hülsen besitzt. Von dessen "Spelz" ist das wohl abgeleitet. Das Wort gibt es schon ahd. als spelza/spelt 'Dinkel' (entlehnt aus lat. spelta 'Dinkel'). Man kann aber auch an schwäbisch "Spelten" für 'Holzsplitter' denken, der zu "spalten" gehört, angesichts der Tatsache, dass nach dem Dreschen (mit den Flegel) eine Menge von gesplitterten und gespaltenen Halmteilen im Dreschabfall vorhanden war.

Für die erste Herleitung (aus Dinkel) spricht, dass wohl auch das **Am** einen parallelen Weg gegangen ist. Ahd. amar(o) bezeichnete die Getreidesorten 'Emmer' und 'Sommerdinkel', im Mhd. gibt es schon om(e), am(e) für 'Spreu', und im Schwäbischen auch noch die Kurzform "Am" für den 'Dinkel', der in unserer Region überwiegend "Fesen" genannt wurde.

Agen ('Spreu') wurde wohl auch von einer anderen Getreidesorte, vermutlich von der Gerste, übertragen (vgl. Karte 160).

Flügel und **Flaudern** hängen damit zusammen, dass man früher das Getreide in den Wind geworfen hat, der dann die leichten Teile weggetragen hat. Die "Flaudern" gehören zu einem mhd. belegten Verb vlûdern, das 'flattern' bedeutet.

Pellen im Tiroler Lechtal geht vermutlich auf das lat. Wort pellis 'Haut' zurück, aller Wahrscheinlichkeit nach ein Erbe der romanischen Vorbevölkerung.

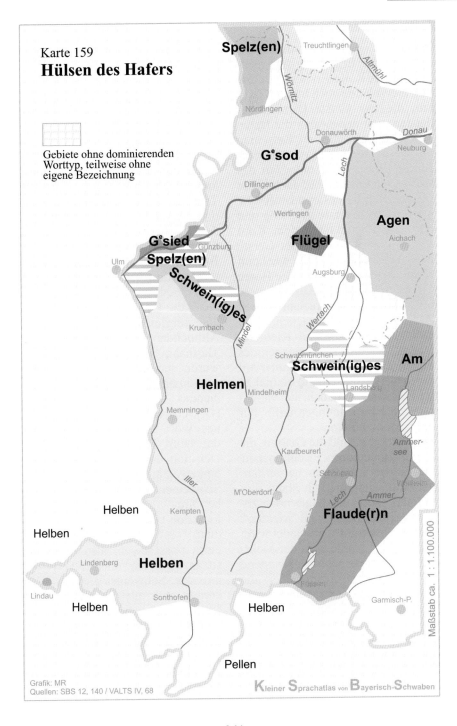

Karte 159
Hülsen des Hafers

Gebiete ohne dominierenden
Worttyp, teilweise ohne
eigene Bezeichnung

Spelz(en)

G°sod

G°sied
Spelz(en)
Schwein(ig)es

Flügel

Agen

Schwein(ig)es

Am

Helmen

Helben

Helben

Helben

Helben

Helben

Flaude(r)n

Pellen

Maßstab ca. 1 : 1.100.000

Grafik: MR
Quellen: SBS 12, 140 / VALTS IV, 68

Kleiner Sprachatlas von Bayerisch-Schwaben

Barthaare der Gerste

Die Gerste spielt heute als Getreideart für die Ernährung nur mehr eine geringe Rolle. Früher verzehrte man hierzulande noch häufig Graupen, die aus Gerstenkörnern bestanden, von denen man die festen Teile entfernt hatte, so dass man sie weich kochen und ohne störende Hartteile essen konnte. Für das Bier ist die Gerste aber auch heute noch ein wichtiger Grundstoff. Die Barthaare der Gerste sind lang und schmal und direkt mit dem Korn verbunden. Es gibt bei der Gerste keine Verpackungshülsen wie beim Weizen oder dem Hafer. Die Haare sind in getrocknetem Zustand nicht mehr elastisch, sie brechen schnell ab, splittern und verursachen, wenn sie zwischen Haut und Kleidung gelangen, ein sehr unangenehmes Jucken. Da man es i.d.R. immer mit vielen Gerstenhaaren auf einmal zu tun hat, kommen auch die vielgestaltigen Bezeichnungen dafür nur in der Mehrzahl vor.

Weit verbreitet sind die **Gräten**, die in der Bedeutung 'Fischknochen' auch in der Schriftsprache vorhanden sind. Ursprünglich stand einmal ahd. grät, das heute noch zusammen mit "Berg-" und "Messer-" oder in "Rückgrat" verwendet wird. In mhd. Zeit wurde es in der Mehrzahlform græte schon vorwiegend auf die 'Ährenspitzen' oder die 'Fischknochen' übertragen. Da man diesen Plural aber im 16. Jh. nicht mehr als solchen erkannte, bildete man zu græte nochmals eine neue Pluralform gräten.

Den Typ **Agen/Ägen** gibt es seit dem Ahd. als agana 'Ährenspitze, Spreu', das im Mhd. zu agen und weiter zu âne verkürzt wurde. Das Wort **Angeln** hat eine eigene Geschichte; es geht auf ahd. angel 'Angelhaken, Stachel, Türangel' zurück. Ursprüngliche Bedeutung war wohl 'Fischangel', die man auf vergleichbare Dinge übertrug. Die **Ageln** im N und die **Ängen** im S könnten als Kreuzungsformen (vgl. Text zu Karte 103) von "Angel" und "Agen/Ägen" entstanden sein, die "Ageln" eventuell auch als Verkleinerungsform zu "Agen".

Borsten, teils umgelautet zu **Börsten**, wurde von Tierhaaren übertragen.

Auch die **Granen/Grannen** haben eine vergleichbare Geschichte. Im Althochdeutschen bedeutet grana 'Barthaar, Schnurrbart'. Das Wort wurde schon im 15. Jh. zur Bezeichnung der Getreidegräten verwendet.

(Gᵉ)Schweines ist ein allgemeines Wort für den Getreideabfall, der beim Dreschen übrig bleibt. Den hat man früher in Wasser eingeweicht, aufgekocht und den Schweinen verfüttert. Die Vorsilbe "Ge-" hat zusammenfassende Funktion (vgl. Karte 162); die Endung "-es" ist ein bewahrter Rest eines possessiven, also eines besitzanzeigenden Genitivs ("(das ist) des Schweines"). Das Wort könnte aber auch zu einem Verb "schweinen" gehören, das ahd. als swīnan 'schwinden, welken' vorliegt; dann wäre "Schweines" das 'Ausgetrocknete, Dürre', wobei es allerdings keine gute Erklärung für die Endung gibt.

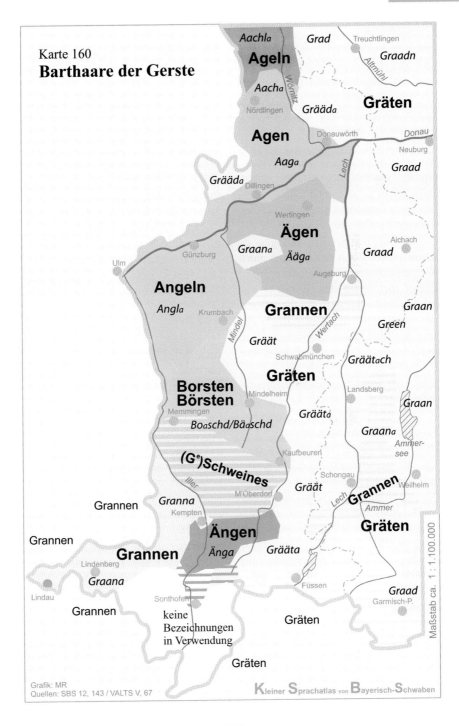

Karte 160
Barthaare der Gerste

Aachla
Ageln · Grad · Treuchtlingen

Graadn

Aacha

Nördlingen · Grääda · **Gräten**

Agen · Donauwörth · Donau

Neuburg

Aaga · Graad

Grääda · Dillingen

Wertingen

Ägen · Aichach

Günzburg · Graana · Ääga · Graad

Ulm · Augsburg

Angeln

Angla · Krumbach · **Grannen** · Graan

Green

Gräät

Schwabmünchen · Gräätach

Gräten

Borsten
Börsten · Mindelheim · Landsberg · Graan

Memmingen · Graäta

Boaschd/Bääschd · Graana

Ammer-
see

Kaufbeuren

(Gᵉ)Schweines

Iller · Schongau

M'Oberdorf · Gräät · **Grannen** · Weilheim

Grannen · Granna · Ammer

Kempten

Gräten

Grannen

Ängen · Änga · Grääta

Grannen

Lindenberg

Graana · Füssen

Lindau · Sonthofen · Graad

Garmisch-P.

Grannen · keine
Bezeichnungen
in Verwendung · **Gräten**

Gräten

Maßstab ca. 1 : 1.100.000

Grafik: MR
Quellen: SBS 12, 143 / VALTS V, 67

Kleiner **S**prachatlas von **B**ayerisch-**S**chwaben

Windmühle

Bis zum Ende des 19. Jahrhunderts und auf manchen Höfen noch wesentlich länger wurde das Getreide mit Flegeln gedroschen (vgl. Karte 162). Nach dem Entfernen der großen Strohhalme blieb da ein Gemisch aus kleinen Halmteilen, aus Spreu und Grannen liegen. Dieses wurde mit Sieben unterschiedlicher Lochgröße behandelt, um das Getreide zu erhalten. Aber Spreuteile, die nur so groß wie die Getreidekörner waren, die gab es dann immer noch reichlich in dem Ausgesiebten. Das trennte man früher mit Hilfe des Windes. Mit großen geflochtenen, flachen Wannen warf man das Getreide hoch, und der Wind trug dann die leichte Spreu davon. Dieses Verfahren war mühselig und verlustreich, außerdem war man von der Witterung abhängig, denn diese Arbeit ließ sich nur bei leichtem Wind und bei Trockenheit durchführen.

Die Windmühle, um die es hier auf der gegenüberliegenden Karte geht, arbeitete nach dem gleichen Prinzip. Mit einer Handkurbel bewegte man ein Flügelrad, dessen Luftstrom die leichten Teile fort trug, wenn man das Dreschgut durch einen Trichter schüttete und dem Windstrom aussetzte. Spreu, Staub, Strohreste und leichte Unkrautsamen wurden weggeblasen, die schweren Getreidekörner fielen nach unten in einen Sack. Dieses Gerät war ursprünglich ganz aus Holz, später auch mit Eisenteilen bestückt.

Im größten Teil unseres Raumes heißt dieses Gerät **Windmühle** (*Wimmiila, Wendmiil, Wee^n miil*), so wie die großen Windmühlen, die man von Holland her kennt. Es gibt aber auch andere Zusammensetzungen mit Wörtern wie "fegen", "putzen", "stauben" und "blähen", die einerseits die Reinigungswirkung, andererseits den Windstrom bezeichnen: Das Verb blāen bedeutet nämlich im Althochdeutschen nicht nur 'blähen', sondern auch 'blasen' und 'wehen' (vgl. engl. to blow). Damit ist die **Blähmühle** eigentlich eine "Blasmühle". Im südlichen, gebirgigen Allgäu war der Getreidebau so im Hintergrund, dass man keinen Namen für das selten vorhandene Gerät besaß.

In **Rumpelwanne(r)** und **Wannmühle** lebt im Wort die ursprüngliche Technik mit der Wanne weiter; das Rumpeln bezog sich wohl auf eine anfangs nicht ausgereifte Technik, welche diese Geräte rumpeln ließ, oder auf ein eingebautes Rüttelsieb, das half, das Ergebnis zu verbessern, das aber, weil nicht rotierend, geräuschvoll arbeitete.

Schwanzmühle könnte aus "Wannmühle" entstanden sein, als das alte Verfahren mit der Wanne nicht mehr bekannt war.

Als Relikt aus älterer Zeit wurde die Windmühle, als sie in ihrer ersten Funktion von der Dreschmaschine abgelöst worden war, später noch zum Reinigen des Saatgutes und von Kleesamen verwendet.

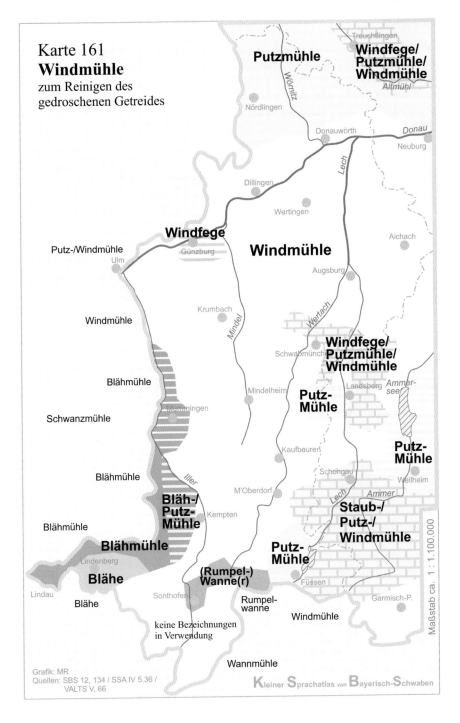

345

Dreschflegel

Jeder kennt ihn auch heute noch, hängt er doch nicht nur in Museen, sondern ziert auch so manch private Räumlichkeit, und das, obwohl er schon seit fast einem Jahrhundert außer Gebrauch ist. Denn vor ca. 100 Jahren kamen die mechanischen Dreschmaschinen auf, die die zeitraubende und schwere Arbeit des Dreschens von Hand überflüssig machten. Wochenlang arbeiteten zuvor drei oder vier Personen auf der Tenne, wochenlang hörte man das rhythmische Schlagen der Flegel auf die dicken Läden/Flecken des Tennenbodens. Am Ende, wenn man fertig war, belohnte man sich und die Dienstboten mit einem üppigen Mahl, man feierte die "Flegelhenke". Die Flegel wurden bis zum folgenden Jahr an den Nagel gehängt. Der Dreschflegel war mit der römischen Landwirtschaft in unsere Gegend gekommen, wie andere Dinge der Landwirtschaft auch, z.B. das "Sech" (lat. secum, seca), das senkrecht stehende Pflugmesser, und die "Sichel" (lat. secula).

Zugrunde liegt dem Wort **Flegel** ein lat. flagellum 'Peitsche, Geißel' (ahd. flegil, mhd. vlegel), wobei in unseren Dialekten im Süden der Anlaut zwischen *Pf-* und *F-* wechselt. Das *Pf-* dürfte aus einer Bildung *ge-vlegele entstanden sein, wobei das g an den folgenden Labial (= Lippenlaut) angeglichen wurde (vgl. Karte 149, 165). Dieses ge- hatte im Mittel- und Althochdeutschen eine kollekti-

vierende, also zusammenfassende Funktion und wurde manchmal auch dann verwendet, wenn die zu bezeichnende Sache nicht so aus Einzelteilen bestand, wie es z.B. bei "Berg-Gebirge" oder "Bein-Gebein" der Fall ist. Beispiele sind mhd. gehürne 'Gehörn' oder mhd. geleise 'Radspur' zu leise 'Spur'. Der **Schlegel** ist wohl wegen der lautlichen Nähe und seiner etymologischen Durchsichtigkeit (zu "schlagen", ahd. slegil) gegenüber dem lexikalisch ohne weitere Familie dastehenden "Flegel" bevorzugt worden.

Auch der **Bengel** (mhd. bengel) ist von einem Verb abgeleitet, das weder ahd. noch mhd. belegt ist, doch zeugen von seinem Vorhandensein im Germanischen in Schweizer Dialekten banggen 'stoßen', altnord. banga 'schlagen' oder mhd. bunge 'Trommel'. Im Osten haben wir ein Wort mit ganz anderer Wurzel, nämlich den **Drischel**. Dieses Wort ist auch schon sehr alt, es kommt schon im Althochdeutschen vor als driskil und gehört zum ahd. Verb dreskan für 'dreschen'.

Alle drei Formen "Schlegel", "Bengel" und "Drischel" wurden mit der alten Endung -il gebildet, die Instrumente bezeichnet. Das i dieser Endung bewirkte auch die Umlautung von e > i (dresk- vs. drisk-) und a > e (slag- vs. sleg-; bang- vs. beng-). Vgl. dazu auch "Schwengel" zu "schwingen" in Karte 107.

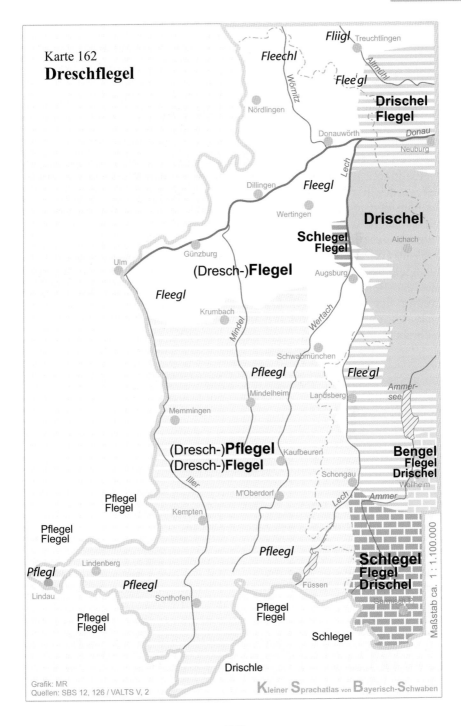

Karte 162
Dreschflegel

Fliigl Treuchtlingen
Fleechl
Flee gl
**Drischel
Flegel**

Nördlingen

Donauwörth *Donau*
Neuburg

Dillingen *Fleegl*
Wertingen
Drischel
Aichach
**Schlegel
Flegel**

Günzburg
Ulm
(Dresch-)Flegel Augsburg

Fleegl
Krumbach

Schwabmünchen

Pfleegl *Flee gl*
Mindelheim Landsberg
Ammer-
see
Memmingen

(Dresch-)Pflegel Kaufbeuren
(Dresch-)Flegel
Schongau
**Bengel
Flegel
Drischel**
Weilheim

Pflegel
Flegel
M'Oberdorf *Ammer*
Kempten

Pflegel
Flegel
Pfleegl
**Schlegel
Flegel
Drischel**
Pflegl
Lindenberg
Füssen
Lindau
Pfleegl
Sonthofen
Pflegel
Flegel
Pflegel
Flegel
Schlegel

Drischle

Maßstab ca. 1 : 1.100.000

Grafik: MR
Quellen: SBS 12, 126 / VALTS V, 2

Kleiner Sprachatlas von Bayerisch-Schwaben

347

Kleie

Man betrachtete es im 20. Jahrhundert lange Zeit als großen Fortschritt, dass sich nunmehr alle Leute eine Brotart leisten konnten, die nicht mehr das volle Korn enthielt, sondern bei der die holzigen Randschichten des Korns ausgesiebt waren, bei der nur mehr das weiße Innere zum Backen verwendet wurde. Inzwischen hat man allerdings den gesundheitlichen Wert dieser Schale wieder entdeckt, und folglich geht die Tendenz wieder hin zum vollen Korn. Früher wurde die Kleie dem Vieh verfüttert.

Bei der Benennung dieser Sache stimmt der größere Teil unseres Gebietes mit dem schriftdeutschen Gebrauch überein, man verwendet den Worttyp **Kleie**, allerdings mit den landschaftstypischen lautlichen Abweichungen. Das Wort ist schon im Althochdeutschen als klīwa belegt, die weitere Herkunft ist unklar.

Dafür kennt man den Ursprung von **Grüsch**, dem Wort des deutschen Südwestens. Es gehört zu einem romanischen Wort, das in der Romania eine weite Verbreitung hat und das z.B. im Norditalienischen crusca ('Kleie') heißt.

Eine nur kleinräumig um Günzburg verbreitete umlautlose Form **Grusch** könnte auf einer hyperkorrekten Bildung eines Singulars ohne Umlaut beruhen (vgl. Textkasten bei Karte 43).

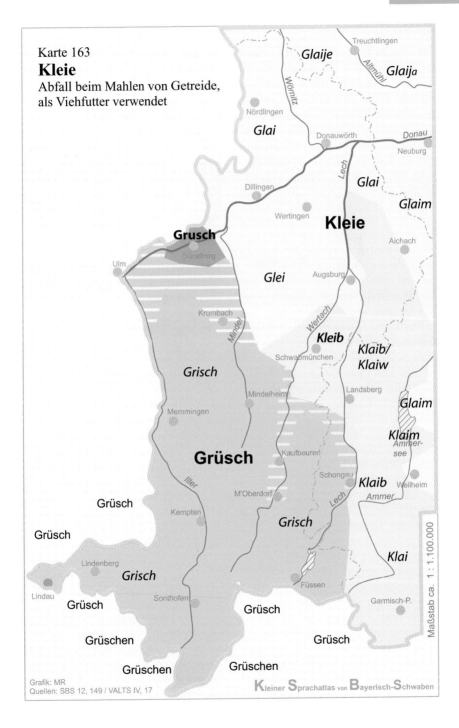

Karte 163
Kleie
Abfall beim Mahlen von Getreide,
als Viehfutter verwendet

Glaije

Glaija

Glai

Glai

Glaim

Kleie

Grusch

Glei

Kleib

*Klaib/
Klaiw*

Grisch

Glaim

Klaim

Grüsch

Klaib

Grisch

Klai

Grüsch

Grüsch

Grisch

Maßstab ca. 1 : 1.100.000

Grüsch

Grüsch

Grüschen

Grüsch

Grüschen

Grüschen

Grafik: MR
Quellen: SBS 12, 149 / VALTS IV, 17

Kleiner **S**prachatlas von **B**ayerisch-**S**chwaben

349

Flachs-/Hanfbreche

Der Flachs (= Lein), seltener auch der Hanf, waren Gewächse, die in unserer Gegend früher regelmäßig angebaut wurden. Vor allem im Allgäu wurde Flachs, der auch im dortigen rauhen Klima und auf den kargeren Böden gut wuchs, angebaut und zu Leinen verarbeitet. Man sprach sogar vom "blauen" Allgäu, dies wegen der hellblauen Blüte des Flachses. Durch Billigimporte von Baumwollstoffen wurde der Flachsanbau aber im Laufe des 19. Jhs. immer unrentabler, was zu einer Verarmung im Allgäu führte, die erst mit einer Umstellung auf die Milchwirtschaft beendet werden konnte. In den Notzeiten des 1. Weltkrieges war die alte Technik aber noch so weit bekannt und die dazu nötigen Geräte noch vorhanden, so dass man die Leinenherstellung (für den Eigenbedarf) wieder aufnehmen konnte. Zu diesen Geräten zählte neben der "Hächel", der "Riffel" und der "Schwinge" auch die "Breche", deren Bezeichnungen nebenstehend kartiert sind. Die verwertbaren Fasern des Flachses stecken in den relativ dünnen Stängeln der Pflanze. Diese wurden nach der Ernte zunächst getrocknet, teilweise auch dazwischen im Wasser immer wieder aufgeweicht, oder über einem Feuer geröstet. Dies diente dazu, dem Stängeläußeren, dem Stängelrohr, die Elastizität und Zähigkeit zu nehmen, und es so mürbe zu machen, damit man es in kleine Stücke brechen konnte. Dazu benutzte man das angesprochene Gerät. Ineinandergreifende Lamellen brachen die Halmaußenseiten in kurze Stücke, ließen die geschmeidigen Fasern im Inneren aber unversehrt. Auf diese Weise wurde der größte Teil der Hülsen entfernt, bevor man die Reste weiter wegarbeiten konnte. Bei uns gab es großflächig zwei Typen von Bezeichnungen:

Die **Breche** ist schon im Althochdeutschen als brehha in unserer Bedeutung vorhanden. So wie die "Reibe" ein Instrument zum Reiben ist, ist die "Breche" ein solches zum Brechen.

Der zweite flächenbildende Ausdruck ist die **Grammel**. Dieses Wort gehört zu einer romanischen Vorform gramula, die in den Alpen und in ganz Norditalien verbreitet ist. Der Wortstamm selbst ist in dieser Region bereits vorlateinischen Ursprungs.

Im N, vorwiegend im Ries, gibt es noch den **Schlegel** (vgl. Karte 162). Dieses Wort ist von "schlagen" abgeleitet. Ein Schlegel ist aber in der Regel ein wesentlich einfacheres Gerät. Offensichtlich hatte sich hier die neuere Technik mit den vielfach brechenden Lamellen nicht durchgesetzt, weshalb sich die Bezeichnung für ein Vorgängerinstrument noch gehalten hat.

Die hier besprochenen Grundtypen wurden oft zusammengesetzt mit einem Erstglied "Flachs-" oder "Har-" (die im östlichen Bairischen übliche Bezeichnung für 'Flachs') oder einem Zweitglied "-stuhl" (weil man bei der Arbeit auf diesem Instrument saß) oder "-bock" (allgemein für Geräte einer gewissen Größe, vgl. Karte 147).

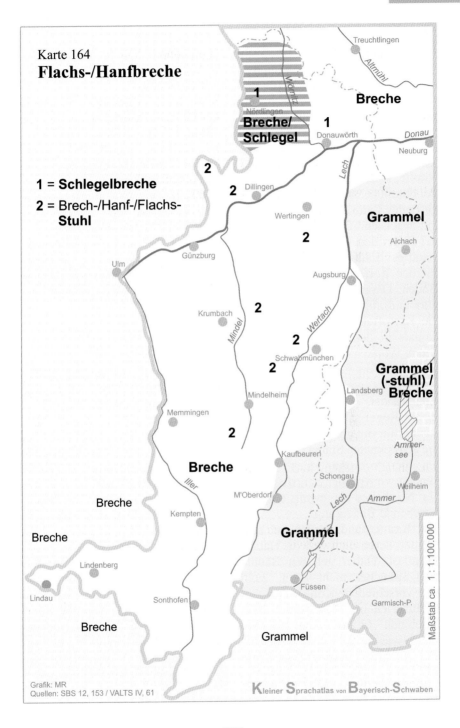

Karte 164
Flachs-/Hanfbreche

1 = **Schlegelbreche**
2 = **Brech-/Hanf-/Flachs-Stuhl**

Breche/Schlegel

Breche

Grammel

Grammel (-stuhl) / Breche

Breche

Breche

Breche

Breche

Grammel

Grammel

Maßstab ca. 1 : 1.100.000

Grafik: MR
Quellen: SBS 12, 153 / VALTS IV, 61

Kleiner **S**prachatlas von **B**ayerisch-**S**chwaben

Kartoffelkraut

Die Kartoffel kam wie die Bohne und der Mais als Nutzpflanze aus dem neu entdeckten Amerika zu uns. Zwar schon im 16. Jh. bekannt, wurde ihr Anbau aber erst im 18. Jh. populärer. Auch wenn die Staude für den Menschen weniger wertvoll ist als die unterirdische Knolle, so ist sie für das Gedeihen der Frucht genauso wichtig. Nur ein gesundes Laub lässt die Kartoffeln gut wachsen. Deshalb beobachtet der Bauer den Wuchs, und der Zustand des Laubes ist ihm Anzeiger für den Reifegrad der Früchte im Boden. Denn erst wenn das Laub dürr und abgetrocknet ist, werden die Kartoffeln geerntet. Aus dem damals in den Dialekten vorhandenen Wortschatz nahm man dann auch das Wort für das grüne Laub, also für das, was oberhalb des Bodens wächst.

In der Regel gibt es nur ein Wort sowohl für die grünen wie auch für die getrockneten Stängel. Die meisten hier vorkommenden Wörter kennen wir von der Schriftsprache her. Nur haben sie jeweils eine abweichende Bedeutung.

Ein **Kraut** (ahd. krūt) ist eine Pflanze, deren Blattwerk die Hauptsache ist. Daher gehören Bäume und Sträucher nicht dazu, wohl aber verschiedene Kohlsorten.

Kräuterich im N ist eine kollektivierende (= zusammenfassende) Form, wie sie auch bei "Kehricht" und "Dickicht" vorliegt (vgl. Karte 37).

Staude (ahd. stūda) kann ein Strauch sein, aber auch ein niederes Gewächs mit vielfachem Stamm bzw. Stängeln.

Und der **Stängel** (ahd. stengil) ist eine Verkleinerungsform von "Stange" (vgl. "Hänsel" und "Gretel" zu "Hans" und "Grete"), wobei "Stängel" meist biegsam ist und natürlich auch kleiner.

Die **Rebe** bezeichnete ursprünglich den rankenden Teil einer Pflanze oder einen Schössling. Durch den häufigen Gebrauch in der Zusammensetzung "Wein-" wurde dieses Wort in der Schriftsprache und in Weingegenden weitgehend auf die Pflanze des Weins reduziert. Man spricht aber durchaus noch von "Hopfenreben" oder von der "Waldrebe" (Clematis). Von dieser allgemeinen Bedeutung aus, bei der im 18. Jh. nicht einmal das Bedeutungselement 'rankend' da war, ist der Ausdruck "Rebe" in der Ulmer Gegend zu erklären.

Das einzige im Schriftdeutschen nicht vorhandene Wort ist **Pflichter**, das nicht sicher zu erklären ist. Es wird wohl etwas mit "flechten" zu tun haben; man kann eine Kollektivbildung (vgl. Karte 162) *ge-flicht-er (vgl. "Geflecht") ansetzen, wobei "Flichter" als Bezeichnung für das Laub der Rüben auch anderswo in den Dialekten vorkommt. Aus der Vorsilbe "Ge-" wurde zunächst der Vokal ausgestoßen (vgl. "geᵉflochten") und dann das G- an das -f- assimiliert, also lautlich angeglichen ("Geᵉflichter" > "Pflichter").

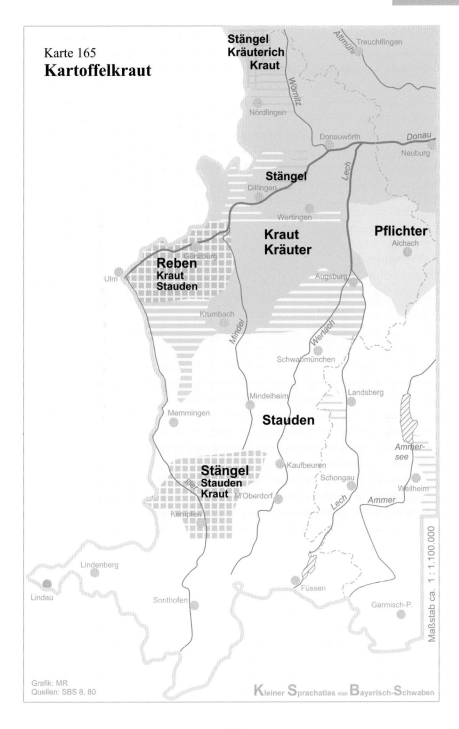

Karte 165
Kartoffelkraut

Stängel
Kräuterich
Kraut

Treuchtlingen

Altmühl

Wörnitz

Nördlingen

Donauwörth   Donau

Neuburg

Stängel

Dillingen

Wertingen

**Kraut
Kräuter**

Pflichter

Aichach

Reben
Kraut
Stauden

Günzburg

Ulm

Augsburg

Krumbach

Mindel

Werfach

Schwabmünchen

Mindelheim   Landsberg

Memmingen

Stauden

Ammer-
see

Stängel
Stauden
Kraut

Kaufbeuren

Schongau

Weilheim

M'Oberdorf

Iller

Lech   Ammer

Kempten

Lindenberg

Füssen

Lindau

Sonthofen

Garmisch-P.

Maßstab ca. 1 : 1.100.000

Grafik: MR
Quellen: SBS 8, 80

Kleiner Sprachatlas von Bayerisch-Schwaben

353

Bohnen

In Zeiten, in denen Fleisch selten und teuer war und in denen man im Jahr nur ein oder zwei Schweine für den Eigenbedarf einer großen Familie schlachten konnte, spielten Hülsenfrüchte wie Bohnen, Erbsen und Linsen in der Ernährung eine wesentlich größere Rolle als heute. Unsere heutigen Bohnensorten der Gattung "Phaseolus" stammen aus der neuen Welt, aus Amerika. Die einheimische Pflanze, die als Bohne bezeichnet wird, ist die Ackerbohne, die auch "Saubohne", "Pferdebohne" oder "Puffbohne" genannt wird. Sie gehört wie Erbse, Linse und Kichererbse zu den Wickenarten und ist schon seit der Steinzeit als Nahrungsmittel in unserer Region bekannt. Von den neuen Bohnen waren bei uns vor allem kletternde Arten verbreitet, die Stangen- bzw. Steckenbohnen, aber auch die Buschbohnen, deren vom Schriftdeutschen abweichende regionale Formen ebenfalls auf der Karte enthalten sind.

Der Vorgänger von **Bohne**, das althochdeutsche Wort bōna, bezeichnete noch die oben erwähnte 'Saubohne'. Daneben gab es aber schon im Mittelhochdeutschen die Formen fasôl und visôl (beides 'Bohne'), die aus der mittellateinischen Form der Gelehrten in die Sprache des Volkes eingedrungen waren, aber damals ebenfalls die 'Ackerbohne' bezeichnete.

In unseren Dialekten meint der Worttyp **Fisolen** nur mehr die neue Art, niemals die alte 'Ackerbohne'. Die schon im Mittelhochdeutschen vorhandene Abwandlung des lateinischen phasolus zu visôl zeigt, dass das Wort schon relativ lange im Gebrauch des Volkes war. Die ursprüngliche lateinische Betonung auf der vorletzten Silbe hat sich bis heute erhalten.

Die umgelauteten Formen mit langem e (**Fiseln**) westlich der Mindel beruhen wohl auf einer Angleichung/Annäherung des o an das vorausgehende i.

Die spezielleren Bezeichnungen für die Buschbohnen (dunkelblaue Texteinträge auf der Karte) bedürfen keiner weiteren Erklärung, sie setzen sich aus bekannten Wörtern zusammen.

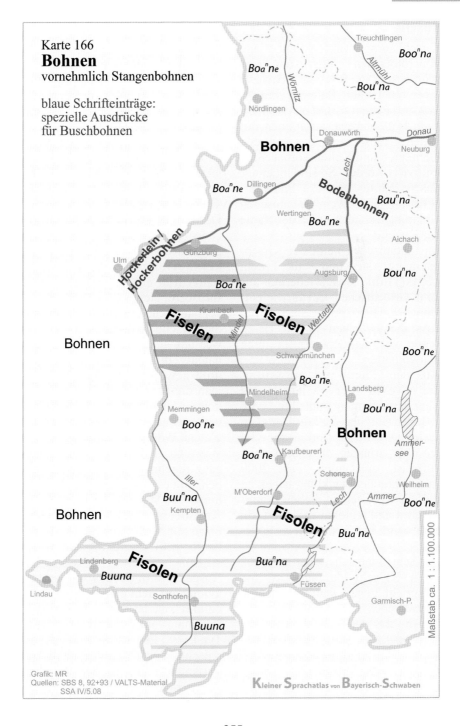

Karte 166
Bohnen
vornehmlich Stangenbohnen

blaue Schrifteinträge:
spezielle Ausdrücke
für Buschbohnen

Grafik: MR
Quellen: SBS 8, 92+93 / VALTS-Material
SSA IV/5.08

Kleiner Sprachatlas von Bayerisch-Schwaben

Kirsche

Kirschbäume wurden laut Sage vom römischen Feldherrn und Feinschmecker Lucullus vom Schwarzmeergebiet nach Italien gebracht. Von dort kamen sie mit den Römern nach Mitteleuropa, zusammen mit anderen Obstsorten, die von den Germanen und Kelten vorher nicht kultiviert wurden. So sind nicht nur unsere Wörter "Birne", "Pflaume", "Pfirsich" und "Wein" lateinischen Ursprungs, sondern auch der Name der Kirsche.

Im Lateinischen heißt der Kirschbaum cerasus und seine Frucht ceras(i)um, was wiederum aus dem Griechischen kerasion entlehnt ist. Dies spricht stark dafür, dass die Griechen diesen Baum schon vor den Römern in ihren Gärten hatten.

Aus dem Plural von cerasium, der ceresia, ceresa lautete und Singularbedeutung annahm (vgl. z.B. den Singular *Epfl* für 'Apfel' in vielen Dialekten), sind all die vielen Wortvarianten, die unser Gebiet aufweist, entstanden. Fast 2000 Jahre Sprachentwicklung haben an diesem Wort genagt, haben es umgeformt und regional verändert. Im Ahd. sind kirsa und kriesa belegt.

Im Schriftdeutschen hat sich die Form **Kirsche** durchgesetzt. Sie entspricht genau dem schon ahd. vorhandenen kirsa, mhd. kirse, kerse, das mit dem Lautwandel von -rs- zu -rsch- zu "Kirsche" wurde (vgl. mhd. ars zu "Arsch", birsen zu "pirschen"). Dieser Form entsprechen alle Typen, die

im Osten und Norden unseres Gebietes vorhanden sind. Der Wechsel des Vokals i - e beruht auf einer sehr alten Variation, die auch im Mhd. auftritt. Fast ein Kuriosum stellen die Formen mit *u* dar, denn einen Wandel von *i* zu *u* gibt es nur extrem selten in den deutschen Dialekten. Dort wo es *Kursch* heißt, sagt man auch *Burk* und *Kurch* für 'Birke' und 'Kirche'.

Der zweite Typ in unserem Gebiet endet auf -ber. Auch diese Form gibt es schon im Ahd. als kirs- bzw. kersberi. Das lat. Wort wurde also schon früh ergänzt mit dem Wort für Beere, vielleicht deshalb, um es verständlicher zu machen. Man hat die Kirsche zu den Beeren gestellt, was uns auch vermuten lässt, dass damals die Kirschen nicht sehr groß gewesen sein dürften. Wenn man die Form *Käschbr* betrachtet, kommt man nicht mehr so ohne weiteres auf die Idee, das sei das gleiche Wort wie "Kirsche".

Während wir in der Mitte einen ganz regelmäßigen r-Schwund haben, gibt es im Süden eine "Umdrehung" des Vokals mit r in der Form **Kriesbeere**. Man könnte diese Form auf Metathese des r (vgl. bei Karte 128) zurückführen. Wahrscheinlicher ist aber, dass eine lat. Ausgangsform cerēsa mit der Betonung auf dem ē zum Typ kriesgeführt hat, lat. ceresía (mit der Betonung auf dem i) aber zum Typ kirs-. Es ist wohl von geographisch/dialektal unterschiedlichen Varianten schon in der Romania auszugehen.

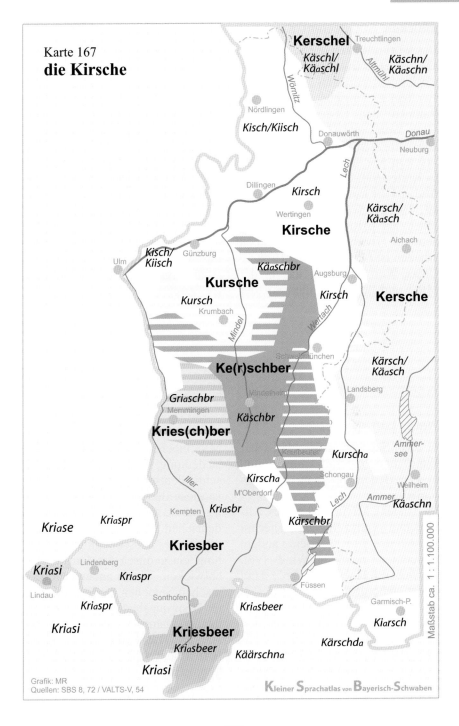

Karte 167
die Kirsche

Kerschel Treuchtlingen

*Käschl/
Käaschl*

*Käschn/
Käaschn*

Wörnitz

Nördlingen

Kisch/Kiisch

Donauwörth

Donau

Neuburg

Lech

Dillingen

Kirsch

Wertingen

Kirsche

*Kärsch/
Käasch*

Aichach

*Kisch/
Kiisch* Günzburg

Ulm

Käaschbr

Augsburg

Kursche

Kursch

Krumbach

Kirsch

Kersche

Mindel

Wertach

Schwabmünchen

*Kärsch/
Käasch*

Ke(r)schber

Landsberg

Griaschbr

Mindelheim

Memmingen

Käschbr

Kries(ch)ber

*Ammer-
see*

Kurscha

Iller

Kirscha

M'Oberdorf

Schongau

Lech

Weilheim

Ammer

Käaschn

Kriase

Kriaspr

Kempten

Kriasbr

Kärschbr

Kriesber

Lindenberg

Kriasi

Kriaspr

Füssen

Lindau

Sonthofen

Garmisch-P.

Kriaspr

Kriasbeer

Kiarsch

Kriasi

Kriesbeer

Kriasbeer

Käärschna

Kärschda

Kriasi

Maßstab ca. 1 : 1.100.000

Grafik: MR
Quellen: SBS 8, 72 / VALTS-V, 54

Kleiner **S**prachatlas von **B**ayerisch-**S**chwaben

pflücken (von Beeren) (Karte 168)

Das Wort **pflücken** der Schriftsprache, ist eine frühe (vor der zweiten Lautverschiebung) Entlehnung aus dem Lateinischen, die sich im Rahmen der Übernahme römischer Wein- und Gartenbautechniken vollzogen hat, zusammen mit Wörtern wie "Pflaume", "Kirsche" (s. Karte 167), "Zwiebel" u.a. mehr. Ahd. pflokkon entspricht einem lat. *pilūccāre, das im Italienischen als piluccare in der Bedeutung 'Trauben abbeeren' noch erhalten ist (vgl. engl. to pluck).

Unser Wort **brocken**, das in der Mitte und überall in dem auf der Karte nicht dargestellten Süden verbreitet ist, ist eine Ableitung aus dem Substantiv "Brocken" (ahd. brocko) und bedeutet zunächst 'Brocken machen', 'zerbröckeln', im Mittelhochdeutschen aber auch schon 'pflücken', 'brocken'. Das Wort gehört in den Umkreis des alten Verbs "brechen" ("brach", "gebrochen").

Im Norden unseres Gebietes sagt man zu dieser Tätigkeit **zupfen** bzw. mit gesenktem Vokal **zopfen**, ein Verb, das erst im 15. Jh. belegt ist und irgendwie mit dem Substantiv "Zopf" zu tun hat.

Wind / Luft (Karte 169)

In der Schriftsprache sind "der Wind" und "die Luft" formal und in der Bedeutung ganz klar geschieden.

Im Dialekt hat in Teilen des Allgäus und vereinzelt auch weiter im Norden das Wort **Luft** eine andere Bedeutung, nämlich 'Wind' (vgl. "es weht ein laues Lüftchen"). Und es ist außerdem männlichen Geschlechts. Auch im Althochdeutschen und Mittelhochdeutschen gibt es schon männliche und weibliche Formen von luft nebeneinander, im Althochdeutschen bedeutet es neben 'Luft' auch 'Himmel'; im Mittelhochdeutschen ist auch die Bedeutung 'Wind' vorhanden. Im schriftdeutschen Adjektiv luftig ist diese Bedeutung ebenfalls noch irgendwie spürbar. Nur im Schriftdeutschen hat sich die Bedeutung des Wortes ausschließlich in Richtung 'Gasgemisch der Atmosphäre' entwickelt, in den anderen germanischen Sprachen hingegen ist seine Ursprungsbedeutung noch vorhanden, nämlich 'oberer Teil des Hauses', 'Dachboden' (vgl. englisch loft 'Dachboden', schwedisch loft 'Dachstube').

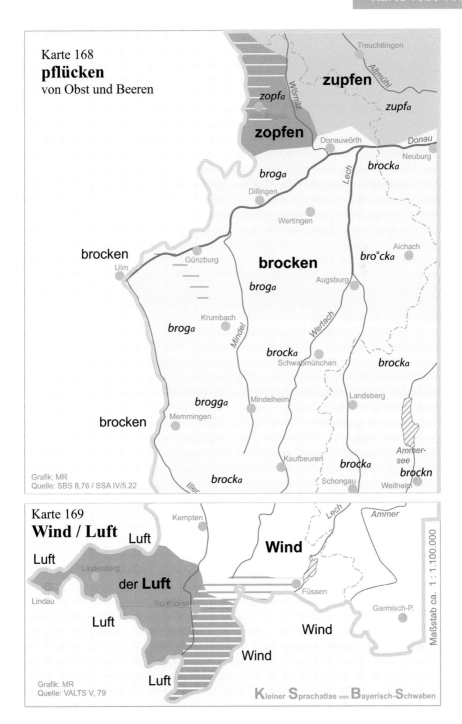

Karte 168
pflücken
von Obst und Beeren

Grafik: MR
Quelle: SBS 8,76 / SSA IV/5.22

Karte 169
Wind / Luft

Grafik: MR
Quelle: VALTS V, 79

Maßstab ca. 1 : 1.100.000

Kleiner Sprachatlas von Bayerisch-Schwaben

359

sich spielend balgen (von Katzen)

Vor allem junge Katzen sind es, die sich spielend balgen und damit die wohlwollende Aufmerksamkeit der Menschen auf sich lenken. Dieses Verhalten wird dann auch mit einer eigenen Benennung bedacht. Am weitesten verbreitet ist bei uns das Verb **faiggen**, mit regelhaft in der Geographie variierenden Lautungen von mhd. e i (vgl. Karte 16). Das Wort ist etymologisch unklar und im deutschen Wortschatz ohne weitere Verwandten; es sei denn, dass man es zum Adjektiv "feige" stellen will. Im Althochdeutschen bedeutet f e i g i 'zum Tode geweiht', aber auch 'arm, gering'. Eine Übertragung auf das Spiel der Katzen ließe sich vielleicht von der Situation aus denken, in der eine Katze mit einer gefangenen Maus ihr Spiel treibt. Im Mittelhochdeutschen gibt es ein Verb v e i g e n, was 'v e i g e (= todgeweiht) machen', 'töten' bedeutet (vgl. Karte 71 "spielen"). Zu dieser Erklärung passt allerdings nur schwer die harte aber unbehauchte Aussprache des inlautenden *gg*, welche auf eine alte, schon im (West-)Germanischen vorhandene Konsonantenverdoppelung hindeutet (gg wie in "Glocken", "Brücken", "Haken", "Backen"). Auch **schinden** (ahd. s k i n t a n 'schinden, die Haut abziehen'; vgl. "Schinder" für 'Abdecker') im Süden dürfte auf einer vergleichbaren Bedeutungsentwicklung beruhen.

Die Ausdrücke **häuseln** im Norden und **schimpfeln** im Allgäu dagegen besitzen einen ganz anderen, weniger aggressiven Hintergrund. Sie werden in den hier kartierten Gebieten gleichbedeutend für das Spielen von kleinen Kindern verwendet (vgl. Karte 71). Das Allgäuer Verb "schimpflen" bewahrt uns die alte Bedeutung dieses Wortes. Ahd. s k i m p f bedeutet nämlich 'Scherz, Spiel', ahd. s k i m p - f e n steht entsprechend für 'necken, verlachen, spotten, verhöhnen'. Daraus ist unsere Bedeutung des Wortes "schimpfen" entstanden. Die im Ostallgäu vorliegende Form "schimpflen" ist eine Koseoder Verkleinerungsbildung zum Grundverb "schimpfen".

Bei **scherzen** hingegen hat sich der Aspekt des Spielerischen auch noch in der Standardsprache bewahrt.

Das im Westallgäu und an unserem Bodenseeufer heimische *gååpa bzw. goopa* gibt es schon im Mittelhochdeutschen als g â p e n im Sinne von 'spielen, hin- und hergaukeln'. Es hängt vielleicht zusammen mit dem mittelhochdeutschen Verb "gampen" ('springen, hüpfen'), welches zum mittelhochdeutschen Hauptwort g a m p e l 'Scherz, Possenspiel' zu stellen ist.

Das **golen** (*goola*) im Bregenzerwald gehört zu einem mittelhochdeutschen Verb g o l n für 'johlen, Scherz treiben'.

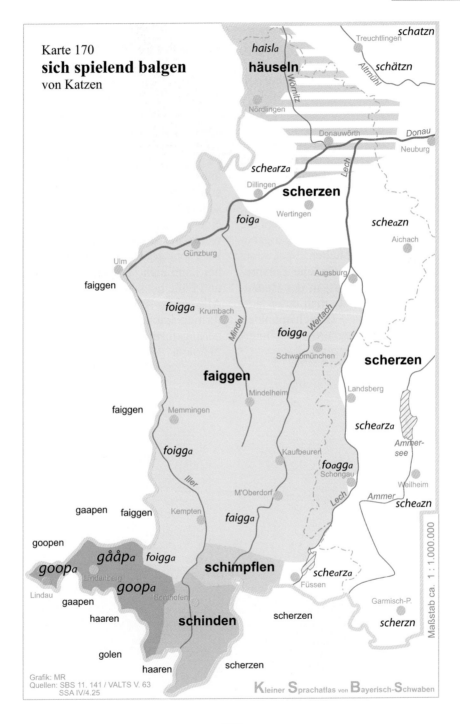

Karte 170
sich spielend balgen
von Katzen

schatzn

haisla
häuseln

schätzn

Treuchtlingen

Altmühl

Wörnitz

Nördlingen

Donauwörth

Donau

Neuburg

schearza

Dillingen

scherzen

Wertingen

scheazn

Aichach

foiga

Ulm

Günzburg

Augsburg

faiggen

foigga

Krumbach

Mindel

foigga

Wertach

Schwabmünchen

scherzen

faiggen

Landsberg

Mindelheim

faiggen

Memmingen

schearza

foigga

Kaufbeuren

Ammer-
see

foagga

Schongau

Iller

M'Oberdorf

Lech

Ammer

Weilheim

scheazn

gaapen   faiggen   Kempten

faigga

goopen

gååpa   *foigga*

goopa

Lindenberg

schimpflen

schearza

Lindau

goopa

Sonthofen

Füssen

gaapen

Garmisch-P.

haaren

schinden

scherzen

scherzn

golen

haaren   scherzen

Grafik: MR
Quellen: SBS 11. 141 / VALTS V. 63
        SSA IV/4.25

Maßstab ca. 1 : 1.000.000

Kleiner **S**prachatlas von **B**ayerisch-**S**chwaben

Tape / Tapen / Tope (Vorkommen und Bedeutung)

Dieses Wort ist im Mittelhochdeutschen als tâpe in der Bedeutung 'Pfote', 'Tatze' vorhanden, im Althochdeutschen ist es jedoch noch nicht belegt.

In der weiblichen Form **Tape** und der männlichen Variante **Tapen**, jeweils mit einer lautgeschichtlichen Fortsetzung des langen â-Lautes (z.B. *Daub, Dååpa*), tritt es bei uns jedoch nur westlich des Lechs auf, und zwar auch in Bedeutungen, die sich teilweise von der Ausgangsbedeutung entfernt haben.

Für die nordschwäbische Entsprechung **Tope** (*Doab*) in der Bedeutung 'Pfote' müsste man unter lautgeschichtlichen Gesichtspunkten eine nicht belegbare Vorgängerform *tōpe ansetzen.

Östlich des Lechs treten nur Wortformen mit dem früh gekürzten Stamm **Tapp**- auf: "Tappe(r)", "tappen". In gekürzter Form haben noch weitere Wörter wie "täppisch" und "Depp" große Verbreitung gefunden, wobei "täppisch" (< mhd. tæpisch), womit man ungelenke, unbeholfene Bewegungen bezeichnete, der Vorgänger von "Depp" sein dürfte.

Noch heute "tappt" man beispielsweise im Dunkeln, während man bei Licht gewöhnlich "greift". Dabei kann sich "tappen" auf Hände und Füße beziehen.

Alle auf der Karte vertretenen Wortformen kommen auch in Verkleinerungsformen vor, z.B. "Täplein", "Töplein".

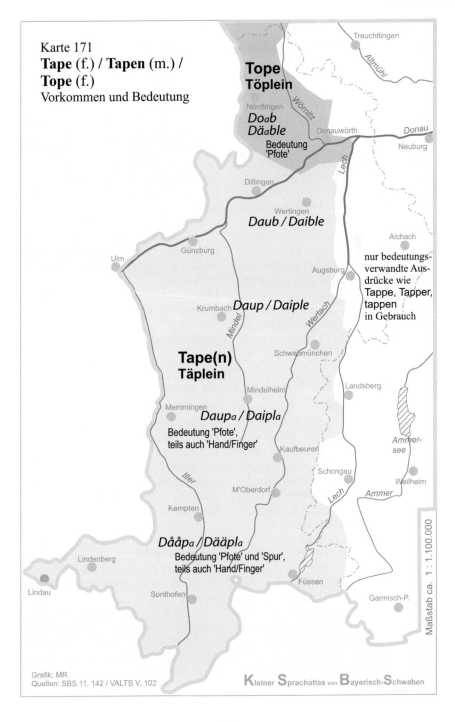

Karte 171
Tape (f.) / **Tapen** (m.) /
Tope (f.)
Vorkommen und Bedeutung

Tope
Töplein

Doab
Dääble
Bedeutung
'Pfote'

Daub / Daible

nur bedeutungs-
verwandte Aus-
drücke wie
Tappe, Tapper,
tappen
in Gebrauch

Daup / Daiple

Tape(n)
Täplein

Daupa / Daipla
Bedeutung 'Pfote',
teils auch 'Hand/Finger'

Dååpa / Dääpla
Bedeutung 'Pfote' und 'Spur',
teils auch 'Hand/Finger'

Maßstab ca. 1 : 1.100.000

Treuchtlingen
Altmühl
Wörnitz
Nördlingen
Donauwörth
Donau
Neuburg
Lech
Dillingen
Wertingen
Aichach
Ulm
Günzburg
Augsburg
Krumbach
Wertach
Mindel
Schwabmünchen
Landsberg
Memmingen
Mindelheim
Kaufbeuren
Ammer-
see
Iller
Schongau
Weilheim
M'Oberdorf
Lech
Ammer
Kempten
Lindenberg
Füssen
Lindau
Sonthofen
Garmisch-P.

Grafik: MR
Quellen: SBS 11, 142 / VALTS V, 102

Kleiner **S**prachatlas von **B**ayerisch-**S**chwaben

mit der Peitsche knallen (Karte 172)

Heute hört man es kaum noch, bei den "Geiselschnalzern" ist es zur Folklore geworden. Früher gehörte das Knallen mit der Peitsche zum alltäglichen Klangbild auf der Straße; die Fuhrknechte machten dadurch auf sich aufmerksam. Wenn man sich einem Hohlweg näherte, auf dem nur ein Fuhrwerk Platz hatte, signalisierte man durch lautes Knallen sein Kommen, und wenn man in einen Ort hineinfuhr, dann kündigte der Fuhrmann durch eine ganz bestimmte individuelle Klang-/Knallfolge sein Erscheinen an. Es gab sogar Fuhrknechte, die ein kurzes Liedlein auf der Peitsche knallen konnten.

Im Norden unseres Gebiets stimmt der Dialekt mit der Schriftsprache überein, denn die Tätigkeit heißt dort **knallen**, das als relativ junge Bildung (16. Jh.) aus dem Hauptwort "Knall" abgeleitet ist, das selbst wieder als Lautnachahmung anzusehen ist.

Die Verben **schnallen** und **schnellen** (auch im nicht dargestellten Süden üblich) gehören zum Adjektiv "schnell", das im Althochdeutschen als snell für 'tapfer, behende' belegt ist. Hier ist wohl die hohe Geschwindigkeit, die die Peitschenschnur erreicht, Ursache für die Bezeichnung, wobei "schnallen" schon im Mittelhochdeutschen als snallen 'sich schnell bewegen' vorkommt.

Eine Intensivbildung dazu ist **schnalzen** (so wie "brunzen" zu "Brunnen" und "schluchzen" zu "schlucken").

knallendes Ende der Peitschenschnur (Karte 173)

Der Knall der Geißel entsteht durch die extrem hohe Geschwindigkeit, mit der das Ende der Peitschenschnur durch die Luft fliegt. Durch die Bewegung des Geiselsteckens wird am Beginn der Schnur eine S-förmige Welle erzeugt, die sich nach hinten ans Schnurende fortpflanzt und sich dort auflöst; dabei durchbricht sie mit doppelter Schallgeschwindigkeit die Schallmauer. Der Knall wird besonders laut, wenn am Ende der Peitschenschnur, die mit einer Schlaufe ("Büblein") am Geißelstecken befestigt ist, ein sehr bewegliches Hanfschnürlein vorhanden ist, ca. 10 cm lang, das in einer Art Quaste faserig ausläuft. Dieses Endstücklein, das schnell verschleißt, heißt im ganzen Norden (Geißel-)**Schnur**. Im Süden hat sie spezielle Namen:

Die **Treibschnur** erklärt sich von selbst, die **Schmitze** bzw. der **Schmitzel** sind wohl von einem mhd. Wort smicke 'Peitsche' abgeleitet. Dieses wiederum ist Basis für ein Verb mhd. smitzen (aus *smickezzen; vgl. Karte 88), das zu dialektalem "Schmitze" führt. Daneben gibt es im Mittelhochdeutschen ein smutzen 'schlagen', das wohl dem Wort **Schmutz** zugrunde liegt.

Der **Zwick** im Westallgäu hängt wohl mit "zwicken" zusammen, es ist "das Abgezwickte", ein Wort, das auch in der Bedeutung 'Gerte, Rute' vorkommt.

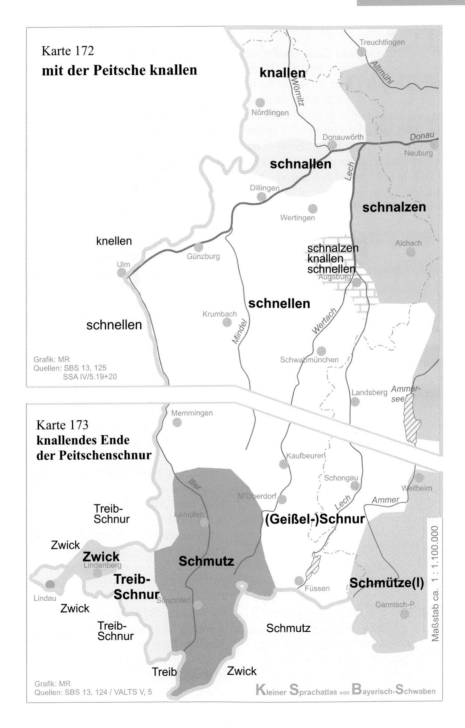

Karte 172
mit der Peitsche knallen

knallen

Treuchtlingen

Nördlingen

Donauwörth

Donau

Neuburg

schnallen

Dillingen

schnalzen

Wertingen

Aichach

knellen

Günzburg

Ulm

**schnalzen
knallen
schnellen**

Augsburg

schnellen

Krumbach

schnellen

Grafik: MR
Quellen: SBS 13, 125
    SSA IV/5.19+20

Schwabmünchen

Landsberg Ammer-
        see

Memmingen

Karte 173
**knallendes Ende
der Peitschenschnur**

Kaufbeuren

Schongau

Weilheim

Treib-
Schnur

M'Oberdorf

Ammer

(Geißel-)Schnur

Zwick

Zwick
Lindenberg

Schmutz

**Treib-
Schnur**

Sonthofen

Füssen

Schmütze(l)

Lindau

Zwick

Garmisch-P.

Treib-
Schnur

Schmutz

Treib

Zwick

Maßstab ca. 1 : 1.100.000

Grafik: MR
Quellen: SBS 13, 124 / VALTS V, 5

Kleiner Sprachatlas von Bayerisch-Schwaben

365

Jungrind

In unserer Gegend (ausgenommen vielleicht das Ries) hat die Viehzucht seit jeher eine zentrale Rolle gespielt. Das Erwachsenwerden eines Rindes wurde genau beobachtet. Erst nach der Geburt des ersten Kalbes sprach man von einer Kuh. Aber auch der Zeitpunkt der ersten Trächtigkeit brachte einen Namenswechsel mit sich. Auf dieser Karte ist mit Farbflächen primär der Name für das Rind während der ersten Trächtigkeit dargestellt, also in den gut neun Monaten zwischen dem zweiten und dritten Lebensjahr; dazu sind auch noch mit Schrifteinträgen ohne genaue Abgrenzungen die Namen angegeben, die den Jungtieren vor dieser Periode gegeben wurden. Bis zu fünf Bezeichnungen für die verschiedenen Altersstufen konnten an einem Ort vorhanden sein. Im Anhang zu diesem Text sind solche Systeme aus einigen ausgewählten Orten aufgeführt.

Grundsätzlich gibt es in unserem Gebiet zwei Bezeichnungstypen, einer, der von "Kalb" und einer, der von "Rind" abgeleitet ist.

Das **Rindlein** (*Rindla*) im Allgäu ist eine durchsichtige Verkleinerungsbildung zu "Rind". Die anderen Ausdrücke sind von "Kalb" abgeleitet.

Die **Kalbe** (*Koim, Kööm, Kålbm*) ist ein altes Wort, das schon im Althochdeutschen als kalba belegt ist. In der gleichen Bedeutung gibt es die **Kalbel**, die wohl aus der Verkleinerungsform von ahd. kalba hervorgegangen ist und als kalbe-

le schon im Mittelhochdeutschen belegt ist. Durch den Schwund des unbetonten -e entsteht die hier verbreitete "Kalbel".

Die auf der Karte ebenfalls eingetragenen Ausdrücke für die jüngeren Tiere (ca. 1- bis 2-jährig) sind in der Regel ebenfalls Bildungen zu "Kalb" oder "Rind". Zwei etwas exotische Wörter gibt es dabei aber, nämlich das "Räuplein" im Norden und der "Schump" bzw. der "Schumpen" im Allgäu.

Der **Schump(en)** ist wohl ein Reliktwort, das noch von der romanischen Vorbevölkerung stammt und das vermutlich zu lat. iumentum 'Zugtier, Lasttier' zu stellen ist. Es hat sich im Italienischen als giumento 'Esel' und im rätoromanisch/engadinischen als giumaint 'Saum-Lasttier' noch erhalten.

Für das **Räuplein** (*Raiwla*) gibt es keine andere Bezugsmöglichkeit als zu "Raupe", wobei nur schwer erklärlich ist, wie sich der Name dieser Insektenlarve auf ein Kalb übertragen haben soll.

Hier eine Auswahl davon, wie unsere Ortsdialekte die verschiedenen Altersstufen des weiblichen Rindviehs gliedern und bezeichnen:
Stiefenhofen im Westallgäu:
Kälbla, Kalb, Schimpla, Schump, Rindla, Eerschtmealk, Kua.
Prittriching im Lechrain:
Köüwla, Rindla, Rind, drächtiga Katüwü, Katüwü.
Rudelstetten im Ries:
Kälble, Raible, Kalbale, Kalbl, draagada Kalbl, Äaschdle, Ändrle.

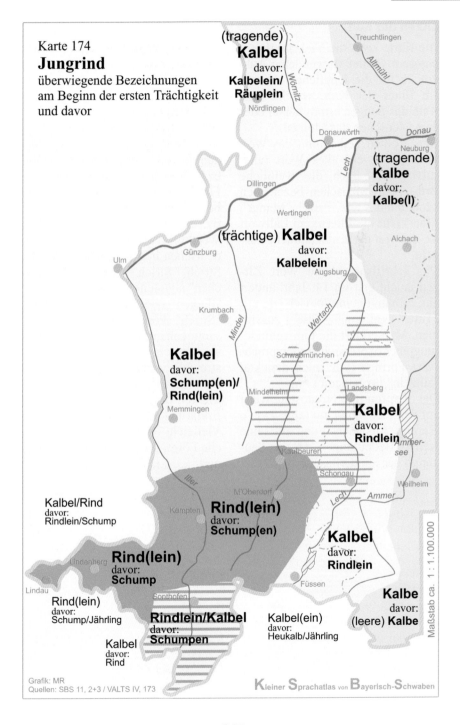

Karte 174
Jungrind
überwiegende Bezeichnungen
am Beginn der ersten Trächtigkeit
und davor

(tragende)
Kalbel
davor:
**Kalbelein/
Räuplein**

Treuchtlingen

Altmühl

Wörnitz

Nördlingen

Donauwörth

Donau

Neuburg

(tragende)
Kalbe
davor:
Kalbe(l)

Lech

Dillingen

Wertingen

Aichach

(trächtige) **Kalbel**
davor:
Kalbelein

Ulm

Günzburg

Augsburg

Krumbach

Mindel

Wertach

Kalbel
davor:
**Schump(en)/
Rind(lein)**

Schwabmünchen

Landsberg

Mindelheim

Memmingen

Kalbel
davor:
Rindlein

*Ammer-
see*

Kaufbeuren

Schongau

Weilheim

Iller

M'Oberdorf

Lech

Ammer

Kalbel/Rind
davor:
Rindlein/Schump

Kempten

Rind(lein)
davor:
Schump(en)

Kalbel
davor:
Rindlein

Rind(lein)
davor:
Schump/Jährling

Lindenberg

Rind(lein)
davor:
Schump

Lindau

Füssen

Kalbe
davor:
(leere) **Kalbe**

Sonthofen

Rindlein/Kalbel
davor:
Schumpen

Kalbel(ein)
davor:
Heukalb/Jährling

Kalbel
davor:
Rind

Maßstab ca. 1 : 1.100.000

Grafik: MR
Quellen: SBS 11, 2+3 / VALTS IV, 173

Kleiner **S**prachatlas von **B**ayerisch-**S**chwaben

Zitzen der Kuh

Die Karte zeigt die Vielzahl der in unserem Gebiet verwendeten Ausdrücke für die länglichen Warzen am Euter der Kuh, welche dem Kalb das Saugen ermöglichen oder dem Menschen das Melken.

Den größten Teil nimmt das Wort **Tutten** ein, ein altes Wort (ahd. tutto), das auch die weibliche Brust beim Menschen bezeichnen kann und das wie "Papa", "Mama", "Tata" (für die Eltern) ein Lallwort ist, das von der Kindersprache ausgeht.

Das schriftsprachliche Wort **Zitzen** taucht erst im 14. Jahrhundert auf, es hängt etymologisch eng mit "Tutte" (vgl. auch "Titte") zusammen. Man erklärt die Lautveränderung über expressive kindersprachliche Formen (vgl. auch dialektal "zutzeln" für 'saugen').

Der **Zapfen** im Nordosten weist auf den Fassspund hin (ahd. zapfo 'Zapfen, Auswuchs') und auf seine weitere Bedeutungen, z.B. als Sauger an der Kinderflasche.

Das Wort **Zipfel** (aus mhd. zipf) ist erst seit spätmittelhochdeutscher Zeit belegt. Die Bedeutungsübertragung auf die 'Zitze' bietet keine Schwierigkeiten.

Weit schwieriger findet man ein Benennungsmotiv für **Strich** und den davon abgeleiteten **Strichen** bzw. **Strichel**. Während die erste Form ein Plural ist, handelt es sich bei der zweiten um einen Diminutiv, eine Verkleinerungsform. Das Wort gibt es schon im Althochdeutschen in der Bedeutung 'Linie, Strich'. "Strich" ist vom Verb "streichen" abgeleitet, so wie "Flug" von "fliegen" oder "Ritt" von "reiten". "Strich" könnte in unserem Zusammenhang etwas sein, was man streicht (im Sinne von darüber streicht), wenn man die Kuh milkt. Da man aber in Wirklichkeit beim Melken drückt und zieht, ist diese Erklärung eher unwahrscheinlich. Vielleicht ist es einfach die längliche Form, die an einen Strich erinnert.

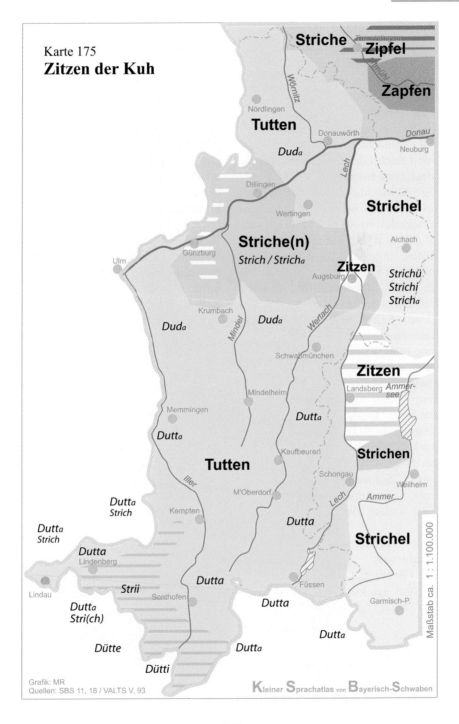

Karte 175
Zitzen der Kuh

Striche
Zipfel
Zapfen

Nördlingen
Tutten
Duda
Donauwörth
Donau
Neuburg

Dillingen
Wertingen
Strichel

Striche(n)
Strich / Stricha
Günzburg
Ulm
Aichach
Zitzen
Augsburg
Strichü
Strichi
Stricha

Krumbach
Duda
Duda
Wertach
Mindel
Schwabmünchen

Zitzen

Landsberg Ammer-
see
Memmingen
Mindelheim
Dutta
Dutta
Kaufbeurerl
Strichen
Tutten
Schongau
Iller
Weilheim
M'Oberdorf
Ammer
Dutta
Strich
Kempten
Dutta
Dutta
Strich
Dutta
Lindenberg
Strichel
Strii
Lindau
Sonthofen
Dutta
Dutta
Stri(ch)
Garmisch-P.
Dutta
Dütte
Dutta
Dutta
Dütti

Maßstab ca. 1 : 1.100.000

Grafik: MR
Quellen: SBS 11, 18 / VALTS V, 93

Kleiner Sprachatlas von Bayerisch-Schwaben

Mutterschwein

Die Masse der Schweine, die heute gehalten werden, kommen nach ca. sechs Monaten zum Metzger. Dann wiegen sie ca. 200 Kilogramm. Ausgewachsen können sie das Fünffache an Gewicht erreichen. Wir schlachten und essen also Schweinekinder. Früher dauerte die Mast zwei bis drei Jahre. Nur wenige Schweine erleben heute dieses Alter, es sind die, die zur Zucht verwendet werden. Mutterschweine gab es früher auf allen größeren Höfen, dagegen hatte man im Dorf nur einen Eber.

In der Südwesthälfte unseres Gebietes heißen die weiblichen Tiere **Schweinmutter**, seltener **Schweinsmutter**. Das erstere ist eine echte Kopulativzusammensetzung, d.h. "Schwein" und "Mutter" sind gleichberechtigte Wortglieder, denn wenn man die Reihenfolge umdreht, ändert sich in der Bedeutung nichts (wie z.b. "Strichpunkt"). Ganz anders ist es beim normalen Typ der Zusammensetzung: "Schweinestall" z.B. kann man nicht umdrehen, ohne eine ganz andere Bedeutung zu erhalten.

Weit verbreitet ist bei uns auch die **Muttersau**.

Die **Färleinsau** im SW nimmt Bezug auf das Ferkel, das dort "Färlein" heißt (vgl. Karte 177).

Auch die **Bringerin** im angrenzenden Bregenzer Wald erklärt sich im Prinzip von selbst, denn hier wird die wichtigste Funktion der Schwein(s)mutter thematisiert, dass sie nämlich Junge zu "bringen" hat.

Die **Los**[e] gibt es schon im Mittelhochdeutschen als lôse in der gleichen Bedeutung, die weitere Herkunft dieses Wortes ist aber nicht bekannt.

Ranz[e] im Norden ist zu einem Verb "ranzen" 'brünstig sein' zu stellen, das sich selbst wieder von einem mhd. ranzen 'ungestüm springen' herleitet.

Die **Dausch**[e], die bei uns nur in zwei Orten belegt ist, ist in Franken, in Thüringen, in Württemberg und Baden und sogar in Hessen weit verbreitet. Das Wort ist relativ isoliert im Wortschatz, eine gesicherte Herkunft ist nicht anzugeben. Vielleicht ist es dem rheinischen Verb "dauschen" anzuschließen, das ein Geräusch ('sausen, rauschen') bezeichnet. Angesichts der vielen Wörter für das Brünstigsein des Schweines, die abgeleitet sind von der Unruhe, die so ein Tier in diesem Zustand an den Tag legt, und für seine Lautäußerungen (vgl. "rolen", "rasen", "ranzen", "rumsen"), erscheint das ohne weiteres plausibel.

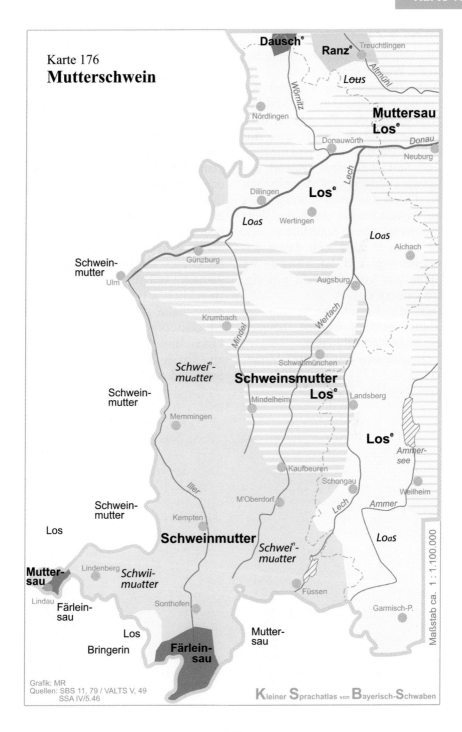

Karte 176
Mutterschwein

Dausch[e]

Ranz[e]   Treuchtlingen

Wörnitz   Altmühl

Lous

Nördlingen

Muttersau
Los[e]

Donauwörth   Donau

Neuburg

Dillingen   **Los[e]**

Loas   Wertingen

Loas

Aichach

Schwein-
mutter
Ulm

Günzburg

Augsburg

Krumbach

Mindel

Wertach

Schwei[n]-
muatter

Schwabmünchen

Schweinsmutter
Los[e]

Landsberg

Schwein-
mutter

Mindelheim

Memmingen

Los[e]

Ammer-
see

Iller

Kaufbeuren

Schongau

Weilheim

Schwein-
mutter
Kempten

M'Oberdorf

Lech   Ammer

Los

Schweinmutter   Schwei[n]-
muatter

Loas

Mutter-
sau

Lindenberg   Schwii-
muatter

Füssen

Garmisch-P.

Lindau
Färlein-
sau

Sonthofen

Los

Mutter-
sau

Bringerin   **Färlein-**
sau

Maßstab ca. 1 : 1.100.000

Grafik: MR
Quellen: SBS 11, 79 / VALTS V, 49
        SSA IV/5.46

Kleiner **S**prachatlas von **B**ayerisch-**S**chwaben

371

Ferkel (kurz nach der Geburt)

Eine Schweinsmutter bekommt bei einem Wurf bis zu 20 Ferkel. Diese benennt man westlich des Lechs überwiegend mit der Verkleinerungsform des allgemeinen Wortes "Sau" für 'Schwein', also mit **Säulein**, weil sie klein und niedlich sind. **Sau** ist ein altes Erbwort, das Entsprechungen vom Altindischen im Osten bis zum Lateinischen im Westen besitzt. Auch das Wort "Schwein" des Schriftdeutschen ist schon in alter Zeit davon abgeleitet (vgl. z.B. lat. sū-inus im Sinne von 'zum Schwein gehörig, schweinern').

Dass die Ferkel (noch) von der Mutter gesäugt werden, betonen die folgenden Bildungen: **Tuttensäulein** (zu "Tutte" 'Zitze', vgl. Karte 175), **Sugge(r)lein** (zu "suggeln", welches eine Ableitung von "saugen" ist) und **Sutzelein** (zu "sutzeln" 'saugen', wohl eine lautnachahmende Bildung; vgl. Karte 88).

Die **Fäck(e)lein** im Osten und die **Färlein** im Südwesten haben einen gemeinsamen Ursprung, nämlich das althochdeutsche farh, farah, das 'Ferkel' und 'Schwein' (allgemein) bedeutet und das schon in althochdeutscher Zeit in der Verkleinerungsform farhilīn überliefert ist. Dieses wurde über mittelhochdeutsch verhelîn zum schriftsprachlichen **Ferkel** einerseits und entwickelte sich in den Dialekten zu den Typen "Fäck(e)lein" (im Osten, mit Schwund des r) und zu "Färlein" (im Südwesten, mit Schwund des h).

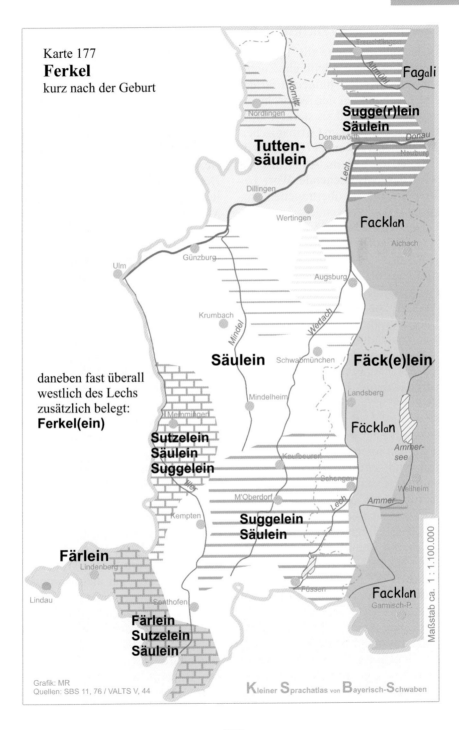

Karte 177
Ferkel
kurz nach der Geburt

Fagali

Sugge(r)lein
Säulein

Tutten-
säulein

Facklan

daneben fast überall
westlich des Lechs
zusätzlich belegt:
Ferkel(ein)

Säulein

Fäck(e)lein

Fäcklan

Sutzelein
Säulein
Suggelein

Suggelein
Säulein

Färlein

Facklan

Färlein
Sutzelein
Säulein

Maßstab ca. 1 : 1.100.000

Grafik: MR
Quellen: SBS 11, 76 / VALTS V, 44

Kleiner Sprachatlas von Bayerisch-Schwaben

Eber (männliches Zuchtschwein)

In der Schriftsprache gilt "Eber" für das domestizierte männliche Zuchtschwein, "Keiler" hingegen für die Entsprechung bei den Wildschweinen. Der Eber galt als starkes, kräftiges Tier, er wird im Germanischen für Namen verwendet (Eberhard, Eberwīn), und im Altnordischen wird das entsprechende Wort jofurr fast nur im übertragenen Sinne für 'Fürst' verwendet.

Unser Wort **Eber** gab es schon im Althochdeuten als ebur.

Die Form **Neber** im Allgäu beruht auf einem angewachsenen (= agglutinierten) unbestimmten Artikel. Die Wortverbindung "ein Eber", gesprochen an Äabar u.ä., war so häufig in Gebrauch, dass man schließlich das n als Bestandteil des Hauptwortes empfand. Ein vergleichbarer Fall ist "Nast" für 'Ast'. Ein umgekehrter Fall liegt bei "Est" für 'Nest' vor. Weil man hier das n als angewachsen betrachtete, griff man irgendwann einmal "korrigierend" ein und ließ es fälschlicherweise weg.

Nördlich an das "Eber"-Gebiet schließt sich eines mit **Häckel** an. Diese Bezeichnung hat zweifellos mit dem Verb "hacken" zu tun; "Häckel" ist also jemand, der hackt ("-el" als alte, heute nicht mehr produktive Endung für einen Täter, vgl. dazu Text zu Karte 58). Aber wie kommt diese Bezeichnung zustande? Jeder Eber besitzt, im Gegensatz zu den weiblichen Schweinen, große Eckzähne, die er auch als Waffe einsetzen kann. Sie heißen beim Keiler "Hauer". Wenn man nun "hauen" und "hacken" (vgl. "Haue" und "Hacke" als Bodenbearbeitungsgeräte) als bedeutungsgleich annimmt, dann wäre der "Hacker" jenes Tier, das mit seinen Hackern arbeitet bzw. durch sie gekennzeichnet ist.

Der Ausdruck **Bock** für ein männliches Tier in der Umgebung von Marktoberdorf ist keineswegs ungewöhnlich, und auch die Zusammensetzung **Schweinstier** im Kleinwalsertal erklärt sich selbst.

Ungewöhnlich erscheint aber auf Anhieb das Wort **Ber** für 'Eber'. Aber schon im Althochdeutschen gibt es bēr in der gleichen Bedeutung. Dieses Wort mit einem historisch langen e-Laut hat aber von seiner Herkunft her weder mit dem "Bären" (ahd. bero) noch mit der "Beere" (ahd. beri) zu tun; es hat eine ganz eigene, von den beiden anderen absolut unabhängige Wurzel.

Dafür steckt der "Bär" indirekt aber in der Bezeichnung **Betz**. Diese war nämlich im Mittelalter eine Kurzform von "Bernhard" (und dieser Name ist aus "Bär" + "hart" zusammengesetzt). Der Eber wird also in diesem Falle mit einem Vornamen bezeichnet, was gar nicht so ungewöhnlich ist, wenn man die Namen für ein anderes männliches Tier damit vergleicht: der Kater heißt bei uns "Paule" (Bååla, Baule) oder "Leonhard" (Leanl), und im Norden Bayerns wird er oft "Heinz" oder "Heiner" gerufen.

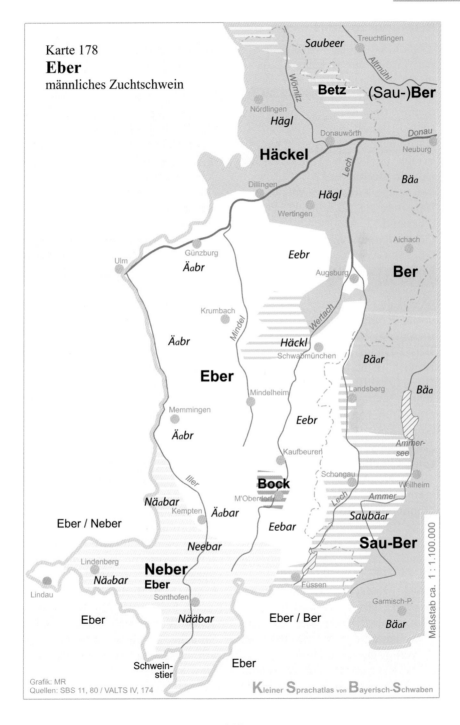

Karte 178
Eber
männliches Zuchtschwein

Saubeer
Treuchtlingen

Wörnitz

Betz   **(Sau-)Ber**

Nördlingen
Hägl

Donauwörth   *Donau*

Neuburg

Häckel

Lech

Dillingen
Hägl

Wertingen

Bäa

Aichach

Günzburg   *Eebr*
Ulm   *Äabr*

Augsburg   **Ber**

Krumbach

Wertach

Äabr   *Mindel*   *Häckl*

Schwabmünchen   *Bäar*

Eber
Mindelheim   Landsberg   *Bäa*

Memmingen
Äabr   *Eebr*

Kaufbeuren   *Ammer-see*

Iller   Schongau   Weilheim

Bock
M'Oberdorf   *Ammer*   *Lech*

Näabar   Kempten   *Äabar*   *Saubäar*

Eber / Neber   *Eebar*   **Sau-Ber**

Neebar

Lindenberg   **Neber**
Näabar   **Eber**   Füssen

Lindau   Sonthofen

Garmisch-P.

Eber   *Nääbar*   Eber / Ber   *Bäar*

Schwein-stier   Eber

Maßstab ca. 1 : 1.100.000

Grafik: MR
Quellen: SBS 11, 80 / VALTS IV, 174

Kleiner **S**prachatlas von **B**ayerisch-**S**chwaben

375

Literaturverzeichnis

ALTHOCHDEUTSCHES WÖRTERBUCH. Auf Grund der v. Elias v. Steinmeyer hinterlassenen Sammlungen i.A. der Sächsischen Akademie der Wissenschaften zu Leipzig, bearb. u. hrsg. v. Elisabeth Karg-Gasterstädt u. Theodor Frings, (später) v. Rudolf Große, Bd. 1ff. Berlin 1968ff.

ANGELE HANS: Bauernsprache und Bauerngeräte im Schwäbischen Oberland. 2. Aufl. Angele Verlag Ochsenhausen / Reinstetten 2006

BADISCHES WÖRTERBUCH, hrsg. von E. Ochs, G.W. Baur, K.F. Müller. Lahr / Schwarzwald 1925ff.

BAYERISCHES WÖRTERBUCH, hrsg. v. der Kommission für Mundartforschung, bearb. v. Josef Denz, Bernd Dieter Insam, Anthony R. Rowley u. Hans Ulrich Schmid, Bd. 1 (= Bayerisch-österreichisches Wörterbuch, Teil II: Bayern). München 2002

BAUMGARTEN, KARL: Das deutsche Bauernhaus. Eine Einführung in seine Geschichte vom 9. bis zum 19. Jh. Neumünster 1980

BRAUNE, WILHELM: Althochdeutsche Grammatik I, 15. Aufl., bearb. v. Ingo Reiffenstein (= Sammlung kurzer Grammatiken Germanischer Dialekte A. Hauptreihe Nr. 5). Tübingen 1975

DUDEN Deutsches Universalwörterbuch. Hrsg. u. bearb. vom Wissenschaftlichen Rat und den Mitarbeitern der Dudenredaktion. 3. Aufl. Mannheim 1996

EBERT / REICHMANN / SOLMS / WEGERA: Frühneuhochdeutsche Grammatik (= Sammlung kurzer Grammatiken germanischer Dialekte/A, 12). Tübingen 1993

FISCHER, HERMANN: Schwäbisches Wörterbuch, weitergeführt v. Wilhelm Pfleiderer, 6 Bde. Tübingen 1904-1936

GRIMM, JACOB U. WILHELM: Deutsches Wörterbuch (DWB), 16 Bde., Leipzig 1894-1960, Neubearbeitung Bd. 1ff., Leipzig / (später) Stuttgart 1983ff.

GRUBER, ANTON: Die Westallgäuer Mundart. 2 Bde., hrsg. von Manfred Renn und Landkreis Lindau. Heidelberg 1987

HENZEN, WALTER: Deutsche Wortbildung (Sammlung kurzer Grammatiken germanischer Dialekte/B, 5), 3., durchges. u. erg. Aufl. Tübingen 1965

JUTZ, LEO: Vorarlbergisches Wörterbuch mit Einschluß des Fürstentums Liechtenstein, 2 Bde. Wien 1960

KLAUSMANN, HUBERT / KREFELD, THOMAS: Sprachliche Indizien einer spätantik-mittelalterlichen Siedlungskontinuität im Allgäu. In: Montfort, 49. Jahrgang, Heft 1. Dornbirn 1997

KLUGE, FRIEDRICH (20): Etymologisches Wörterbuch der deutschen Sprache. 20., v. Walther Mitzka bearb. Aufl. Berlin 1967

KLUGE, FRIEDRICH (23): Etymologisches Wörterbuch der deutschen Sprache, 23., erweiterte Aufl. bearb. v. Elmar Seebold, Berlin / New York 1995

KÖBLER, GERHARD: Wörterbuch des

althochdeutschen Sprachschatzes. Paderborn u.a. 1993

KÖNIG, WERNER: dtv-Atlas zur deutschen Sprache. 10., überarb. Aufl. München 1994

KÖNIG, WERNER (Hrsg.): Sprachatlas von Bayerisch-Schwaben (SBS). Heidelberg 1996ff.

KRANZMAYER, EBERHARD: Die Namen der Wochentage in den Mundarten von Bayern und Österreich. Wien / München 1929

LEXER, MATTHIAS: Mittelhochdeutsches Handwörterbuch, 3 Bde., Leipzig 1869-1878. Nachdruck Stuttgart 1970

MARZELL, HEINRICH: Wörterbuch der deutschen Pflanzennamen, unter Mitwirkung v. Wilhelm Wißmann u.a., 5 Bde., Leipzig / (später) Stuttgart / Wiesbaden 1943-1979

MÖRTEL, HEINRICH: Bauernarbeit in Nordostbayern um 1900. Hof 1982

NÜBLING, EDUARD: Studien und Berichte zur Geschichts-, Mundart- und Namenforschung Bayerisch-Schwabens. Festgabe zum 80. Geburtstag des Verfassers (= Veröffentlichungen der schwäbischen Forschungsgemeinschaft bei der Kommission für bayerische Landesgeschichte, Reihe 1, Bd. 16). Augsburg 1988

PAUL, HERMANN: Deutsches Wörterbuch. 9., vollst. neu bearb. Aufl. v. Helmut Henne u. Georg Objartel unter Mitarbeit v. Heidrun Kämper-Jensen. Tübingen 1992

PAUL, HERMANN: Mittelhochdeutsche Grammatik. 23. Aufl., neu bearb. v. Peter Wiehl u. Siegfried Grosse (= Sammlung kurzer Grammatiken germanischer Dialekte/A, 2). Tübingen 1989

PFÄLZISCHES WÖRTERBUCH. Begründet von Ernst Christmann, bearb. v. Julius Krämer, 6 Bde. (+ Beiheft). Wiesbaden 1965-1997 (Beiheft: 1998)

PFEIFER, WOLFGANG: Etymologisches Wörterbuch des Deutschen, erarb. im Zentralinstitut für Sprachwissenschaft (Berlin) unter der Leitung v. Wolfgang Pfeifer, 2 Bde., 2. Aufl., durchges. u. erg. v. W. Pfeifer, Berlin 1993

RENN, MANFRED: Die Mundart im Raum Augsburg. Untersuchungen zum Dialekt und zum Dialektwandel im Spannungsfeld großstädtisch-ländlicher und alemannisch-bairischer Gegensätze. Heidelberg 1994

RENN, MANFRED / KÖNIG, WERNER: Kleiner Bayerischer Sprachatlas, 2. Auflage. München 2006

ROEMER, TH. / SCHEIBE, A. / SCHMIDT, J. / WOERMANN, E. (HRSG.): Handbuch der Landwirtschaft. 5 Bde., 2. Aufl. Berlin 1952 ff.

RÖHRICH, LUTZ: Das große Lexikon der sprichwörtlichen Redensarten, 3 Bde. Freiburg u.a. 1991/1992

SCHATZ, JOSEF: Wörterbuch der Tiroler Mundarten, für den Druck vorbereitet v. Karl Finsterwalder, 2 Bde. Innsbruck 1955f.

SCHMELLER, JOHANN ANDREAS: Bayerisches Wörterbuch, 2 Bde., Neudruck der v. Karl Frommann bearb. 2. Aufl. 1872-1877. Aalen 1961

SCHWEIZERISCHES IDIOTIKON. Wörterbuch der schweizerdeutschen Sprache. Gesammelt auf Veranstaltung der Antiquarischen Gesellschaft in Zürich unter Beihülfe aus allen Kreisen des Schweizervolkes. Hrsg. mit Unterstützung des Bundes und der Kantone, Bd. 1ff., begonnen von Friedrich Staub, Ludwig Tobler et al., fortges. unter d. Leitung von Albert Bachmann. Frauenfeld 1881ff.

STEGER, HUGO: Sprachraumbildung und Landesgeschichte im östlichen Franken. Das Lautsystem der Mundarten im Ostteil Frankens und seine sprach- und landesgeschichtlichen Grundlagen (= Schriften des Instituts für Fränkische Landesforschung an der Universität Erlangen Bd. 13). Neustadt a.d. Aisch 1968

STÖR, BERNHARD: Die mundartlichen Verhältnisse in der Region München, 2 Bde. (= Europäische Hochschulschriften: Reihe 1, Deutsche Sprache und Literatur, Bd. 1715). Frankfurt a.M. 1999

SÜDHESSISCHES WÖRTERBUCH, hrsg. von der Hessischen Historischen Kommission, begr. v. Friedrich Maurer, bearb. v. Rudolf Mulch, 5 Bde., Marburg 1965-98

SÜDWESTDEUTSCHER SPRACHATLAS, hrsg. v. Hugo Steger, Volker Schupp. Marburg 1989ff.

THÜRINGISCHES WÖRTERBUCH, hrsg. von der sächsischen Akademie der Wissenschaften zu Leipzig, Sprachwissenschaftliche Kommission. Auf Grund der von V. Michels begonnenen und von H. Hucke fortgeführten Sammlungen bearb. unter Leitung von K. Spangenberg, 6 Bde. Berlin 1965-99

VORARLBERGER SPRACHATLAS MIT EINSCHLUSS DES FÜRSTENTUMS LIECHTENSTEIN, WESTTIROLS UND DES ALLGÄUS (VALTS), hrsg. v. Eugen Gabriel, Bde. I-V. Bregenz 1985ff.

WAX, HERMANN: Etymologie des Schwäbischen. Geschichte von mehr als 4300 Wörtern. 1. Aufl. Oberschwäbische Elektrizitätswerke 2005. 2. Aufl.: Angele Verlag Ochsenhausen / Reinstetten 2005

WIESINGER, PETER: Phonetisch-phonologische Untersuchungen zur Vokalentwicklung in den deutschen Dialekten, 3 Bde. Berlin 1970

WÖRTERBUCH DER BAIRISCHEN MUNDARTEN IN ÖSTERREICH (WBÖ). Hrsg. im Auftrag der Österreichischen Akademie der Wissenschaften von Eberhard Kranzmayer und Werner Bauer (= Bayerisch-österreichisches Wörterbuch, Teil I: Österreich). Wien 1970ff.

ZEHETNER, LUDWIG: Bairisches Deutsch: Lexikon der deutschen Sprache in Altbayern. 3. Aufl. Regensburg 2007

ZELLER, KRESZENTIA: So war's einmal im Allgäu. Flachsbau, Sitte und Brauch auf dem Bauernhof vor 1900. Kempten 1976

Wort- und Kartenregister (die Zahlen beziehen sich auf die Textseiten)

Sachregister

In der Schwäbischen Forschungsgemeinschaft sind bisher im Wißner-Verlag erschienen:

Reihe 1: Studien zur Geschichte des bayerischen Schwaben, hrsg. von Rolf Kießling

Band 21 Michaela und Mark Häberlein: Die Erben der Welser – Der Karibikhandel der Augsburger Firma Obwexer im Zeitalter der Revolutionen. 978-3-928898-80-5; 10,10 €

Band 28 Gregor Rohmann: ‚Eines Erbaren Raths gehorsamer amptman' – Clemens Jäger und die Geschichtsschreibung des 16. Jahrhunderts. 978-3-89639-285-5; 25,00 €

Band 29 Benedikt Mauer: ‚Gemain Geschrey' und ‚teglich Reden' – Georg Kölderer – ein Augsburger Chronist des konfessionellen Zeitalters. 978-3-89639-323-4; 25,00 €

Band 30 Herbert Immenkötter: Die israelitische Kultusgemeinde in Hainsfarth (Landkreis Donau-Ries) im 19. und 20. Jahrhundert. 978-3-89639-332-6; 21,80 €

Band 31 Claus-Peter Clasen: Gerber und Schuhmacher in Augsburgs Vergangenheit 1500-1800. 978-3-89639-394-4; 25,00 €

Band 32 Dae-Hyeon Hwang: Sozialer Wandel und administrative Verdichtung – Der ländliche Grundbesitz der Augsburger Familien Rehlingen und Imhof während der frühen Neuzeit. 978-3-89639-428-6; 19,80 €

Band 33 Hella Birk: Das Gesetz zur Verhütung erbkranken Nachwuchses – Eine Untersuchung zum Erbgesundheitswesen im bayerischen Schwaben in der Zeit des Nationalsozialismus. 978-3-89639-471-2; 19,80 €

Band 34 B. Ann Tlusty: Bacchus und die bürgerliche Ordnung – Die Kultur des Trinkens im frühneuzeitlichen Augsburg. 978-3-89639-513-9; 21,80 €

Band 35 Claus-Peter Clasen: Weben in schwerer Zeit – Das Augsburger Textilgewerbe im 19. Jahrhundert. 978-3-89639-535-1; 24,80 €

Band 36 in Vorbereitung

Band 37 Alois Koch: Märkte zwischen Iller und Lech als Element des Urbanisierungsprozesses im Spätmittelalter und in der frühen Neuzeit. 978-3-89639-609-9; 24,80 €

Reihe 4: Studien zur Fuggergeschichte, hrsg. von Johannes Burkhardt

Band 29 Stephanie Haberer: Ott Heinrich Fugger (1592-1644). 978-3-89639-420-0; 24,80 €

Band 30 Gregor Rohmann: Das Ehrenbuch der Fugger. 978-3-89639-445-3; 98,00 €

Band 31 Carolin Spranger: Der Metall- und Versorgungshandel der Fugger in Schwaz in Tirol 1560-1575 zwischen Krisen und Konflikten. 978-3-89639-542-9; 24,80 €

Reihe 5b: Rechtsquellen, hrsg. von Thaddäus Steiner

Band 2 Rolf Kießling/Thad. Steiner (Hg.): Die ländlichen Rechtsquellen aus der Grafschaft Oettingen. 978-3-89639-462-0; 29,80 €

Reihe 6: Reiseberichte und Selbstzeugnisse aus Bayerisch-Schwaben, hrsg. von H. Gier

Band 4 Thomas Max Safley (Hg.): Die Aufzeichnungen des Matheus Miller – Das Leben eines Augsburger Kaufmanns im 17. Jahrhundert. 978-3-89639-381-4; 19,80 €

Reihe 7: Beiträge zur Landesgeschichte Bayerisch-Schwabens, hrsg. von der Schwäbischen Forschungsstelle Augsburg der Kommission für bayerische Landesgeschichte

Band 10 Rolf Kießling (Hg.): Stadt und Land in der Geschichte Ostschwabens. 978-3-89639-501-6; 29,00 €

Band 11 Peter Fassl/Wilhelm Liebhart/Doris Pfister/Wolfgang Wüst (Hg.): Bayern, Schwaben und das Reich – Festschrift für Pankraz Fried zum 75. Geburtstag. 978-3-89639-589-4; 29,00 €

Reihe 9: Historische Migrationsforschung in Bayerisch-Schwaben, hrsg. von Pankraz Fried

Band 1 Peter Maidl: »Hier ißt man anstadt Kardofln und Schwarzbrodt Pasteten ...« – Die deutsche Überseewanderung des 19. Jahrhunderts in Zeitzeugnissen. 978-3-89639-243-5; 25,00 €

Band 2 Werner Lengger: Leben und Sterben in Schwaben – Studien zur Bevölkerungsentwicklung und Migration zwischen Lech und Iller, Ries und Alpen im 17. Jahrhundert. 978-3-89639-348-7; 49,00 €

Reihe 10: Quellen zur historischen Volks- und Landeskunde, hrsg. von Peter Fassl

Band 1 Gerhard Willi: Alltag und Brauch in Bayerisch-Schwaben – Die schwäbischen Antworten auf die Umfrage des Bayerischen Vereins für Volkskunst und Volkskunde in München von 1908/09. 978-3-89639-146-9; 40,00 €

Band 2 Peter Fassl/Rolf Kießling (Hg.): Volksleben im 19. Jahrhundert – Studien zu den bayerischen Physikatsberichten und verwandten Quellen. 978-3-89639-364-7; 19,80 €

Band 3 Gerhard Willi (Bearbeiter): Volks- und landeskundliche Beschreibungen aus dem Landkreis Dillingen – Die Physikatsberichte der Landgerichte Bissingen, Lauingen, Dillingen und Wertingen (1858-1861). 978-3-89639-337-1; 25,00 €

Band 4 Gerhard Willi (Bearbeiter), mit einem Beitrag von Peter Fassl: Volks- und landeskundliche Beschreibungen aus dem Landkreis Günzburg – Die Physikatsberichte der Landgerichte Günzburg, Burgau und Krumbach (1858-1861). 978-3-89639-592-4; 29,80 €

Reihe 12: Amtliche Berichte aus dem bayerischen Schwaben, hrsg. von Karl Filser

Band 1 Karl Filser (Hg.): Berichte schwäbischer Regierungspräsidenten aus den Jahren 1918 und 1919. 978-3-89639-573-3; 29,80 €

Materialien zur Geschichte des bayerischen Schwaben, hrsg. von Pankraz Fried, ab Band 24 von Rolf Kießling

Band 8 B. Hagel/G. Simnacher/Th. Huber: Vom Bayerischen Kreistagsverband zum Verband der bayerischen Bezirke. 978-3-89639-409-5; 18,00 €

Band 23 Gabriele von Trauchburg: Ehehaften und Dorfordnungen – Untersuchungen zur Herrschafts-, Rechts- und Wirtschaftsgeschichte des Rieses. 978-3-928898-79-9; 35,00 €

Band 25 Barbara Rajkay: Verflechtung und Entflechtung – Sozialer Wandel in einer bikonfessionellen Stadt: Oettingen 1560-1806. 978-3-89639-104-9; 25,00 €

Band 26 Albert Thurner: Der Bezirkstag Schwaben und seine Vorläufer von 1933 bis 1962. 978-3-89639-196-4; 20,00 €

Band 27 Bernhard Brenner: Ludwig der Bayer – ein Motor für die Urbanisierung Ostschwabens? 978-3-89639-494-1; 15,00 €

Band 28 Gabriele Krist-Krug: Hans Georg Mozart – Barockbaumeister einer berühmten Familie aus Augsburg: Leben und Werk. 978-3-89639-522-1; 15,00 €

Band 29 Gernot Römer (Hg.): An meine Gemeinde in der Zerstreuung – Die Rundbriefe des Augsburger Rabbiners Ernst Jacob 1941-1949. 978-3-89639-584-9; 21,80 €

Farbbildbände, Stadt- und Naturführer im Wißner-Verlag

Wolfgang Zorn
Augsburg – Geschichte einer europäischen Stadt
Der Klassiker! Die Geschichte der Stadt, historisch versiert und gut lesbar.
978-3-89639-319-7   14,80 €

Fritz Hiemeyer
Königsbrunner und Kissinger Heide
Zwei unserer schönsten Heiden werden mit ihrer Vielfalt seltener Pflanzenarten herausgestellt. Die Pflanzen sind in der Reihenfolge ihrer Blühperiode dargestellt. Dazu kommen Bilder von Kleintieren, vor allem von Schmetterlingen. 978-3-89639-335-7   14,80 €

Bernd Wißner
Kulturschätze im Wittelsbacher Land
Dieser Bildband führt Sie zu den schönsten Orten im Wittelsbacher Land. Mit vielen Bildern und kurzen Texten werden bedeutsame Bauten, Orte und Landschaften sowie ihre Geschichte vorgestellt. Im aktuellen Beiheft: Tipps und Adressen.
978-3-89639-466-8   9,80 €

Bernd Wißner
Augsburg entdecken
„Augsburg entdecken" zeigt in großen Bildern die Highlights dieser 2000 Jahre alten, liebenswerten Stadt von den klassischen Gebäuden aus der Goldenen Zeit bis zu den modernen Sportstätten und Straßenfesten von heute. Und ganz nebenbei werden einige interessante Winkel und Geschichten gefunden, die den meisten bisher verborgen geblieben waren. In Augsburg gibt es noch einiges zu entdecken.
978-3-89639-600-6   22,80 €

Martin Kluger
Städtetouren zwischen Allgäu und Ries
Reiseführer zu 31 Städten zwischen Allgäu und Ries – für Urlauber, Tagestouristen und Radler. 2. aktualisierte Auflage.
978-3-89639-482-7   6,40 €

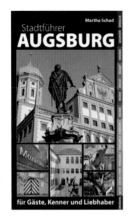

Martha Schad
Stadtführer Augsburg
Für Gäste, Kenner u. Liebhaber

Die über die Grenzen hinaus
bekannte Erfolgsautorin und
Heimatpflegerin führt durch ihre
Stadt.

2. ergänzte Auflage
978-3-89639-590-0   8,90 €

Augsburg – Bilder einer Stadt
Fünfzehn Fotografen werfen einen
Blick auf ihre Stadt. Sie zeigen mit 260
Aufnahmen das bekannte Augsburg
aus neuen Perspektiven. Ein moder-
ner Bildband mit 260 brillanten Farbfotos, sehr ansprechend präsentiert!
978-3-89639-429-3   19,80 €

Susanne Moller / Bernd Wißner
Augsburg
Deutsch/English/Italiano/Français/Russisch/
Chinesisch

Touristischer Bildband mit kurzen Erläu-
terungen zu den wichtigsten Sehenswür-
digkeiten der Stadt in sechs Sprachen. Mit
einem kurzen Abriss der Stadtgeschichte.
Brillante Farbfotos!
978-3-89639-601-3   6,00 €